© 2003 por Josef Astor

KENNETH C. DAVIS aparece con frecuencia en programas de television y de radio a nivel nacional. Escribe una columna semanal en *USA Weekend* que es leída por millones de personas en todo el país. Además de sus libros para adultos, Davis escribe una serie de libros para niños. Vive en la ciudad de Nueva York con su esposa y dos hijos.

QUÉ SÉ YO DE®

LA BIBLIA

Otros Libros por Kenneth C. Davis

Qué Sé Yo de Historia

Qué Sé Yo de Geografía

Qué Sé Yo del Universo

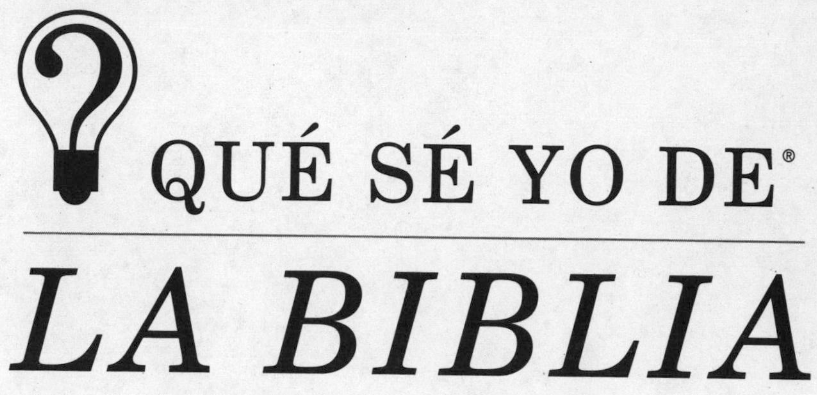

TODO LO QUE NECESITA SABER ACERCA DEL LIBRO SAGRADO

KENNETH C. DAVIS

Traducido del inglés por
Teresa Arijón

rayo
Una rama de HarperCollins*Publishers*

Las citas de la Biblia en *Qué Sé Yo de la Biblia* son tomadas, principalmente, de la New Revised Standard Versión Bible © 1989 por la Divisón de Educación Cristiana del Concilio Nacional de Iglesias de Cristo en los Estados Unidos, y son utilizadas con permiso.

Los libros de HarperCollins pueden ser adquiridos para uso educacional, comercial, o promocional. Para recibir más información, diríjase a: Special Markets Department, HarperCollins Publishers Inc., 10 East 53rd Street, New York, NY 10022.

Diseño del libro por Editorial Sudamericana

Este libro fue publicado originalmente en inglés en 1998 en los Estados Unidos por William Morrow.

PRIMERA EDICIÓN RAYO, 2005

Impreso en papel sin ácido.

Library of Congress ha catalogado la edición en inglés.

ISBN 0-06-082079-9

07 08 09 DIX/RRD 10 9 8 7 6 5 4 3

A *Joann*

¿Quién podría encontrar a una mujer más capaz?
Ella es mucho más valiosa que las joyas.
El corazón de su esposo en ella confía,
y él no carecerá de provecho.

PROVERBIOS 31.10-11

Muchas mujeres lo han hecho con excelencia,
pero tú las superas a todas.

PROVERBIOS 31.29

ÍNDICE

Hay más cosas en el cielo y la tierra, Horacio,
que las que sueña tu filosofía.

WILLIAM SHAKESPEARE, *Hamlet*

No son necesariamente así . . .
Las cosas que estás expuesto
a leer en la Biblia . . .
No son necesariamente así.

IRA GERSHWIN, *"It ain't necessarily so,"* 1935

Una de las razones por las que la religión
parece irrelevante en la actualidad es que
muchos de nosotros ya no tenemos la sensación
de estar rodeados por lo invisible.

KAREN ARMSTRONG, *A History of God*

INTRODUCCIÓN

Cuando estaba en sexto grado, comenzaron a levantar un edificio frente a la escuela. Como la mayoría de los chicos de diez u once años, prefería observar las grúas en acción y el volcado del concreto a cualquier cosa que escribieran en el pizarrón. Pasé la mayor parte de sexto grado mirando por la ventana. No creo que haya aprendido nada ese año.

La estructura de ladrillo rojo cuya construcción observé, fascinado, y absorto, era una iglesia. A diferencia de las encumbradas catedrales góticas de Europa o el formidable templo de piedra, semejante a una fortaleza, al que concurría mi familia, ésta no era una iglesia típica. Sus constructores le habían dado la forma de una embarcación poderosa. Presuntamente . . . era el Arca de Noé. La mayoría de nosotros tenemos una imagen mental del Arca y casi todos creemos que es un hermoso remolcador con una casita en la punta.

Pero el Arca de Noé no tenía ese aspecto. Usted mismo puede comprobarlo. En el Génesis encontrará el Pequeño Libro de Instrucciones de Dios, un conjunto de planes divinos para construir un arca. Lamentablemente, al igual que la mayoría de las instrucciones que acompañan a las bicicletas, a los artículos domésticos a y, las herramientas, éstas son un poco vagas, y proveen poco más que las medidas aproximadas de 300 codos x 50 codos x 30 codos (o, también aproximadamente, 140 metros de largo, 22 metros de ancho y 12 metros de alto).

Dios le dijo a Noé que agregara un techo y tres cubiertas. Por si fuera poco, las directivas de Dios carecían de diagrama, a menos que Noé se haya deshecho de los planos luego de terminar el Arca. De modo que debemos creer que Noé logró armarla a tiempo para enfrentar el Diluvio y dar curso a uno de los primeros milagros.

Muchos años después de haber mirado por la ventana de aquel aula, descubrí que la palabra hebrea para "Arca" significaba literalmente "caja" o "baúl." En otras palabras, el Arca de Noé tenía el aspecto de una enorme canasta de madera, más larga y más ancha que una cancha de fútbol norteamericano y más alta que un edificio de tres pisos. Entonces, el arquitecto que diseñó esa iglesia semejante al *Titanic* tal vez entendía de contrafuertes y paredes resistentes. Pero no conocía su Biblia.

No era el único. Millones de personas en todo el mundo poseen una Biblia, y profesan leerla y seguir sus dictados. Muchos dicen estudiarla a diario. Pero la mayoría de nosotros jamás hemos abierto una Biblia, a pesar de que insistimos en su importancia. De acuerdo con una encuesta reciente, nueve de cada diez norteamericanos tienen una Biblia, pero la mitad de ellos jamás la ha leído. ¿Por qué? Para la mayoría de la gente la Biblia es difícil de entender. Es confusa. Es contradictoria. Es aburrida. En otras palabras, la Biblia se adapta perfectamente a la definición de un clásico dada por Mark Twain: "Un libro que la gente elogia pero no lee."

No sólo elogiamos la Biblia sino que la citamos diariamente, en público y en privado. Penetra nuestro lenguaje y nuestras leyes. Está presente en los juramentos que se hacen en los tribunales. A pesar de la Primera Enmienda a la Constitución de los Estados Unidos de Norteamérica, está en los escalones del Capitolio cada vez que asume su cargo un nuevo presidente. Es citada por políticos y predicadores, dramaturgos y poetas, amantes de la paz y provocadores.

Tal como lo demuestran sus ventas fenomenales, la Biblia ocupa un lugar especial en casi todos los países del mundo. La venta de Biblias a nivel mundial es literalmente imposible de calcular. Incluso es difícil rastrear y conocer todas las traducciones de la Biblia que existen en el mundo. Hay traducciones completas de la Biblia a más de 40 idiomas europeos y 125 idiomas asiáticos y de las islas del Pacífico, y traducciones parciales a más de 100 idiomas africanos, además de aproximadamente 500 versiones de fragmentos bíblicos traducidos a otros tantos idiomas africanos. Se han producido por lo menos quince Biblias completas para los indios americanos. La primera traducción para ellos, finalizada en 1663, se hizo al idioma de la tribu Massachusetts, a la que los colonos puritanos pronto barrieron de la faz de la Tierra.

Hay aproximadamente 3,000 versiones de fragmentos bíblicos y de la Biblia completa en idioma inglés. La versión del rey James, publicada por primera vez en 1611, y la Versión Estándar Revisada siguen siendo las traducciones más difundidas, pero los editores medran publicando nuevas versiones y Biblias "especializadas" cada año. *La Biblia Viviente*, una versión contemporánea en paráfrasis, ha vendido más de 40 millones de ejemplares desde 1971. Las clases de estudio de la Biblia atraen a millones de estudiantes en el mundo entero. Así, ya la veneremos de manera formal o no tanto, queda claro que los pueblos de casi todas las naciones conservan una inalterable fascinación por la Biblia y su rico tesoro de historias y lecciones.

Para muchos de ellos sigue siendo "la más grande historia jamás contada." Para millones de cristianos, el Antiguo y el Nuevo Testamento componen el "Libro sagrado." Para los judíos no hay "Antiguo" ni "Nuevo" Testamento, sino un conjunto de escrituras hebreas equivalentes al Antiguo Testamento de los cristianos. A pesar de estas diferencias, el lazo común entre cristianos y judíos es fuerte: estos libros han sido fuente de inspiración, curación, guía espiritual, y reglas éticas durante miles de años.

Evidentemente, la Biblia es muchas cosas para mucha gente. El problema es que la mayoría de nosotros no sabe mucho acerca de ella. Criados en un mundo secular, saturado por los medios, en el que las referencias a Dios y la religión nos sumen en un embarazoso silencio, tenemos razones de peso para esta ignorancia. Para algunos, simplemente el aburrimiento provocado por el zumbido de la escuela dominical o la clase de hebreo. Otros recibieron su conocimiento básico de la Biblia de las grandiosas pero obviamente imprecisas épicas de Hollywood, como *Los diez mandamientos*, *La más grande historia jamás contada* y *El manto sagrado*.

Pero la mayoría de la gente no sabe nada en absoluto del libro que influyó, más que ningún otro, sobre el curso de la historia humana. Las escuelas públicas no se atreven a incluir la religión como materia . . . y tal vez debamos estar agradecidos por ello, sobre todo si tenemos en cuenta cómo dictan las demás materias. Los medios generalmente limitan la cobertura del tema religioso a las dos transmisiones anuales de Navidad y Pascua, a menos que se produzca un escándalo o un desastre inspirado por un lunático, como los cultos de Heaven's Gate o los Branch Davidian. Hemos dejado de mandar a nuestros hijos a la escuela dominical o a la sinagoga, y hemos dejado de concurrir nosotros mismos. La ignorancia no se detiene en las puertas de la iglesia. En una encuesta realizada en 1997, el *Sunday Times* de Londres descubrió que ¡solamente el 34% de 220 sacerdotes anglicanos podían recitar los diez mandamientos sin ayuda! Todos recordaron las partes alusivas a no matar y a no cometer adulterio. Pero después las cosas se enredaron un poco. De hecho, el 19% de estos sacerdotes creían que el octavo mandamiento decía: "La vida es un viaje. Disfruta la el paseo."

Por lo menos no creían que era "Simplemente hazlo."

Incluso aquellos que creen conocer la Biblia se sorprenden al enterarse de que lo que dan por hecho son a menudo verdades a medias, información errónea, o historias borrosas y confusamente recordadas, convenientemente "puestas a punto" para la sinagoga y la enseñanza del catecismo. Durante siglos, los judíos y los cristianos han escuchado versiones saneadas o depuradas de las Escrituras que dejan afuera las historias bíblicas raras, incómodas y racistas. Claro, la mayoría de la gente tiene algún recuerdo de Noé, Abram y Jesús. Pero es bastante menos probable que conozcan los relatos de violaciones, empalamientos y "limpiezas étnicas" que es común encontrar en la Biblia. Son historias eternas sobre temas eternos: justicia y moral, venganza y asesinato, pecado y redención. ¡*Pulp Fiction* y *NYPD Blue* empalidecen frente a la Biblia!

Por ejemplo, esta el asesinato de Abel por Caín. La maldición que cae sobre el hijo de Noé por haber visto desnudo y ebrio a su padre. Abram dispuesto a sacrificar al hijo que deseó toda su vida. La población de Sodoma y Gomorra destruida por sus malas costumbres. Lot acostándose con sus hijas. La cabeza de un hombre atravesada por una estaca de tienda en el Libro de los Jueces. El rey Saúl pidiéndole al joven David que le traiga cien prepucios de filisteos a manera de dote para concederle la mano de su hija en matrimonio. El rey David enviando a un soldado a las filas de avanzada para poder acostarse con la esposa del infortunado. Y la tan difundida historia del sabio Salomón amenazando con picar a un bebé a la mitad. ¿Pero acaso sabían que las dos mujeres que llevaron al bebé a Salomón eran prostitutas?

Criado en una iglesia protestante tradicional, con un menú completo de procesiones de Navidad y clases de confirmación, estaba convencido de poseer una sólida educación bíblica. En la procesión anual de Navidad, fui ascendiendo de ángel a pastor y a San José: un personaje mudo. El padre terrenal de Jesús permanecía de pie, inmóvil, detrás de la Virgen María; evidentemente no tenía nada que decir. Jamás pude llegar al papel más codiciado: uno de los "Tres Reyes" que visitan al Niño Jesús. Ellos tenían los mejores trajes. Tres hermanos muy altos encarnaban siempre a los Reyes en mi iglesia. Pasó mucho tiempo hasta que supe que no eran "Tres Reyes" sino tres magos de Irán.

Mientras asistía a un colegio luterano y, más tarde, a la Jesuit Fordham University, proseguí estudiando la historia y la literatura de la Biblia. Pero luego, mientras escribía uno de mis primeros libros—llamado *Qué Sé Yo de Geografía*—me hice unas pocas, y simples, preguntas acerca de la Biblia:

"¿Dónde estaba el Jardín del Edén?"

"¿Cuál es la ciudad más vieja del mundo?"

"¿Moisés realmente cruzó el Mar Rojo?"

Entonces tuve varias sorpresas. Al investigar el tema de la ciudad más vieja del mundo, por ejemplo, descubrí que la Jericó de Jesúa es uno de los emplazamientos humanos más antiguos. También se encuentra en una zona de terribles sismos. ¿Acaso ese simple hecho geológico tendría algo que ver con el famoso derrumbe de los muros? Luego descubrí que Moisés y las tribus de Israel jamás cruzaron el Mar Rojo, sino que escaparon del Faraón y sus carrozas a través del Mar de Reeds (juncos), denominación incierta que podría aludir a uno de los numerosos lagos egipcios o una zona pantanosa en el delta del Nilo. Este error de traducción se deslizó en la versión del rey James—que data del año 1611—y fue descubierto por estudiosos modernos que tuvieron acceso a los antiguos manuscritos hebreos. Aunque no hubiera sido tan cinematográficamente deslumbrante para Cecil B. DeMille hacer que Charlton Heston condujera a ese rebaño de extras a través de una ciénaga neblinosa, esta corrección lingüística indudablemente otorga mayor verosimilitud a la huida de Egipto.

El hecho de que el Éxodo, uno de los relatos clave de la Biblia, hubiera sido mutilado por un error de traducción significó para mí una revelación apabullante. Y me dejó pensando. ¿Cuántos errores más habrá en la Biblia? ¿Cuántos errores "menores" de traducción han empañado nuestra posibilidad de comprender la historia verdadera? Después de todo, la Biblia ha soportado una imponente cantidad de traducciones durante los últimos 2,000 años, traducciones que sólo recientemente incluyen el inglés y otros idiomas modernos. Moisés y Jesús jamás dijeron "tú" y "vos." De hecho, el mismo nombre "Jesús" es una traducción confusa del nombre hebreo Jesúa. Como dijo cierto norteamericano en una ocasión político: "Se cometieron errores." Y con el tiempo, estos fueron acrecentando. A lo mejor uno de esos legendarios monjes medievales dejó correr libremente su inventiva mientras iluminaba un manuscrito. O, tal vez, uno de los escribas del rey James bebió demasiado vino sacramental el día que le tocaba trabajar en el Deuteronomio.

Mis preguntas acerca de la Biblia tomaron un giro más preocupante cuando escribí *¿Qué sé yo de la Guerra Civil?* Fue entonces cuando descubrí que tanto los abolicionistas cristianos como los defensores de la esclavitud recurrían a la Biblia para respaldar sus aseveraciones. Los esclavistas señalaban la existencia de la esclavitud en tiempos bíblicos, y también las leyes y mandatos bíblicos que exigían la sumisión de los esclavos, para justificar esa "Peculiar Institución" norteamericana. Los abolicionistas citaban las leyes judías para emancipar a esclavos y dar refugio a los que habían escapado, los versículos del Nuevo Testamento que propiciaban la liberación de los esclavos, y el mandamiento de Jesús "No hagas a otros lo que no quieras que te hagan a ti." ¿Cómo era posible que la Biblia respaldara ambas posturas? La incertidumbre moral entre esclavitud y abolición implicó un giro de ciento ochenta grados en la historia norteamericana: por primera vez, la sombra de la duda cayó sobre la autoridad de la Biblia.

El hecho de que la Biblia fuera utilizada para justificar una maldad como la esclavitud deja al descubierto otro hecho, igualmente importante. Para mucha gente, la Biblia ha sido un arma. Durante siglos los judíos han temido el mensaje antisemita extraído por algunos cristianos del Nuevo Testamento y el énfasis puesto en que fueron los judíos quienes mataron a Jesús . . . quien era un judío devoto por su parte. Las Cruzadas, la Inquisición, y las luchas entre católicos y protestantes forman parte del sangriento pasado de la Biblia. Los noticieros de la noche siguen mostrando escenas en las que los judíos combaten a los árabes en tierras "bíblicas." Y, en Estados Unidos, los temas bíblicos penetran los debates políticos. Aborto. Pena de muerte. Homosexualidad. Oración en las escuelas. Cuando se trata de todos estos candentes temas sociales, hombres y mujeres se atienen a la Biblia para justificar su posición.

En los últimos tiempos, pocas cuestiones bíblicas o religiosas han dividido más profundamente a la humanidad que el papel de las mujeres en las Escrituras. La Biblia ha sido utilizada como garrote contra las mujeres durante siglos. Las historias bíblicas que aseguraban la supremacía del hombre sobre la mujer—desde el Jardín del Edén a la primera iglesia cristiana—aparentemente le conferían a éste "autoridad divina" sobre ese humano de segunda clase. El estatus de segunda en sinagogas e iglesias cimentó el estatus de segunda en el hogar. El papel bíblicamente destinado a las mujeres era muy claro: hacer bebés y hacer la comida.

Lo cierto es que—aunque sólo conocemos a los "machos" bíblicos, como Moisés, David y Sansón—las Escrituras están colmadas de historias de mujeres fuertes y valientes. Los predicadores y Hollywood han preferido dedicarse a las "chicas malas" de la Biblia—como Dalila o Jezabel—, por lo que han pasado por alto a varias heroínas asombrosas. En mi opinión, la atrevida Eva es mucho más interesante que el insípido Adán; Ruth fue un modelo de fe y lealtad; Ester, una reina hermosa y valiente que salvó a los judíos del primer pogrom antisemita de la historia; y Débora, la versión bíblica de "Xena, la princesa guerrera."

Mi curiosidad acerca de estas preocupantes cuestiones concernientes a la autoridad y la precisión bíblicas llega en un momento en que los nuevos descubrimientos académicos desafían numerosas ideas comúnmente aceptadas sobre la Biblia. Por ejemplo, se han realizado sorprendentes descubrimientos a partir del hallazgo de los Rollos del Mar Muerto, los antiguos textos de la Biblia hebrea encontrados hace cincuenta años en unas cuevas del desierto, cerca del Mar Muerto. Estos rollos, las más antiguas versiones conocidas de las Escrituras hebreas que componen el Antiguo Testamento, han contribuido enormemente a la comprensión de los textos bíblicos y de la vida cotidiana en la época de Jesús. Incluso más dramáticas y controvertidas son las preguntas provocadas en *Los Evangelios Gnósticos*, libro que explora un conjunto de documentos cristianos de 1,500 años de antigüedad, totalmente distinto a las tradicionales historias de Jesús narradas en el Nuevo Testamento. Estos descubrimientos impulsan a los estudiosos a reformular preguntas fundamentales: ¿Quién escribió la Biblia?, ¿Jesús dijo todo lo que nos enseñaron que dijo?, ¿dijo algo más?

Preguntas como éstas resuenan profundamente en muchas personas, ya sean conocedoras de la Biblia o carentes de tal conocimiento. *Qué sé yo de la Biblia* tiene la ambición de responder estas preguntas para aquellos lectores que todavía consideran sagrada e importante a la Biblia, pero no saben lo que dice. Por ejemplo, la mayoría de la gente queda perpleja al enterarse de que el Génesis contiene no uno sino dos relatos de Creación, significativamente distintos en cuanto a detalles y sentido. En la primera de estas Creaciones, hombres y mujeres son creados simultáneamente "a la imagen de Dios." A esto le sigue una segunda sorpresa en el Jardín del Edén: no hay manzana. Otras interpretaciones erradas y mundialmente famosas de la Biblia son igualmente destacables. El Mandamiento no dice "No matarás." David no mató a Goliat. Jonás no estuvo en el vientre de la ballena. David no escribió los Salmos de David. Salomón no escribió el Cantar de los Cantares. Isaías no escribió el Libro de Isaías. Y el rey David y Jesús descendían, ambos, de prostitutas.

Para desenmarañar las telarañas de malentendidos que rodean a la Biblia, este libro rastrea la historia de la Biblia y cómo llegó a ser. Muchos de los acontecimientos allí descritos, como el cautiverio del pueblo judío en Babilonia durante cincuenta años o los hechos ocurridos en el apogeo del Imperio Romano narrados en el Nuevo Testamento, se pueden verificar con la historia documentada. En tanto que los antiguos israelitas eran un grupo más bien reducido de pastores nómadas, los egipcios crearon una de las civilizaciones más extraordinarias de la historia humana. (¿No le resulta extraño que en la Biblia jamás se mencionen las pirámides?) Jesús vivió y predicó en un pequeño puesto de avanzada del Imperio Romano, cuyo idioma y cuyas leyes siguen influyendo nuestras vidas.

Al analizar históricamente la Biblia, uno de los propósitos de este libro es demostrar cuáles enseñanzas bíblicas son adecuadas solamente para un mundo antiguo, seminómade, y cuáles aún pueden tener vigencia en el siglo XXI. Hay muchas leyes bíblicas que los judíos y cristianos modernos ya no aceptan. Por ejemplo, hasta los fundamentalistas más acérrimos probablemente aceptarán que ya no es necesario que un padre pruebe la virginidad de su hija exhibiendo una sábana ensangrentada en la plaza de la aldea. Es prudente afirmar que la mayoría de nosotros ya no cree que la madre debe hacer una ofrenda ardiente después de dar a luz o que una mujer está "impura" durante la menstruación. Estos son extractos de las Leyes de Moisés.

¿Ustedes han permitido que sus animales se apareen con los de otra raza? ¿Han sembrado sus campos con dos clases de semilla? ¿Se han puesto un vestido hecho de dos materiales diferentes? Si ése es el caso, han faltado a los estatutos de Dios comunicados por Moisés en el Levítico.

¿Cuántos de ustedes opinan que el adulterio debe castigarse con el apedreamiento público, tal como lo establece la ley judía? (¡Probablemente lo crean así en el *Club de las Divorciadas!*) Todo aquel que desee una sensación de justicia bíblica en el mundo moderno podría considerar la situación de Afganistán cuando estuvo bajo el control de los talibanes, fundamentalistas islámicos cuyas ideas de comportamiento apropiado y castigo no difieren mucho que digamos de las de los antiguos israelitas.

Las cuestiones que analizo en este libro, ya sean profundas o irrelevantes, tienden a desempolvar algunas impresiones erradas y añejas y a renovar algunos recuerdos herrumbrados. A menudo estas preguntas aluden a nombres "de familia" y eventos de la Biblia, tales como qué fue el Éxodo o quién era "el Buen Samaritano" o qué dice el Sermón de la Montaña. Sabemos que son importantes, pero no podemos decir qué son exactamente y por qué deberíamos saber qué son. Pero más allá de estas preguntas básicas, abordo varios temas polémicos. ¿Por qué hay dos relatos de Creación en el Génesis? ¿Por qué Moisés no puede entrar en la Tierra Prometida? ¿Jesús nació en Navidad? ¿María Magdalena era una mujer virtuosa o una cualquiera?

Por supuesto que esta clase de preguntas desafían las ideas "tradicionales" acerca de lo que dice la Biblia y sospecho que mi teoría molestará a la gente que se siente su dueña. No obstante, este es un libro en el que la precisión histórica, el contexto cultural y el despeje de la confusión en cuanto a palabras arcaicas y errores de traducción tienen lugar en la comprensión de estos textos antiguos. Trato de no "interpretar" la Biblia; más bien me propongo explicar sus contenidos.

Como historiador, sé que "meterse" con la Biblia es un riesgo. Con la intención de hacer accesible la Biblia a la gente común que no entendía hebreo, latín, o griego, John Wycliffe, un sacerdote inglés renegado, realizó una de las primeras traducciones inglesas de la Biblia antes de su muerte, acaecida en 1384. A las autoridades no les gustó la idea. Denunciado por hereje tras su muerte, Wycliffe no pudo ser ejecutado. Los funcionarios de la iglesia hicieron lo que consideraron más adecuado: exhumaron el cadáver y lo quemaron.

A otro sacerdote inglés, William Tyndale, no le fue mucho mejor. Molesto por la corrupción que veía entre sus compañeros clérigos, Tyndale (1492-1536) creyó que la Biblia debía estar al alcance de todos, no sólo de los pocos que entendían latín, el idioma de la Iglesia. Se puso a traducirla al inglés. Acusado de pervertir las Escrituras, fue obligado a salir de Inglaterra y su versión del Nuevo Testamento fue quemada por "faltar a la verdad." Arrestado y encarcelado por hereje, Tyndale fue ejecutado por estrangulamiento en Bruselas. Luego de la ejecución, su cuerpo fue quemado en la pira en octubre de 1536 para que no hubieran casualidades.

En otras palabras, hay que tener los ojos muy abiertos. Hay mucha gente que considera que la Biblia está bien tal como está, gracias. Cada vez que aparece un Tyndale con una opinión diferente, los Poderes Terrenales generalmente lo exterminan. A veces, los Poderes se dan cuenta de que cometieron un error. Pero les toma tiempo reconocerlo. En el caso de Galileo (1564-1642), el físico y astrónomo italiano que dijo que la Tierra gira alrededor del Sol, el Vaticano tardó tres siglos y medio en admitir que tenía razón. En 1992—350 años después de la muerte de Galileo—, la Iglesia Católica Apostólica Romana revirtió la condena. William Tyndale es hoy honrado como el "padre de la Biblia inglesa." Pequeña compensación, quizá, para alguien a quien le retorcieron el cuello y luego asaron.

Si bien no espero que nadie pida mi ejecución o mi excomulgación, estoy seguro de que a mucha gente no le agradará este libro porque desafía la "sabiduría tradicional" en su afán de hacer preguntas. A mucha gente le han enseñado a no cuestionar la Biblia. Temen que si alguien tira de una hilacha, el libro se deshilará como un traje barato. Finalmente, la Biblia es un libro de fe, no de historia, biología, biografía, ciencia, y ni siquiera de filosofía. Las preguntas que formulo podrán ser una afrenta para aquellos que todavía creen que la Biblia es la incuestionable "Palabra de Dios." Pero desde hace siglos, eruditos y pensadores, muchos de ellos devotos creyentes, vienen haciendo preguntas legítimas respecto de la Biblia. Los fieles no deberían temer estas preguntas. ¿Qué tan fuerte es la fe que no puede tolerar un par de preguntas sinceras?

Después de todo, algunas de las preguntas más audaces formuladas por el hombre son exploradas en el Libro de Job, libro que tiene la audacia de desafiar a un Dios que ha hecho una apuesta con Satanás. "¿Por qué?" le pregunta a Dios, una y otra vez, el acosado Job. "¿Por qué has hecho de mí el blanco de tu ira?" Uno de los personajes más cínicos de la historia es "El predicador" del Eclesiastés. En medio de todos los párrafos bíblicos que alaban las maravillas de Dios, "El predicador" nos deja atónitos al preguntar: "¿Para qué vivir y trabajar tenazmente si luego hemos de morir?"

Si mis preguntas los molestan, ¡échenle la culpa a Adán y a Eva! Después de todo, el Fruto Prohibido fue arrancado del Árbol del Conocimiento. Y de eso se trata todo esto, del conocimiento. En la serie "*Qué Sé Yo de* subyace la idea de que la "escuela" no termina cuando dejamos de asistir al aula. Creo que es crucial que la gente se cuestione las presunciones fáciles con las que se ha criado: ya sea acerca de la religión, la historia, o la preponderancia del Ford sobre el Chevy. El mundo es una escuela; vivir es aprender. En palabras del poeta William Butler Yeats: "La educación no es llenar un balde, sino encender un fuego."

Más allá de "encender un fuego," *Qué Sé Yo de la Biblia* tiene objetivos más ambiciosos. Vivimos en una época fascinante pero confusa. Rara vez el mundo nos ha parecido tan "corrupto," y no obstante rara vez ha habido tanto interés por la religión y la espiritualidad a nivel mundial. Sea que se deba a la curiosidad acerca del nuevo milenio o al hastiado rechazo de la vida moderna, mucha gente ha comenzado a reflexionar sobre su vida y a buscar "algo." Llámese Valores

Familiares, Moral, Virtud, incluso Fe. Para estos buscadores, *Qué Sé Yo de la Biblia* se propone ofrecer ayuda para "obtener sabiduría y disciplina; para comprender palabras de interior; para llevar una vida prudente y disciplinada, y hacer lo que es correcto y justo y bello" (Proverbios).

¿Una meta ambiciosa? Absolutamente. En otras palabras, para el viajero espiritual moderno, este libro intenta brindar un mapa de ruta legible que le permita recorrer una Biblia moralmente instructiva, asombrosamente vital y espiritualmente desafiante. ¿Puedo transmitirles "fe"? ¿Puedo hacerlos "creer"? Ni siquiera pienso intentarlo.

Si eso es lo que encuentran, Amén. No obstante, si no encuentran fe en estas páginas, espero que al menos encuentren Sabiduría.

NOTA DEL AUTOR

Cuando la gente se enteró de que estaba escribiendo este libro, la pregunta más frecuentemente formulada fue: "¿Qué traducción está usando?" Curiosidad razonable que señala uno de los problemas básicos que enfrenta todo aquel que anhela discutir y comprender la Biblia: ¡hay tantas Biblias! Me he basado en varias traducciones, todas ellas incluidas en la Bibliografía. Como investigador, prefiero *The New Oxford Annotated Bible*, en su nueva versión revisada. Resultado de la investigación de numerosos eruditos y académicos de distintas religiones y denominaciones, esta traducción refleja los últimos descubrimientos en estudios bíblicos y ofrece valiosas notas con respecto a versiones controvertidas, conflictivas o discutidas. También he utilizado la versión del rey James, la edición de la Tanak de la Jewish Publication Society, y la *Nueva Biblia de Jerusalén*.

Las fechas históricas no han sido citadas a la manera tradicional: A.C. para "antes de Cristo" y A.D. para "Anno Domini" (año del Señor). Ambos términos reflejan un punto de vista centrado en Cristo. Muchos estudiosos actuales prefieren utilizar el AEC—"Antes de la Era Común"—y EC—"Era Común." He adoptado ese sistema de fechado en este libro.

QUÉ SÉ YO DE®

LA BIBLIA

P R I M E R A   P A R T E

¿LA BIBLIA DE QUIÉN?

El Diablo puede citar las Escrituras para sus propósitos.

William Shakespeare, *El mercader de Venecia*

La Biblia contiene noble poesía, y algunas fábulas ocurrentes, y algo de historia bañada en sangre, y una riqueza de obscenidad, y más del mil de mentiras.

Mark twain, *Cartas desde la Tierra*

. . . qué me importa si Moisés las escribió o si otro profeta las escribió, dado que las palabras de todos ellos son verdad y a través de la profecía.

Joseph ben Eliezer Bonfils,
erudito del siglo XV

¿Qué es la Biblia?

¿Qué es un Testamento?

¿Los Rollos del Mar Muerto son acaso la Biblia original?

¿Quién escribió la Biblia hebrea o Antiguo Testamento?

¿Moisés no escribió el Torá?

Si no fue Moisés, ¿quién fue?

¿Quiénes fueron estos hijos de Israel?

Si efectivamente escribieron los relatos y las leyes en hebreo, ¿de dónde provienen todas esas palabras griegas?

¿Mi Biblia o la suya? ¿La versión de quién leeremos? ¿La *Vulgata Latina*? ¿La *Biblia de Jerusalén*? ¿Cuál?

Observemos este breve pasaje de un relato bíblico, tal como fue contado en una versión llamada *Los cinco libros de Moisés:*

El hombre conoció a Havva, su esposa,
ella quedó encinta y parió a Kayin.
Luego dijo:
Kaniti, he parido
un hombre, como lo ha querido YHVH.
Siguió pariendo. Y dio a luz a su hermano,
Hevel.
Hevel se hizo pastor de rebaños, y Kayin se
dedicó a sembrar la tierra.

¿Havva? ¿Kayin? ¿Hevel?

Bien podríamos preguntarnos: "¿Quiénes son estos extraños?"

Tal vez los conozcan mejor como Eva y sus hijos, Caín, y Abel, cuyo nacimiento es narrado en el Génesis. En *Los cinco libros de Moisés,* de Everett Fox, también encontrarán a Yaakov, Yosef, y Moshe. Nuevamente, les será más fácil reconocerlos como Jacob, José, y Moisés. En su recientemente publicada traducción de los primeros cinco libros de la Biblia, el Dr. Everett Fox intenta recuperar el sonido y los ritmos de la antigua poesía hebrea, recrear la sensación de esta antigua saga tal como era cantada en torno a las fogatas, en medio del desierto, por los pastores nómadas hace tres mil años. Al hacerlo, Fox logra que los nombres más familiares parezcan extraños. Todas las pinturas expuestas en los museos, que retratan a una Eva europea núbil, rubia, y de ojos azules con una manzana en la mano simplemente no encajan con la imagen que Fox conjura: la de una primitiva Madre Tierra de otro lugar y otro tiempo. Su manera de presentar las cosas subraya un hecho sorprendente acerca del libro que todos proclamamos respetar y honrar: no hay una sola Biblia. Hay muchas. Un rápido recorrido por cualquier librería demuestra esa realidad. Si lo hacen, verán Biblias judías, Biblias católicas, Biblias afronorteamericanas, Biblias "no sexistas," Biblias "para maridos," y Biblias "de recuperación." También está la Biblia Viva—¿acaso opuesta a la Biblia Muerta?—y la Biblia de las Buenas Noticias, ambas escritas en lenguaje contemporáneo. Hasta el momento no tenemos una Biblia "Baywatch" ni una Biblia "Valley Girl." Tiempo al tiempo.

Entonces, ¿cómo elegir? La versión del rey James sigue siendo la más difundida. Pero Dios, Moisés, y Jesús no hablaban el inglés del rey, y todos esos "vos," "vosotros," y esos verbos terminados en "éis" y "áis" sólo sirven para confundir y molestar al lector. La *New Revised Standard Version* es clara y legible, pero le falta el tono poético. Hay docenas de versiones, cada una de ellas proclama su superioridad, y algunas aducen ser más fieles a la versión "original." Eso me trae a la mente al filósofo hastiado del mundo en el Eclesiastés: "Para la escritura de libros no hay fin." "La escritura de libros no tiene fin."

¿Qué diría el viejo Eclesiastés si entrara en una librería de la cadena Barnes & Noble? ¿O si tuviera que pedir material a la librería más buscada de Internet, Amazon.com? ¿El exceso de traducciones estropea el guiso bíblico? Esta pregunta está en el centro de la extendida confusión popular respecto a la Biblia. No podemos aceptar una sola versión como válida. Entonces, ¿cómo ponernos de acuerdo acerca de lo que dice?

¿De dónde proviene este Diluvio de Biblias? ¿Cómo un documento tan importante pudo transformarse en tantas cosas diferentes para tanta gente diferente? O, como dijo el poeta inglés William Blake hace casi doscientos años:

Ambos leímos la Biblia noche y día,
pero tú leíste negro donde yo leí blanco.

Todos estos interrogantes convergen, nuevamente, en una pregunta muy simple:

¿Qué es la Biblia?

La mayoría de la gente cree que la Biblia es un libro, una suerte de novela larga y complicada con demasiados personajes de nombres raros y argumento deficiente. Tome una Biblia. Sosténgala en la mano. No hay duda. Es un "libro." Pero es muchísimo más.

La palabra "Biblia" proviene del latín medieval y deriva del griego *byblos*, que significa "libros." A continuación, un detalle para agregar a la historia de ésta palabrita: Biblos era una antigua ciudad fenicia, situada sobre las costas del actual Líbano. Los fenicios inventaron el alfabeto que todavía utilizamos y les enseñaron a escribir a los griegos. Desde Biblos, el pueblo fenicio exportaba los papiros en los que fueron escritos los primeros "libros." (El papiro, una planta semejante al junco, era abierta en tiras que luego se humedecían y entretejían. Una vez secas, constituían un excelente "papel" en que escribir.) Aunque *byblos* originalmente significa "papiro" en griego, con el tiempo pasó a significar "libros." Los libros, tal como los conocemos, deben su denominación a la antigua ciudad.

Ahora bien, en el sentido más literal, la Biblia no es un solo libro sino una antología, una colección de muchos libros breves. En un sentido más amplio, no es solamente una antología de obras más cortas sino una biblioteca completa. Tal vez su concepto de una biblioteca sea de un lugar específico, pero la palabra también alude a un conjunto de libros. Y la Biblia es una extraordinaria reunión de libros de leyes, sabiduría, poesía, filosofía e historia, algunos de ellos de más de 4,000 años de antigüedad. La cantidad de libros que componen esta biblioteca portátil depende de qué Biblia estemos leyendo. La Biblia de un judío no es la de un católico, y la Biblia de un católico no es la de un protestante.

Escrita en el transcurso de mil años, originalmente en hebreo antiguo, la Biblia judía es el equivalente del Antiguo Testamento cristiano. Para los judíos no hay Nuevo Testamento. Sólo reconocen aquellas Escrituras que los cristianos llaman Antiguo Testamento. La Biblia judía y el Antiguo Testamento cristiano contienen los mismos libros, aunque ordenados y numerados de distinta manera. A menos que estudiemos la *Biblia de Jerusalén*, muy popular entre los católicos apostólicos romanos, la cual contiene aproximadamente una docena de libros que judíos y protestantes no consideran Sagradas Escrituras. Pero ésa es otra historia. En la tradición judía, la Biblia también es llamada Tanak, un acrónimo de las palabras hebreas Torá (Ley o Enseñanza), Nevi'im (Los Profetas) y Kethuvim (Los Escritos). Los 39 libros de la Escritura hebrea están organizados a partir de estas tres vertientes.

Estos 39 libros exponen la ley, las tradiciones, y la historia del pueblo judío, y su relación única con su Dios. Comenzando por "En el principio" con la Creación de "los cielos y la tierra," los 39 libros siguen la trayectoria de vida de los antiguos fundadores de la fe judía—los Patriarcas y las Matriarcas—y relatan la historia del pueblo de Israel en sus buenas y sus malas épocas. Aunque muchos de nosotros recordamos, por haberlas escuchado en nuestra infancia, las historias de héroes israelitas como Abram, Moisés, Jesúa o José y David, la verdadera pieza central de estos libros es el código de leyes divinas contenido en los primeros cinco—o el Torá—que tanto judíos como cristianos creen fue entregado por Dios al profeta Moisés hace más de tres mil años. Mucho más abarcativas que los familiares Diez Mandamientos, estas leyes regulaban todos los aspectos de la vida religiosa y cotidiana entre los judíos y fueron el fundamento de esa "ética judeocristiana" de la que habla todo el mundo.

LIBROS DE LA BIBLIA HEBREA O ANTIGUO TESTAMENTO

Torá	Profetas	Escrituras
Génesis	Jesúa	Salmos
Éxodo	Jueces	Proverbios
Levítico	Samuel (I)	Job
Números	Samuel (II)	Cantar de los Cantares
Deuteronomio	Reyes (I)	Ruth
	Reyes (II)	Lamentaciones
	Isaías	Eclesiastés
	Jeremías	Ester
	Ezequiel	Daniel
	Oseas	Esdras
	Joel	Nehemías

Amós
Abdías
Jonás
Miqueas
Nahúm
Habacuc
Sofonías
Hageo
Zacarías
Malaquías

Crónicas (I)
Crónicas (II)

(Orden más frecuente utilizado para el Antiguo Testamento en la Mayoría de las Biblias Cristianas)

Génesis
Exodo
Levítico
Números
Deuteronomio
Jesúa
Jueces
Ruth
Samuel (I)
Samuel (II)
Reyes (I)
Reyes (II)
Crónicas (I)
Crónicas (II)
Esdras
Nehemías
Ester
Job
Salmos
Proverbios
Eclesiastés
Cantares

Isaías
Jeremías
Lamentaciones
Ezequiel
Daniel
Oseas
Joel
Amós
Abdías
Jonás
Miqueas
Nahúm
Habacuc
Sofonías
Hageo
Zacarías
Malaquías

Para los cristianos, quienes veneran al mismo único Dios del judaísmo, este Antiguo Testamento es parte importante de su religión y sus tradiciones, pero sólo es parte de la historia. Esto se debe al hecho que la Biblia cristiana incluye un "segundo acto" o continuacion, el Nuevo Testamento, que narra la historia de Jesús, un hombre que, para los cristianos, fue el hijo de Dios. Los veintisiete libros del Nuevo Testamento relatan cómo los seguidores de Jesús, en su mayoría judíos devotos, fundaron la Iglesia de Cristo hace casi dos mil años.

Pero esta respuesta rápida y literal a nuestra pregunta básica—¿qué es la Biblia?—soslaya el tema principal. Algunas personas responderían, confiadas, que la Biblia es la palabra de Dios entregada al hombre a través de sus profetas. Dios habría dictado a los hombres los libros de la Biblia, palabra por palabra, en una suerte de "código estenográfico."

Los siglos de investigaciones sobre el tema ofrecen una imagen más complicada: la Biblia es la culminación de un prolongado proceso—cubierto de huellas humanas—de narración, escritura, cortado y pegado, traducción e interpretación. El proceso comenzó hace aproximadamente cuatro mil años y en éste participaron muchos escritores de distintas épocas, hecho que aún hoy podría ser una sorpresa para algunos lectores.

¿Qué es un Testamento?

Si la Biblia realmente comienza como un documento judío y los judíos no la llaman "testamento," ¿de dónde salió esa palabra? ¿Y qué significa?

La palabra "testamento" ha llegado a significar diversas cosas. La mayoría de la gente prefiere no pensar en la palabra, sobre todo cuando la relaciona con la consabida frase "su última voluntad y su testamento." En este sentido estrictamente legal alude a un documento que se ocupa de la disposición de los bienes terrenales de un difunto.

Otro uso común de la palabra indica la evidencia de algo, por ejemplo: "El Holocausto es testamento de la maldad de Hitler."

Pero a la manera antigua—es decir, la utilizada para aludir a las Sagradas Escrituras—tenía un significado completamente distinto. Testamento era por entonces otra manera de decir "pacto," lo que a su vez aludía a un acuerdo o contrato. El Antiguo Testamento representaba para los cristianos el antiguo "pacto" celebrado entre Dios y su pueblo. No obstante, con el Nuevo Testamento consideran haber conseguido un "New Deal" a través de la vida, la muerte y la resurrección de Jesús.

Muchos cristianos creen que esto significa que pueden olvidarse de los viejos libros y atenerse exclusivamente a los nuevos, o simplemente saltarse todo ese extenso y aburrido material "vetusto." Pero el Nuevo Testamento no reemplaza al Antiguo. Para los cristianos complementa, amplía, y completa el "antiguo contrato." En el mundo de los deportes se lo llama prolongación de contrato: el viejo acuerdo se renueva en términos más beneficiosos.

El propio Jesús estaba familiarizado con el "antiguo contrato." Era un buen niño judío que había estudiado la Torá, los Profetas, y las Enseñanzas. Podía citarlos de memoria a los doce años. Por supuesto que Jesús no tenía una "Biblia de estudio." Cuando él era niño la Biblia no existía. Los libros no existían. Probablemente se los aprendió de memoria de los rollos que guardaban los rabíes o maestros religiosos locales. Los antiguos libros hebreos que posteriormente constituyeron la Biblia fueron escritos sobre pliegos de cuero o papiro y reunidos en forma de largos rollos. Hasta hace poco, los ejemplares más antiguos de rollos hebreos databan de la Alta Edad Media, aproximadamente del año 1000. Pero hace cincuenta años, un niño beduino que merodeaba por las cuevas de los desiertos cercanos al Mar Muerto hizo un asombroso—y misterioso—descubrimiento.

¿Los Rollos del Mar Muerto son acaso la Biblia original?

En la primavera de 1947, cuando los británicos todavía controlaban Palestina, Muhammed ed Dib llevaba a pastar sus carneros a las áridas colinas rocosas vecinas a la costa septentrional del Mar Muerto. El Mar Muerto es un lago de aguas saladas situado en medio del desierto, el punto más bajo de la superficie terrestre y uno de los paisajes más calurosos y menos invitadores del mundo. El agua fresca que llega al lago se evapora rápidamente debido al intenso calor, formando un espeso caldo mineral. Los peces no pueden vivir en esas aguas, de allí el nombre de Mar Muerto. En las colinas que rodean este inmenso lago, el joven pastor arrojó una piedra al interior de una cueva y la oyó golpear contra algo. Curioso, decidió investigar y halló unas antiguas vasijas de arcilla que contenían rollos de cuero cubiertos por una misteriosa escritura. Este hallazgo accidental marcó el inicio de uno de los descubrimientos históricos más controvertidos y emocionantes: los Rollos del Mar Muerto.

El hallazgo de Muhammed dio origen a una búsqueda extendida en el área, genéricamente llamada Qumran, a unas diez millas al sur de Jericó. Luego de que centenares de aficionados recorrieran de un extremo al otro las colinas rocosas con el afán de encontrar más rollos, las autoridades organizaron una búsqueda arqueológica formal en la zona. Así, con el paso del tiempo, se fueron descubriendo más rollos y también restos de rollos. Hoy, cincuenta años después del primer hallazgo, los investigadores continúan tratando de ordenar los pedazos de cuero preservados por el aire seco del desierto.

La ardua tarea de ordenar y descifrar estos frágiles trozos de cuero—

una suerte de rompecabezas enorme y sin "imagen guía"—ha despertado controversias. Más allá de las cuestiones políticas y de las intrigas, más allá de la historia y de las recientes guerras en Oriente Medio, la tarea prosiguió lentamente y en secreto. Con demasiada lentitud para ciertos críticos que temieron una conspiración masiva, destinada a impedir que el mundo conociera una verdad extraordinaria. Pero ya en los primeros días posteriores al hallazgo se sabía que los Rollos del Mar Muerto contenían los textos más antiguos de la Biblia hebrea encontrados hasta el momento.

Se han hallado aproximadamente ciento noventa rollos bíblicos escritos en arameo, idioma sirio estrechamente vinculado al hebreo que era, además, el idioma de Jesús. Algunos están casi completos, otros son fragmentos dispersos. Contienen por lo menos una parte de cada uno de los libros que conforman la Biblia hebrea, excepto el libro de Ester. También se encontró un libro de Isaías completo, escrito sobre diecisiete piezas de cuero cosidas hasta formar un rollo de varios metros de longitud. Las sofisticadas técnicas de atribución temporal demostraron que algunos de los Rollos fueron escritos casi trescientos años antes del nacimiento de Jesús. Otros datan de la misma época en que vivió Jesús, un turbulento período de la antigua Palestina en el que Roma controlaba al rebelde e insatisfecho pueblo judío.

Además de estos fragmentos de la Biblia, los Rollos también contenían otros libros antiguos que desconocemos. También, abundante información sobre aquellos que los habían copiado y ocultado en las cuevas de Qumran. Conocidos como "esenios," eran parte de una secta judía que rechazaba el estilo de vida de Jerusalén, prefiriendo una existencia monacal, célibe. Como grupo comunitario, los esenios se adherían a reglas estrictas y se preparaban para el Juicio Final. Como los Caballeros del Jedi en *La Guerra de las Galaxias*, esperaban un combate definitivo entre el bien y el mal, entre las fuerzas de la luz y las de la oscuridad.

Los Rollos del Mar Muerto dejan dos hechos en claro. Cuando Jesús nació, todavía no se había creado un canon de libros hebreos en la Biblia. Y aunque estos libros son muy similares a las Escrituras hebreas que conocemos hoy, había versiones ligeramente diferentes de algunos de estos antiguos textos hebreos. Y si bien los rollos de Qumran nos brindan una fascinante información sobre el texto de la Biblia y la vida cotidiana en Palestina durante el siglo I, dejan sin respuesta otra pregunta inquietante.

¿Quién escribió la Biblia hebrea o Antiguo Testamento?

Hace unos años, en los subterráneos de Nueva York colocaron un aviso publicitario de una escuela de taquigrafía que decía así:

> "Si U pde lr eo, U pde congur u bn eplo."

El aviso adquirió inmediatamente estatus de leyenda en la ciudad. Hizo el deleite de los comediantes televisivos y también produjo infinidad de parodias obscenas en remeras y camisetas.

Ahora, intentemos resolver este acertijo:

> "Mgnn lr n lbr sn vcls. ¿N s dfcl d ntndr? Tl vz dsps d n rt lgrn cmpltr lgns spcs n blnc y dvnr l rst. Dsps d td, s cstlln pr. Pr hr mgnn q s prt d n dm ntg q h cd n dss hc y vrs sgls. S s cm prc l Bbl."

¿Les gustaría "comprar algunas vocales," como en el popular juego televisivo de la Rueda de la Fortuna? Tal vez llegarían a esta conclusión:

> Imaginen leer un libro sin vocales. ¿No es difícil de entender? Tal vez después de un rato largo logren completar algunos espacios en blanco y adivinar el resto. Después de todo, es castellano puro. Pero ahora imaginen que es parte de un idioma antiguo que ha caído en desuso hace ya varios siglos. Así es como apareció la Biblia.

Se dice que un profesor de hebreo de una famosa universidad les dijo a sus alumnos al iniciar un nuevo ciclo lectivo: "Damas y caballeros, éste es el idioma que habló Dios." El alfabeto hebreo está compuesto por veintidós letras, todas consonantes; evidentemente éste es un concepto difícil de captar. De hecho, los idiomas semíticos—como el arameo, el hebreo y el árabe—por lo general se siguen escribiendo sin vocales, aunque últimamente han incorporado un sistema de puntos y cedillas colocados sobre y debajo de la línea de escritura. En otras palabras, los lectores de hebreo clásico—versados en sus tradiciones orales—deben aportar de memoria el sonido de las vocales. Los griegos adoptaron el alfabeto básico de veintidós letras utilizado por hebreos y fenicios y le agregaron cinco nuevas letras, inventando así el sistema de vocales.

Volvamos al acertijo anterior. Imaginemos que el antiguo rollo donde fue escrito este misterioso pasaje se está deshaciendo. Consideremos que está escrito de derecha a izquierda, lo cual exige que lo leamos en la dirección opuesta a la que estamos acostumbrados. Para complicar aun más el hecho de que las vocales hayan sido omitidas, este rollo está plagado de nombres de individuos desconocidos, a quienes la historia universal no hace referencia. Aquel que lee este rollo sabe que el texto fue copiado a mano luego de haber sido transmitido oralmente de una generación a otra durante siglos, tal como ocurrió con la *Ilíada* y la *Odisea*. Y también sabe que, con el paso del tiempo, se han perdido o destruido versiones más antiguas. En síntesis, es un acertijo sumamente complejo.

Considerando todas estas dificultades, ¿a alguien le sorprende que la Biblia provoque confusiones? ¿O que mucha gente bien intencionada la considere como un conjunto de mitos bastante complicados, equivalente a los mitos de la Antigua Grecia o a la saga del Rey Arturo y los Caballeros de la Mesa Redonda? A partir de ahora sabremos a qué atenernos cuando intentemos comprender quién escribió la Biblia. Como dijo Winston Churchill en 1939 acerca de Rusia: "Es un acertijo envuelto en misterio dentro de un enigma."

Muchos lectores todavía creen que la Biblia fue compuesta por inspiración divina. De acuerdo con ellos, un hombre estaba sentado en su tienda en el desierto del Sinaí cuando, repentinamente, en un instante glorioso, el texto completo de las Escrituras comenzó a fluir sobre cueros y papiros. O acaso le fue susurrado al oído por un espíritu invisible, a la manera de un "dictado cósmico." O las palabras, creadas por el fuego celestial, se grabaron en la piedra como sucede en la película *Los Diez Mandamientos*, protagonizada por Charlton Heston. Como dijeron, sucintamente, los Gershwin: "No necesariamente."

La historia de las Sagradas Escrituras que estudian los cristianos y judíos modernos es, en sí misma, un relato fantástico, un cuento salido de una película de Indiana Jones. Todavía se sigue "reescribiendo" con cada nueva excavación arqueológica y cada nuevo descubrimiento de un rollo antiguo. Otrora armados con poco más que un casco, un pico, una pala y una lupa enorme, los investigadores modernos cuentan hoy con la invaluable ayuda de fotos digitales, espectroscopios y lectores infrarrojos que pueden fechar y analizar los viejos escritos. Los asombrosos descubrimientos de grandes bibliotecas de escritura antigua realizados en las últimas décadas han aumentado enormemente nuestro conocimiento de la época y de los idiomas bíblicos. Y, con ayuda de las computadoras lingüísticas y las comunicaciones instantáneas con importantes bibliotecas de todo el mundo, los eruditos continúan develando los secretos de la Biblia.

No obstante, aunque nuestro conocimiento se ha profundizado, la respuesta a una pregunta básica y extraordinaria sigue siendo un misterio: ¿quién escribió la Biblia?

A pesar de los tremendos esfuerzos académicos y de investigación dedicados a esta pregunta, la duda persiste: nadie lo sabe. Y, probablemente, jamás lo sabremos . . . a menos que se produzca un descubrimiento arqueológico de orden casi metafísico. Pero estamos en condiciones de afirmar, sin temor a equivocarnos, que la versión del rey James en la que se basa la mayoría de las traducciones al inglés y el resto de las versiones que atiborran los estantes de las librerías son sólo eslabones recientes en el final de una larga cadena de dificultosas, muchas veces erradas y a menudo conflictivas traducciones.

Éste es el primer golpe a la plausibilidad del Código Bíblico, un éxito editorial que proclama que la Biblia contiene un código sistemático que, una vez ordenado, ha servido para predecir eventos mundiales del pasado, del presente y del futuro. Los autores de ese libro dicen haber utilizado una versión del texto bíblico que sería "la versión original del Antiguo Testamento, la Biblia tal como fue escrita por primera vez," y que hay "un texto hebreo original aceptado universalmente." No existe texto semejante. El Antiguo Testamento de la Biblia hebrea existe en una diversidad de formas que reflejan las distintas traducciones realizadas en los últimos siglos.

Más allá de estos cuestionables "códigos bíblicos," las diversas traducciones a las que hemos aludido han dado forma a ciertas percepciones de la Biblia y a lo que la gente cree que ésta dice. Muchos angloparlantes todavía se sorprenden al enterarse de que la Biblia no fue escrita en inglés . . . y lo mismo ocurre con los alemanes y los franceses. Pero la investigación de manuscritos antiguos como los Rollos del Mar Muerto y el descubrimiento de bibliotecas centenarias nos ofrecen muchas más pistas acerca de quienes efectivamente escribieron la Biblia.

En primer lugar, nos hemos enterado de que parte de las primeras secciones de la Biblia—entre ellas, algunas historias del Génesis—probablemente fueron "copiadas" de otras civilizaciones más antiguas, en particular de Egipto y Babilonia. Varios aspectos de las Leyes entregadas por Dios a Moisés en el Éxodo se asemejan a las leyes babilónicas compiladas en el Código de Hammurabi, unos siglos más viejo que la Biblia. La historia del bebé Moisés enviado río abajo en una canasta es similar a la leyenda mesopotámica de un antiguo rey llamado Sargón. Parte de la sabiduría de los proverbios bíblicos recuerda, de manera notable, los dichos del sabio egipcio Amen-em-ope, quien vivió en la época de Salomón, el supuesto autor de los Proverbios. En otras palabras, los autores de la Biblia—al igual que todos los escritores—no excluyeron la práctica de "tomar prestados" algunos textos.

El verdadero proceso de escritura de lo que los judíos llaman Tanak y los cristianos Antiguo Testamento se inició hace más de tres milenios, aproximadamente en el año 1000 AEC (Muchos historiadores y académicos prefieren utilizar AEC—por "Antes de la Era Común"—en lugar del tradicional AC—"Antes de Cristo." También utilizan EC—"Era Común"—en vez de AD—"Anno Domini." Este libro incorpora el nuevo método.) El proceso de escritura de las Sagradas Escrituras se basó en una tradición oral que data de por lo menos cuatro mil años atrás.

Lo más antiguo de las Escrituras hebreas son los primeros cinco libros de la Biblia: el Génesis, el Éxodo, el Levítico, los Números y el Deuteronomio. En la tradición judía, estos cinco libros constituyen el Torá (la "Ley" o las "Enseñanzas"). También se los conoce como los Cinco Libros de Moisés y, en griego, el Pentateuco ("cinco rollos"). Durante mucho, muchísimo tiempo se creyó que el propio Moisés había escrito los cinco libros del Torá. Si bien numerosos judíos y cristianos devotos aún sostienen esa creencia, la mayoría de los académicos y teólogos aceptan que los "Cinco Libros de Moisés" fueron transmitidos por vía oral durante siglos antes de ser escritos en rollos, proceso que se inició poco tiempo después del año 1000 AEC . . . aproximadamente en la misma época en que los reyes David y Salomón gobernaron los destinos de Israel. La escritura recién se completó en el año 400 AEC, aproximadamente.

¿Moisés no escribió el Torá?

Durante siglos se creyó que Moisés era el autor de los cinco libros del Torá, tradicionalmente llamados los "Libros de Moisés." El Torá decía que Moisés había escrito lo que le habían mandado escribir, de modo que no se trataba simplemente de la opinión de un estudioso sino de una inquebrantable cuestión de fe tanto para los judíos como para los cristianos. Algunas ediciones de la Biblia todavía afirman que Moisés fue el autor del Génesis, y algunos creyentes defienden este postulado como un precepto de su fe.

Atreverse a cuestionar ese "hecho" requería coraje en el pasado. Cuando un erudito del siglo XI señaló que muchos de los reyes mencionados en el Torá habían vivido en épocas posteriores a la muerte de Moisés, sus contemporáneos lo apostrofaron "Isaac el Desatinado" y quemaron todos sus libros en castigo. Isaac debe de haber pensado que por suerte quemaron sus libros y no a él. Cuatrocientos años más tarde, en el siglo XV, otros críticos comenzaron a formular preguntas inquietantes. Por ejemplo: ¿Cómo era posible que Moisés hubiera relatado su propia muerte? ¿Acaso no era extraño que se autodefiniera como "el hombre más humilde de la Tierra"? Un hombre verdaderamente humilde jamás hubiera dicho tal cosa. Además de no haber podido narrar su propia muerte, Moisés tampoco pudo haber conocido otros hechos posteriores mencionados en el Torá, como la larga lista de reyes de la vecina Edom que gobernaron sus dominios luego de la muerte del hebreo. Los estudiosos fieles a la tradición argumentaron que, en su calidad de profeta, Moisés sabía quiénes reinarían en el futuro. Otros dijeron que Jesúa, el sucesor de Moisés, había agregado algunas líneas luego de la muerte de éste, o que un profeta posterior había actualizado lo que Moisés había escrito. Pero estas respuestas no acallaron las preguntas.

A comienzos del siglo XVII, cuando el Iluminismo—una doctrina que antepuso el pensamiento racional y las observaciones científicas a la fe ciega—dominaba Europa, otros eruditos comenzaron a cuestionar la figura de Moisés. Un sacerdote francés que lo cuestionó fue arrestado y obligado a retractarse. Siguiendo la gran tradición de la Iglesia Católica Apostólica Romana, sus escritos fueron prohibidos y quemados. El traductor inglés de un libro que sostenía que el Torá no era obra de Moisés también tuvo que retractarse . . . cosa que hizo en 1688, "poco antes de ser liberado de la Torre," tal como advierte perversamente Richard Elliot Friedman en *¿Quién Escribió la Biblia?* un abarcativo estudio acerca de la autoría del Torá. La Iglesia oficial se resistió a estas preguntas sobre Moisés por las mismas razones de siempre: las preguntas despiertan dudas. Pero el poder de la Iglesia se apoyaba en la fe incuestionable. Si permitía que algunos buscapleitos comenzaran a hacer preguntas sobre Moisés, antes de que el Papa se diera cuenta ¡alguien empezaría a preguntar por qué las mujeres no pueden ser sacerdotes!

Todas estas generaciones de estudiosos coincidieron en un punto: los Libros de Moisés, que contenían la ley divina, contenían también contradicciones en cuanto a época y lugar, y eventos y nombres que no podían pertenecer a los tiempos de Moisés. ¿Por qué había versiones duplicadas de tantos relatos bíblicos? ¿Por qué estas versiones no siempre coincidían? Por ejemplo, ¿por qué el Génesis se inicia con dos versiones diferentes de la Creación? Y, lo que es aun más preocupante, había diversas maneras de nombrar a Dios. Si Él dictó las Escrituras a Moisés, ¿por qué no usó el mismo nombre todo el tiempo? ¿Por qué Moisés, quien habló con Dios, utilizó tantos nombres diferentes para Él? Y, por último, ¿cómo es posible que Moisés haya escrito, al final del Deuteronomio: "Entonces Moisés, el servidor de Dios, murió en la tierra de Moab por voluntad divina?" (Deut. 34.5).

Estas y otras preguntas perturbadoras originadas por el misterio de Moisés no desaparecerían por arte de magia. Y, cuando el Iluminismo y la Reforma protestante minaron el penetrante poder de la Iglesia Romana, cada vez más gente empezó a formular preguntas. Los líderes de la Iglesia ya no podían explicar las numerosas diferencias de estilos ni las contradicciones y anacronismos que contenía el Torá con la excusa de "la palabra de Dios." Gracias al interés de generaciones de estudiosos en este misterio, finalmente quedó en claro que Moisés no fue el autor del libro. Tal vez hayan sido los Libros de Moisés, pero seguramente no fueron los Libros escritos por Moisés. Igualmente importante fue la creciente evidencia de que los libros atribuidos a Moisés fueron escritos en distintas épocas históricas. Muchos eruditos llegaron a la conclusión de que hubo más de un autor dedicado a la obra. No obstante, todavía se mantienen numerosos desacuerdos al respecto. Sólo que ya no se quema a nadie en la hoguera por hereje.

Si no fue Moisés, ¿quién fue?

Imaginemos que destejemos un tapiz de trama intrincada e intentamos descubrir de dónde proviene cada hilo que lo compone, quién lo tejió y en qué estaba pensando cuando lo hizo. Ésta es la tarea aparentemente imposible a la que se enfrentan los estudiosos de la Biblia empeñados en hallar a sus posibles autores. Cuando los eruditos destejieron los hilos de las Escrituras hebreas, descubrieron que se habían utilizado grosores y texturas muy diferentes para contar la historia. Con frecuencia estos hilos hacían referencia a eventos que habían ocurrido mucho después de la supuesta escritura o "tejido." Como el reloj en el *Julio César* de Shakespeare, eran anacronismos obvios. Las Escrituras mencionan imperios que no existían cuando Moisés estaba vivo. En ellas se habla del rey de los filisteos . . . cien años antes de que los filisteos llegaran a la región. Se relatan largos viajes en camello cuando estos animales aún no habían sido domesticados. En otras palabras, parece obvio que los escritores narraron los hechos mucho después de que hubieran ocurrido y agregaron "detalles" indudablemente significativos para los lectores de su propia época.

No obstante, todavía quedan "espíritus literales" que sostienen fielmente que la Biblia es la Palabra de Dios, dictada al pie de la letra a individuos "escogidos por la gracia divina." Sin embargo, la mayoría de los estudiosos actuales concuerdan en que hubo por lo menos cuatro o cinco autores principales, o grupos de autores, de las Escrituras hebreas. Estos eruditos creen que fueron escritas durante el largo período comprendido entre los años 1000 y 400 AEC. La idea de que el Torá surgió de una combinación de fuentes diversas es conocida formalmente como "Hipótesis Documental." Esta hipótesis adquirió tanto peso que, en 1943, el Vaticano—bajo la autoridad del Papa Pío XII—reconoció que había llegado el momento de resolver estas interrogantes.

Hoy, la idea es ampliamente aceptada y enseñada en las principales cátedras de religión, entre ellas, Divinity Schools de Harvard y Yale, Union Theological Seminary, Jewish Theological Seminary, y Hebrew Union College. La cuestión de la identidad del o de los autores de estos libros es un misterio todavía no resuelto, y acaso irresoluble, dado que requeriría un hallazgo arqueológico absolutamente revolucionario. Pero los eruditos han otorgado "nombres" a los "autores" principales, y los identifican mediante cinco letras del alfabeto: J, E, D, P y R.

- **J.** El más antiguo—y tal vez el más celebrado—de estos supuestos autores es conocido como "J" a partir de la palabra alemana *Jahwe*, origen de la palabra Jehová, a veces erróneamente traducida como Yahvé. El escritor que responde al nombre codificado J llama Yahvé al Dios de los israelitas. (La tradición judía prohíbe decir o escribir el nombre de Dios, de modo que generalmente se lo pronuncia o escribe YHWH.)

  En su controvertido aunque muy leído libro de estudios bíblicos, *El Libro de J*, Harold Bloom sugiere que el J de la Biblia era en realidad una mujer. Muchos eruditos rechazan la teoría de Bloom, que plantea otra duda que acaso jamás será resuelta. Hombre o mujer, J probablemente vivió entre los años 950 y 750 AEC en Judea (otro motivo para llamarlo J), la región septentrional de un reino hebreo dividido. J es el mejor narrador de la Biblia hebrea; es más interesante, más divertido y más humano que los otros. El Yahvé de J es con frecuencia un Dios muy "humano" e interactúa de manera más fácil y directa con el hombre. J contó la versión más famosa y más folclórica de la Creación, que comienza en Génesis 2. Por ejemplo, es el Yahvé de J el que recorre el Jardín del Edén "bajo la brisa nocturna" (Gén. 3.8)—una encantadora imagen poética—y descubre a Adán y a Eva ocultos y avergonzados por su desnudez. J también es responsable de la "Canción de Débora," poema épico sobre una "mujer guerrera" judía incluido en el Libro de los Jueces.

- **E.** El más próximo a J es E, el Elohísta, así llamado porque su autor prefirió utilizar la palabra *Elohim* (traducido como "el Señor") para nombrar a Dios. Aunque algunos estudiosos consideran que E fue anterior o incluso contemporáneo de J, la mayoría cree que fue posterior y que vivió entre los años 850 y 800 AEC. La mayoría también coincide en que E es un escritor mucho menos colorido que J, y que su contribución se inicia con la historia de Abram en Génesis 12. En el Libro de los Jueces, E cuenta una versión en prosa de la historia de la heroína israelita Débora—en oposición a la versión versificada de J—y hay diferencias notables entre ambos relatos.

- **D.** El tercer "autor" del Antiguo Testamento es conocido como el "Deuteronomista" y probablemente escribió entre los años 700 y 600 AEC y fue responsable de la mayor parte del Deuteronomio. También se cree que D escribió los últimos libros de Jesúa, Jueces, Ruth, Samuel y Reyes: obras "históricas" mayores de la Escritura hebrea, en las que se describen la conquista de Canaán y la fundación del reino de Israel. En el Deuteronomio, D muestra a Moisés dando una serie de discursos en los que insta al pueblo de Israel a seguir el Torá, pero la ley que Moisés refiere en esta sección es una suerte de revisión completa de los primeros libros de leyes. En su fascinante libro acerca de la cuestión de la autoría, *¿Quién Escribió la Biblia?*, Richard Elliot Friedman sostiene que D es el profeta Jeremías, quien vivió en Jerusalén aproximadamente en el año 627 AEC y murió en Egipto poco después del año 587 de la misma era.

- **P.** Los textos atribuidos a P, conocido como el Predicador, incluyen algunas de las palabras más familiares para la civilización occidental: "En el principio," el relato de la Creación en el Génesis 1, y la primera versión de los Diez Mandamientos (Éxodo 20.1–17).

  P probablemente escribió su parte en algún momento entre los años 550 y 500 AEC. Notablemente preocupado por las observaciones y deberes de los antiguos religiosos judíos, P es responsable de casi todo el Levítico. Con su estilo seco y obsesionado por el detalle, P se interesó especialmente en codificar y justificar todas las leyes rituales creadas por los primeros religiosos judíos, entre ellas las exhaustivas descripciones de la Pascua hebrea, las ceremonias de ordenación, las vestiduras de los sacerdotes, y el cofre sagrado que contenía los Diez Mandamientos. P también podría haberse llamado L debido a su profunda preocupación por la Ley . . . que en ocasiones lo vuelve tan grandilocuente y tedioso como un abogado.

- **R.** Además de estos cuatro "escritores" o grupos de escritores, hubo probablemente otro individuo o grupo de individuos responsable de la creación del Pentateuco y otros libros iniciales de la historia israelita que conocemos hoy. Hasta cierto punto, éste fue el logro más extraordinario. R fue el Redactor o editor, es decir, aquel que tomó las cuatro ramas existentes y las unió en un solo haz, probablemente hacia el año 400 AEC. Como en el resto de los casos, la identidad de R es un misterio. Ni siquiera sabemos si hubo más de un Redactor. Su obra es fascinante por la manera en que entretejió hilos de escritura muy diferentes entre sí y a menudo contradictorios. Pero también implica una pregunta inquietante. ¿Acaso R dejó algo afuera cuando editó el libro? Ese misterio permanece en el dominio de las especulaciones.

Hemos revisado, y simplificado, una pregunta que ha intrigado a los eruditos durante más de un siglo. Por supuesto que no todos coinciden con esta teoría de autores múltiples. Muchos "verdaderos creyentes" la rechazan de plano. Y algunos aceptan la teoría pero disputan con quienes sostienen la "Hipótesis Documental" que insinúa que la Biblia es sólo una colección de fábulas reunidas de acuerdo con el gusto y los intereses de los hombres que las reunieron. El historiador Paul Johnson incluye esta advertencia en *Una historia de los judíos*:

> "El Pentateuco no es por lo tanto una obra homogénea. Pero tampoco es, como sostienen algunos estudiosos que responden a la tradición crítica alemana, una falsificación deliberada de los sacerdotes que buscaron infundir sus propias e interesadas creencias religiosas en la gente atribuyéndolas a Moisés y a su época . . . Todas las pruebas internas demuestran que quienes

fundamentaron estos escritos, y los escribas que los copiaron . . . creían absolutamente en la inspiración divina de los textos antiguos y por eso los transcribieron con veneración y respetando los más altos estándares de precisión posibles." (*Una historia de los judíos*, p. 89.)

En otras palabras, hacia el año 400 AEC el Pentateuco o Torá tenía ya la estructura que conocemos hoy. Algunos de estos escritores, compiladores o editores—particularmente los tres últimos, D, P y R—también participaron en la composición de otras partes de las Escrituras hebreas. En cuanto a los otros 34 libros de la Biblia hebrea—los Profetas y las Escrituras—las pruebas autorales son confusas o bien un misterio total. Muchos de estos libros muestran huellas de escritores de diferentes épocas y circunstancias históricas. Pero podemos afirmar con certeza que David no escribió todos, o incluso la mayoría, de los Salmos, que se le atribuyen. Salomón no escribió los Proverbios ni el Cantar de los Cantares e Isaías no escribió Isaías. Estos "libros," transmitidos por vía oral de generación en generación, recién adquirieron su estructura actual hacia el año 400 AEC, mucho después de Moisés y David. Algunos no fueron considerados "Sagradas Escrituras" hasta mucho después. Hacia el año 90 EC los rabinos judíos cerraron la lista "oficial" de su Biblia.

¿Quiénes fueron estos hijos de Israel?

¿Por qué no hay pruebas—fuera de la Biblia—de la existencia de personalidades tan cruciales como Abram o Moisés? ¿Por qué los israelitas no creyeron necesario averiguar cuál era, exactamente, la montaña conocida como Monte Sinaí en los Diez Mandamientos? ¿Por qué en la Biblia no se mencionan las pirámides de Egipto, con seguridad las estructuras arquitectónicas más extraordinarias de la época?

Estas preguntas resultarán conflictivas para todo lector pensante de la Biblia. Pero señalan otro tema subyacente: la mayoría de nosotros desconocemos el origen histórico de los israelitas y apenas sabemos quiénes fueron los protagonistas de la Biblia hebrea. Y esto nos devuelve a un hecho básico: es casi imposible comprender la escritura y el sentido de la Biblia sin comprender la historia del pueblo que la escribió: el de los antiguos israelitas. Por supuesto que hay numerosas imágenes hollywoodenses prácticamente inútiles. Es bastante improbable que Sansón se pareciera a Victor Mature.

¿Quiénes fueron los primeros judíos? Solemos utilizar las palabras hebreo, judío e israelita como si fueran sinónimos, pero incluso estas palabras entraron en vigencia mucho después en la historia. Ahora bien, ¿cómo era Israel en los 1,500 años transcurridos entre los Patriarcas y los Profetas, es decir desde el año 2000 al 500 AEC aproximadamente?

Localizado en la costa oriental del Mediterráneo, el mundo de la Biblia es un área pequeña que, no obstante, fue un puente natural entre tres continentes—África, Asia, y Europa—y un sitio de avanzada natural para los comerciantes que recorrían el Mediterráneo. Y fue precisamente su geografía lo que convirtió a esta región en el punto de convergencia de grupos muy distintos entre sí y que causaron un profundo impacto en la historia.

Aunque de dimensiones reducidas, la tierra bíblica llamada Canaán presenta una extraordinaria diversidad de climas y características. La suave línea de la costa asciende hacia las montañas y los vastos desiertos que las rodean. En el norte hay un hermoso lago de aguas frescas, el Mar de Galilea o Lago Tiberíades, que desemboca en el río Jordán. Este río fluye en línea recta desde las escarpadas montañas de Jordania, con sus picos nevados, hacia el punto más bajo de la superficie terrestre: el Mar Muerto. El Mar Muerto es en realidad un lago de aguas espesas e impregnadas de sales minerales, rodeado por un paisaje rocoso de temperatura excesivamente alta. A esta tierra de asombrosos contrastes llegó una gran cantidad de gente. Algunos eran nómadas y otros comerciantes, pero muchos eran invasores y conquistadores. El territorio pronto quedó manchado de sangre, tal como sigue sucediendo hoy en día.

Pero Canaán tenía sus propios habitantes mucho, muchísimo antes de los pueblos mencionados en la Biblia, mucho antes de las civilizaciones de Egipto o de la Mesopotamia. Entre ellos estuvieron algunos de los primeros habitantes humanos, un pueblo de la Edad de Piedra llamado "natufiano." Se los denominó así por Wadi en-Natuf, en las colinas de Judea, donde se descubrió una cueva con pruebas de algunos de los primeros asentamientos humanos conocidos. Los natufianos, que datan del período comprendido entre los años 10,000 y 8000 AEC aproximadamente, fueron uno de los primeros pueblos sedentarios. Primordialmente cazadores y recolectores, las pruebas demuestran que también sabían triturar gramíneas. Por otra parte, las excavaciones realizadas en las cercanías del Mar de Galilea han resultado en el hallazgo de anzuelos y arpones de hueso. Este pueblo enterraba a sus muertos. Los estudios de sus tumbas prueban que los muertos eran enterrados con joyas y animales tallados en piedra o hueso . . . incluso más pruebas de que, desde el principio, los humanos han estado interesados—si no obsesionados—por "la vida después de la muerte."

Al pasar los siglos, estas tierras fueron ocupadas por una amplia diversidad de pueblos que evolucionaron de cazadores-recolectores a pastores nómadas, luego a agricultores sedentarios y finalmente a habitantes de ciudades. Una de las ciudades más antiguas de la humanidad es Jericó, la misma que en la Biblia fue destruida por las trompetas. Excavada por primera vez en la década de 1950 por la arqueóloga británica Kathleen Kenyon, Jericó tiene casi diez mil años de antigüedad y ha sido ocupada casi continuamente desde entonces. Hacia el año 3000 AEC—época en que se construyó la primera pirámide—Jericó poseía un fuerte sistema defensivo, lo cual denotaba un alto grado de organización social.

Entre los diversos grupos que se establecieron en este territorio cabe mencionar a los cananeos, edomitas, moabitas, amorreos, jebuseos, e hititas, tribus hoy desaparecidas. Más tarde llegaron los filisteos, quienes aparentemente emigraron de las islas mediterráneas de Creta o Chipre y se afincaron en la zona costera poco después del año 1200 AEC. Más al norte sobre la costa Mediterránea—en el actual Líbano—estaban los fenicios, extraordinarios navegantes y tintoreros cuyo alfabeto ejerció notable influencia sobre el nuestro.

Canaán lindaba con las dos grandes superpotencias del mundo antiguo. Al norte y al este se encontraba la Mesopotamia (del griego, "entre los ríos"), la "cuna de la civilización" que había florecido en las fértiles llanuras situadas entre los ríos Tigris y Éufrates, poblada por los acadios, sumerios, asirios, y otros "babilonios." Al otro extremo se hallaba Egipto, cuna de una civilización que duró miles de años. Ubicada en una estrecha franja de tierra entre el mar y el desierto, Canaán sirvió de puente, paragolpes y campo de batalla a estas dos grandes civilizaciones antiguas, cuyos gobernantes controlaron la región durante siglos.

La tierra llamada Canaán en la Biblia fue creciendo poco a poco hasta llegar a tener poblaciones rurales y urbanas. Verdadero caldo de cultivo, fue tierra de pastores, agricultores, y comerciantes. También fue tierra de muchos dioses y religiones, aunque el más venerado era un grupo de divinidades cananeas. El dios supremo, el creador, se llamaba El: sílaba que figura repetidamente en el Génesis, por ejemplo en los nombres Israel y Bethel. El hijo de El era Baal, el dios de la tormenta: otro nombre que aparece reiteradamente en la "tormentosa" historia del antiguo Israel. Y entre las consortes de Baal cabe destacar a Astarté y Asherah, míticas deidades femeninas que seguramente lograron seducir a los hijos de Israel. Los seguidores de Moisés y sus descendientes no cesaban de meterse en problemas con su Dios Yahvé por insistir en venerar a estas diosas de la fertilidad y no al propio Yahvé. Dado que venerar a Baal y a sus diosas probablemente equivalía a tener relaciones sexuales—o a observar a los sacerdotes embarcados en esta actividad—presumiblemente esta creencia debía ser más atractiva para las masas que una religión que exigía el sacrificio de animales pequeños y que excluía a las mujeres en el templo.

Esta Canaán "sexuada" era la pequeña franja de tierra que, según los israelitas, les había sido prometida por su Dios. Las evidencias históricas o arqueológicas del pueblo que decidió llamarse "hebreo" son escasas o inexistentes. La palabra "hebreo" posiblemente deriva de la palabra egipcia "habiru," término derogatorio para definir a "los extraños," también llamados "judíos," palabra que a su vez deriva del último nombre atribuido por Roma al país: Judea. En realidad, nadie sabe cuándo llegaron a Canaán los "hijos de Israel." Nadie sabe exactamente de dónde provenían, aunque la evidencia señala sus orígenes en la región mesopotámica. En determinado momento se trasladaron a Canaán, y luego, después del año 2000 AEC, algunos de ellos cruzaron a Egipto y se establecieron en el delta del Nilo durante algunos siglos. Este grupo abandonó Egipto—donde había sido esclavizado por un anónimo faraón—y moró en los desiertos del Sinaí o del Sahara durante cuarenta años, bajo la guía de un carismático líder llamado

Moisés que decía haber hablado con Dios. Moisés confirmó la antigua promesa, según la cual este pueblo recuperaría algún día la tierra de Canaán.

Hacia el año 1200 AEC, mediante la conquista o la migración paulatina—la Biblia consigna ambas estrategias—finalmente lograron controlar la tierra de los cananeos—cuyas prácticas sexuales y religiosas aborrecían. Es difícil decir con precisión qué hacían los cananeos que fuera tan abominable, pero podemos suponer que mantenían relaciones sexuales en los templos y que, posiblemente, no se escandalizaban ni retrocedían ante la homosexualidad, el incesto, el bestialismo, o los sacrificios humanos.

Las primeras pruebas históricas de la existencia de los Hijos de Israel es una placa de piedra o estela, que data del año 1235 AEC en Egipto. Esta estela de la época del faraón Merneptah menciona la destrucción absoluta del pueblo de Israel. El relato de la contundente victoria militar de Merneptah, obviamente inflado, es la primera referencia escrita del pueblo de Israel más allá de la Biblia. Cuando los israelitas consiguieron establecerse en el montañoso país debieron enfrentar a otro poderoso grupo de recién llegados, los filisteos, venidos del Mediterráneo y asentados en ciudades costeras desde el año 1200 AEC aproximadamente.

Hacia el año 1000 AEC, bajo el liderazgo de un fabuloso soldado-poeta llamado David—quien finalmente derrotó a los filisteos—y de su brillante hijo Salomón, los israelitas lograron controlar la tierra que les había sido prometida. Pero el de ellos fue un imperio de corta vida. Tras la muerte de Salomón en el año 922 AEC, el reino fue dividido por una guerra civil que dejó a ambos bandos en estado de extrema vulnerabilidad. El sector norte pasó a llamarse Israel, y el sector sur, Judea. Las dos naciones rivalizaron por el dominio del territorio y también por cuestiones de autoridad en asuntos religiosos, ya que ambas proclamaban ser las verdaderas herederas de Abram, de Moisés y de las promesas divinas.

Los buenos tiempos no duraron demasiado. En el año 722 AEC, los asirios, lidereados por Sargón II, conquistaron Israel—el reino del norte—y deportaron a 30,000 israelitas de las castas superiores a la región del río Éufrates, en uno de los primeros episodios de "limpieza étnica" de que tengamos conocimiento histórico. Las diez tribus del norte se dispersaron por el actual territorio de Irak, convirtiéndose en las "tribus perdidas" de Israel. Aproximadamente cien años más tarde, el reino de Judea también fue conquistado, esta vez por la nueva superpotencia de la zona: los caldeos (o neobabilonios) guiados por Nabucodonosor. En el año 587 AEC sus tropas tomaron y saquearon Jerusalén, destruyeron el Gran Templo construido por Salomón e incendiaron la ciudad. Miles de personas pertenecientes a la élite de Judea fueron trasladadas a Babilonia, en un episodio conocido comunmente como el Exilio. Es posible qué llevaran con ellos el Arca de la Alianza, el cofre sagrado que contenía las tablas de piedra con los Diez Mandamientos, aunque es más probable que ese objeto sagrado haya sido destruido con el Templo. De algún modo, en los cincuenta años de Exilio, el Arca de la Alianza desapareció sin dejar huellas ni indicios escritos. Claro que si ustedes prefieren el "estilo Hollywood" Steven Spielberg les hará creer que el cofre fue hallado por Indiana Jones y actualmente se encuentra bajo siete llaves en alguna dependencia polvorienta del gobierno norteamericano.

La composición definitiva y la edición del Torá—junto con el resto de la Tanak o Antiguo Testamento—tuvo lugar en los tormentosos 500 años comprendidos entre el 900 y el 400 AEC. Y fue precisamente contra ese trasfondo de acontecimientos históricos—ascenso y caída de reyes, amargas disputas sobre autoridad religiosa, naciones divididas, conquistas y Exilio—que las Escrituras hebreas finalmente tomaron forma.

Si efectivamente escribieron los relatos y las leyes en hebreo, ¿de dónde provienen todas esas palabras griegas?

Las páginas de la Biblia abarcan aproximadamente 2,000 años de historia. Grandes imperios florecieron y decayeron en el antiguo Cercano Oriente: Sumer, Acadia, Babilonia, Egipto, Asiria, Persia, y Grecia. Con el apogeo y la declinación de estos imperios y culturas, el hebreo y el arameo cayeron en desuso y eventualmente fueron reemplazados por el griego. Posteriormente, hacia el año 250 AEC, cuando demasiados judíos se dieron cuenta de que ya no comprendían el hebreo de su antigua religión, alguien decidió preservar esas palabras traduciendo al griego las Escrituras hebreas. La tradición sostiene que esta traducción al griego de los rollos sagrados hebreos fue ordenada por Ptolomeo II (282–246 AEC), uno de los herederos de Alejandro Magno, quien gobernó Egipto tras la muerte del macedonio. Basada en manuscritos enviados desde Jerusalén a la célebre Biblioteca de Alejandría, esta traducción al griego fue llamada luego los Setenta. Cuenta la leyenda que setenta y dos ancianos, seis por cada una de las doce tribus de Israel, realizaron la traducción. Cada uno de estos ancianos realizó exactamente la misma traducción en setenta y dos días exactamente. El número se redondeó en setenta. Por supuesto que esto se parece muchísimo a la vieja idea de que suficiente cantidad de monos con sus respectivas máquinas de escribir y tiempo suficiente podrían escribir las obras de Shakespeare.

Los estudiosos modernos rechazan, por considerarlos del dominio de la leyenda, el vínculo con Ptolomeo y las setenta y dos traducciones idénticas. De hecho, la traducción se inició porque la extendida comunidad judía en Egipto y otros lugares del mundo helénico necesitaba tener una Biblia traducida del hebreo, lengua que había caído en desuso durante la Diáspora o "dispersión" de los judíos en el mundo mediterráneo.

La Septuaginta o Septuagésimo griego se transformó entonces en la versión más popular de la Biblia hebrea. Fue la Escritura extraoficial de los primeros cristianos que leyeron las leyes y a los profetas hebreos en griego. Las Biblias católicas romanas, como la de Jerusalén, todavía conservan esta influencia. Algunos de los libros de la Septuaginta no fueron considerados "sagrados" por los rabíes judíos que establecieron el "canon" oficial de la Biblia. Cuando la Iglesia cristiana se dividió a raíz de la Reforma, los protestantes aceptaron el canon judío. Por esta razón, el Antiguo Testamento protestante es el mismo de la Biblia hebrea, salvo por el orden y la numeración de algunos libros. Sin embargo, los católicos romanos consideraron sagrada la Septuaginta—o los Setenta—y las Biblias católicas romanas incluyen once libros excluidos de las Biblias hebrea y protestante. Estos libros, llamados Deuterocanónicos, están representados en las Biblias modernas por los Apócrifos. (Atención, no confundir con Apocalipsis.) Para aumentar la confusión al respecto, otras religiones cristianas—como la Iglesia Ortodoxa Rusa—reconocen como sagrados varios libros más. En otras palabras, durante casi dos mil años los hombres han intentado decidir qué debe leerse como palabra divina y qué no. Y todos proclaman haber actuado bajo inspiración divina . . . aunque jamás coinciden en sus apreciaciones y juicios.

El siguiente paso en el proceso que dio por resultado la Biblia que hoy conocemos tuvo lugar cuando el latín, el idioma del imperio romano, reemplazó al griego como lengua común del mundo occidental. Cuando el cristianismo dejó de ser una religión proscripta y pasó a ser una fe aceptada gracias a la tolerancia manifestada por el emperador Constantino en el año 313 EC, el griego era una lengua agonizante. Y si bien empezaron a aparecer traducciones al latín de fragmentos de las Escrituras, aún no había una versión oficial, formal de la Biblia en ese idioma. En el año 382 EC, un sacerdote llamado Jerónimo inició la traducción de las Escrituras hebreas y el Nuevo Testamento a la lengua de Ovidio.

Jerónimo—quien dedicó más de veinte años a su tarea en la propia ciudad de Belén, lugar de nacimiento de Jesús según la tradición—retomó los textos originales en arameo y hebreo en lugar de limitarse a traducir la Septuaginta del griego al latín. El sacerdote supervisó la traducción de la Biblia al latín, concluida hacia el año 405 EC y conocida como la Vulgata. Vulgata significa "vulgar," en el sentido de "usado comúnmente," sin connotaciones peyorativas. Pero es un ejemplo perfecto de las sucesivas modificaciones y cambios en el significado de las palabras, un factor importante en lo que hace a la comprensión de la Biblia. Muchas palabras no significan en el mundo moderno lo mismo que significaron en el latín de Jerónimo hace 1,500 años o en el inglés del rey James en el siglo XVII. Una de las decisiones tomadas por Jerónimo fue la de conservar el nombre "Jesús," versión del nombre hebreo Jesúa en la traducción del Nuevo Testamento realizada por los griegos en el siglo I.

Hacia la misma época en que los cristianos estaban transformando la versión griega en la Vulgata latina, otro grupo crucial de antiguas escrituras judías era mantenido en su forma hebrea "oficial" por los Masoretas, una escuela de eruditos judíos medievales que trabajó entre los años 500 y 1000 de la EC y produjo el "Texto masorético." Los Masoretas hicieron un aporte fundamental a la antigua escritura consonántica hebrea: incluyeron signos de vocales, indicaciones de acentos y notas al margen. Estas notas ofrecen una comprensión mucho más clara de los antiguos textos hebreos, y desde entonces los textos masoréticos constituyen la base de los estudios especializados de los mismos. Pero incluso los textos masoréticos completos más antiguos—el Codex de Leningrado y el Codex de Aleppo—datan del año 1000 EC aproximadamente, prácticamente un abrir y cerrar de ojos en el plan de composición de la Biblia. (La palabra "Codex" se aplica a las primeras colecciones de páginas encuadernadas; en otras palabras, a los primeros libros, innovación que cabe atribuir a los primeros cristianos.)

Cuando la Iglesia Católica Romana se convirtió en la fuerza predominante en Europa occidental durante el Medioevo, la Vulgata latina siguió siendo la Biblia por excelencia de los cristianos de esa región. Por supuesto que sólo los sacerdotes y algunos individuos ricos y cultivados podían leer la "palabra de Dios." Durante esta época, las Escrituras fueron copiadas a mano en los célebres manuscritos iluminados del oscurantismo. Eran muy pocos los que podían comprar esos libros, y menos aún los que llegaban a verlos. No obstante, casi nadie podía leerlos. La misa latina, formalizada y convertida en un complejo ritual durante el papado de Damasio I (366–84), se transformó en la principal forma de veneración en el continente europeo. Pero la mayoría de la gente no entendía lo que se decía en la iglesia. El advenimiento de la imprenta de Gutenberg en el año 1540 permitió que la Biblia fuera reproducida mecánicamente. Incluso entonces se imprimieron apenas doscientos ejemplares de la Biblia, todavía en latín.

Pero en los primeros años del movimiento que luego dio en llamarse Reforma Protestante—iniciado por Martín Lutero en Alemania en 1517—algunos espíritus valientes intentaron traducir las Sagradas Escrituras del hebreo, el griego y el latín, al alemán, y el inglés. Como el mítico Prometeo, castigado por robar el fuego a los dioses para entregárselo a la humanidad, muchos de estos rebeldes debieron de pagar por sus "crímenes." Algunos murieron por creer que la Biblia debía estar al alcance de todos.

En Inglaterra, otro sacerdote renegado llamado William Tyndale también quiso hacer accesibles las Sagradas Escrituras a la humanidad entera. Pero tuvo que abandonar su país para hacerlo. Radicado en Alemania—donde Martín Lutero había publicado su versión alemana del Nuevo Testamento en 1520—Tyndale concluyó su propia traducción del texto bíblico. Aunque a algunos imprenteros se les prohibió publicarlo, el Nuevo Testamento traducido por Tyndale apareció en el año 1526. Su traducción del Antiguo Testamento comenzó a publicarse por partes en 1530. Nuevamente, a las autoridades no les gustó. Tyndale fue obligado a salir de su escondite y finalmente capturado, arrestado y juzgado por herejía. En 1536 fue condenado a muerte por estrangulamiento y sus restos fueron quemados en la hoguera. Tyndale murió por creer "que el muchacho que empuja el arado debe conocer las Escrituras." A manera de póstuma justicia, la traducción de Tyndale se transformó en la base de la versión de 1611 del rey James, la más influyente y perdurable de todas las traducciones al inglés. Finalmente, "en el principio" pudo ser comprendido por todos.

Éste fue un breve pantallazo del largo y a veces doloroso sendero de la Biblia, tal como la conocemos en el siglo XX. Y es por eso que es tan difícil salir a comprar una Biblia.

HITOS EN LAS ESCRITURAS HEBREAS

Esta cronología ofrece una perspectiva general simplificada de las fechas probables de composición y traducción posterior de las Escrituras Hebreas, o Viejo Testamento. Muchas de estas fechas son especulativas y no han sido confirmadas ni por fuentes arqueológicas ni históricas y hay desacuerdo con respecto a ellas. Las fechas más cuestionables están marcadas con un ?.

Fechas antes de la Era Común (AEC)

2000–1700	Era de los Patriarcas (Abram, Isaac y Jacob)?
1700–1500	José en Egipcio
1295–1230	El Éxodo de Egipcio ?
1240–1190	Conquista Israelita de Canaán ?
1020–1005	Reino de Saúl
1005–967	Reino de David

967–931	Reino de Salomón
922	División del Reino de Salomón
950–900	J (el Jahwista) escribe sus textos ?
850–800	E (el Elohísta) escribe sus textos ?
722	Conquista del Reino del Norte; deportación de las Diez Tribus a Asiria (las "Tribus Perdidas" de Israel)
650–600	D (Deuteronomista) escribe sus textos ?
622	Un "Libro de la Ley," parecido a Deuteronomio, se descubre en el Primer Templo
587/6	Caída de Juda; destrucción del Primer Templo; empieza el Exilio Babilonio
550-500	P (Fuente sacerdotal) escribe sus textos ?
538	Regreso a Jerusalén desde el Exilio
520–515	Construcción del Segundo Templo
400	R (Redactor) edita los textos ?
250–100	Septuainto:Traducción del Hebreo al Griego
100	Los textos hebreas más antiguos que sobreviven

FECHAS EN LA ERA COMÚN (EC)

70	Destrucción del Segundo Templo por los Romanos
90	Canonización final de la Biblia Hebrea
405	Vulgato: traducción al Latín por San Gerónimo
500–1000	Masorah: Textos Hebreos estandarizados
1520	El Nuevo Testamento de Lutero

1526	El Pentateuco en Inglés de Tyndale
1560	Biblia de Genova (La Biblia de Shakespeare, también utilizadas por los peregrinos Ingleses del Mayflower
1611	Se publica la versión del rey Jaime

El mapa en la próxima página: EL MUNDO DEL ANTIGUO CERCANO ORIENTE

Este mapa muestra muchas de los locales clave a los que se refieren cuando se discuten eventos en las Escrituras Hebreas, el Viejo Testamento. El propósito de este mapa es dar una perspectiva general del área, dado que la época considerada abarca miles de años. No todos los locales mostrados en este mapa existieron al mismo tiempo. Por ejemplo, mientras que Babilonia fue una ciudad muy antigua, en Egipcio, Alexandria no fue fundada hasta finales de los tiempos del Viejo Testamento.

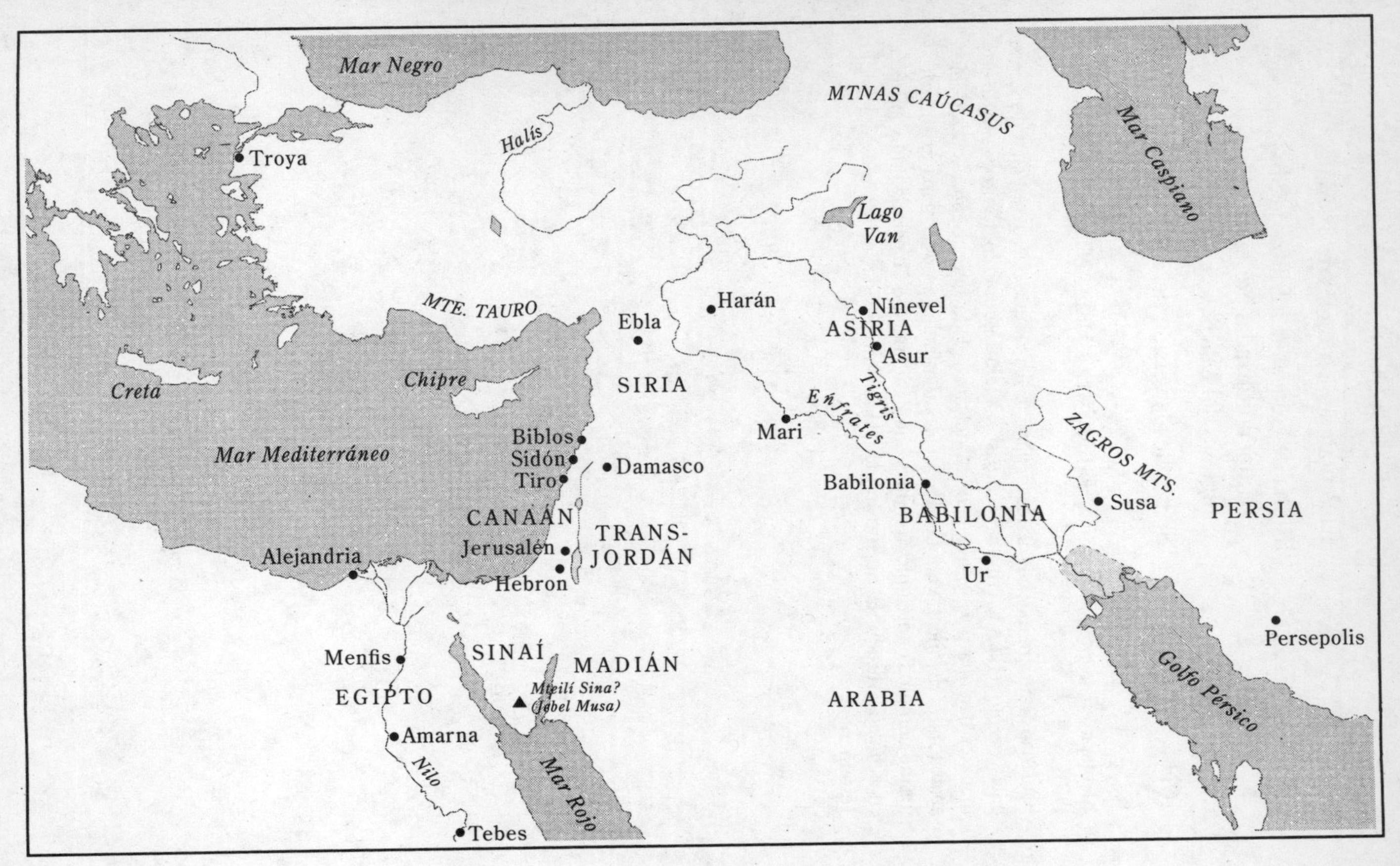

Mar Negro
MTNAS CAÚCASUS
Mar Caspiano
Halís
Troya
Lago Van
MTE. TAURO
Harán
Nínevel
ASIRIA
Asur
Ebla
Creta
Chipre
SIRIA
Tigris
Eńfrates
Mari
ZAGROS MTS.
Biblos
Sidón
Tiro
Damasco
Mar Mediterráneo
Babilonia
Susa
PERSIA
CANAÁN
BABILONIA
TRANS-
JORDÁN
Jerusalén
Alejandria
Hebron
Ur
Persepolis
Menfis
SINAÍ
MADIÁN
EGIPTO
Mteilí Sina?
(Jebel Musa)
ARABIA
Golfo Pérsico
Amarna
Nilo
Mar Rojo
Tebes

S E G U N D A   P A R T E

LAS ESCRITURAS HEBREAS O EL ANTIGUO TESTAMENTO

"¿Descubrirás tú los secretos de Dios?"

JOB 11.7

"Creo que nuestro Padre Celestial inventó al hombre porque estaba desilusionado del mono."

MARK TWAIN, 1906

"Dios no es santo, es extraño decirlo."

JACK MILES, GOD, *A Biography*

CAPÍTULO UNO

DOS CREACIONES . . . Y NINGUNA MANZANA

Génesis (Bereshith)

En el principio Dios creó el cielo y la tierra.
Y la tierra era informe y vacía, y las tinieblas
cubrían la superficie del abismo. Y el Espíritu
de Dios se movía sobre las aguas.
Y dijo Dios: Que se haga la luz. Y se hizo la luz.

(GÉN. 1.1–3)

Pero no comas del árbol de la ciencia del bien y el mal: porque el día en que comieres de él, infaliblemente morirás.

(GÉN. 2.17)

¿Por qué hay dos relatos de Creación en el Génesis?

¿Quién tiene razón, el Génesis o Darwin?

¿De verdad había manzanas en el Edén?

¿Eva fue realmente la primera mujer de Adán?

¿De dónde provenía la esposa de Caín?

¿Los "hijos de Dios" se acuestan con muchas mujeres en la Biblia?

¿Noé siguió las instrucciones de los planos para construir el Arca?

¿Acaso fue Noé el primer borracho?

¿Balbucean en Babilonia?

¿De dónde provenía Abram?

¿Por qué la mujer de Lot se convirtió en estatua de sal?

¿Abram realmente lo hubiera hecho?

¿Qué es la escala de Jacob?

¿Cómo fue que Jacob se convintió en "Israel"?

¿Hubo una "túnica bordada de muchos colores"?

¿Cuál fue el pecado de Onán?

¿Quién fue el faraón de José? ¿Acaso un esclavo podía convertirse en el primer ministro de Egipto?

Todo comediante, orador o predicador destacado sabe que la mejor manera de captar la atención del público es contar una historia interesante. Y si además es divertida, tanto mejor. ¿Un poco de sexo y pecado? Mucho mejor aún. Es por eso que los grandes escritores—desde Homero, Esopo, y los demás griegos hasta Shakespeare y los guionistas de Hollywood—siempre adornan su "mensaje" con grandes historias.

Una buena historia nos hace parar las orejas y prestar atención. Como supuestamente dijo el gran editor norteamericano Joseph Pulitzer: "Primero llena los bancos de la iglesia. Luego predica."

Ésa es una de las razones de la vigencia de la Biblia. Está llena de historias interesantes. Y no sólo de relatos simplistas acerca de la "Virtud" que inevitablemente nos llevan a recordar las interminables horas de catequesis. Los profetas hebreos solían embozar sus "mensajes" con historias fascinantes. Y Jesús ciertamente eligió transmitir sus enseñanzas a través de parábolas y breves relatos.

Pero en ningún lugar se evidencia que la Biblia es un relato fabuloso como en su libro inicial. El Génesis abarca el comienzo de la civilización humana y la relación única entre Dios y la humanidad en una serie de narraciones fascinantes. Estas "miniseries" contienen toda la acción y el humor que esperamos encontrar en la televisión o en el cine. Las historias son picantes, divertidas, conmovedoras . . . y bastante perturbadoras. Por una parte hay fe, bondad ante el mal y obediencia a Dios. Pero por la otra hay traiciones, engaños, robos, incestos, y asesinatos. Ciertamente no estamos ante los relatos moralizantes de la catequesis, plagados de personajes "más que buenos" que siempre se comportaban bien y hacían exactamente lo que Dios les ordenaba que hicieran. En primer lugar, lo que Dios les mandaba hacer no siempre era agradable. Razón de más para creer que estos personajes existieron en realidad: si uno decidiera inventar historias sobre sus ancestros, seguramente no los haría conducirse como los personajes de la Biblia.

La palabra Génesis deriva del griego *Genesis kosmou,* "origen del cosmos." Los judíos—que reconocían cada uno de los cinco libros que componían la Torá por sus primeras palabras o por la primera palabra significativa—lo llaman Bereshith, "En el principio." Los lectores que regresen al Génesis luego de una prolongada ausencia se asombrarán al descubrir que la historia es muy diferente de lo que aprendieron en la niñez.

El Génesis abarca el tiempo: desde el comienzo del mundo, la primitiva historia de la humanidad y la evolución de la civilización hasta el inicio de la relación de Dios con los patriarcas, las matriarcas, y el pueblo de Israel . . . contados a través de las conmovedoras historias de Abram y Sara, Isaac, Rebeca y sus hijos mellizos, Jacob y Esaú, las esposas de Jacob y su familia, cuyo miembro más importante fue José. Finaliza con la muerte de José y la permanencia de los israelitas en Egipto, y prepara el escenario para el Éxodo.

Voces Bíblicas
Gén. 1.26

Y dijo Dios: "Hagamos al hombre a imagen y semejanza nuestra: y domine a los peces del mar, y a las aves del cielo, y al ganado, y a toda la Tierra, y a todo reptil que se arrastre sobre la tierra."

¿Por qué hay dos relatos de Creación en el Génesis?

Una de las mayores y más impactantes sorpresas que deben enfrentar los lectores vagamente familiarizados con la Creación, pero que de hecho no han leído la Biblia, es que en realidad hay dos relatos de Creación en el Génesis. Separados y distintos. Difieren en estilo, orden, hechos y detalles: a decir verdad, lo único que comparten es la presencia de Dios.

La primera versión empieza cómodamente con el célebre "En el principio." De la nada, hablando simplemente, Dios crea el mundo y la humanidad. En esta primera Creación, que se inicia en el primer capítulo del Génesis, Dios tarda seis días en crear los cielos y la tierra, luego los animales y, por último, al hombre y a la mujer . . . creados de manera simultánea, aparentemente iguales, "a imagen y semejanza" divina. Después de una larga semana de labores, Dios decide tomarse un día de descanso, instituyendo así el primer *sabbath*. Cabe destacar que este primer relato no hace referencia al Edén ni tampoco a Adán y a Eva.

La segunda versión de la Creación—que se inicia en el Génesis 2.4—está ambientada en el Jardín del Edén. No dice cuántos días tardó Dios en completar su pesada tarea, y el orden de la creación difiere respecto del primer relato. En el primero, Dios había creado "el cielo y la tierra." En el segundo, crea "la tierra y los cielos." Significativamente, en la segunda versión el hombre es creado antes que los árboles y los otros animales. La otra gran diferencia es que, en esta segunda Creación, el hombre es creado primero y la mujer es modelada luego a partir de una costilla del primer hombre.

LAS DOS CREACIONES

Durante siglos, la gente ha implementado la estrategia del "menú chino" para armar el relato de la Creación de acuerdo al Génesis. Escogiendo partes de la Versión A y partes de la Versión B reunieron dos historias conflictivas y diferentes entre sí y crearon un collage sumamente colorido, aunque mal combinado. El primer relato de la Creación se encuentra en el Génesis 1.1–2.3; el segundo, en el Génesis 2.4–25. Si los comparamos, comprobaremos que son dos narraciones muy distintas entre sí, que proponen detalles sustancialmente diferentes.

Versión A

En el Principio, Dios creó los cielos y la tierra . . .

En el transcurso de "seis días" Dios crea:

1. La Luz, luego el Día y la Noche.
2. El Cielo, separando las "aguas de las aguas."
3. La tierra seca, separándola de las aguas—Tierra y Mares—y de la vegetación y los árboles.
4. El sol, la luna, las estrellas y las estaciones.
5. Las criaturas vivientes del cielo y la tierra: aves, monstruos marinos, peces.
6. Las criaturas vivientes de la tierra: el ganado, los seres que se

arrastran, los animales salvajes. Y, por último, la humanidad. Hombre y mujer son creados de manera simultánea, a imagen y semejanza de Dios. Y, el séptimo día, Dios concluye su obra y descansa, y bendice el séptimo día. También bendice al hombre y a la mujer, y les dice: "Creced y multiplicaos." Además, recomienda una dieta vegetariana. Dios concluye: "Fue muy bueno."

Versión B

"En el día en que Dios nuestro Señor hizo la tierra y los cielos . . ."

Dios crea al hombre del barro.

Planta un jardín en el Edén y lo coloca allí.

En el jardín hay un árbol de la vida y un árbol de la ciencia, o de la sabiduría del bien y el mal.

El hombre no puede comer el fruto del árbol de la sabiduría. Si lo hace, morirá.

Dios crea a todos los animales y las aves para que ayuden al hombre. El hombre les da nombre. Pero no encuentra compañera entre los animales. Dios interviene y hace dormir al hombre. Mientras está dormido, le saca una costilla y crea a la mujer. Desnudos, "fueron una sola carne" pero "no sintieron vergüenza." Dios no dice si fue o no muy bueno; Adán y Eva también guardan silencio.

Recordemos ahora la versión "J versus P" de los eventos bíblicos discutidos en la primera parte de este libro.

El primer relato de Creación—Génesis 1—fue atribuido a P, el Predicador. Dios crea los cielos y la tierra de la nada, del "vacío." Durante seis días sucesivos, P describe la creación del universo, la tierra y el hombre. Según la versión más difundida:

> *"Dios creó al hombre a imagen suya,*
> *a imagen de Dios los creó;*
> *varón y hembra los creó."* (Gén. 1.27)

Obviamente, en el primer relato de Creación no hay diferencia entre varón y hembra. No hay Edén. No hay árbol prohibido. No hay mujer salida de la costilla del hombre. No hay sumisión de las mujeres. Dios crea ambos sexos al mismo tiempo, los dos "a su imagen y semejanza."

Claro que este primer relato de Creación plantea toda clase de preguntas perturbadoras por derecho propio. ¿Quién es ese "nosotros" al que Dios alude cuando dice: "Hagamos al hombre a imagen y semejanza nuestra?" Hasta el momento la Creación no incluye a nadie más. ¿Acaso se trata del plural mayestático? ¿O alude a las tres personas del Dios—Padre, Hijo y Espíritu Santo—de los cristianos? ¿O bien Dios está hablando de los huéspedes celestiales, de todos esos ángeles, querubines y serafines que trabajan con Él y a quienes nadie reconoce su esforzada labor? Y si la humanidad fue creada a imagen y semejanza de Dios, ¿eso quiere decir que nos parecemos físicamente a Dios? ¿Esa imagen sería blanca o negra? ¿Caucásica, china o esquimal? Si el hombre y la mujer fueron creados simultáneamente, ¿acaso no es imposible que ambos hayan sido hechos literalmente "a imagen y semejanza" de Dios? Y si Dios afirma que su creación es buena, ¿por qué le va tan mal? Preguntas como éstas han preocupado a los filósofos y a los teóricos de la religión durante siglos, y han colmado las bibliotecas de disquisiciones acerca de la naturaleza de Dios y de la Creación.

No cabe duda de que esos problemas son suficientemente complejos. Pero el Génesis 2 complica aun más las cosas al repetir el relato de la Creación con ciertos cambios significativos. En esta versión, atribuida a J, Dios crea la tierra y los cielos y luego crea a Adán "del lodo de la tierra." Coloca al hombre en el Edén, un jardín lleno de árboles agradables a la vista y pródigos en frutos, donde también hay un Árbol de la Vida y un Árbol del Conocimiento del Bien y el Mal. Acto seguido, Dios crea a los animales y a las aves para que acompañen al hombre. Al comprobar que Adán se sigue sintiendo solo, Dios crea a la mujer de una de sus costillas. En este relato no se menciona cuántos días tardó Dios ni cuándo—si es que lo hizo—descansó.

Ante todo, una breve lección de hebreo. La palabra Adán deriva de la palabra hebrea que designa al "hombre" en general, en el sentido de "la humanidad." También se relaciona con la palabra hebrea *adamah*, que significa "suelo" o "tierra." En otras palabras, al autor de esta parte del Génesis le gustaban los juegos de palabras. Adán, el hombre, surgió de *adamah*, la tierra. La Biblia hebrea está plagada de acrósticos, retruécanos y enigmas. En los últimos libros, por ejemplo, el nombre de un dios rival, Baal, es cambiado por Beelcebú, que significa "señor del estiércol." Y muchos nombres personales—como Abram: "padre de multitudes"—tienen significados específicos. Los juegos de palabras son un artilugio poético altamente valorado en la escritura hebrea.

Otro aspecto importante de estos relatos es que no eran del todo originales. Tanto el primer relato de la Creación—en el que Dios crea el mundo a partir de la palabra—como el segundo—protagonizado por Adán y Eva—comparten ciertas características con otros mitos de la creación del antiguo Oriente Medio. La misma idea de que Dios podía "crear" hablando no era exclusiva de los antiguos israelitas. Los mitos egipcios y mesopotámicos—las dos grandes civilizaciones que enmarcaban el territorio israelita—también celebran el concepto de la "palabra divina." Para decirlo de otra manera, los antiguos israelitas utilizaron creencias comunes a otros pueblos vecinos para imaginar el relato de la Creación. El hecho básico será repetido a menudo a lo largo del Génesis. La diferencia radica en que, en el Génesis, toma la forma de una relación sin precedentes entre el Dios de los israelitas y la humanidad. Los antiguos dioses de la naturaleza, cuyo comportamiento era más humano que divino, fueron transformados por los israelitas en un Dios personal con un código moral rígido y sumamente claro. Este Dios iba a hacer de ellos sus favoritos . . . pero ellos tendrían que comportarse muy bien. O más que muy bien. Muchos párrafos de las Escrituras hebreas cuentan lo que ocurre cuando los Hijos de Israel no cumplen su parte de la Promesa.

¿Quién tiene razón, el Génesis o Darwin?

La primera carta publicada en el correo de lectores del número de mayo/junio de 1997 de la *Biblical Archaeology Review* es sumamente interesante. Su autor comenta la descripción de una excavación arqueológica "prehistórica" publicada en la revista. Afirma que esta palabra es incorrecta y concluye:

"Este año (1997) marca aproximadamente 6,000 años desde el comienzo de la historia del mundo, cuando Dios creó el cielo y la tierra (Génesis 1.1). Los términos 'prehistoria,' 'paleolítico,' y 'neolítico' son una burla a la palabra de Dios, la Biblia."

Comparemos esa carta con dos noticias recientes. En agosto de 1997 un grupo de científicos reportó el hallazgo de huellas fosilizadas de humanos anatómicamente modernos, que datan de hace aproximadamente 117,000 años. Unas semanas antes, en julio del mismo año, se anunció el descubrimiento del objeto más lejano que se hubiera visto en el universo. Combinando las observaciones del telescopio Keck en Hawaii con las del telescopio espacial Hubble, dos equipos de astrónomos avistaron una galaxia bebé a 13 mil millones de años luz de nuestro planeta. En otras palabras, esta galaxia tan lejana se formó hace 13 mil millones de años. Más pequeña aunque más brillante que nuestra Vía Láctea, está tan lejos de la Tierra que recién ahora recibimos la noticia de su nacimiento.

Y usted que creía que su correo era lento.

De este modo, la gran guerra religiosa de los últimos siglos queda reducida a una cáscara de nuez. ¿Cómo se establece el equilibrio entre la idea de que el mundo fue creado por la palabra divina hace apenas 6,000 años y la observación científica que indica que los humanos modernos ya caminaban hace 117,000 años y que una galaxia nació hace 13 mil millones de años? Acaba de comenzar la guerra entre la ciencia y la fe. No se trata de una simple discusión de salón ni de un amable debate académico bebiendo jerez en una torre de marfil. La cuestión de la ciencia versus la fe ha invadido aulas y tribunales debido a temas tan controvertidos como la clonación, los científicos cristianos, Kevorkian, y el creacionismo.

Hasta que Charles Darwin lanzó su tesis de la "selección natural" en el año 1859, la mayoría de la gente aceptaba que Dios había creado el mundo en seis días y luego había descansado. Durante casi cuatro mil años, muchas personas aceptaron el Génesis como un relato perfectamente posible de los inicios del mundo. Apoyándose en fuentes bíblicas—como las cronologías y genealogías del Génesis—numerosos individuos intentaron establecer la fecha y la hora de la Creación. Los eruditos hebreos antiguos la fijaron en el año 3761 AEC. Acaso la fecha más famosa de la Creación sea la que estableció el obispo irlandés James Ussher (1581–1656). Basándose en el Génesis, Ussher fechó el momento de la Creación en las primeras horas de la mañana del 23 de octubre del año 4004 AEC (en realidad lo fijó en el año 710 del calendario juliano). Aunque esto pueda parecerle estúpido al lector moderno, los cálculos de Ussher fueron ampliamente aceptados por los cristianos europeos durante siglos e incluidos en muchas ediciones de la Biblia del rey James, lo que les otorgó una suerte de "autoridad" divina. Todavía hay "literalistas" de la Biblia—como el autor de la carta antes mencionada—que aceptan la fecha de Ussher como un artículo de fe.

Luego, la ciencia trastocó las apuestas en el jardín edénico. Cuando Leonardo da Vinci (1452–1519), el genio del Renacimiento italiano, encontró fósiles marinos en los Alpes y preguntó cómo habían llegado hasta allí, la sabiduría convencional respondió sin inmutarse: "Esos fósiles prueban que las aguas del Diluvio cubrieron la Tierra." Cuando Copérnico, Kepler, y Galileo sugirieron que nuestro planeta giraba alrededor del Sol, fueron burlados, vilipendiados, o sufrieron males mayores. En el año 1616 Galileo fue acusado de herejía, colocado bajo arresto domiciliario, y proscripto de la investigación científica en el futuro. Más tarde, Charles Darwin sostuvo—en *El Origen de las Especies* (1859)—que el hombre había evolucionado lentamente y que compartía sus ancestros con los grandes simios. La mayor parte del mundo religioso no recibió de buen grado esta insinuación. Una cosa era descubrir que Galileo tenía razón respecto del sistema solar. Otra era aceptar que el hombre era primo del mono.

Antes de Darwin, una gran parte del mundo aceptaba complacida la versión bíblica de la Creación. Después de Darwin, muchos fieles continuaron creyendo lo mismo. Los "literalistas" del pasado y del presente jamás se preocuparon por el hecho de que hubiera dos Creaciones en el Génesis. Actualmente, la mayoría de los estudiosos de la Biblia aceptan la historia de Adán y Eva como lo que aparentemente es: un relato hebreo del origen de los humanos que tiene mucho en común con los mitos de otros pueblos antiguos y también numerosos rasgos que lo distinguen de éstos.

Ahora bien, ¿dónde quedan Darwin y *El Origen de las Especies*? Las fuerzas de la ciencia se siguen enfrentando constantemente con las fuerzas de la religión. Con la inefable ayuda de los medios—que adoran reducir los temas más complejos a la simplicidad de un partido de fútbol—sigue en vigencia la continua lucha entre el conocimiento científico y la fe. Los medios suelen describir a la ciencia como una actividad desapasionada, racional, escéptica, e inmune a las creencias de todo tipo. En cambio, las personas religiosas son generalmente definidas por los medios como conservadoras, retrógradas, y fanáticas. Los fundamentalistas y los "creacionistas" sólo consiguen prensa cuando proponen que en las escuelas públicas se enseñe la versión de la Creación incluida en el Génesis junto a tópicos de biología y a la teoría de la evolución, o bien cuando intentan que se elimine la celebración de Halloween por considerarla un culto de veneración satánica. A menudo saturan los medios cuando se niegan a brindarle tratamiento médico a un niño, basándose en sus creencias, en el poder sanador de la plegaria, y en "que se haga la voluntad de Dios." De "buena fe," esta gente se sigue aferrando a su idea absolutamente literal de la Biblia y de la historia. La contienda entre ambos bandos suele ser presentada como una guerra sin términos medios, sin zonas neutrales . . . En ese caso, obviamente no ocuparía los titulares.

No obstante, una enorme mayoría de científicos encuestados recientemente mantiene alguna clase de fe religiosa, por ejemplo la fe en Dios, tal como lo prueba un artículo publicado en 1997 por el *New York Times*. La proporción de científicos "creyentes" no ha cambiado mucho desde que se realizara una encuesta similar en la década de 1920. Y, en el otro extremo del ovillo, el Papa Juan Pablo II reconoció la importancia de enseñar en las escuelas la teoría de la evolución de Darwin. El dilema sigue vigente, más de un siglo después de que Darwin propusiera las ideas que forjaron la base de la moderna teoría evolucionista: ¿pueden coexistir la ciencia y la religión? No hay tópico en el que esta batalla se defina más claramente que en el de la creación divina. Como suelen afirmar numerosos creacionistas, la evolución es "sólo una teoría." Y es cierto. En sentido puramente científico, todas las teorías pueden ser refutadas. Pero también pueden ser confirmadas por la evidencia. Y los últimos cien años han brindado evidencias suficientes para sostener y expandir la visión de la ciencia, no sólo acerca de los orígenes humanos sino también del origen del universo. Sin embargo, enseñar el Génesis en una clase de biología o genética tiene tanto sentido como enseñar la transformación del agua en vino—el primer milagro de Jesús—en una clase de química. O equivale a llamar "pájaro" a un murciélago porque el Levítico menciona a los murciélagos entre las criaturas aladas que no deben servirnos de alimento.

Pero esto no significa que las cosas no puedan juntarse. Como dijo el erudito J. R. Porter: "Las extensas descripciones de la Creación . . . no deben ser consideradas como un relato científico del origen del universo. Son manifestaciones religiosas destinadas a mostrar la gloria y la grandeza de Dios. Son el resultado de la reflexión teológica que transformó radicalmente la mitología antigua para expresar mejor la fe distintiva de Israel." El Génesis debería enseñarse en nuestras aulas. Tal vez podrían incluirlo en las clases de Literatura Comparada, junto con todos los demás relatos religiosos y legendarios de creación.

A medida que explora los límites del mundo "conocido"—ya se trate de ver una galaxia a trece mil millones de años luz en el pasado del universo, de usar muestras de ADN para rastrear el origen de la humanidad, o de descubrir los ingredientes básicos de la vida en un compuesto químico que expulsan los volcanes en el fondo del océano—la ciencia tiene cada vez más preguntas. La idea de que el universo es pura energía ha obligado a los científicos que trabajan en el asombroso mundo de la física cuántica a revisar sus ecuaciones y considerar la posible existencia de una fuerza creadora universal. Al mismo tiempo, el hecho de aceptar que la Biblia está llena de poesía, alegorías, parábolas instructivas, y otras "historias" no altera en nada la verdad fundamental que encontramos en el relato del Génesis. Como dijo Juan Pablo II al apoyar la enseñanza de la teoría darwiniana: "Si el cuerpo humano tuvo su origen en la materia viva preexistente, el alma espiritual fue inmediatamente creada por Dios."

Por supuesto que la ciencia no puede hablar de la creación ni de la existencia del alma. El alma no puede ser extirpada, pesada, y diseccionada como un órgano más del cuerpo humano. Y la ciencia sólo puede hablar de la creación del universo como una teoría.

¿Por qué no ver la Creación del Génesis como una magnífica metáfora poética de la gran explosión, un acontecimiento que la ciencia reconoce aunque aún no lo comprende del todo? Considerar las primeras palabras del Génesis como un relato poético de este instante de creación cósmica—cuando de la energía surgió la materia—no altera la "verdad" esencial del Génesis para aquellos que creen en él. Como escribió Robert White en la revista *Time* (28 de octubre de 1996): "El Génesis no sólo abarca el origen de la raza humana. También abarca el origen del mal; es decir, cómo y por qué el pecado y el sufrimiento entraron en la experiencia humana para quedarse. Y aquí el veredicto de la ciencia es más ambiguo."

El universo fue creado por alguna fuerza—llámese la gran explosión, Dios, Alá, Vishnú o simplemente Energía—que puso en movimiento la cataclísmica cadena de acontecimientos que formó la Tierra hace 4.5 mil millones de años. Así comenzó la larga hilera de reacciones químicas en cadena que creó la llama de la vida en la Tierra. Este proceso milagroso dio por resultado la aparición, poco después, de una criatura bípeda que caminaba en posición erguida. Esta criatura comenzó a manipular herramientas, ya que no necesitaba las manos para colgarse de los árboles. Descubrió el fuego y eventualmente afiló la punta de una rama pequeña y comenzó a trazar símbolos intrincados en pedazos de barro endurecido. Ése fue el comienzo de la escritura, el comienzo de la Palabra.

Voces Bíblicas
Gén. 3.4–5

Dijo entonces la serpiente a la mujer: "¡No! ¡Ciertamente no moriréis! Dios sabe que el día en que comáis de este árbol vuestros ojos se abrirán y seréis iguales a los dioses, y sabréis distinguir el bien del mal."

RESUMEN DE LA TRAMA: ADÁN Y EVA

Luego de haber creado al hombre ("Adán") del lodo ("adamah") y de haberle dado existencia con el "aliento de vida," Dios lo coloca en el Edén y le advierte que no coma los frutos del Árbol del Conocimiento del Bien y el Mal, bajo amenaza de muerte. Luego crea al resto de los animales para que le hagan compañía. El hombre da nombre a los animales, pero no encuentra entre ellos la compañía que anhela. Entonces, Dios lo pone a dormir, le saca una costilla—el primer "descostillamiento" de la historia humana—y crea a la mujer.

El hombre y la mujer, desnudos en el Jardín del Edén, disfrutan sin avergonzarse las alegrías del sexo ("y fueron una sola carne"). Pero apareció la serpiente ("más astuta que cualquier otro animal salvaje") y convenció a la mujer para que comiera del árbol prohibido. La serpiente le prometió que, de hacerlo, ella sería "como Dios," "igual a Dios," o "igual a los dioses . . ." según la traducción. La mujer accede, le ofrece el fruto al hombre, y ella también lo muerde.

Los ojos de ambos se abren a su desnudez, sienten vergüenza, cubren sus partes púdicas con hojas de higuera e intentan esconderse de Dios. Cuando sale a dar su paseo crepuscular, Dios los encuentra escondidos y les pregunta quién les dijo que estaban desnudos. El hombre inaugura inmediatamente la tradición humana de señalar al culpable, diciendo: "La mujer que me diste para que estuviera conmigo me dio el fruto del árbol, y comí."

Dios no se alegra, precisamente. Este es el primero de varios momentos bíblicos en los que Dios se preguntará si la creación de esa "criatura humana" fue una buena idea después de todo. Pero en lugar de empezar de la nada, Dios se enfurece. Luego se tranquiliza. La serpiente es condenada a arrastrarse sobre su propio vientre, y se decreta la hostilidad permanente entre ofidios y humanos. La mujer sufrirá los dolores del parto y será gobernada por su esposo. (¡Estamos seguros de que fue un hombre quien lo escribió!) En lugar de invocar la sentencia de muerte que le había prometido, Dios condena al hombre a una vida de trabajo dura. Por último, la Pareja Original es expulsada del Jardín del Edén.

¿De verdad había manzanas en el Edén?

Se supone que las manzanas son buenas para el género humano. "Una manzana al día, y el médico no te visita." Se supone que hay que regalarle una manzana a la maestra. ¿Y acaso hay algo más característico de los Estados Unidos que el famoso pastel de manzana? Entonces, ¿cómo es posible que las manzanas tengan tan mala reputación en el Génesis?

Lo cierto es que no había manzanas en el Edén. El Génesis ni siquiera menciona el "fruto prohibido." En la descripción del Edén sólo se alude al "fruto del conocimiento" y al fruto de "la vida eterna." La versión de la Creación que incluye el Jardín del Edén—el segundo relato de Creación en el Génesis—tiene sus raíces literarias en la región de los ríos Tigris y Éufrates. El Génesis menciona ambos ríos para localizar geográficamente el Edén, palabra de procedencia aún no esclarecida. Podría derivar de la palabra sumeria para "planicie," o de la hebrea "deleite." La identidad de los otros dos ríos mencionados en el Génesis—Pishon y Gihon— sigue siendo un misterio. Tal vez fueran brazos o tributarios del Tigris y del Éufrates, antiguos cursos de agua que luego se secaron. También se dice que el Edén está "en el este," frase comúnmente usada en la Biblia para describir la región mesopotámica. En la antigua ciudad de Mari, emplazada cerca del Éufrates en la actual Siria, un grupo de arqueólogos franceses desenterró una biblioteca de 20,000 tablillas que contenían descripciones de la vida cotidiana en la Mesopotamia y databan del año 2000 AEC. Los murales reconstruidos de un magnífico palacio hallado en la misma ciudad muestran míticos jardines que recuerdan el Edén. En uno incluso hay un jardín con dos árboles distintos en el centro.

Ahora bien, ¿qué clase de frutos daban esos árboles? Algunos historiadores sugirieron una amplia lista de sospechosos para "el fruto prohibido," entre ellos damascos, pomelos, e higos. Cabe destacar que el higo sería el sospechoso principal dado que las hojas de la higuera fueron el primer atuendo unisex de la historia. Las higueras también tienen un papel preponderante en otros relatos espirituales, particularmente en el del Buda, quien recibió la Iluminación sentado bajo una higuera conocida como el Árbol de la Sabiduría.

En otras palabras, la imagen de Eva sacando lustre a una bonita manzana roja—fuente de inspiración de grandes artistas y humoristas políticos a lo largo de la historia—carece de todo fundamento bíblico. La manzana fue vinculada al relato del Edén en la Edad Media europea, cuando los artistas comenzaron a dibujar a Eva con una manzana, presumiblemente porque ésta era una fruta que el vulgo podría reconocer.

En asombroso contraste con el Génesis 1—donde varón y hembra son creados simultáneamente—en el Génesis 2–3 la mujer es creada para ser compañera y socia—no subordinada—del hombre. Cuando los dos comen el "fruto prohibido" el hombre es destinado a trabajar en los campos de cardos y espinos, y la mujer es destinada a sufrir los dolores del parto y a ser gobernada por su esposo. Sólo después de este pronunciamiento divino el hombre da nombre a la mujer, tal como antes había dado nombre a los animales, indicando de este modo su dominio y su superioridad.

La derivación lingüística del nombre Eva también es un misterio. Durante mucho tiempo se interpretó que "Eva" era "la madre de todo lo viviente" porque el nombre suena parecido a la palabra hebrea para "ser viviente" y porque Eva es el ancestro femenino de toda la raza humana. Hace poco se sugirió que había cierta relación con la palabra aramea para "serpiente" y que la figura de Eva era originalmente una diosa de la fertilidad asociada a las serpientes. La conexión entre la serpiente y el Diablo llegó mucho después, ya en la era cristiana. Cuando se escribió el Génesis las serpientes tenían mejor imagen. Eran reconocidas como símbolos de fertilidad en varias culturas antiguas, debido a su forma fálica y su habilidad para cambiar de piel, símbolo de la reencarnación. En la epopeya de Gilgamesh—épica heroica babilónica anterior a la Biblia—una serpiente alcanza la inmortalidad comiendo una planta mágica.

Más perturbador es preguntarse por qué Eva es la única culpable de la Caída. El hecho de que Eva sea la responsable de la pérdida del Paraíso obviamente ha tenido enormes consecuencias sobre las relaciones entre ambos sexos. La pregunta es otra. ¿La acción de Eva hizo que la mujer fuera relegada por orden divina a un estatus de segunda? ¿O la historia de Eva—tan contraria al primer relato de Creación, en el que hombres y mujeres tienen la misma jerarquía—fue escrita para otorgar autoridad divina a una sociedad dominada por los hombres?

El Génesis 3 no dice por qué la serpiente se dirigió a la mujer. El pasaje indica, incluso, que el hombre y la mujer estaban juntos cuando la serpiente habló. Para muchos, Adán no fue un simple espectador sino un co-conspirador cuyo silencio ante la serpiente indica su voluntad de comer el fruto. Cuando Eva le ofrece el fruto, Adán no lucha demasiado por obedecer a Dios. En otras palabras, el primer hombre fue una suerte de pusilánime moral, un cómplice pasivo de la decidida y audaz Eva.

Pero, al comer del árbol, Adán y Eva adquieren la capacidad de formular juicios éticos y racionales, uno de los ingredientes clave que distinguen a los humanos del resto del mundo animal. Si la Primera Pareja hubiera obedecido a Dios, la humanidad viviría en un Paraíso sin necesidades, ni deseos, ni preocupaciones, ni violencia. Pero qué Paraíso tan aburrido hubiera sido ése . . . Un paraíso vegetariano sin deseos es como una vida de eterna infancia: un Paraíso sin ciencia, sin arte, y sin las características racionales que han llevado a la humanidad a su estado actual.

El relato bíblico de la Caída es similar a otras leyendas que contrastan los sufrimientos de la humanidad con una época anterior de perfección, un paraíso perdido o edad dorada. La Pandora griega, al igual que Eva, es responsable de los infortunios de la humanidad porque desobedeció la orden de no abrir la caja que contenía todos los males del mundo. Los indios Pies Negros de América del Norte hablan de la Mujer Emplumada, una doncella que desata grandes calamidades cuando escala una gran montaña a pesar de que le han ordenado no hacerlo. Por este motivo es expulsada del País del Cielo. Como todos los mitos de una perdida edad dorada, la Caída bíblica intenta explicar los problemas del mal y del sufrimiento humano, y simboliza el anhelo de un mundo mejor, aunque probablemente inalcanzable.

¿Y la condena de Eva a sufrir los dolores del parto? Acaso eso sea también parte del precio de la sabiduría. Como advierte el científico y arqueólogo Charles Pellegrino en su libro *Return to Sodom and Gomorrah:* "El parto es más difícil para los seres humanos que para el resto de las especies conocidas, y es el precio que debemos pagar porque nuestro cerebro triplicó su tamaño durante los últimos dos millones de años. La cabeza es la parte más grande del cuerpo, y la primera en emerger." En cierto sentido, la ciencia y el Génesis coinciden: las mujeres pagaron por el conocimiento obtenido al comer del árbol pariendo bebés con grandes cerebros.

¿Eva fue realmente la primera mujer de Adán?

En el verano de 1997, un grupo de mujeres recorrió el país y brindó el recital de rock más popular de Estados Unidos. La gira se llamó

"Lilith." Los lectores del *New York Times* probablemente se habrán sorprendido cuando ese diario anunció que Lilith había sido la primera mujer de Adán.

¿Eva fue realmente la primera? ¿O acaso hubo "otra mujer" en la vida de Adán?

En términos estrictamente bíblicos, Eva fue la primera mujer y la única esposa de Adán. Pero la leyenda hebrea ofrece un aspecto más picante de esta historia. El Alfabeto de Ben Sira, un documento del Medioevo, refiere que Lilith fue la primera mujer de Adán y precedió a Eva. En esta versión, Lilith fue creada del lodo, igual que Adán. En el Talmud—vasta colección de enseñanzas y comentarios sobre la ley y las escrituras judías—Lilith también es creada del barro, pero su crimen es más específico: protesta contra la manera de hacer el amor de Adán, ya que él desea estar siempre "arriba." Cuando Adán se rehúsa a tratarla como su igual—es decir, a "intercambiar lugares"—Lilith lo abandona. Luego pronuncia el indecible nombre de Dios y es enviada a vivir con los demonios. Por último, se transforma en demonio.

Lilith no aparece en el Génesis, y la única referencia bíblica a esta misteriosa mujer es una sola línea en el libro de Isaías, donde se la menciona como un demonio femenino. Es posible que la fuente de inspiración de la Lilith hebrea haya sido un demonio canaanita que atormentaba a los hombres llamado Lilitu, figura que podría tener sus orígenes en la mitología babilónica. El demonio Lilith fue descrito posteriormente como un asesino de bebés y mujeres embarazadas que merodeaba por las noches, y bebía sangre humana. En esencia, Lilith fue el primer vampiro, y precedió por varios siglos al conde Drácula.

Las académicas que estudian la Biblia desde una perspectiva "feminista" sugieren que Lilith fue creada antes que Eva y que los autores varones introdujeron a Eva como su contrafigura. Para ellos, Eva era más aceptable como mujer dócil y dependiente, una suerte de Betty Crocker bíblica. Estas lecturas feministas de la Biblia celebran a Lilith como una mujer fuerte, decidida, e incluso sexualmente agresiva: una versión bíblica de Madonna. Esto va decididamente en contra de la idea que se tenía de las mujeres en las sociedades patriarcales del antiguo Oriente Medio. En cualquier caso, si nos atenemos al Génesis, Lilith no existió y Adán jamás tuvo que elegir entre Betty Crocker y Madonna.

VOCES BÍBLICAS
GÉN. 4.9

"¿Soy acaso el guardián de mi hermano?"

RESUMEN DE LA TRAMA: CAÍN Y ABEL

Caín y Abel son los hijos de Adán y Eva. Caín, el primogénito cuyo nombre probablemente quería decir "herrero," era agricultor. Abel ("vacío," "futilidad") fue el primer pastor. Ambos llevan sus ofrendas a Dios, pero Dios rechaza la ofrenda de cereales de Caín sin dar explicaciones y prefiere la de Abel, que era el primer retoño de su rebaño. Enfurecido porque Dios ha rechazado su ofrenda, Caín decide vengarse de Abel. Dios lo descubre cuando le pregunta dónde está Abel, y Caín da la célebre respuesta: "¿Soy acaso el guardián de mi hermano?" Dios maldice a Caín: lo convierte en vagabundo, el Fugitivo Original, y lo marca con una señal no especificada. La así llamada "marca de Caín" es en realidad una señal protectora de Dios destinada a evitar que Caín sea asesinado. Luego, Caín emprende su camino hacia la tierra de Nod, al "este del Edén." No queda claro por qué Dios otorga al asesino la marca de su protección divina. Acaso Dios quiera reservarse el derecho de juzgarlo. Cuando Caín se marcha, Adán y Eva tienen un tercer hijo: Set.

¿De dónde provenía la esposa de Caín?

De modo que tenemos a Adán y Eva, y a sus hijos Caín y Abel. La historia de Abel y Caín introduce muchos de los temas que se repetirán a lo largo del Génesis y de las escrituras Hebreas. Por supuesto, marca el primer asesinato. Pero también la primera manifestación de rivalidad entre hermanos. Cabe destacar que la enemistad fraternal se repetirá copiosamente en el Génesis. Los dos personajes representan simbólicamente al agricultor (Caín) y el pastor nómada (Abel). La tensión entre ambos grupos humanos era muy común en tiempos antiguos, de modo que el relato bíblico ofrece una explicación mítica al conflicto entre estas dos vocaciones: las verdaderas "profesiones más antiguas del mundo."

Los aspectos más interesantes y peor interpretados de la historia de Caín y Abel suceden después de que Dios descubre el crimen. Primero, el Señor le pregunta a Caín qué ocurrió y Caín se hace el tonto. Pero Dios le espeta: "la sangre de tu hermano me está llamando desde la tierra." Dios sentencia a Caín a vagar errante y le anuncia que la tierra ya no le brindará sus frutos. Pero Caín pide misericordia y, aterrado, piensa que alguien querrá matarlo. Dios lo marca, tal vez con una marca de nacimiento o con alguna clase de tatuaje. Generalmente vista—y erróneamente considerada—como "la marca del culpable," la así llamada "marca de Caín" es en realidad un símbolo de la misericordia divina. Los que se oponen a la pena de muerte mencionan este primer asesinato, y la misericordiosa condena de Dios al asesino, para rechazar la pena capital desde un punto de vista bíblico. Básicamente, el crimen de Caín es castigado con una dura vida de trabajo.

Pero el pedido de clemencia formulado por Caín genera otra pregunta: ¿de quién tenía miedo . . . si no existía nadie más? Y esta pregunta nos lleva a otro tema: Caín se marcha rumbo a la tierra de Nod—que significa "errancia"—y encuentra a una esposa innombrada. ¿De dónde sale la esposa de Caín? Las Escrituras no explican la existencia de esta esposa ni tampoco la de aquellos posibles asesinos de Caín. Una explicación simplista—que el texto no sostiene—consistiría en afirmar que Dios siguió creando seres humanos después de Adán y Eva. Otra sería afirmar que Adán y Eva tuvieron más hijos, y que estos hijos se casaron entre ellos ya que el incesto todavía no era un tabú. Esta inconsistencia es sólo uno de los numerosos "agujeros negros" que debe afrontar toda interpretación "literal" de la Biblia. Y es el argumento principal para considerar al Génesis como un relato mítico acerca de los orígenes de la humanidad, basado en el antiguo folclore del Oriente Medio.

Una vez casado, Caín inicia su progenie: su primer hijo se llama Enoc. También construye una ciudad llamada Enoc. Aquí estamos frente a una combinación típica del Génesis entre nombres de lugares y de personas. La idea de que Caín construya una ciudad también contradice la condena de errancia que pesaba sobre él. Además, fue el fundador de la primera ciudad. Tal vez Dios lo eximió de su sentencia bajo palabra. El Génesis no lo dice.

Llegada a este punto la narración, los descendientes de Caín y de su hermano menor Set—nacido después de la muerte de Abel—inauguran dos genealogías separadas. Ambas listas incluyen nombres muy similares, y en las dos hay un Lamec y un Enoc. La genealogía de Set—la más importante de las dos, ya que nos lleva a Noé—también indica las edades específicas y fantásticas de cada ancestro.

Noé es padre a los quinientos años de edad: sus hijos son Sem, Cam, y Jafet.

Los descendientes de Adán

Caín	Set
Henoc	Enós
Irad	Cainán
Maviael	Malaleel
Matusael	Jared
Lamec	Henoc
Jabal	Matusalén
Jubal	Lamec
Tubalcaín	Noé

Antes de considerar el linaje de Set—que traza una línea directa de Adán a Lamec y a Noé—se hace necesario destacar que la lista de los descendientes de Caín también incluye un Lamec, el primer polígamo de la Biblia, quien toma dos esposas y engendra tres hijos. En un breve pasaje, una antigua canción cuenta que Lamec vengó un asesinato; esto suele ser interpretado como una señal de que el hombre irremediablemente cae en la violencia y en el pecado. Pero los tres hijos de Lamec inician actividades propias de la civilización: Jabal es el ancestro de los pueblos que viven en tiendas y crían ganado, Jubal el de los músicos, y Tubalcaín el de los herreros.

La genealogía de Set, muy similar a la de Caín, sugiere que ambas se desarrollaron a partir de una fuente común más antigua. Como el linaje de Set, la épica babilónica de Gilgamesh también incluía una lista de diez ancestros cuyas vidas fueron extraordinariamente largas. Y, como las bíblicas, estas diez generaciones babilónicas llevaron a un gran diluvio.

¿Los "hijos de Dios" se acuestan con muchas mujeres en la Biblia?

En el período comprendido entre las generaciones posteriores a Adán y los tiempos de Noé podemos encontrar una curiosa historia (Gén. 6.1–4) acerca de un misterioso grupo que no haría, precisamente, las delicias de los catequistas. En un breve episodio bíblico—con ecos de las leyendas griegas sobre dioses que copulan con mujeres mortales—se dice que los "hijos de Dios"—cuya identidad no se especifica, aunque podrían ser ángeles—eligen esposa entre las hijas de los hombres.

Luego de observarlos durante un rato, Dios decide que eso no está bien y pone punto final a la aventura. También decide limitar el espectro de la vida humana a 120 años. El pasaje bíblico denomina "Nefilim" a los retoños de estos matrimonios entre ángeles y mortales, y los define como "valientes del tiempo antiguo, renombrados guerreros." Mencionados sólo una vez más en las Escrituras hebreas, los Nefilim—cuya traducción literal es "los caídos"—tienen un destino confuso o contradictorio. Supuestos gigantes con poderes sobrehumanos—como el semidiós Hércules del mito griego—los Nefilim debieron ser arrastrados por el Diluvio que poco después inundó la Tierra. Pero, según el libro de los Números, todavía estaban en Canaán en la época de Moisés.

Los primeros teólogos consideraron a estos "hijos de Dios" y a sus vástagos, los Nefilim, como ángeles caídos responsables por el pecado del mundo. Pero los Nefilim presentan un carácter más bien ambiguo. O son "valientes del tiempo antiguo" o son el producto de una desagradable cópula entre dioses y mortales. Los mencionamos—junto con la decisión de Dios de limitar el espectro de la vida humana—porque reflejan la creciente impaciencia del Señor hacia su creación más molesta. Y esa impaciencia será la gota que colma el vaso.

Voces Bíblicas
Gén. 6.5–8

Viendo Dios que era mucha la maldad de los hombres en la Tierra, y que todos los pensamientos de sus corazones se dirigían continuamente al mal, le pesó haber creado al hombre en la Tierra. Y el dolor penetró Su corazón. Entonces dijo Dios: "Borraré de la faz de la Tierra a los hombres que he creado; a los hombres y a los animales y a las criaturas que se arrastran y a las aves del cielo, porque lamento haberlos creado." Mas Noé halló gracia delante del Señor.

RESUMEN DE LA TRAMA: EL DILUVIO

El hombre se ha vuelto muy malo y Dios decide borrarlo del mapa. Solamente Noé y su familia, descendientes directos de Adán, merecen salvarse. Entonces, Dios le ordena construir una embarcación a Noé, un "arca" (de la palabra hebrea para "cofre" o "arcón"). Noé deberá llevar consigo sólo a su esposa, a sus tres hijos con sus respectivas esposas, y a parejas de todos los animales y las aves. Aquí es donde la historia del Arca se torna confusa y es posible advertir que alguien mezcló los relatos del Diluvio de J y P en una única narración que a veces resulta contradictoria. Uno de los relatos habla de parejas de todos los animales de la Tierra; el otro habla de siete parejas de animales limpios e inmundos y de siete parejas de cada especie de aves.

Se produce el Diluvio, no sólo por las intensas lluvias sino por las aguas que salen de las entrañas de la tierra, en una suerte de Creación invertida. El agua cubre la superficie de la tierra y mata todo y a todos, inocentes y culpables por igual. Llueve durante cuarenta días y cuarenta noches, pero el relato también dice que el agua cubrió la tierra durante ciento cincuenta días. Cuando las aguas se retiran, el arca queda encallada en "las montañas de Ararat." Allí, Noé libera a las aves. El primero en ser liberado, un cuervo, no regresa. La segunda, una paloma, retorna porque no ha encontrado a nadie en la tierra. La paloma es liberada por segunda vez y vuelve con una rama de olivo: señal de que las aguas han comenzado a retirarse. La paloma es liberada por tercera vez y no regresa. Finalmente, Dios le dice a Noé que abandone el arca y ordena: "creced y multiplicaos sobre la tierra." Noé, su señora esposa y sus hijos se disponen entonces a repoblar el mundo.

Noé levanta un altar y ofrece en holocausto a los animales y aves que ha salvado de la destrucción. Complacido por la actitud de Noé, dice Dios: "Nunca más maldeciré la tierra por las culpas de la humanidad, porque el corazón del hombre es malvado desde la juventud; jamás volveré a destruir a todas las criaturas vivientes como lo he hecho."

Para sellar este pacto, o promesa, Dios traza un "arco" en el firmamento. Presumiblemente se trata de una explicación folclórica para la aparición del arcoiris después de la lluvia. Dentro de este nuevo pacto o acuerdo, Dios bendice a Noé, le impone un nuevo conjunto de leyes alimenticias—la carne entra en vigencia y desaparece el menú vegetariano exigido en páginas anteriores del Génesis—e instituye una nueva sanción contra el asesinato, porque el hombre ha sido creado a imagen y semejanza de Dios.

¿Noé siguió las indicaciones de los planos para construir el Arca?

En cierta ocasión, caminando por los Alpes, el célebre artista e inventor renacentista Leonardo da Vinci descubrió los restos fosilizados de criaturas marinas. Desconcertado por haberlos hallado en un lugar tan alto y alejado del océano, Leonardo no llegó a la explicación que acepta la ciencia moderna. Los Alpes alguna vez estuvieron bajo el nivel del mar y ascendieron cuando África chocó contra Europa durante el proceso de la catastrófica elevación de las cadenas montañosas. Sin embargo, en los tiempos de Leonardo circulaba una explicación más simple y perfectamente plausible para la mayoría de sus contemporáneos: los restos de criaturas marinas hallados en las montañas de Italia eran prueba irrefutable del Diluvio Universal que, según la Biblia, había inundado la tierra en el lejano pasado.

Casi todas las culturas antiguas tienen un diluvio. En la mayoría de los mitos, los dioses envían un diluvio catastrófico para destruir el mundo, pero un hombre bueno y su familia son salvados para que la raza humana pueda continuar purificada. Por ejemplo, un mito sumerio habla de un diluvio enviado por los dioses para acabar con la superpoblación del planeta. Otro relato sumerio narra la historia del rey Ziusudra, quien sobrevive al diluvio, ofrece sacrificios a los dioses, vuelve a poblar la tierra y es recompensado con la inmortalidad. Los griegos tenían la historia de Deucalión. Deucalión, hijo de Prometeo, era otro constructor de embarcaciones. Cuando Zeus, víctima de uno de sus frecuentes ataques de ira, inundó la tierra, Deucalión y su esposa Pirra se refugiaron en un arca que encalló en la cima del monte Olimpo. Deucalión repobló la tierra con piedras que representaban los "huesos" de la "Madre Tierra." Pero, entre todos los mitos, el que más se parece a la historia de Noé es el de Gilgamesh. En esta epopeya babilónica, el héroe Utnapishtim sobrevive al diluvio construyendo una embarcación que finalmente encalla en el monte Nisir, en la misma región de las "montañas de Ararat" de Noé.

Estas similitudes sugieren que todos estos relatos de Oriente Medio compartían una tradición común, acaso el recuerdo de una catastrófica inundación provocada por el desborde de los ríos Tigris y Éufrates. Es fácil imaginar que estos pueblos—cuyo "mundo" era, ni más ni menos, la región que habitaban—pensaran que la inundación devastadora que los había afectado había destruido también el mundo entero. De hecho, la palabra hebrea para "tierra" en Génesis 6.17 también significa "territorio" o "país," lo cual sería indicio de un diluvio mucho más acotado.

Generación tras generación, los arqueólogos han buscado evidencias de este Diluvio Universal. Cuando el pionero británico Leonard Wooley (1880–1960) estaba investigando las ruinas de la antigua ciudad de Ur, una de las más importantes de la región mesopotámica, encontró una capa de cieno con restos de civilización humana. Al principio se convenció de que eran evidencias físicas del Diluvio bíblico. Pero luego comprendió que la inundación de Ur había sido un fenómeno local, no internacional. Más tarde, escribió: "Una gran inundación (o una serie de inundaciones) en el valle del Tigris y del Éufrates cubrió las tierras habitables entre las montañas y el desierto; para la gente que vivía allí esas tierras eran, sin lugar a dudas, el mundo." Más tarde se estableció una fecha demasiado reciente en la historia humana para haberse tratado del Diluvio bíblico. Los investigadores que siguen los pasos de Wooley han encontrado desde entonces evidencias de numerosas inundaciones en distintos sectores de Irak, algunas de las cuales indican una destrucción extensiva. Por supuesto que a pesar de las extravagantes declaraciones y anuncios realizados por numerosos arqueólogos durante el siglo pasado, nadie ha descubierto evidencias de una inundación capaz de abarcar toda la superficie terrestre.

Durante siglos la humanidad ha buscado los restos del Arca de Noé, el emplazamiento del Jardín del Edén y otros tópicos de orden fantástico que atraen la atención de la prensa poco seria. A diferencia de otros lugares y objetos bíblicos—cuya localización o aspecto es un misterio—el arca vino acompañada por el Libro de Instrucciones de Dios, una guía escueta aunque sumamente instructiva. Todos aquellos padres que hayan debido lidiar con las infinitas partes de una bicicleta en el cumpleaños de sus hijos comprenderán las dificultades de Noé.

Dios se limitó a darle las dimensiones básicas: 300 codos de largo, 50 codos de ancho, 30 codos de alto. Un codo equivale a aproximadamente 45 centímetros. Por lo tanto, las medidas aproximadas del arca fueron: 140 metros de largo por 22 metros de ancho por 12 metros de alto. En otras palabras, era una caja muy grande, el equivalente de una cancha y media de béisbol. Dios le dijo a Noé que la hiciera de "madera de topo" (en algunas versiones), madera que no vuelve a ser mencionada en la Biblia y que luego se tradujo como "ciprés." La madera debía ser cubierta con brea, otra similitud con la embarcación de la epopeya de Gilgamesh. El Arca debía tener tres cubiertas, una puerta y un techo. Aparte de las dimensiones y estas escasas indicaciones, el Libro de Instrucciones de Dios era más bien impreciso. Por lo pronto, no especifica las medidas del techo. ¿Era parcial? ¿O completo? Tampoco menciona ventanas, aunque había algunas.

A pesar de sus ostensibles dimensiones, el Arca de Noé jamás fue encontrada. Nadie halló tampoco el Jardín del Edén. Tal vez Noé convirtió el Arca en leña porque, debido al Diluvio, no había madera seca en los alrededores. Durante mucho tiempo, la búsqueda del Arca se concentró en el Monte Ararat, aunque el Génesis señala específicamente que el Arca de Noé encalló en "las montañas de Ararat." ¿Y dónde están, exactamente, esas montañas? "Las montañas de Ararat" se encuentran en la región que rodea el lago Van en la actual Turquía, a mitad de camino entre el Mar Caspio y el Mar Negro, al norte de la frontera de Turquía y la ex república soviética de Azerbaijan.

Más allá de su posibilidad histórica, la leyenda de Noé funciona como segundo relato simbólico de la Creación. Dios quiere reparar su error y decide volver a empezar. No es un retrato demasiado consolador de Dios. Este Dios del Diluvio está devorado por la impaciencia, es testarudo e incapaz de perdonar. Aparte de Noé—definido como un hombre "justo"—y su familia, aparentemente no hay nadie en toda la Creación que merezca la pena salvar. Los inocentes, animales incluidos, perecen con los culpables.

El lenguaje y las imágenes del relato del Diluvio recuerdan la primera Creación bíblica. El diluvio sugiere incluso el proceso inverso de la primera Creación, cuando la tierra fue creada de las profundidades informes. Entonces, cuando las aguas retroceden . . . no sabemos qué pasó con todos esos ahogados, pero seguramente no habrá sido agradable de ver. Dios les dice a Noé y a los suyos: "Creced y multiplicaos." La misma frase que escuchó su ancestro Adán.

¿Acaso fue Noé el primer borracho?

Las cosas no son perfectas en esta nueva Creación una vez que Noé y sus vástagos bajan del Arca, especialmente cuando "el fruto de la vid" hace su primera aparición bíblica. Noé se convierte así en el primer hombre que planta una viña, inventa el vino y, acto seguido, descubre el estado de ebriedad vulgarmente conocido como "borrachera." Mientras Noé yace en su tienda, ebrio y desnudo, su hijo Cam entra accidentalmente y ve "las vergüenzas" de su padre. Corre a contarles lo que vio a sus hermanos Sem y Jafet, y éstos cubren discretamente a su padre sin mirarlo. Cuando Noé descubre que Cam lo ha visto "en su traje de Adán," se enfurece. Sin explicar por qué todo es tan terrible y ominoso, maldice a su hijo. Pero el relato se torna confuso en esta parte porque Noé maldice a Canaán, el hijo de Cam, y no al verdadero culpable.

> *"Maldito sea Canaán,*
> *esclavo será de los esclavos de sus hermanos."*

Prosigue Noé:

> *"Dios mi Señor bendiga a Sem,*
> *y haga que Canaán sea su esclavo."*
> *(Gén. 9.25–26)*

Esta confusión tuvo consecuencias espantosas y perdurables. La moraleja del relato debe de haber sido absolutamente clara para los antiguos israelitas. Ellos estaban destinados a gobernar a los descendientes de Canaán, el pueblo que moraba en la Tierra Prometida. Dado que los cananeos eran célebres por sus lascivas prácticas sexuales—sumamente ofensivas a los ojos de los israelitas—el hecho de que Cam viera a su padre desnudo—algunas interpretaciones sugieren incluso una tendencia homosexual en el hijo de Noé—fue inmediatamente asociado con la sexualidad depravada de los cananeos. En el Levítico, la frase "descubrir la desnudez" es un eufemismo para las relaciones sexuales.

Pero el verdadero impacto histórico de este pasaje estuvo dado por su posterior interpretación, en Estados Unidos, en los siglos XVII y XVIII. En busca de un justificativo moral para la esclavitud, los esclavistas norteamericanos tomaron estos versículos bíblicos a manera de sanción divina de la "Institución Peculiar." Argumentaron—incorrectamente—que Cam no sólo era ancestro de Canaán sino también de Egipto, Cus y Put. Éstas eran las llamadas tribus "meridionales" que incluía África. En tanto "hijos de Cam," los africanos estaban destinados a ser esclavos, un punto de vista que caritativamente definiremos como descabellado. No obstante, fue ampliamente aceptado en Inglaterra y Estados Unidos hasta bien entrado el siglo XVIII, cuando algunos grupos cristianos comenzaron a condenar el esclavismo como un gravísimo pecado. Los esclavistas también citaban otras partes de la Biblia, aunque excluían deliberadamente aquellas referidas a las leyes israelitas de esclavitud y la liberación de los esclavos que conseguían escapar.

Fue un momento crucial para Estados Unidos. Por primera vez, la Biblia daba argumentos para ambos bandos en litigio. La disputa, finalmente resuelta por la Guerra de Secesión, produjo cismas profundos y dolorosos en varias iglesias norteamericanas, incluidos los Baptistas. (En 1994, la Convención Baptista del Sur emitió una disculpa formal por el "pecado de la esclavitud.") Fue un tremendo golpe para la autoridad de la Biblia en Estados Unidos.

Los otros dos hijos de Noé recibieron grandes bendiciones y el linaje iniciado por Sem eventualmente culminó en el patriarca Abram. Del nombre Sem deriva la palabra "semita," que se aplica a todos los grupos descendientes de Sem, árabes y judíos por igual.

Voces Bíblicas
Gén. 11.3–4

Y se dijeron unos a otros: "Venid, hagamos ladrillos, y cozámolos al fuego." Y usaron ladrillos en lugar de piedras, y betún en vez de argamasa. Después dijeron: "Vamos a edificar una ciudad, una torre cuya punta llegue hasta el cielo; haremos célebre nuestro nombre antes de esparcirnos por toda la tierra."

RESUMEN DE LA TRAMA: LA TORRE DE BABEL

Los hombres migran "desde el este" y se establecen en la planicie, en la tierra de Sennaar. Todos hablan el mismo idioma y deciden construir una torre que los glorifique. Dios baja a echar un vistazo y no le gusta verlos construyendo su camino al cielo. Sintiéndose amenazado, confunde la lengua, de modo tal que los constructores de la torre no puedan entenderse unos a otros. Por si acaso, Dios esparce a los hombres sobre la faz de la tierra y ellos abandonan la construcción de la torre—o ciudad—que a partir de entonces es llamada Babel.

¿Balbuceaban en Babilonia?

Hay varios puntos obvios de interés en este breve aunque famoso relato acerca del hombre que intenta superar sus límites terrenales. En primer lugar, proporciona una explicación mitológica para los numerosos idiomas que habla la humanidad. En segundo lugar, en cierta manera explica la existencia de las enormes torres halladas en el antiguo Oriente Medio. Estas torres escalonadas hechas de ladrillos cocidos al sol, llamadas ziggurats por la antigua palabra acadia para "alto," estaban esparcidas por toda la Mesopotamia. En cuanto a la referencia histórica, "la planicie de Sennaar" mencionada en el Génesis es la llanura situada entre los ríos Tigris y Éufrates, la antigua Mesopotamia (del griego, "entre los ríos"). Actualmente, la región pertenece al sur de Irak.

Esta área formaba parte de la "Media Luna Fértil" que figura en los libros de historia: el arco de tierra que se extendía desde Egipto, a lo largo de la costa mediterránea de Líbano e Israel, hasta Siria e Irak. Bañada por sistemas fluviales clave—el Nilo en Egipto, y el Tigris y el Éufrates en la Mesopotamia—dio origen a gran parte de lo que el mundo occidental llama civilización e historia. Se cree que la rueda se utilizó por primera vez en la antigua Mesopotamia, entre los sumerios, aproximadamente en el año 6000 AEC. Hacia el año 5000 AEC se comenzaron a edificar las primeras ciudades y se inició la cría de ganado. Los pobladores cooperaron con los proyectos de irrigación, tal como lo hicieron sus contemporáneos en las orillas del Nilo. Durante los siguientes 1,500 años, los sumerios utilizaron el arado, drenaron pantanos e irrigaron el desierto para extender sus áreas de cultivo. Este aumento en la eficiencia de la agricultura provocó la aparición de la primera "clase ociosa," lo que permitió el progreso de los sacerdotes, artesanos, eruditos y mercaderes. Hacia el año 3500 AEC, los sumerios trabajaban el bronce y habían desarrollado un sistema sexagesimal—basado en la cifra 60, razón por la cual una hora tiene (aún hoy) sesenta minutos—y un alfabeto escrito. Los mitos y la historia sumerios ejercieron una inconfundible influencia sobre las primeras partes del Génesis, y la "Lista del Rey Sumerio" tiene un asombroso parecido con las genealogías bíblicas de Set y Caín.

Las torres—muy similares a las pirámides escalonadas de México y América Central—estaban coronadas por un santuario. Los primeros ziggurats datan del año 2100 AEC y denotan la posible influencia de las pirámides egipcias, construidas varios siglos atrás. El más grande de estos ziggurats—una pirámide de siete pisos construida en el año 1900 AEC aproximadamente—se encontraba en la ciudad de Babilonia.

La historia de la Torre de Babel fue muy significativa para los antiguos israelitas ya que les proporcionó una explicación del nombre de la ciudad de Babilonia, que en sumerio quería decir "puerta de los dioses" y en hebreo estaba relacionado con la palabra "confundir." En otras palabras, el autor de esa parte del Génesis se valió de un juego verbal para menospreciar al pueblo que luego capturó a los israelitas y los mantuvo cautivos en la legendaria Babilonia.

En otro contexto, el relato describe—nuevamente—a los hombres intentando "ser dioses" y a Dios sumamente descontento ante la sola idea. Pero no sólo el Dios de los israelitas se oponía a esta idea, sino también otros dioses de numerosas y diversas mitologías. En otras palabras, acaso sea parte de la naturaleza humana anhelar el cielo . . . ya sea construyendo torres en el desierto, rascacielos en la ciudad o enviando cohetes a la Luna.

Voces Bíblicas
Gén. 12.1–3

Y dijo el Señor a Abram: "Sal de tu tierra, de tu familia y de la casa de tu padre, y ven a la tierra que te mostraré. Y Yo haré de ti una gran nación, y te bendeciré, y ensalzaré tu nombre. Y tú serás una bendición: y bendeciré a los que te bendigan, y maldeciré al que te maldiga. En ti serán benditas todas las familias de la tierra."

RESUMEN DE LA TRAMA: LA VOCACIÓN DE ABRAM Y SUS VIAJES

Hijo de Tare nacido en Ur—descendiente directo de Noé—Abram también descendía de Adán. Primer patriarca de árabes y judíos por igual, Abram—Dios posteriormente cambiará su nombre por el de Abram—tenía un hermano llamado Haran (nombre que también correspondía a una ciudad situada en el noroeste de la Mesopotamia, en la actual Siria). Haran murió, pero dejó un hijo llamado Lot, naturalmente sobrino de Abram. La mujer, y media hermana, de Abram era Sarai. Tare llevó a su hijo Abram, a Sarai y a Lot a Haran (aquí se produce una pequeña confusión porque el nombre del lugar es el mismo que el del hermano muerto de Abram).

Apenas llegan a Haran, Dios ordena a Abram que se dirija a la cercana Canaán, tierra que promete a Abram y a su descendencia. Una vez en Canaán, Abram levanta dos altares e "invoca el nombre del Señor." Luego se desata una hambruna y Abram se traslada a Egipto, pero teme que el faraón lo mate para quedarse con su esposa, la bellísima Sarai.

Para salvar su vida, Abram le ordena a Sarai que finja ser su hermana. Sarai es llevada al palacio del faraón en calidad de concubina y Abram prospera. Pero Dios envía una plaga contra el faraón y, cuando éste descubre el engaño de Abram, le ordena abandonar Egipto. De regreso en Canaán, Abram, y Lot deciden separarse. Abram le permite elegir primero a Lot y éste escoge una planicie cercana a la ciudad de Sodoma. Abram se dirige a la tierra de Canaán, donde Dios le dice nuevamente: "Multiplicaré tu descendencia como el polvo de la tierra; aquel que pueda contar los granos del polvo de la tierra, también podrá contar a tus descendientes."

Cuando cuatro reyes de Oriente declaran la guerra contra Sodoma y toman a Lot como rehén, Abram envía un pequeño ejército a rescatar a su sobrino. Abram—identificado por primera vez como "el hebreo"—derrota a los cuatro reyes y entrega la décima parte del botín al rey Melquisedec, quien es también el sumo sacerdote del culto cananeo El Elyon—el Dios Más Alto—en Salem, lugar que posteriormente será llamado Jerusalén.

¿De dónde provenía Abram?

Si un hombre entrega su esposa a otro hombre para salvar su propio pellejo, lo consideramos un cobarde. Si se acuesta con la sirvienta de su esposa para engendrar un hijo, lo llamamos cerdo. Si luego expulsa a su hijo y a la sirvienta de la casa, lo llamamos mal padre. Y si ese mismo hombre amenaza con matar a su hijo y dice: "Dios me ordenó hacerlo," la mayoría de la gente coincidirá en que es menester encerrarlo, aun cuando no haya llegado a cometer lo impensable. Pero el patriarca bíblico Abram hace todas estas cosas y es considerado uno de los héroes de la fe por sus actos.

Reverenciado como el "Padre de todas las naciones" por judíos, árabes y cristianos, Abram es el perfecto ejemplo de un hecho poco grato:

los héroes bíblicos no siempre eran heroicos, y ni siquiera buenos tipos. De hecho, algunos de ellos eran personajes absolutamente patéticos. Pero, en todos los casos, fueron elegidos por Dios para recibir un tratamiento especial y enfrentar con frecuencia pruebas morales extremas.

Abram es también el primer personaje bíblico posible de ser vinculado, aunque de manera remota y especulativa, a la historia de la humanidad. Esto no equivale a decir que sabemos que existió un hombre llamado Abram. No hay pruebas específicas de su existencia fuera de la Biblia. Pero su llegada a la escena del Génesis marca la aparición de las primeras pistas que indican que el mundo bíblico en el que supuestamente vivió era en realidad el mundo que la historia reconoce.

El lugar de nacimiento de Abram es cuestionable. Según la Biblia, había nacido en Ur, por entonces una importante ciudad en el sur de la Mesopotamia. Pero el Génesis también dice que era de Haran, otra ciudad clave comunicada con Ur por antiguas rutas comerciales. Una explicación posible: Abram nació en Haran y luego se trasladó a Ur. Por otra parte, el eminente estudioso de la Biblia Cyrus Gordon sostiene que Abram era oriundo de Urfa, en el norte de la Mesopotamia, y no de Ur. La fecha del viaje de Abram también es tema de especulaciones y desacuerdos entre los eruditos. Gordon la establece cerca del año 1385 AEC. Tradicionalmente se creía que Abram había vivido entre los años 2000 y 175 AEC. Sus viajes corresponden a rutas migratorias y comerciales muy usadas antes de que Ur fuera conquistada y abandonada en el año 1740 AEC. Otro problema a resolver es la mención de unos camellos entregados a Abram. Los camellos no fueron domesticados hasta el siglo XIV AEC. Otra confusión: el Génesis habla de "Ur de los caldeos." Los caldeos entraron en la escena mesopotámica mucho tiempo después y conquistaron Jerusalén en el año 612 AEC, expulsando al pueblo de esa ciudad al exilio en Babilonia. Algunos estudiosos sostienen que Abram vivió en esta época tardía, pero lo más probable es que el escriba que copiaba las Escrituras haya utilizado la frase "Ur de los caldeos" para impactar a los lectores judíos que habían sufrido el Exilio a manos de los conquistadores caldeos.

Las corrientes más aceptadas sostienen que Abram vivió en el segundo milenio AEC. Las tablillas de piedra de ese período demuestran que "Ibrahim" era un nombre común. En ese caso, Abram habría sido contemporáneo de Hammurabi, uno de los reyes más famosos de Babilonia. Por supuesto que llegar a esta conclusión equivale a encontrar un "John Smith" en la guía telefónica de Manhattan y suponer que es el mismo "John Smith" que gobernó Virginia en la época colonial.

En tanto Abram existe sólo en la fe—o en la leyenda—Hammurabi (o Hammurapi) es un poco más fácil de rastrear. Amorita ("occidental") cuya familia se trasladó a Sumer después del año 2000 AEC, Hammurabi conquistó varias ciudades sumerias y fundó un pequeño imperio. Así se convirtió en el primer rey en elevar a Babilonia al estatus de gran potencia. Algunos estudiosos conjeturan que Hammurabi—rey de Babilonia entre los años 1792 y 1750 AEC, aunque otros eruditos fechan su reinado entre los años 1706 y 1662 AEC—podría ser el misterioso rey Amrafel, rey de Sennaar, mencionado en Génesis 14. No obstante, no hay evidencias que justifiquen esta suposición.

Hammurabi es universalmente recordado por su código, escrito hacia el final de su reinado sobre tablillas de arcilla y estelas de piedra. Estas leyes—entregadas a Hammurabi por el dios sol Shamash y derivadas de antiguas leyes sumerias—resultan severas para los estándares modernos ya que proponen la pena de muerte para una variedad de ofensas, entre ellas el secuestro y ciertas clases de robo. El código también abarcaba las regulaciones del tránsito por el río Éufrates y los derechos de los veteranos. Estos códigos escritos representaron un importante avance para la civilización humana y permitieron pasar de un estado de violencia primitiva y venganza arbitraria a una forma de justicia que incluía la protección de los miembros más débiles de la sociedad: mujeres, niños, pobres, y esclavos. Hay claros paralelismos—e igualmente claras diferencias—entre el código de Hammurabi y las Tablas de la Ley que Dios entrega a Moisés en el monte Sinaí (véase Éxodo). La idea de "ojo por ojo" figura en el código de Hammurabi y en el Éxodo, y hay también otras similitudes respecto a los daños causados por los animales de un agricultor.

Pero existe una diferencia sustancial entre estos dos cuerpos de leyes. A diferencia de lo que ocurre con el Arca de la Alianza que contenía los Diez Mandamientos—imposible de encontrar a pesar de *Indiana Jones y los Buscadores del Arca Perdida*—podemos "ver" las leyes de Hammurabi tal como fueron inscritas. A comienzos de este siglo un grupo de arqueólogos franceses descubrió un ejemplar del código, tallado en un bloque de piedra, en la antigua ciudad de Susa (la actual Shush, en Irán, próxima a la frontera con Irak). Se encuentra en exhibición permanente en el Museo del Louvre, en París.

RESUMEN DE LA TRAMA: ABRAM, SARAI Y AGAR

Como le han prometido reiteradamente que fundará "una gran nación," Abram empieza a preocuparse . . . y a envejecer. Cuando considera la posibilidad de convertir a uno de sus esclavos en su heredero, su esposa Sarai le sugiere que tome como concubina a Agar, su esclava egipcia. Si tiene hijos con ella, serán de Sarai. Numerosas tablillas de arcilla encontradas en Oriente Medio confirman que esta idea habría sido normalmente aceptada en aquella época.

Pero el relato adquiere una maravillosa calidad humana cuando la estéril Sarai siente celos de la fecunda Agar y la maltrata. Agar escapa al desierto, donde Dios le promete que su hijo también tendrá una numerosa descendencia. Convencida, Agar regresa y da a luz al primer hijo de Abram: Ismael ("Dios oye"). En la tradición musulmana, los árabes atribuyen su origen a los "ismaelitas," tribus Beduinas del desierto meridional. Éste es el antiguo vínculo entre árabes y judíos a través de Abram.

Pero Dios le promete otro hijo al incrédulo Abram, ya de noventa y nueve años, y a su esposa Sarai, de noventa. Dios le dice a Abram ("exaltado ancestro") que a partir de entonces su nombre será Abram ("ancestro de multitudes"), le promete todo el territorio de Canaán y le pide que selle el acuerdo circuncidando a todos los varones. Abram accede y todos los varones adultos, incluido su hijo Ismael de trece años, son circuncidados. La remoción ritual de la piel del prepucio no es una práctica exclusiva de los descendientes de Abram. Es común a muchos pueblos africanos, sudamericanos y del Oriente Medio, entre ellos los egipcios.

Sarai se ríe ante la sola idea, a todas luces ridícula, de concebir un hijo a su edad. Dios también le otorga un nuevo nombre: Sara (ambos quieren decir "princesa"). Más tarde, Sara da a luz a Isaac ("el que ríe"), quien se convertirá en el heredero de Abram. Una vez más, Agar se ve obligada a huir de los celos de Sara y, nuevamente, Dios le promete que Ismael fundará una nación. Abandonada sin agua en el desierto, suplica no ver morir a su hijo. Se le aparece un ángel—palabra derivada de la voz griega para "mensajero"—y comienza a fluir el agua de una fuente.

VOCES BÍBLICAS
GÉN. 18.23–25

Entonces se acercó Abram y dijo: "¿Por ventura destruirás al justo con el impío? Si se hallaren cincuenta justos en aquella ciudad, ¿han de perecer ellos también? ¿Y no perdonarás a todos por los cincuenta justos que en ella se hallaren? Lejos de ti tal cosa, que tú mates al justo con el impío, y que sea aquél tratado como éste. Eso no es propio de ti. ¿Aquel que es Juez de toda la tierra no ha de hacer lo que es justo?"

RESUMEN DE LA TRAMA: SODOMA Y GOMORRA

Una vez más la humanidad se ha entregado al mal, especialmente en esa célebre ciudad bíblica, Sodoma, donde eligió afincarse Lot, el sobrino de Abram. Dios mira hacia abajo y, nuevamente, no le gusta lo que ve. El mal está en todas partes, notablemente bajo la forma de una depravación sexual no especificada. Por esta razón ciertos delitos sexuales se siguen definiendo, aún hoy, mediante el ubicuo término "sodomía." Una vez más, Dios decide deshacerse de por lo menos algunas de sus más conflictivas creaciones. (Recordemos que le había prometido a Noé no volver a destruir a la humanidad en su conjunto.)

Pero antes de que Dios inicie su mortífera tarea, Abram hace un trato con Él y lo persuade de no destruir a los inocentes junto con los culpables. Abram regatea con Dios y negocia la salvación de la ciudad a cambio de presentarle cincuenta hombres justos, luego cuarenta y cinco, luego cuarenta, luego treinta, y por último veinte. Finalmente, el Señor accede a no destruir Sodoma si Abram logra reunir diez hombres justos.

Aparentemente, los justos no son tan fáciles de encontrar. Dos ángeles con forma humana—enviados para advertir a Lot del luctuoso destino de Sodoma—son bienvenidos, alimentados, y albergados en la casa del sobrino de Abram, según la mejor tradición antigua de la hospitalidad. Pero una desatada y lujuriosa turba masculina—"todos, hasta el último hombre de Sodoma"—le exige a Lot que entregue a esos "extranjeros" para poder "conocerlos." Obviamente, no se trata de una multitud inofensiva que desea iniciar una amistad. Ante la posibilidad de entregar a sus huéspedes a una pandilla de violadores homosexuales, Lot se niega . . . y llega al extremo de ofrecer a sus dos hijas vírgenes a la turba enloquecida. Evidentemente considera que sus deberes de anfitrión son más importantes que su deber de padre. La turba enfurecida insiste y Lot vuelve a entrar en su casa a empujones.

Los ángeles le dicen a Lot que se lleve a su familia. Sodoma será destruida. Los futuros yernos de Lot no les creen y se niegan a irse. El propio Lot no parece muy decidido, de modo que los ángeles lo guían—junto con su esposa y sus dos hijas—hacia las puertas de la ciudad. Sodoma y la vecina Gomorra—cuyas perversiones específicas jamás son consignadas, curiosamente—son destruidas. En medio de la huida, la mujer de Lot ignora la prohibición de mirar atrás. Mientras una lluvia de fuego y azufre cae sobre las malvadas Ciudades Gemelas, la desobediente es convertida en estatua de sal.

Lo que no se enseña en la catequesis es que las hijas huérfanas de madre de Lot tuvieron que enfrentar un grave problema: con todos los hombres de Sodoma reducidos a humo y cenizas, ¿cómo hacer para conseguir marido? Muy fácil: emborrachan a su padre y, una por vez, "yacen" con él. Ambas quedan embarazadas y dan a luz hijos varones.

¿Por qué la mujer de Lot se convirtió en estatua de sal?

La historia de Sodoma y Gomorra siempre ha sido presentada, desde un punto de vista moral, como la destrucción del mal por obra de Dios. Pero el relato tiene un subtexto más poderoso, relacionado con el pecado al que se vincula el nombre de Sodoma. Debido a ello, la destrucción de la perversa ciudad siempre ha sido—y continúa siendo—citada como una de las justificaciones bíblicas básicas contra la homosexualidad.

Todos los hombres de Sodoma amenazan con violar en pandilla a los ángeles mensajeros de Dios que han ido a la casa de Lot. Finalmente, la ciudad es destruida. Este episodio ha sido visto durante mucho tiempo como una condena directa contra la homosexualidad, conducta sexual por lo demás condenada en otras secciones de las Escrituras hebreas y cristianas. Aunque muchos estudiosos contemporáneos de la Biblia sostienen que el acto homosexual no es el verdadero punto de conflicto en el caso de Sodoma, es casi imposible no admitir que los antiguos israelitas consideraban a la homosexualidad una "abominación," aun cuando fuera aceptada en otras culturas vecinas. Esto podría explicarse por la sacralidad de la procreación entre los antiguos israelitas: la actividad sexual que no producía retoños era, por consiguiente, un pecado.

En cuanto a las hijas incestuosas de Lot, cada una tiene un hijo varón. El primero es llamado Moab y será el ancestro de los moabitas, una tribu vecina de Israel. El otro es Ben-Ammi o Ammon, ancestro de los amonitas, otra tribu vecina. Para los israelitas, esta historia—adaptada de un antiguo relato del folclore cananeo—explica burlonamente el origen de dos tribus vecinas. También establece que estas tribus no descendían de Adán y, por ende, no tenían derecho a reclamar la Tierra Prometida.

Los restos de las Ciudades Gemelas del Pecado no han sido encontrados. El mito cuenta que yacen enterradas bajo el Mar Muerto. Más allá de sus connotaciones morales, el relato explica dos fenómenos locales. La región del Mar Muerto es rica en brea, supuestamente dejada por la estela de la destructiva lluvia "de fuego y azufre" que cayó del cielo. Los egipcios utilizaban brea en el proceso de momificación, y la palabra egipcia para brea es "momiya," de la que deriva "momia." También se usaba para "embrear" las casas y era parte fundamental de la actividad comercial de la época y el área.

Pero el Dr. Charles Pellegrino intenta una especulación poco ortodoxa aunque fascinante en su libro *Return to Sodom and Gomorrah*. Pellegrino—una suerte de "chico malo" de la ciencia que ha diseñado cohetes, probado el naufragio del *Titanic* con el Dr. Robert Ballard, y en cierta ocasión escribió un artículo sobre clonación de dinosaurios que inspiró la película *Parque Jurásico*—disfruta desafiando a la sabiduría científica convencional. En su libro sugiere que la historia de Sodoma, como muchos otros relatos iniciales del Génesis, es una adaptación de fuentes babilónicas. Señala que los nombres originales de las ciudades—traducidos al griego como "Sodoma" y "Gomorra"—eran Siddim (o Sedom) y Amora—nombres mesopotámicos—y que los reyes guerreros que atacaron Sodoma y fueron derrotados por Abram eran oriundos de Sennaar, en la zona del Tigris y el Éufrates. Pellegrino concluye que "Sodoma, si existió, existió en o cerca de Irak." (*Return* . . . , p. 180.)

La historia de la mujer de Lot es otra versión de un tema mítico bastante común: alguien es castigado por desobedecer la orden o el mandato divino. En la mitología griega, por ejemplo, Orfeo baja al mundo subterráneo para recuperar a su amada esposa Eurídice. Cuando están saliendo, ignora la prohibición de mirar atrás y pierde a su esposa para siempre. En el caso de la mujer de Lot, el relato antiguo explica las peculiares formaciones salitrosas que rodean el Mar Muerto (que en realidad no es un mar, sino un lago).

RESUMEN DE LA TRAMA: EL SACRIFICIO DE ISAAC

Luego de esperar cien años por el hijo y heredero que Dios le había prometido, Abram recibe la orden divina de ofrecerlo en sacrificio. El Profeta jamás cuestiona esta orden en las Escrituras. Simplemente hace lo que le dicen: obedece ciegamente a un Dios que le manda matar a su hijo adorado. Incluso cuando el niño le pregunta dónde está el cordero del sacrificio, Abram responde secamente: "Dios proveerá el cordero."

Recién cuando Abram ata al niño, lo tiende en el altar y levanta el cuchillo para hundirlo en su carne . . . un ángel lo detiene. Abram recibe la noticia de que ha pasado la prueba: él sí "teme" a Dios. Un carnero sustituye al niño en el altar.

¿Abram realmente lo hubiera hecho?

La historia del sacrificio de Isaac a manos de su padre es uno de los momentos centrales de la Biblia. Pero obliga a plantear una serie de preguntas perturbadoras. ¿Es aceptable esa clase de devoción u obediencia al mandato divino? ¿Abram realmente estaba dispuesto a hacerlo? ¿Y qué clase de Dios le pide a un padre que sacrifique a su hijo, aunque sólo sea para ponerlo a prueba? En opinión de muchas personas, se trata de una prueba de fe innecesariamente cruel.

En el relato, Abram no hace absolutamente nada que indique que haya tenido la menor sospecha acerca de esta exigencia divina. No pone en defender a su hijo el mismo énfasis que empleó con los ciudadanos de Sodoma . . . unos perfectos extraños. Sara también guarda silencio en este episodio. ¿Intentó detener a su esposo? ¿Sabía lo que éste se disponía a hacer? ¿Una madre hubiera hecho lo que hizo Abram? Tampoco sabemos qué piensa Isaac ahí tendido con un cuchillo apuntado hacia su cuerpo. Todas estas preguntas, sumamente interesantes, permanecen en el reino de la especulación.

Por supuesto que la realidad de este hecho también es pura especulación, tal como la misma existencia de Abram como persona de carne y hueso, no como personaje mítico. Tal vez este episodio haya sido otra leyenda destinada a demostrar lo que es la fe inquebrantable y que Dios no se había equivocado al elegir a Abram como padre fundador del "Pueblo elegido."

Pero esta historia tiene otra faceta que generalmente no se discute en la catequesis. En aquella época todavía se ofrecían sacrificios humanos en el marco de algunos cultos y religiones de Oriente Medio. De hecho, la ley hebrea establecía que el primer vástago de humanos y animales fuera ofrendado a Dios. El sacrificio abortado de Isaac ha sido interpretado como un momento simbólico, en el que Dios rechaza el sacrificio humano. Desafortunadamente, esta práctica no terminó con Abram. Tal como lo demuestra la historia del antiguo Israel, la práctica del sacrificio humano persistió en Jerusalén durante siglos.

El episodio despierta otra duda. Cuando Dios detiene la mano de Abram, el pasaje bíblico dice que Abram "teme" a Dios. ¿Qué es entonces "el temor de Dios," expresión comúnmente empleada hasta nuestros días, en el contexto de la Biblia? La palabra hebrea para "temor" puede entenderse de dos maneras. Ocasionalmente aludía al temor en su sentido más lato: la perturbadora sensación psicológica de tener miedo. Pero muy a menudo el "temor" bíblico significaba pavor o reverencia hacia alguien de posición exaltada. En otras palabras, Abram no necesariamente "tuvo miedo" de Dios; más bien, le ofreció su más profundo respeto.

Voces Bíblicas
Gén. 24.1–5

Viéndose Abram ya viejo, y de edad muy avanzada, y viendo que el Señor lo había bendecido en todas las cosas, dijo al sirviente más antiguo de su casa, quien estaba a cargo de todo lo que tenía: "Pon tu mano debajo de mi muslo y te haré jurar por el Señor, Dios del cielo y la tierra, que no casarás a mi hijo con las hijas de los cananeos, entre los cuales habito, sino que irás a mi tierra, a mi familia, y de allí traerás una esposa para mi hijo Isaac."

RESUMEN DE LA TRAMA: ISAAC Y REBECA

Cuando Sara muere a los 127 años, Abram la entierra en una cueva en Hebrón. Llamativamente, compra la tierra a los pobladores locales, los hititas, aunque los versículos bíblicos explican de manera exhaustiva las grandes medidas que tomó Abram para poder efectuar un reclamo legal sobre las mismas. Éste es un pasaje crucial: la primera compraventa de bienes raíces de que se tenga registro, considerada como la confirmación legal de la posesión de una tierra prometida previamente por Dios. En otras palabras, una cosa es la palabra de Dios y otra, muy distinta, son las cuestiones legales.

Abram también se da cuenta de que su hijo Isaac debería tener una esposa, pero no quiere una mujer de Canaán (otra embestida del autor del Génesis contra los cananeos). En una de las narraciones más largas del Génesis, Abram envía a su sirviente de regreso a su tierra natal. En Nacor, cerca de Haran, el sirviente encuentra una hermosa joven junto a un pozo. Nuevamente, los nombres de las personas y los lugares se confunden. Nacor es el nombre de la ciudad, pero también el de un hermano de Abram. La joven le ofrece agua y el sirviente lo considera una señal divina: ella será la esposa de Isaac. Ella es Rebeca, hija de Batuel, el sobrino de Abram. El sirviente de Abram es recibido en la casa por Laban, el hermano mayor de Rebeca, y luego de una complicada negociación, cierran el trato que convertirá a Rebeca en la esposa de Isaac.

Tras la muerte de Sara, el anciano Abram decide que todavía está en forma. Toma una nueva esposa, Cetura, que le da seis hijos. Éstos son los ancestros de otras tribus arábicas, entre ellas los madianitas, que más tarde aparecerán en la historia de Moisés. Cuando Abram muere a los 175 años, es enterrado junto a Sara en la cueva que había comprado en Hebrón. A la muerte de Abram le sigue otra genealogía, la de los hijos de Ismael, quienes también tuvieron doce hijos que luego se organizaron en doce tribus.

Como antes hizo con Abram, Dios promete a Isaac la tierra y numerosos descendientes. Pero el joven heredero también se parece a su padre en otro aspecto. Nuevamente hay una hambruna y Dios le dice a Isaac que vaya a la tierra del rey Abimelec, con quien Abram había disputado en el pasado. En un relato especular de la mentira de Abram al faraón, Isaac proclama que la deseable Rebeca es su hermana porque teme que lo asesinen para apoderarse de ella. Cuando el rey Abimelec sorprende a Isaac acariciando a Rebeca en un campo, exclama: "¡De modo que es tu esposa! ¿Por qué dijiste entonces: 'Es mi hermana'?" Abimelec ordena que dejen en paz a Isaac, quien prospera notablemente. En un episodio anterior, Abimelec es identificado como "el rey de los filisteos," tribu que desempeñará un papel prominente en la historia de Israel. Éste es otro ejemplo de error cronológico en el que suelen incurrir los autores del Génesis. Los filisteos formaron parte de la invasión de los "pueblos marinos" e ingresaron en gran número en la región a partir del año 1200 AEC, mucho después de que los acontecimientos mencionados tuvieran lugar.

RESUMEN DE LA TRAMA: JACOB Y ESAÚ

Como la madre de Isaac, la bella Rebeca también es estéril. No obstante, concibe y da a luz gemelos gracias a las súplicas de Isaac a Dios. El primero en nacer es Esaú ("rojo"); el segundo, que nace aferrando el tobillo de su hermano mayor, es Jacob ("el que toma del tobillo" o "el que suplanta"). El tema mítico de los gemelos hostiles se desarrolla aquí como la enemistad entre dos tribus emparentadas: los israelitas y los edomitas. Jacob, el menor, es un tramposo: otro personaje mítico clásico, semejante al Odiseo de los antiguos griegos. Se hace pastor y es el preferido de su madre. Esaú, un cazador de corto ingenio y fácil de engañar, es el favorito de Isaac. Jacob logra que Esaú le venda sus derechos de primogénito a cambio de un cuenco de potaje, también rojo, haciendo hincapié en el origen del nombre Edom que, como Esaú, quiere decir "rojo."

En un episodio más serio, Jacob es obligado por su madre a engañar a su padre, Isaac, quien está perdiendo la vista. Rebeca cocina la comida favorita de Isaac y cubre a Jacob con una piel de cabrito, de modo que parezca tan velludo como Esaú. Jacob engaña a su padre haciendo que lo bendiga en su lecho de muerte, bendición usualmente reservada al primogénito. Cuando Esaú descubre lo que ha hecho Jacob, exige una nueva bendición de Isaac. Éste le dice que vivirá de la grosura de la tierra y de su espada. También le anuncia que servirá a su hermano, pero que un día será libre. (En tiempos del rey David, cuando se escribió este texto, Edom era gobernada por Israel, pero más tarde se rebeló.) Luego de recibir esta bendición mixta, Esaú amenaza con matar a Jacob.

¿Qué es la escala de Jacob?

Descontenta porque Esaú ha llevado a su casa dos jóvenes "del lado errado"—mujeres cananeas—y aún temerosa de que cumpla su amenaza de asesinar a Jacob, Rebeca planea enviar a su hijo menor a un lugar a salvo del peligro. En un relato que refleja la búsqueda de mujer para Isaac por parte del sirviente, Jacob parte rumbo a Haran en busca de esposa. La narración sigue el largo viaje de Jacob, semejante a la Odisea, aunque no tan peligroso. Aquí estamos frente a otra antigua tradición poética: la búsqueda errante del héroe, colmada de episodios místicos y acontecimientos extraordinarios, y su regreso al hogar.

En la primera noche de su viaje, Jacob usa una piedra a manera de almohada. Sueña con una escala que llega al cielo, por la que suben y bajan los ángeles. Dios le habla y renueva la promesa de otorgarle tierra y numerosa descendencia, anteriormente formulada a Abram y a Isaac. Cuando Jacob despierta, derrama aceite sobre la piedra que le sirvió de almohada y santifica el lugar, al que llama Betel ("Casa de Dios"). Allí mismo promete que el Señor que le habló en sueños será su Dios. También promete, como Abram, dar la décima parte de todo lo que reciba.

Aunque los artistas de la era cristiana representaron la "escala de Jacob"—inmortalizada en un popular himno—como una verdadera escala, la palabra original que la designaba podría traducirse como "rampa" o "escalera." En otras palabras, en la Biblia se menciona "Una escalera al cielo" mucho antes del éxito de Led Zeppelin. No obstante, en términos de arqueología, la imagen soñada por Jacob se relaciona con torres escalonadas como el ziggurat de Babel, en la Mesopotamia. Y cuando Jacob llama Betel al lugar confirma su conexión con la "puerta de Dios" (Babilonia).

RESUMEN DE LA TRAMA: JACOB Y RAQUEL

Jacob quiere una chica como la que se consiguió el anciano profeta. De modo que acude a Laban, el hermano de Rebeca, tal como hizo el sirviente de Abram. Y, oh casualidad, también conoce a una hermosa muchacha junto a un pozo de agua. Pero, a diferencia del sirviente de Abram—quien llevaba un suntuoso tesoro para pagar la dote—Jacob está quebrado. Para obtener la mano de Raquel, promete trabajar siete años seguidos para el tío Laban.

La trama progresa a través de una serie de trampas tendidas por todos y cada uno de los actores del drama, que debe de haber sido muy popular como "relato de fogón." En la mañana de la boda, Laban hace que su hija mayor, Lía, vista el traje de la novia. Con el rostro oculto por un velo, Lía se casa con Jacob. Al descubrir el engaño, Jacob insiste en casarse con Raquel, y promete servir a Laban durante otros siete años para tenerla. Laban accede y Jacob tiene dos esposas y catorce años de servicios gratuitos por delante. Pero se las ingenia para entretenerse y engendra una numerosa progenie, aunque su adorada Raquel es estéril. En un principio, Lía le da cuatro hijos varones. La envidiosa Raquel le entrega a Jacob su esclava Bala, quien tiene dos hijos con él. Lía, que sólo ha tenido cuatro, quiere más hijos y le entrega a su sirvienta Celfa. Celfa también tiene dos hijos. La constante Lía tiene luego otros dos hijos y una hija. Finalmente, la esterilidad de Raquel desaparece y logra tener dos hijos, aunque muere en el parto del segundo. Casi sin darse cuenta, Jacob ha engendrado trece hijos. A continuación, la lista de los hijos de Jacob:

Con Lía	Con Bala	Con Celfa	Con Raquel
Rubén	Dan	Asher	José
Simeón	Neftalí	Gad	Benjamín
Leví			(Raquel muere en el parto)
Judá			
Isacar (luego de creerse estéril)			
Zabulón			
Dina (la única mujer)			

¿Cómo fue que Jacob se convirtió en "Israel"?

Jacob, el tramposo, consigue vengarse del tío Laban negociando los rebaños que ha cuidado con tanto esmero. Jacob y Laban acuerdan que aquél se quede con todas las ovejas y carneros de pelaje manchado y listado, y con todos los corderos negros de los rebaños. Cuando cae la noche, el artero Laban les dice a sus hijos que saquen de los rebaños todas las ovejas y carneros de pelaje manchado y listado, y todos los corderos negros. Jacob también hace de las suyas y, en un relato que combina magia con precoz ingeniería genética, coloca unas varas listadas frente a los animales más fuertes y saludables del rebaño. La intención es que las ovejas miren estas varas durante el apareamiento. Finalmente nacen los corderos y se comprueba la eficacia de las varas mágicas: los recién nacidos tienen pelaje manchado, listado o negro. Jacob repite el procedimiento hasta obtener un rebaño fuerte y saludable, y logra darle su merecido a su traicionero tío.

Laban y sus hijos se resienten por la estratagema y Dios le envía a Jacob un ángel que le ordena abandonar la casa de su tío. Luego de veinte años de servicio ininterrumpido, Jacob se marcha con sus esposas, sus hijos y sus rebaños . . . sin avisarle a Laban. Antes de partir, Raquel roba los "dioses lares" de su padre, idolillos tallados en piedra o madera que la gente ponía en sus casas para tener buena suerte. Laban intercepta a Jacob y a su caravana, y busca los objetos robados. Raquel se sienta sobre los dioses de su padre y, cuando llegan a revisarla, dice que está menstruando y no puede levantarse.

Estos "dioses domésticos" eran ídolos típicos de los cultos practicados en Canaán y el resto de la Mesopotamia. Estatuillas talladas o símbolos de fertilidad eran colocados en distintos lugares de la casa, tal como ahora colgamos cuadros de santos o crucifijos. El episodio en el que la menstruante Raquel oculta los ídolos es evidentemente una ácida burla de los israelitas hacia sus rivales, ya que la mujer se sienta encima de los dioses cuando está "inmunda."

Jacob y Laban se reconcilian, y Laban deja ir a sus hijas. En su largo camino de regreso a casa, Jacob debe atravesar el territorio de su hermano Esaú. Dudando de la bienvenida de su hermano, Jacob divide a su gente y su ganado en dos y envía mensajeros con obsequios para Esaú. Su estrategia es la siguiente: o gana el favor de Esaú o pierde la mitad de sus posesiones. Pero, antes de verse con Esaú, Jacob tiene un misterioso encuentro en medio de la noche. Completamente solo, lucha con un hombre sin nombre. Como todos los grandes héroes, Jacob posee una fuerza sobrehumana y se arroja sobre el misterioso desconocido, dislocándole la cadera. Jacob se niega a liberarlo hasta que el hombre lo bendice. El "hombre" le pregunta cómo se llama y, cuando Jacob responde, dice: "No ha de ser ya tu nombre Jacob, sino Israel, porque has mostrado tu fuerza con Dios y con los hombres, y has prevalecido." El nombre Israel se traduce como "aquel que lucha con Dios" o "Dios manda." Posteriormente será aplicado a la confederación formada por las doce tribus, vinculando a estos grupos no sólo por la fe religiosa sino por antiguos lazos de sangre.

Desde el análisis histórico moderno, una de las revisiones más inflexibles del relato de las "doce tribus" sostiene que esos grupos habitaron Canaán—luego Israel—antes de recibir ese nombre. De acuerdo con evidencias arqueológicas e históricas recientes, el argumento de "las doce tribus" entró en vigencia mucho después para fortalecer la unidad de la confederación de tribus locales—tal vez no vinculadas a Jacob—que constituyeron el reino de Israel hacia el año 1000 AEC. Según J. R. Porter: "Los nombres tribales eran originalmente nombres geográficos de distintas regiones de Palestina, pero en el Génesis se transforman en nombres de personas. A los nombres de los ancestros tribales se les atribuyen etimologías populares, que de ninguna manera corresponden a la realidad histórica" (Porter, p. 47). Por ejemplo, Cyrus Gordon consigna en su libro *The Bible and the Ancient Near East,* que la tribu de "Dan" tuvo su origen en otro de los "pueblos marinos," un grupo conocido como los Danuna (Gordon, p. 96). Hay numerosas evidencias, incluso en la Biblia misma, de que muchos de los "hijos de Israel" ya estaban asentados en la "Tierra Prometida" antes del Éxodo de Egipto en tiempos de Moisés. (Véase Éxodo.)

Después de luchar con Dios, Jacob se encuentra con Esaú, quien sale a recibirlo acompañado por 400 hombres. Pero, en lugar de verse en problemas, Jacob recibe la bienvenida y el perdón de su hermano mayor. Esaú lo abraza, y luego se besan y lloran. Hermano engañado, Esaú suele ser recordado por su credulidad, pero merece una imagen más noble. Fue embaucado, no una sino dos veces . . . por una madre conspirativa y manipuladora, y un hermano dispuesto a obedecerla. No obstante, es menester reconocerlo por lo que en realidad es: un verdadero héroe y modelo que, aunque engañado, abraza emocionado a su hermano y le otorga su perdón incondicional.

RESUMEN DE LA TRAMA: LA VIOLACIÓN DE DINA

Aunque sus legendarios doce hijos captaron todas las miradas, Jacob también tuvo una hija: Dina. Su historia es uno de esos episodios perturbadores que los catequistas prefieren pasar por alto. Pero es también un recordatorio de que estas historias transcurrieron en una cultura primitiva de feudos consanguíneos y venganzas personales. Luego de haber hecho las paces con Laban y Esaú, Jacob y su familia deben enfrentar terribles dificultades durante su camino de regreso a Canaán. Acampan en las afueras de la ciudad de Siquem y compran una parcela de tierra para que pasten sus rebaños. Pero un lugareño, también llamado Siquem, viola a la hija de Jacob. El padre del joven expresa su arrepentimiento y ofrece que su hijo contraiga enlace con Dina. Incluso propone que todos los hombres de la ciudad sean circuncidados, reconociendo implícitamente de este modo al Dios de Jacob, y que ambos grupos se unan a través del matrimonio de sus miembros. Jacob ve la sabiduría de la propuesta y acepta el trato. Sus hijos varones también lo aceptan, pero por otras razones. Dina, por supuesto, no tuvo voz ni voto. Como todas las mujeres de la época, hacía lo que mandaba su padre. Sólo podemos adivinar, o suponer, lo que ella pudo haber querido. Durante la "negociación" Dina permanece con Siquem. ¿En calidad de rehén, tal como sostiene la opinión tradicional? ¿O acaso se ha enamorado del ananeo? Pocos siglos después de esta disputa acerca de una mujer violada por un joven se desatará una larguísima guerra por una mujer robada. ¿Dina fue una rehén violada o, como Helena de Troya, una fugitiva enamorada? La Biblia no ofrece respuesta a este enigma.

Mientras los hombres de Siquem se retuercen de dolor tras haber sido circuncidados, Simeón y Leví—dos hermanos de Dina—matan a Siquem y huyen con ella. Los otros hijos de Jacob invaden la ciudad en represalia por la violación de su hermana, y llegan al extremo de robar a las esposas e hijos de los hombres de Siquem. Jacob se enfurece ante el giro de los acontecimientos, pues teme la venganza de sus vecinos cananeos. Pero sus hijos le responden: "¿Acaso permitiremos que nuestra hermana sea tratada como una ramera?"

Luego de este violento episodio, Jacob sigue viajando y levantando altares en honor de Dios. Simultáneamente entierra los emblemas de dioses extranjeros, idolillos, pendientes, y amuletos mágicos que conservaba su familia, a manera de purga simbólica de las otras deidades cananeas.

RESUMEN DE LA TRAMA: JOSÉ Y SUS HERMANOS

Luego de su largo y accidentado viaje, Jacob regresa a Canaán con su familia y sus animales. A sus diecisiete años, José—primogénito de su bienamada Raquel—es el favorito de su padre. Sus hermanos lo consideran un estorbo, especialmente cuando los "delata" por haber hecho algo mal. La Biblia no especifica qué hicieron, sólo dice que "José llevó malas noticias de sus hermanos a su padre." La creciente preferencia de Jacob por José despierta los celos de sus hermanos. El padre llega incluso a obsequiarle una túnica especial, de manga larga. José empeora las cosas contándoles a sus hermanos dos sueños en los que él gobernaba y ellos se arrodillaban a sus pies. Los hermanos resuelven matarlo, pero Judá los convence de venderlo. Así, José es entregado a una caravana de mercaderes madianitas por veinte siclos de plata. Los hermanos manchan la túnica de José con sangre de carnero y, presentándola ante Jacob, le dicen que un animal mató a su hijo predilecto. Los madianitas llevan a José a Egipto, y allí lo venden a Putifar, el capitán de la guardia del faraón.

¿Hubo una "túnica bordada de muchos colores"?

Lo siento. Una vez más, los traductores se equivocaron. La traducción correcta de la famosa "túnica bordada de muchos colores" de José es "larga túnica con mangas." No obstante, no me sorprende que haya prevalecido la "de muchos colores." Obviamente, es mucho más codiciable que una suerte de bata de baño descolorida. Este tipo de túnica volverá a ser mencionada en la Biblia como "el vestido de una princesa." O bien Jacob quiso otorgarle estatus semi real a José . . . o bien quiso inducirlo al travestismo.

Pero está claro que José era el hijo predilecto y que a sus hermanos no les gustaba. Una vez más se cristalizan los temas del Génesis. La rivalidad entre hermanos, la elección del menor sobre los mayores y, con las aventuras de José en Egipto, la idea del exilio y el retorno: ciertamente uno de los tópicos centrales de las Escrituras, tanto para los judíos como para los cristianos. En definitiva, éste es un relato de perdón.

¿Cuál fue el pecado de Onán?

A manera de interludio a la historia de José, la Biblia ofrece dos relatos acerca de Judá, el cuarto hijo de Lía, y su familia. Judá se casa con una cananea y tiene tres hijos: Er, Onán y Sela. Er se casa con una mujer llamada Tamar, comete un crimen no especificado y el Señor lo castiga con la muerte. Judá le ordena a Onán que cohabite con la viuda de su hermano y le dé herederos: tal era el deber de todo buen cuñado en aquellos tiempos. Onán no quiere engendrar hijos para perpetuar la descendencia de su hermano y "derrama su semilla" sobre la tierra cada vez que "conoce a la mujer de su hermano." Dios, disgustado por tanta desobediencia, hiere de muerte a Onán.

Este breve pasaje ha sido el calvario de los adolescentes de todos los tiempos. El así llamado "pecado de Onán"—luego denominado "onanismo"—fue erróneamente interpretado durante siglos como una condena bíblica contra la masturbación. La "semilla derramada" de Onán era el resultado del "coitus interruptus" y no del "abuso de sí," como solían definir a la masturbación. Por no cumplir la ley—el deber fraternal que requería que todo hermano diera descendientes a su hermano muerto—Onán pierde la vida. Dura justicia.

Pero el Génesis seguirá los pasos de Tamar, la viuda que ha visto morir a sus dos amantes. Judá le dice que espere a que crezca su tercer hijo, Sela. Pero cuando Sela se hace hombre, Judá reniega de su promesa. Al ver esfumarse sus perspectivas de conseguir esposo e hijo, Tamar decide tomar al toro por las astas. Cambia sus ropas de viuda por el velo de una prostituta y espera que pase Judá. Él se detiene, presumiblemente no reconoce a su nuera, y disfruta sus rápidos servicios a un costado del camino. Escaso de fondos, Judá le dice a la "prostituta" que en otra ocasión le pagará con un cabrito de su rebaño. Pero Tamar exige que le dé su sello—anillo utilizado para estampar la firma—su bastón, y su brazalete a manera de garantía (equivalente antiguo de nuestra tarjeta de crédito).

Tamar queda embarazada y es llevada ante Judá para ser ejecutada como ramera merecedora de la muerte. Aquí es cuando Tamar muestra el as que tenía escondido en la manga: el sello, el bastón, y el brazalete de Judá.

Esto podría parecer un curioso pero insignificante relato "lateral" a la historia central de José. Pero la clave radica en la identidad del vástago de Judá y Tamar. Otra pareja de gemelos bíblicos: uno de ellos asoma la manita fuera del útero y es legalmente el primogénito. Para identificarlo, la partera le ata un hilo rojo en la mano. Pero el segundo gemelo nace primero. Su nombre es Fares. Luego nace el bebé con el hilo rojo atado en la mano: Zara. Fares es el ancestro de David y, por extensión, de Jesús.

¿Quién fue el faraón de José? ¿Acaso un esclavo podía convertirse en el primer ministro de Egipto?

¿Y qué ocurrió con José? Esto es parte del brillante ingenio de los narradores hebreos que escribieron la Biblia. Es posible imaginar a los antiguos israelitas, sentados alrededor de una fogata en pleno desierto, escuchando la historia de José. Cuando el narrador debe definir el destino del héroe . . . distrae la atención de sus oyentes con las desventuras de Tamar y Judá. El público pende de un hilo. Es la misma técnica que utilizan Charles Dickens y las telenovelas. Mantiene expectante a la audiencia.

Cuando dejamos a nuestro héroe, José, éste no estaba colgando de un risco. Pero había sido vendido como esclavo por sus hermanos y llevado a Egipto, donde servía en la casa de Putifar, inicialmente identificado como un militar egipcio. Pero Dios protege a José, quien prospera y llega a estar al frente de la casa de su amo. La Biblia también dice que José era "bello y bien parecido." Estando lejos su marido, la mujer de Putifar acosa sexualmente al intrépido José, quien resiste gallardo sus avances.

Burlada, la esposa de Putifar grita "violación" y José es encerrado en una celda, aunque semejante acusación justificaba la ejecución de un simple esclavo. El encuentro de José con la esposa de Putifar es aparentemente una revisión de un relato folclórico egipcio, la historia de dos hermanos, en la que uno es falsamente acusado por la esposa del otro. En el relato egipcio los dos hermanos se reconcilian. Mientras está en la cárcel, José redescubre sus habilidades como intérprete de sueños . . . las mismas que tantos problemas le trajeron con sus hermanos. Su capacidad de explicar los sueños es tan grande que José es llevado ante el faraón, quien procede a contarle sus sueños. Con ayuda de Dios, José anuncia que Egipto conocerá siete años de buenas cosechas seguidos por siete años de hambrunas. Aconseja al faraón a almacenar cereales durante los años buenos para tener qué comer en los años malos. Profundamente impactado, el faraón lo nombra Primer Ministro de Egipto y le otorga autoridad para administrar el programa alimentario.

Nuevamente, José prospera y se casa con la hija de un alto sacerdote egipcio, quien le da dos hijos: Manasés y Efraín. Cuando llega la predicha hambruna, Jacob envía a los hermanos de José a comprar comida a Egipto. Han pasado más de veinte años desde que vendieron como esclavo a José, de modo que no lo reconocen cuando se presenta ante ellos como funcionario egipcio.

José comprende de inmediato que son sus hermanos. En vez de

vengarse, secretamente planea reunir a su familia, pero primero urde una elaborada estratagema para darles una lección a sus hermanos. Hace colocar una copa de oro en el equipaje de sus hermanos y, cuando se descubre el robo, exige que Benjamín, el más joven, sea dejado atrás en castigo. Atormentado por su conciencia y arrepentido de haber vendido a José veinte años atrás, Judá se ofrece en reemplazo de Benjamín.

Viendo que Judá había aprendido la lección, José revela su identidad a sus hermanos e incluso les dice que el hecho de que lo hayan vendido como esclavo es parte del plan divino. Ante la insistencia de José, su padre Jacob (Israel) y todos sus descendientes viajan a Egipto, donde se establecen en la tierra de Gesén, una zona muy fértil del delta del Nilo. En un largo poema, cada uno de los doce hijos recibe la bendición de su padre Jacob.

¿Quién era faraón en los tiempos de José? ¿Cómo es posible que un esclavo semita se haya convertido en Primer Ministro egipcio? Sabemos muchas cosas acerca de los egipcios y su forma de vida, incluyendo que las pirámides—jamás mencionadas en la Biblia—fueron construidas por obreros asalariados, no por esclavos. Los registros oficiales consignan los nombres y hechos de numerosos faraones, antes y después de José. Pero jamás hacen mención de un esclavo semita que interpretó los sueños del faraón, se convirtió en un alto funcionario y ayudó a salvar a Egipto durante una espantosa hambruna. Las sequías y hambrunas periódicas no eran inusuales en la Antigüedad y, si bien hay registros de etapas de severa escasez, ninguno coincide con la escena descrita en la Biblia. De modo que no sabemos quién fue el faraón de José. Numerosos elementos de la historia bíblica se corresponden con lo que sabemos del Egipto de aquella época. Aunque muchos eruditos se han dedicado a resolver este misterio, la suposición más aceptada indica que José estuvo en Egipto durante el período de los hicsos, grupo semita que invadió el país y conquistó algunas regiones, llegando a controlar el delta del Nilo durante casi un siglo.

Más allá del impacto histórico del relato de José y sus consecuencias para el futuro de los israelitas, el tema tiene un significado de orden espiritual. A lo largo del Génesis, hemos considerado una serie de historias sobre hermanos que se maltratan y traicionan unos a otros.

Los primeros hermanos, Caín y Abel, produjeron el primer asesinato. Otros hermanos fueron suplantados o embaucados por su misma sangre. Y, por último, los hermanos de José contemplaron la posibilidad de matarlo. En todos los casos, sin excepción, hubo perdón. Dios es misericordioso con Caín. Ismael e Isaac se reúnen para enterrar a Abram, padre de ambos. Jacob y Esaú se reconcilian. Finalmente, en la historia de José, la víctima perdona a sus victimarios. El perdón es el gran tema que atraviesa las Sagradas Escrituras. Los hombres pecan. Dios perdona.

Voces Bíblicas
Gén. 50.24–26

Dijo José a sus hermanos: "Voy a morir, pero Dios os visitará y os sacará de esta tierra hacia la tierra que prometió a Abram, a Isaac y a Jacob." Y José hizo jurar a los israelitas, diciendo: "Cuando Dios venga a vosotros, llevad con vosotros mis huesos." Y José murió, habiendo cumplido ciento diez años de vida. Y fue embalsamado y colocado dentro de un ataúd, en Egipto.

HITOS DE LOS TIEMPOS BÍBLICOS I

(AEC = Antes de la Era Común. Reemplaza al tradicional AC—"Antes de Cristo." EC = Era Común. Reemplaza al tradicional AD—Anno Domini. Muchos de estos datos son aproximados y/o especulativos.)

4,5 mil millones de años atrás: Se forma la Tierra, de acuerdo con la evidencia geológica.

3 millones de años atrás: Hace su aparición el Australopitecus, un hombre simio que camina erguido.

1 millón de años atrás: Se desarrolla el Homo erectus: hacedor de herramientas e inventor del fuego, ancestro de los humanos modernos.

150,000 a 75,000 años atrás: El hombre de Neanderthal caza, habla, cuida a los enfermos, practica el canibalismo, entierra a los muertos.

125,000 años atrás: Aparecen en África las primeras pruebas de humanos anatómicamente modernos.

100,000 años atrás: El antiguo Oriente Medio es habitado por pequeños grupos de cazadores-recolectores.

11,000 años AEC: Surgen vastos campos de cereales salvajes en Oriente Medio cuando los glaciares comienzan a retirarse luego de la última Edad de Hielo.

10,000 a 8,000 años AEC: Aparece la cultura "natufiana" en el territorio actual de Israel, se trata de los primeros asentamientos humanos conocidos.

8,000 años AEC: Comienza la agricultura en Oriente Medio; se utilizan palos de cavar para plantar semillas de hierbas silvestres.

6,500 años AEC: Los sumerios inventan la rueda en la antigua Mesopotamia, comprendida entre los ríos Tigris y Éufrates.

5508 AEC: El Año de la Creación, adoptado en el siglo VII EC en Constantinopla y utilizado por la Iglesia Ortodoxa Rusa hasta el siglo XVIII EC.

5490 AEC: El Año de la Creación para los primeros cristianos sirios.

5,000 años AEC: Se construyen las primeras ciudades en la Fértil Media Luna.

Las tierras que bordean el río Nilo comienzan a secarse; se construyen los primeros diques y canales de irrigación: esto marca el comienzo de la civilización en África del Norte.

4404 (23 de octubre) AEC: Fecha de Creación de los Cielos y la Tierra, calculada por el teólogo irlandés James Ussher en el año 1650 EC.

3760 AEC: El Año de la Creación según el calendario hebreo utilizado desde el siglo XV EC.

3641 (10 de febrero) AEC: Fecha de la Creación, calculada por los mayas.

3,500 años AEC: Se desarrolla la sociedad sumeria en los valles del Tigris y el Éufrates, donde las inundaciones anuales depositan nuevas capas de lodo fértil. Los sumerios inventan el arado, drenan pantanos, irrigan tierras desiertas, y extienden las zonas de cultivo permanente. El aumento en la eficiencia de la agricultura da origen a la primera "clase ociosa," lo cual permite el progreso de sacerdotes, artesanos, eruditos, y mercaderes, y la evolución de un sistema administrativo en manos de la casta sacerdotal. Entre otros logros sumerios, cabe mencionar vehículos con ruedas tirados por animales y embarcaciones a remo, trabajo del bronce, escritura cuneiforme.

3400 AEC: La primera dinastía egipcia une los reinos del norte y el sur bajo Menes, quien funda la ciudad de Menfis.

2980 AEC: Tercera dinastía de Egipto fundada por Zoser, quien gobierna durante 30 años con ayuda de su consejero Imhotep. Imhotep consagra sus esfuerzos a encontrar métodos médicos y religiosos para curar las enfermedades. También manda erigir la pirámide de Zoser (pirámide escalonada de Sakkara), primera gran estructura de piedra de la historia.

2900 AEC: Keops funda la cuarta dinastía en Egipto y reina durante 23 años.

Se construye la Gran Pirámide de Keops, en Gize.

2850 AEC: Kefrén gobierna Egipto como el tercer faraón de la cuarta dinastía. Durante su reinado se talla en piedra la Gran Esfinge de Gize, un monumento de 53 metros de longitud.

2800 AEC: Micerinos, faraón de la cuarta dinastía, manda erigir una tercera pirámide en Gize.

2,600 años AEC: Gracias a las inundaciones anuales del Nilo, los agricultores egipcios producen un exceso de trigo y cebada que se usa para alimentar a los constructores de los diques y canales, edificios públicos y pirámides funerarias.

2500 AEC: La escritura cuneiforme sumeria se simplifica.

2350 AEC: El imperio acadio, fundado por Sargón I, rige la Mesopotamia durante los próximos dos siglos.

c. 2000–1700 AEC: Abram abandona la ciudad de Ur, en Caldea.

2000 AEC: Los babilonios introducen el sistema de numeración decimal. Babilonia reemplaza a Sumeria como potencia dominante en Oriente Medio.

1970 AEC: Amenhet I, fundador de la dinastía tebana en Egipto, muere luego de 30 años de reinado.

1792 AEC: Con la muerte de Amenemhet IV concluyen 208 años de dinastía tebana en Egipto.

1792–1750? AEC: Hammurabi gobierna Babilonia y redacta su célebre código legal.

1,700 años AEC: Los babilonios utilizan molinos de viento para la irrigación.

1680–1665 AEC: Los hicsos invaden Egipto desde Palestina y Siria. Calzan sandalias y se valen de sus caballos y carros para dominar Egipto durante el próximo medio siglo.

c. 1650? AEC: El "culto de Yaveh," la forma más antigua del judaísmo, iniciado por Abram y continuado por su hijo Isaac, es continuado por su nieto Jacob, también llamado Israel.

CAPÍTULO DOS

"DEJA IR A MI PUEBLO"

Éxodo (Shemot)

Se quedó allí con el Señor por espacio de cuarenta días y cuarenta noches; no comió pan, no bebió agua. Y escribió en las tablas las palabras de la alianza, los diez mandamientos.

Éx. 34.28

¿Por qué Dios intentó matar a Moisés?

¿Los hebreos construyeron las pirámides?

¿Qué mar cruzaron los israelitas?

Si alguien vende a su hija como esclava, ¿debe dar una garantía?

¿Cómo sabemos que Moisés fue un hombre de carne y hueso? Extraviado en el desierto durante cuarenta años, no se detuvo a pedir direcciones.

Al menos, cuando lleguemos al Éxodo, contaremos con un retrato perfecto de la vida y el aspecto físico de los personajes bíblicos: Moisés se parecía a Charlton Heston, y el faraón era idéntico a Yul Brynner.

La épica religiosa de Cecil B. DeMille, *Los diez mandamientos* (1956), probablemente ha sido responsable de más interpretaciones (erróneas) de la Biblia y sus dichos que los últimos cuarenta años de disertaciones académicas, homilías sabáticas y clases de catecismo. Aunque esas gloriosas imágenes cinematográficas—el Nilo teñido de sangre, las aguas del mar abriéndose, las leyes divinas emergiendo como un remolino de las llamas—son visualmente excitantes, plantean dificultades nada desdeñables. En primer lugar, el "Mar Rojo" es actualmente considerado un error de traducción. Segundo, el problema del desaparecido monte Sinaí, a veces llamado monte Horeb. Nadie sabe exactamente cuál es la montaña del Éxodo, aunque el autor de un reciente y controvertido libro—*The Gold of Exodus*—sostiene que un par de arqueólogos aficionados han descubierto su emplazamiento en el desierto árabe, supuesto no verificado por fuentes autorizadas hasta el momento.

También ha desaparecido el objeto más importante en la historia del antiguo Israel: el Arca de la Alianza, la caja que Dios le ordenó construir a Moisés para guardar las tablillas de piedra donde fueron inscritos los Diez Mandamientos. A pesar de lo que *Indiana Jones* y Steven Spielberg quieran hacernos creer sobre el destino del Arca, ésta simplemente desapareció de la Biblia sin dejar rastro. Cuando Jerusalén es destruida en el año 586 AEC, no se discute el destino del Arca.

Luego es necesario formularse otra pregunta perturbadora: ¿Cómo es posible que uno o dos millones de hombres, mujeres, y niños anden errantes tanto tiempo sin dejar ninguna huella de su paso? Ni una señal de moradas temporales o desechos. Ni una vasija rota. Ni un cementerio. En otras palabras, en lo que respecta a "la temporada en el desierto," los investigadores no han podido hallar (hasta el presente) ninguno de los restos que forman la típica estela de las antiguas poblaciones. Tengamos siempre en mente la Regla Número Uno de la arqueología: La ausencia de evidencia no es evidencia de ausencia.

No obstante, allí está Moisés—Moshe en hebreo—la figura (humana) central de la Biblia hebrea, el gran portador de la ley y, para los cristianos, el modelo simbólico de Jesús. Moisés es salvado cuando un rey ordena matar a todos los bebés judíos, Jesús es salvado cuando un rey ordena matar a todos los bebés judíos. Moisés divide las aguas, Jesús camina sobre las aguas. Moisés pasa cuarenta días en el desierto, Jesús pasa cuarenta días en el desierto. Moisés sube a una montaña y da un sermón, Jesús da un sermón en la montaña. Moisés hace el pacto; Jesús, el nuevo pacto.

Algunos judíos y cristianos tal vez se sorprenderán al enterarse de que Moisés también se destaca en el Islam, donde se lo conoce como Musa. Según el *Quién es quién en las religiones,* el Corán lo menciona 502 veces, más que a ningún otro profeta. En la tradición islámica, Moisés insta a Mahoma a negociar con Dios (Alá), a fin de que la cantidad exigida de plegarias diarias se reduzca de 50 a 5.

A pesar de la importante jerarquía que le otorgan estas tres religiones, Moisés es un misterio. No hay evidencia de su existencia fuera de las fuentes bíblicas. No hay testimonios de sus escritos. Los registros de las cortes egipcias no consignan que Moisés haya sido criado en el palacio de un faraón. Las fuentes egipcias tampoco dicen que los "hijos de Israel" fueron esclavizados y luego huyeron en masa. Aunque esto no preocupa demasiado a los académicos y eruditos modernos. Probablemente a las cortes egipcias no les convenía registrar un hecho vergonzoso como ése. Es verdad: los gobiernos, pasados y presentes, no se avienen a admitir sus flaquezas, errores, y fracasos.

Si bien algunos estudiosos—y muy pocos creyentes—dudan de la existencia de Moisés, el tema del "Moisés histórico" es secundario respecto de la importancia general del Éxodo y los tres libros siguientes de la Torá (Levítico, Números, Deuteronomio). El Éxodo (del griego *exodos,* "partida") narra los eventos que rodearon la salida de los israelitas de Egipto—donde habían sido esclavizados—y los posteriores años de errancia. Llamado Shemot ("Nombres") en hebreo, el Éxodo se divide en dos partes principales. La primera describe el ascenso de Moisés y la huida de Egipto. La segunda relata la llegada de los israelitas al desierto del Sinaí, donde Dios entregó a Moisés no sólo los Diez Mandamientos, sino también las leyes que gobernarían la vida y el culto del "Pueblo elegido." De este modo, Israel hizo un pacto único con su Dios.

Voces Bíblicas
Éx. 1.22

Entonces el faraón ordenó a sus súbditos: "Todo varón que naciere entre los hebreos, arrojadlo al Nilo. Pero dejad con vida a las niñas."

RESUMEN DE LA TRAMA: MOISÉS

El primer capítulo del Éxodo pasa por alto varios siglos de historia israelita—aunque incluso esta idea es una polémica—y encuentra a los descendientes de Abram y José en distintas circunstancias. Favorecida por un faraón anónimo en tiempos de José, la creciente multitud de hebreos fue vista como una amenaza por otro faraón anónimo que los obligó a trabajar en la construcción de ciudades y fortalezas. Este faraón está tan preocupado que ordena asesinar a todos los niños hebreos. No obstante, los hebreos siguen trabajando.

Ante la sentencia genocida del faraón, una mujer hebrea coloca a su bebé en una canasta de juncos que deposita en las aguas del Nilo, fuente de toda la vida en Egipto. La hija del faraón encuentra al bebé hebreo y decide quedarse con él, obviamente a sabiendas de que su decisión contradice el decreto de su padre. Lo llama Moisés, nombre egipcio que significa "hijo de." Este nombre está relacionado con la palabra hebrea para "sacar": Moisés es "sacado" del Nilo y luego "sacará" a su pueblo de Egipto. La hermana del bebé, que ha vigilado su "viaje" por el río, le pregunta a la princesa egipcia si quiere una nodriza hebrea para cuidarlo y hace entrar al palacio a la verdadera madre de la criatura. Uno de los problemas que enfrentamos aquí es que más adelante se dice que Aarón, el hermano de Moisés, es tres años mayor que éste. ¿Por qué Aarón, el primogénito, no fue depositado en las aguas del Nilo? ¿La orden del faraón tenía carácter retroactivo o se aplicaba exclusivamente a los primogénitos recién nacidos? Otro más de esos incontables detalles que la Biblia deja en el tintero.

Educado como príncipe de Egipto, Moisés ve a un egipcio golpear salvajemente a un trabajador hebreo. Para salvarlo, mata al egipcio y lo entierra en secreto bajo la arena. Luego ve a dos hebreos discutiendo e interviene, pero uno de los hombres le espeta: "¿Acaso vas a matarme como al egipcio que enterraste en la arena?"

Temiendo que su crimen llegue a oídos del faraón, Moisés huye a la tierra de los madianitas, una tribu vinculada a Abram por antiguos lazos de sangre que habita en el desierto del Sinaí. Allí encuentra esposa—Séfora, una de siete hermanas—junto a un pozo de agua. Aquí se produce una nueva confusión de nombres bíblicos: el padre de Séfora es identificado primero como Ragüel, luego como Jetró, y finalmente como Hobab. Moisés se casa con Séfora, se hace pastor, y engendra dos hijos.

Un día, Moisés es atraído por una extraña visión en "la montaña de Dios," identificada primero como Horeb y luego como Sinaí. Se le aparece "un ángel del Señor" en una zarza ardiente. La zarza está encendida pero no se consume. Dios llama a Moisés desde la zarza. "El Dios de tu padre" le dice entonces que debe volver a Egipto y liberar a su pueblo de la esclavitud.

Moisés desgrana una serie de protestas y finalmente aduce que, por ser tartamudo, no será un buen vocero. A lo que Dios responde que deje hablar a su hermano Aarón.

VOCES BÍBLICAS

Éx. 3.14

Y Dios dijo a Moisés: "YO SOY EL QUE SOY."

¿Por qué Dios intentó matar a Moisés?

Una de las más fascinantes e ignoradas viñetas en la vida de Moisés es el breve pasaje que narra su regreso a Egipto con su familia. Evidentemente, Cecil B. DeMille tampoco quiso tocar el tema que ha dejado atónitos a los eruditos durante siglos. Todo se reduce a tres miserables líneas en el Éxodo. Moisés y su familia van rumbo a Egipto y acampan para pasar la noche. Dice la Biblia: "En el camino, en un lugar donde pasaron la noche, el Señor lo encontró y trató de matarlo. Pero Séfora tomó un pedernal muy afilado y cortó la piel del prepucio de su hijo, y tocando con la sangre sus pies (o los de Moisés), dijo: '¡Ciertamente eres para mí un esposo de sangre!' Y lo soltó. Y luego dijo: 'Un esposo de sangre por la circuncisión.' "

¿A quién intenta matar Dios, y por qué? ¿A Moisés o a uno de sus dos hijos?

¿Los pies (frecuente eufemismo bíblico para los genitales masculinos) de quién son restregados con la piel sangrante del prepucio, y por qué?

¿Y qué es "un esposo de sangre"?

Centenares de estudiosos se han internado en este misterio, llegando a producir teorías raras acerca del aparente ataque de Dios contra Moisés. Una de las explicaciones posibles indica que se trataría de una antigua historia que refleja la creencia, también antigua, de que la circuncisión era una protección contra los embates demoníacos. Originalmente, la circuncisión era un rito premarital o propio de la pubertad. Dado que, presumiblemente, Moisés no estaba circuncidado, la sangre del prepucio esparcida sobre sus pies habría obrado a manera de escudo. La otra clave del relato es que, sin Séfora y su rápida intervención, tal vez no habría habido Moisés. Pero la mayoría de nosotros jamás hemos oído hablar de Séfora, otra de las heroínas bíblicas injustamente olvidadas.

Luego de sobrevivir a este inquietante ataque nocturno, Moisés regresa a Egipto y le pide al faraón—evidentemente, su tartamudez ya no es un impedimento—que libere a los hebreos. En principio solicita que les dé tres días libres para que participen en una celebración religiosa en el desierto. El faraón se rehúsa y ordena aumentar las horas de trabajo de los hebreos. En un alarde de poder, Moisés hace que Aarón arroje su bastón al suelo . . . y el bastón se transforma en una serpiente. ¿Acaso no es interesante que Moisés haya dado tan buen uso a la "archivillana" del Génesis? Pero el truco no impresiona al faraón . . . sus hechiceros tienen las mismas habilidades. Pero la serpiente de Aarón devora a las de los magos egipcios y Moisés le advierte al faraón que lo peor aún está por llegar. Acto seguido, una sucesión de calamidades divinas asola Egipto.

LAS DIEZ PLAGAS

(El Salmo 105 revisa el Éxodo y no menciona las diez plagas, una por una; algunos eruditos ven en esto una nueva combinación de los relatos de P y J en un único Éxodo.)

1. Las aguas del Nilo y todos sus afluentes se convierten en sangre.

   (El Nilo adquiere ocasionalmente un color rojizo debido a las algas y a los depósitos volcánicos.)

2. Las ranas salen del río y cubren Egipto.

   (Como resultado de la transformación de las aguas del río.)

3. Los mosquitos (tábanos o pulgas en otras traducciones) infectan a la gente y a los animales de Egipto.

4. Las moscas (o enjambres de insectos) infectan la Tierra, pero no se acercan a Gesén, donde habitan los hebreos.

   (Todas estas plagas de insectos son típicos fenómenos naturales en Egipto, especialmente después de las inundaciones anuales del Nilo que favorecen el desarrollo de las larvas.)

5. La peste mata a los caballos, asnos, camellos, rebaños, y manadas de Egipto.

   (Una epidemia de anthrax, probablemente propagada por las anteriores plagas de insectos. Una interesante nota moderna: los militares norteamericanos anunciaron en 1997 que comenzarían a vacunar a todos sus efectivos contra el anthrax, una de las más temidas armas biológicas.)

6. Las úlceras.

   (Aarón y Moisés arrojan puñados de cenizas al aire. Las cenizas se transforman en un polvo que produce úlceras supurantes en la piel de los egipcios y sus animales . . . que presumiblemente habían muerto a raíz de la quinta plaga.)

7. La mayor tormenta de granizo jamás vista cae sobre Egipto, pero, una vez más, Gesén queda intacta.

8. Las langostas.
   (Plaga muy difundida en el antiguo Oriente Medio.)

9. Las tinieblas ocultan el Sol durante tres días.
   (El Khamsin, un viento cálido del Sahara, produce densas nubes de polvo que oscurecen el Sol, generalmente desde marzo hasta mayo.)

10. La muerte de todos los primogénitos de Egipto, humanos y animales.

Dios le dice a Moisés que ordene a los hebreos embadurnar sus puertas con sangre de cordero o de carnero. Esto los protegerá cuando el ángel de la muerte "sobrevuele" la tierra y mate a los primogénitos de Egipto. La Pascua judía es una conmemoración de esta última plaga. La mayoría de los eruditos considera que la Pascua era en realidad la combinación de dos festividades antiguas—la celebración de la cosecha de cebada y un ritual pastoril en el que se sacrificaba a un animal a manera de escudo contra el mal—posteriormente reinterpretadas como una conmemoración de la huida de Egipto. Dice el Éxodo: "Tendréis este día por memorable; y lo celebraréis como fiesta solemne al Señor, de generación en generación." (Éx. 12.14)

A manera de comentario, Cyrus H. Gordon y Gary Rendsburg señalan—en *The Bible and the Ancient Near East*—que cada una de las plagas ataca a un dios específico del panteón egipcio, finalizando con Ra, el dios sol, vencido por la oscuridad. Yaveh no sólo demuestra su poder sobre los hombres y la naturaleza, sino que es un Dios más grande que otros dioses.

Con la muerte de los primogénitos de Egipto—ricos y pobres, humanos y animales—el faraón se retracta y le dice a Moisés: "Levántate y aléjate de mi pueblo."

¿Los hebreos construyeron las pirámides?

En la Biblia no hay pirámides. A pesar de que estas imponentes estructuras indudablemente habrán despertado la curiosidad de todo el mundo antiguo, los autores de la Biblia no las consideraron dignas de mención. (Tampoco hay gatos en la Biblia, detalle interesante si recordamos que el gato era uno de los animales más significativos para la religión egipcia.) La ausencia de las pirámides es un dato extraño, pero comprensible: no desempeñan ningún papel en el devenir de la narración bíblica. Sin embargo, la Biblia tampoco recuerda los nombres de los faraones egipcios que tanta importancia tuvieron para el pueblo de Israel y abunda en nombres de otros soberanos antiguos, algunos de ellos completamente insignificantes desde la perspectiva moderna.

Las primeras pirámides empezaron a construirse hacia el año 2900 AEC. La Gran Pirámide y la extraordinaria Esfinge construida por Kefrén datan de los años 2550 a 2500 AEC. Si convenimos que José estuvo en Egipto hacia el año 1700 AEC, queda claro que las pirámides fueron erigidas más de un siglo antes de la llegada de los primeros hebreos a Egipto. Tal vez su "ausencia bíblica" sea indicio de que ya no eran una novedad. Quizá los hebreos asentados en el delta del Nilo jamás llegaron a ver las pirámides, como los turistas que viajan a Nueva York y no llegan a ver la Liberty Bell en Filadelfia o el Lincoln Memorial en Washington. O acaso los autores de la Biblia no quisieron "darles prensa" a los progresos de su principal opresor.

Contrariamente a la difundida idea—originada por el griego Herodoto, "el padre de la Historia"—de que las pirámides fueron construidas por millares de esclavos, las investigaciones recientes han demostrado que probablemente fueron levantadas por cuadrillas de obreros, no esclavos, sino contratados o voluntarios llegados de los campos de labranza. Su alimentación estaba en manos de millares de panaderos, cocineros, y otros "servidores." Producto de una sociedad altamente desarrollada y motivada, las pirámides son testimonio de un extraordinario nivel de organización social. Los trabajadores recibían su paga "en especias"—alimento y ropa—y, dado que estos enormes proyectos edilicios requerían cada vez más artesanos y obreros especializados, Egipto vio surgir una clase trabajadora entrenada y eficaz.

Las circunstancias pueden haber sido muy diferentes para los hebreos de la época de Moisés. Contamos con numerosas suposiciones y escenarios posibles para el período comprendido entre José y Moisés, cronología sumamente complicada debido a los desacuerdos básicos de los eruditos en cuanto a las fechas históricas del antiguo Egipto. Vale la pena mencionar tres de estos posibles escenarios:

- La primera teoría—y también la más aceptada—sostiene que José vivió en Egipto en la época de los hicsos, un grupo semítico o asiático que invadió el país y dominó el delta del Nilo durante un siglo a partir del año 1665 AEC. Los hicsos, pioneros de los carros de guerra, asimilaron gradualmente las prácticas egipcias y podrían haber permitido que un individuo de origen semita, como José, adquiriera un estatus prominente en la comunidad. Los hicsos fueron expulsados del delta del Nilo hacia el año 1570–1565 AEC por Amosis I, primer faraón de la décimo octava dinastía. Este famoso linaje de faraones incluía también a Tutmosis I, Tutmosis II, la "faraona" Hatsepsut, el "niño faraón" Tutankamon, y el "general venido a faraón" Haremab. Durante este período, todos los asiáticos—hebreos incluidos—eran considerados una amenaza. Así, la orden faraónica de asesinar a todos los niños hebreos tendría sentido histórico y estratégico.

  Dentro de este esquema temporal—y tal como lo sugiere el Éxodo—los hebreos permanecieron en Egipto durante varios siglos y fueron esclavizados por los faraones de la décimo novena dinastía. Entre ellos el primero fue Ramsés I, quien llegó al poder hacia el año 1309 AEC. Aunque Ramsés I murió luego de un año de reinado y fue sucedido por Setos I (1308–1291 AEC), el nombre Ramsés es específicamente mencionado en el Éxodo (aunque podría haber sido agregado posteriormente por algún editor). Las ciudades que los hebreos fueron obligados a construir se corresponden con el proyecto edilicio de Ramsés II y sus herederos. Durante este período, Egipto consolidó su poder sobre el delta del Nilo y avanzó agresivamente sobre Canaán y hacia una eventual confrontación con los hititas, un grupo poderoso que comenzaba a moverse hacia el sur desde sus tierras, localizadas en la actual Turquía.

En este escenario, el sospechoso con más probabilidades de haber sido faraón en tiempos de Moisés es Ramsés II (1291–1224 AEC), hijo de Seti, y el Éxodo israelita se produce hacia el año 1290 AEC. Otro posible candidato es Merneptah, hijo de Ramsés II, quien obtuvo una victoria militar sobre Israel hacia el año 1235 AEC, época en que los israelitas estaban asentados en Canaán.

- Cyrus Gordon—uno de los más respetados historiadores de la Biblia y el antiguo Oriente Medio—y su coautor Gary A. Rendsburg afirman que José llegó mucho tiempo después a Egipto. Basándose en fuentes egipcias y mesopotámicas y en genealogías bíblicas, aceptan que Seti I era el faraón en la época de José . . . pero insisten en que su hijo Ramsés II ocupaba el trono cuando nació Moisés. Gordon y Rendsburg aducen que la larga franja de tiempo comprendida entre José y Moisés, y mencionada al comienzo del Éxodo es sencillamente improbable. Llegan a la conclusión de que el Éxodo bíblico no ocurrió hasta aproximadamente el año 1775 AEC, cuando Egipto estaba en guerra con los Pueblos Marinos, un conjunto de grupos mediterráneos que incluía en sus filas a los filisteos. El relato del Éxodo sustenta esta teoría cuando dice que los israelitas evitaron dirigirse a la tierra de los filisteos por temor a una guerra.

- Charles Pellegrino propone una teoría mucho más radical en su libro *Return to Sodom and Gomorrah.* Mediante el uso de un sistema de fechas absolutamente diferente y el análisis de evidencias geológicas resultantes de una tremenda erupción volcánica ocurrida en la isla mediterránea de Thera en el año 1628 AEC, Pellegrino demuestra cómo cada una de las plagas—el Nilo rojo, el cielo en tinieblas, etc.—podría estar relacionada con las consecuencias de esta erupción. En opinión de Pellegrino, la erupción del Thera fue 50 a 100 veces más poderosa que la del Krakatoa en el año 1883 EC. También sugiere que las vibraciones de la erupción podrían haber afectado el Mediterráneo, haciendo surgir poderosas tsunamis u "olas gigantes." Esto explicaría la división de las aguas y la muerte del ejército egipcio. En opinión de Pellegrino, esto implicaría fechas más tempranas que las comúnmente aceptadas para la presencia de Moisés en Egipto y el Éxodo. En cuanto al faraón imperante, opta por Tutmosis III.

Dice Pellegrino:

> "El derrotero bíblico seguido por el pueblo que abandonó Egipto—hacia el sur, rumbo al Sinaí—tendría perfecto sentido si una de las migraciones hubiera ocurrido en la época de Thera y Tutmosis III . . . Cualquiera que abandonara Egipto sin el beneplácito del faraón hubiera querido evitar la tierra de Canaán y la ruta de la costa que llevaba a ella. La única ruta segura era hacia el sur, hacia la península del Sinaí (cuyas costas, por otra parte, eran uno de los sitios de pesca más pródigos del mundo y podrían haber alimentado sin dificultad a una población de migrantes). Dado que Tutmosis III había dispuesto avanzadas militares sobre la costa norte del Sinaí y a lo largo de la costa de Canaan, era inevitable que algunos de sus soldados fueran víctimas de los tsunamis de Thera . . . En estas circunstancias, apenas faltaba un empujoncito para interpretar los tsunamis y la lluvia de ceniza como un castigo divino contra Egipto . . ." (*Return to Sodom and Gomorrah*, pp. 240–241.)

¿Realmente tiene importancia el faraón? ¿Qué importa un siglo más o menos? Espiritualmente hablando no tiene ninguna importancia, siempre y cuando aceptemos la versión bíblica. Pero a los historiadores les encanta revelar enigmas. Imaginemos, en un futuro lejano, una discusión histórica en la que se diga que el pirata inglés Sir Francis Drake comandó una flota de barcos a vela contra la Armada de Hitler. La victoria de 1588 de Drake sobre la Armada española dista sólo 350 años de la Segunda Guerra Mundial: un abrir y cerrar de ojos si la comparamos con la historia de Egipto.

Posibles faraones del Éxodo:

Ramsés I	1292–1290 AEC
Seti I	1290–1279 AEC (candidato de Cyrus Gordon para la época de José.)
Ramsés II	1279–1212 AEC (favorito por consenso como faraón del Éxodo.)
Merneptah	1212–1202 AEC (llevó a Egipto a combatir contra los israelitas, lo cual indica que éstos ya estaban en Canaán.)
Amenmesses	1202–1199 AEC
Setos II	1199–1193 AEC
Siptah	1193–1187 AEC
Teosret	1187–1185 AEC
Sethnakte	1185–1182 AEC
Ramsés III	1182–1151 AEC (candidato de Cyrus Gordon para la época del Éxodo.)

Quienquiera que haya sido el cruel faraón del Éxodo, vale la pena agregar otro episodio a la historia de trabajos forzados del pueblo judío. El rey Salomón, uno de los más grandes reyes judíos, también obligó a trabajar a los israelitas en la construcción de sus imponentes obras públicas varios siglos más tarde. Cabe destacar que a los hebreos no les gustó trabajar para Salomón más de lo que les había gustado hacerlo para el faraón egipcio.

¿Qué mar cruzaron los israelitas?

Abatido por la última y terrible plaga, el faraón cede y Moisés reúne a las tribus para emprender una veloz retirada. Hacen el pan sin levadura . . . de allí la tradición pascual del pan matzah, que recuerda que es mejor comer una hogaza chata en libertad que una hogaza inflada en la esclavitud. El relato del Éxodo consigna que seiscientos mil hombres dejaron Egipto . . . lo cual indica que más de un millón de hebreos—asentados en el país desde hacía más de cuatrocientos años—tuvieron que juntar sus petates y partir raudos. Los israelitas liberados son guiados a la Tierra Prometida por Dios, quien toma la forma de una "columna de nube" durante el día y la de una "columna de fuego" por la noche. Pero el faraón cambia de opinión: de hecho, Dios le anuncia a Moisés que "endurecerá" el corazón del soberano egipcio y lo inducirá a perseguir a los hebreos. El faraón envía 600 carros—1,800 soldados, a razón de 3 hombres por carro—para impedir la huida de millones de judíos. Frente a las insondables aguas del "Mar Rojo" y con los 600 carros guerreros a sus espaldas, los hebreos titubean y se preguntan si no estaban mejor bajo el yugo esclavizante. Pero Moisés le pide ayuda a Dios, y Éste le dice que levante su vara sobre el mar. Aquí es donde DeMille y Charlton Heston traicionan la versión bíblica. La columna de fuego impide avanzar a los egipcios y un fuerte viento sopla durante toda la noche; la división de las aguas no fue instantánea. El mar se abre al día siguiente y da paso a los israelitas. Los egipcios los siguen, pero las ruedas de sus carros se hunden en el lodo y las aguas vuelven a cerrarse. Fin del ejército del faraón.

La mayoría de los estudiosos reconocen que aunque la definición "Mar Muerto" hubiera sido correcta, los israelitas de hecho cruzaron el Golfo de Suez, el brazo septentrional del Mar Rojo que separa a Egipto de la península del Sinaí. Sin embargo, actualmente se admite que "Mar Rojo" es un error de traducción. La versión más comúnmente aceptada es "Mar de Juncos," un misterioso cuerpo de agua que aún no ha sido identificado con certeza. Otra alternativa posible sería el lago Timsah, un lago poco profundo situado al norte del Golfo de Suez. Otra serían los pantanos del delta del Nilo, donde crecen las plantas de papiro. También se dice que la traducción correcta sería "Mar del Fin del Mundo," lo que indicaría que los israelitas estaban abandonando el mundo conocido de Egipto rumbo a un misterioso desierto.

La ruta al Sinaí también ha sido objeto de especulaciones. La ruta más aceptada del Éxodo es al sur, hacia el desierto del Sinaí, siguiendo la costa oriental del Golfo de Suez hasta un campamento temporario en las proximidades del monte Sinaí bíblico. Esta teoría ubica al monte Sinaí en el extremo sur de la península del Sinaí, tradicionalmente asociado con el Jebel Musa ("Monte de Moisés"). Sin embargo, esta identificación fue llevada a cabo por los cristianos hacia el siglo IV EC. Muchos hablan de la ruta a "Shur"—otra oscura referencia del Éxodo—y ubican al monte Sinaí/Horeb en Jebel Halal, al norte de la península, más cerca del actual Israel. La teoría más reciente—explicada en *The Gold of Exodus*—localiza al monte Sinaí en el desierto del Sahara. Dos arqueólogos aficionados afirman haber encontrado el Sinaí en una excavación secreta, realizada sin el permiso de las autoridades sauditas. Esta teoría no ha sido verificada hasta el presente.

A falta de nuevos descubrimientos, todas estas teorías sobre el Éxodo no pasan de ser, simplemente, teorías. Lo que sí se acepta es que la cantidad de hebreos que huyeron de Egipto tuvo necesariamente que ser menor que los millares a los que alude la Biblia. Hay varias explicaciones posibles para esta cifra exagerada. Una es que esa cantidad refleja un censo realizado mucho más tarde en Israel. Otra sugiere una traducción errónea de "millares." Si la palabra "millares" fuera leída como "tropa" o "contingente" de seis a nueve hombres, la cifra total de escapados resultaría más creíble. Una tercera explicación aduce que, en la numerología bíblica, esa cifra representaba el número "perfecto."

Además de reducir la cantidad de israelitas que huyeron de Egipto, la mayoría de los historiadores aceptan la idea de que otras tribus—que luego se autodenominarían israelitas—ya se habían asentado en Canaán cuando llegó el contingente del desierto (tal como lo demuestra la propia Biblia en el libro de los Jueces). Esta "revisión" convierte al Éxodo en un acontecimiento del que participaron sólo algunos israelitas que huyeron de Egipto y poco a poco se establecieron en Canaán. De este modo, la "Conquista" se transforma en una ola natural de emigración. Pero, con el correr del tiempo, el relato del Éxodo pasó a ser una épica nacional o saga embellecida y modificada por los distintos oradores.

RESUMEN DE LA TRAMA: LOS DIEZ MANDAMIENTOS

Tras haber llegado sanos y salvos al desierto del Sinaí, los israelitas se encuentran secos pero hambrientos. Y empiezan a quejarse, hábito cuya persistencia será un verdadero problema para Moisés. Tienen sed. Tienen hambre. No les gusta salir de campamento. Las cosas iban mucho mejor en Egipto. No es un retrato precisamente elogioso de un grupo recién liberado de la esclavitud y salvado por la milagrosa intervención de la mano de Dios.

Nuevamente, Dios los provee de alimento en forma de "maná," traducción derivada de las palabras hebreas *Man hu* ("¿Qué es eso?"). En el Éxodo se dice que todas las noches llegaban codornices y que el maná aparecía todas las mañanas, lo que ha llevado a muchos a suponer que el anhelado alimento no era otra cosa que deposición de ave. Para otros se trata de una sustancia semejante al rocío, excretada por un insecto, que se encuentra en la corteza de los tamariscos. Fuera lo que fuese, no parece muy sabroso, y todos los intentos de dar una explicación "natural" al maná se apartan, como advierte Everett Fox, del nudo central del relato: el maná es la sustancia divina que mantuvo con vida a los Hijos de Israel. Con vida, pero sin abandonar sus quejas. Todos recuerdan que la comida egipcia era muchísimo mejor.

Entre tanta insatisfacción, Dios le dice a Moisés que lleve a su pueblo a la montaña; quiere hablar con sus elegidos. También ordena que los israelitas laven sus ropas, no toquen la montaña sagrada (Sinaí), y no mantengan relaciones sexuales durante tres días. Anunciado por truenos, rayos, y trompetas, Dios desciende en una nube a la cima del monte Sinaí. Le dice a Moisés que no permita acercarse demasiado a la gente. Moisés le recuerda que ya les prohibió tocar el Sinaí y Dios replica: "Ve a buscar a Aarón." Luego, al entregar los Diez Mandamientos, Dios hablará. Los israelitas, asustados por el humo y el ruido, piensan que es mejor que Moisés vaya solo a hablar con Dios.

LOS DIEZ MANDAMIENTOS (ÉXODO 20.1–17):

Y enseguida pronunció el Señor estas palabras, diciendo:

1º. Yo soy el Señor tu Dios, que te ha sacado de la tierra de Egipto, de la casa de la esclavitud. (En la tradición judía, éste es el Primer Mandamiento.)

No tendrás otros dioses antes que Yo. (La tradición judía combina este versículo y el siguiente en el Segundo Mandamiento.)

2º. No harás para ti imagen de escultura, ni figura alguna de las cosas que hay arriba en el cielo y abajo en la tierra, ni de las que hay en las aguas debajo de la tierra.

No las adorarás ni les rendirás culto: porque Yo soy Dios tu Señor, el celoso, y castigo la maldad de los padres en los hijos hasta la tercera y cuarta generación de aquellos que me aborrecen.

Y otorgo misericordia hasta millares de generaciones de los que me aman y cumplen mis mandamientos.

3º. No tomarás el nombre de Dios tu Señor en vano, porque no dejará el Señor sin castigo a aquel que tome su nombre en vano.

4º. Acuérdate de santificar el día sábado.

Seis días trabajarás, y harás todas tus labores.

Pero el séptimo día es sábado, la fiesta de Dios tu Señor: ningún trabajo harás en él, ni tú, ni tu hijo, ni tu hija, ni tu sirviente, ni tu sirvienta, ni tus bestias de carga, ni el extraño que habita tras tus puertas.

Porque en seis días el Señor hizo el cielo y la tierra, el mar, y todo lo que hay en ellos, y el séptimo día descansó. Por esto bendijo el Señor el día sábado, y lo santificó.

5º. Honrarás a tu padre y a tu madre, para que vivas largos años sobre la tierra que te ha dado el Señor tu Dios.

6º. No matarás.

7º. No cometerás adulterio.

8º. No robarás.

9º. No levantarás falso testimonio contra tu prójimo.

10º. No codiciarás la casa de tu prójimo, ni desearás su mujer, ni su sirviente, ni su sirvienta, ni su buey, ni su asno, ni ninguna cosa que le pertenezca.

La primera tanda de mandamientos es transmitida por vía oral . . . nada de tablas por ahora. Moisés debe volver a la montaña durante 40 días y recibe una larga lista de instrucciones para la construcción del Arca de la Alianza—que contendrá las tablas de la ley—y la vestimenta de los sacerdotes. Al término de esos cuarenta días, Moisés regresa con las "dos tablas de la ley, tablas de piedra, escritas por el dedo de Dios." (Éx. 31.18)

LOS DIEZ MANDAMIENTOS: UNA INTERPRETACIÓN MODERNA DE CIERTAS LEYES ANTIGUAS

El artista Gahan Wilson publicó en cierta ocasión una caricatura en la revista *Playboy.* En ella, un grupo de personas vestidas con trajes suntuosos veneraban de rodillas una enorme letra N. Abajo decía: "Nada es sagrado."

No obstante, si algo queda de sagrado en los tiempos que corren, son los Diez Mandamientos. Dan testimonio de esta verdad dos casos que atrajeron recientemente la atención de los medios en Estados Unidos. Primer caso: los legisladores de Tennessee intentan aprobar una ley que obligue a exhibir los Diez Mandamientos en las paredes de todos los edificios públicos, tribunales, y aulas incluidos. Segundo: un juez de Alabama fue instado a retirar una placa con los Diez Mandamientos de la pared de su juzgado. El juez se negó y se convirtió en el héroe de millares de personas. El gobernador del estado respaldó la decisión del juez y amenazó con convocar a la milicia estatal para defender el derecho del juez a exhibir los Mandamientos. Aunque la sacralidad e importancia de los Diez Mandamientos siempre han sido levantadas a manera de estandarte . . . cuando llega el momento de obedecerlos quedan muy pocos voluntarios en las filas. Ni siquiera el héroe nacional de Israel, el celebérrimo rey David, pudo avenirse a cumplirlos al pie de la letra. Por lo menos una vez no respetó el Sabbath—como lo hará Jesús más tarde—, asesinó, cometió adulterio, y codició. Dios mató a muchos—entre ellos a Onán y a la gente de Sodoma—por pecados menos graves.

Con esto en mente, analizaremos de cerca los Diez Mandamientos y veremos qué hace la sociedad moderna para obedecer este cuerpo de leyes básicas y supuestamente inmutables.

En primer lugar, la mayoría de la gente no recuerda todos los mandamientos. En su libro *Sources of Strength*, Jimmy Carter menciona a un hombre que piensa que el séptimo mandamiento dice: "No admitirás el adulterio." Por otra parte, además de modificar el orden de los mandamientos, la "Versión Autorizada" de la Biblia mutiló algunas de las más antiguas y fieles traducciones hebreas e introdujo ciertas variantes sumamente interesantes y significativas, particularmente en lo que respecta al sexto mandamiento y la sustitución de "Dios apasionado" por "Dios celoso."

1. **"Yo soy el Señor tu Dios, que te ha sacado de la tierra de Egipto, de la casa de la esclavitud.**

No tendrás otros dioses antes que Yo."

Muy interesante. Dios no dijo: "Soy el único Dios." Más bien, dijo ser el Número Uno. Ni siquiera prohibió que se veneraran otros dioses; simplemente ordenó que no se pusiera a otro antes que a Él. Esto es un reflejo cabal de la época y de las circunstancias. Las tribus de Israel andaban errantes por tierras donde se rendía culto a numerosos dioses: Canaán, Egipto, la Mesopotamia. Rumbo a la Tierra Prometida conocieron las deidades cananeas de la fertilidad, entre ellas el dios creador El—cuyo nombre fue adaptado por los hebreos—el dios de las tormentas Baal, y sus numerosas consortes, entre otras Asherah y Astarté. Solemos dar por sentado que el judaísmo inventó la idea de "un Dios único" desde el comienzo. Pero el Yaveh original era el más grande entre muchos y sólo con el tiempo llegó a ser el Único Dios.

La mayoría de los creyentes modernos no tiene problemas con el primer mandamiento y lo toma en su sentido más literal. Aunque cabría preguntarse si el Dios de un judío ortodoxo es el Dios de Pat Robertson o Jesse Jackson o el Dios (Alá) de un ayatola iraní.

La idea de un Dios único—entendido como "Dios Verdadero"—abre las puertas de la intolerancia. Si esperamos que la gente respete los Diez Mandamientos—con su Dios judeo-cristiano como ideal de conducta—¿cuál es la posición de la sociedad respecto a todos los otros dioses venerados en nuestro pluralista mundo moderno? ¿Y qué pasa con todos aquellos que eligen negar la existencia de Dios? El hecho de otorgar a este mandamiento la jerarquía de "ley de la tierra" coloca claramente a esos individuos en peligro de convertirse en ciudadanos de segunda clase o, peor aún, prescindibles.

Considerémoslo desde otra perspectiva. ¿Qué venera en realidad la gente? En el mundo moderno se veneran muchos "otros dioses." Sólo que tienen nombres diferentes. Dinero. Alcohol. Éxito. Compra compulsiva. Todos éstos son, en mayor o menor medida, objetos de culto. Dioses menores, tal vez, pero adorados con la clase de devoción que el viejo Yahvé quiso reservar para sí mismo. Quizá la admonición de no tener "otros dioses" sea una muestra de sabiduría.

2. "No harás para ti imagen de escultura, ni figura alguna de las cosas que hay arriba en el cielo y abajo en la tierra, ni de las que hay en las aguas debajo de la tierra . . ."

Esta regla también refleja el lugar y la época en que Moisés recibió los Diez Mandamientos. En los tiempos del Éxodo y durante muchos siglos después estaban muy difundidos los cultos de veneración a ídolos, dioses domésticos, y amuletos mágicos, especialmente en Canaán.

En el contexto moderno, son muy pocos los que adoran "ídolos" en el sentido bíblico. En su indagador libro *Biblical Literacy*, el rabino Joseph Telushkin ofrece una útil perspectiva acerca de este mandamiento: "Desde la perspectiva del judaísmo, la idolatría se produce cuando uno eleva un valor (el nacionalismo, por ejemplo) por encima de Dios. Así, la persona que, basándose en el lema 'bueno o malo, es mi país,' comete actos que Dios considera aborrecibles, es un idólatra. Su conducta deja en claro que el mandato hacia el mal de su país es para ella más importante que el mandato de Dios hacia el bien. Si esa persona dice venerar a Dios—tal como afirmaban los oficiales de la S.S. que trabajaban en los campos de concentración alemanes—miente. Ese hombre es un idólatra, no un siervo de Dios." (*Biblical Literacy*, p. 425)

No obstante, todavía no hemos resuelto el problema planteado por Miguel Ángel. Los frescos de la Capilla Sixtina—en los que Dios da vida a Adán tocándolo con el dedo—y la Piedad—escultura de María con Jesús muerto en sus brazos—son claramente "imágenes" de Dios. Es innegable que la famosa estatua de Jesús—con la mano levantada como un árbitro de fútbol—que se exhibe en Notre Dame es una "imagen esculpida." Si tomamos el segundo mandamiento al pie de la letra, ¿qué haremos con las imágenes de los santos cristianos y la Madre de Jesús? ¿Qué haremos con nuestros pequeños crucifijos y escapularios?

El mandamiento es claro y contundente: "No harás para ti imagen de escultura, ni figura alguna de las cosas que hay arriba en el cielo." (Éx. 20.4) La mejor defensa de todas las grandes obras de arte religioso de los últimos siglos consistiría en decir que no respetan la letra de la ley, pero sí su espíritu. Miguel Ángel seguramente esperaba que el Papa que le encargó pintar los frescos apreciara su arte sin adorarlo. Por otra parte, muchos creyentes devotos se arrodillan a rezar ante las imágenes. ¿Acaso están "adorando" imágenes esculpidas?

Algunos cristianos, particularmente las vertientes protestantes surgidas durante la Reforma, rechazaron las iglesias ornamentadas y ciertas prácticas en favor de una religión "más pura" y desprovista de símbolos e imágenes (de allí el nombre de "puritanos"). Para ellos, las imágenes religiosas y las magníficas catedrales construidas para exhibirlas contradecían el segundo mandamiento y el espíritu de las enseñanzas de Jesús. Uno de los temas claros en las enseñanzas de Jesús es el desprecio por las exteriorizaciones vacuas de piedad, y la valoración de la "riqueza" interior, espiritual. Jesús también arremetió contra la riqueza material en numerosas ocasiones, y le ordenó a un futuro discípulo que vendiera todas sus pertenencias si quería seguirlo. Es difícil imaginar que al Jesús que afirmó que a los ricos les sería muy difícil entrar al Reino de los Cielos pudieran complacerlo los tesoros terrenales acumulados (en su nombre) por las iglesias en los últimos dos mil años.

3. **"No tomarás el nombre de Dios tu Señor en vano."**

La tradición judía considera que este mandamiento prohíbe pronunciar o escribir el nombre de Dios. Sin embargo, la intención original era más específica. La ley prohibía el mal uso del nombre divino a manera de hechizo mágico o en el transcurso de ceremonias de encantamiento o adivinación. En otro sentido, se relaciona muy claramente con el acto de prestar juramento, sentido mejor expresado por la traducción judía: "No jurarás en vano por el nombre de Dios tu Señor; porque el Señor no perdonará a aquel que jure por su nombre en vano." En términos modernos, el mandamiento diría: "No perjures."

La sociedad que se desarrolló en el antiguo Israel se destacó por su elevado, definido sentido de la legalidad. Mientras otras culturas antiguas de Oriente Medio comenzaban a implementar códigos legales para ordenar el caos social, los israelitas se sometían a un código estricto que les había sido entregado por Dios y regulaba la conducta religiosa, personal, social, y comercial. Cabe destacar que todas estas culturas intentaban abandonar sus primitivos códigos de justicia en pos de una sociedad ordenada en la que imperara la ley y no la voluntad del rey. De acuerdo con esta premisa, la creencia de que el testimonio dado ante un "tribunal" era sagrado fue un importante paso hacia adelante en el camino que llevaría a establecer la supremacía de "la ley y el orden."

Otra interpretación aduce que el versículo no sólo está relacionado con palabras sino con actos realizados en nombre de Dios, lo cual se refleja en algunas traducciones del hebreo que dicen "No llevarás el nombre del Señor." Este mandamiento, comenta el rabino Joseph Telushkin, también se aplica a aquellos que cometen pecados "en nombre de Dios." Escribe Telushkin: "Si 'llevan' el nombre de Dios en la ejecución de un acto esencialmente malvado (por ejemplo, los cruzados medievales que asesinaron inocentes en nombre de Dios o los miembros de asociaciones racistas como el Ku Klux Klan, quienes afirman estar cumpliendo la voluntad de Dios) estarán violando el Tercer Mandamiento." (*Biblical Literacy*, pp. 426–427)

4. "Acuérdate de santificar el día sábado."

En primer lugar, advirtamos que el Señor no dice "conságralo a ver partidos de fútbol." ¿El hecho de mirar deportes durante seis y ocho horas todos los domingos contribuye a la santificación del Sabat? "Sabat" deriva de una antigua palabra hebrea que significaba "llegar o llevar a su fin" y evolucionó hacia la palabra *shabat* ("descansó"). La idea del Sabat se ha modificado radicalmente en el mundo moderno. Quienes prefieren salir de compras los domingos probablemente han olvidado que, hasta no hace mucho, estaba prohibido que numerosos comercios abrieran ese día. Esto equivalía a respetar el Sabat cristiano. El Sabat judío—que comienza el viernes con la caída del sol y continúa hasta el domingo—jamás fue honrado en nuestra civilización occidental, dominada por el cristianismo.

En su mayor parte, las antiguas leyes que regían la moral del Sabat han seguido el camino de muchos otros dinosaurios sociales, aunque todavía quedan algunos vestigios. Por ejemplo, en la ciudad de Nueva York—conocida como "la ciudad del pecado"—los domingos no se puede comprar una botella de vino o de vodka en una licorería, aunque sí se puede comprar cerveza en cualquier despensa después del mediodía o pedir un trago en un bar o en un restaurante. ¿Contradictorio?

Por supuesto que los cristianos no tienen el monopolio del incumplimiento de las reglas de santificación del Sabat. Muchos judíos observantes han encontrado maneras de eludir el espíritu de la ley, aunque no la letra. Antes de la invención de los *timers*—programados para encender o apagar televisores y otros artefactos eléctricos a voluntad—los judíos solían emplear cristianos—los llamados "goys del Sabat"—para realizar ciertos servicios previamente determinados, entre ellos encender las luces. Éste puede parecer un tema sin importancia. Pero en Israel hay un serio conflicto contemporáneo en cuanto a hacer negocios durante el Sabat judío. Los judíos ortodoxos, políticamente poderosos, respetan el mandamiento del Sabat y el gobierno israelí no respeta ese punto de vista. Ésta no es una discusión novedosa. Cuando los macabeos se rebelaron contra sus gobernantes sirios en 166–164 AEC, algunos fieles judíos se negaron a renunciar al Sabat, prefiriendo la muerte a violar el mandamiento. Y, si bien no se trata de un sacrificio de tanta magnitud, los fanáticos del deporte y los espectadores de cine seguramente recordarán al competidor olímpico que se negó a correr durante el Sabat en una escena inmortal de la película *Carrozas de fuego*. Y los fanáticos del béisbol de cierta edad tal vez recordarán a Sandy Koufax, uno de los más grandes lanzadores de todos los tiempos, quien se rehusaba a jugar en los días sagrados judíos.

Éste es uno de los mandamientos que Jesús desobedeció abiertamente. Jesús y sus discípulos fueron acusados de violarlo—"trabajando" durante el Sabat—por los sacerdotes y rabinos de Jerusalén. Cristo respondió a sus críticos de dos maneras. Primero, dijo que las cosas que hacía en el Sabat—por ejemplo, sanar a los enfermos—eran demasiado importantes para ser pospuestas. Jesús también profesaba la creencia de que la santidad interior—entendida como espiritualidad íntima—era más importante que las "exhibiciones" de piedad, cuyo ejemplo más típico eran los judíos que concurrían al templo durante el Sabat respetando la voluntad de Dios y luego se comportaban de manera injusta o perversa durante el resto de la semana.

Aunque está claro que el Sabat "ya no es lo que era," vale la pena analizar su importancia. En una sociedad que ha colocado el trabajo por sobre todo lo demás—ya sea bajo la forma de múltiples empleos con un único objetivo o llevando la laptop al hogar para resolver algunos números—tal vez sería útil que la humanidad respetara lo que significa crear un tiempo "sagrado." Ya lo empleemos para retomar la observancia religiosa tradicional, para meditar en silencio, o sencillamente para reunirnos con nuestras familias, la mayoría de nosotros haríamos bien en "consagrar" cierto tiempo no sólo al "descanso" sino a la reflexión, a la contemplación, y a las buenas obras.

5. "Honrarás a tu padre y a tu madre, para que vivas largos años sobre la tierra que te ha dado el Señor tu Dios."

Éste es el mandamiento predilecto de todos los padres. Suelen utilizarlo para decirles todo el tiempo a sus hijos lo que deben hacer. Los políticos también son muy afectos a este mandamiento. En Estados Unidos los ancianos votan más que los jóvenes, de modo que se han convertido en una fuerza política en potencia y sus deseos son "honrados."

Nuevamente, se trata de un mandamiento que nos exige analizar su contexto histórico. En una cultura desértica semi nómada, los ancianos eran más a menudo una carga que una bendición. Este mandamiento apuntaba a impedir que los ancianos y enfermos fueran abandonados a la crueldad de los elementos naturales cuando dejaban de ser miembros productivos de la tribu. Era más fácil dejar caer del camello al abuelito que llevarlo a cuestas cada vez que había que levantar las tiendas.

Los cristianos necesitan compararlo con las palabras de Jesús porque, en varias ocasiones, hizo y dijo cosas que aparentemente contradecían el quinto mandamiento. Habló de su madre y otros miembros de su familia en términos en apariencia despectivos: "Nadie podrá venir a mí sin odiar a su padre, a su madre, a su hermano, y a su hermana" (Lucas 14.26). Esta frase no evoca precisamente el concepto de "honrar," aunque está claro que Cristo dijo que los lazos de su familia "espiritual" eran más fuertes que los de la sangre.

Mucha gente duda de que el quinto mandamiento deba ser aceptado sin cuestionamientos. ¿Acaso la hija que ha sido abusada física o emocionalmente debe "honrar" al padre que perpetró el abuso o la violación? Lamentablemente, un observador del mundo moderno podría llegar a la conclusión de que, en esta era de creciente abuso psíquico y sexual contra los niños, el mandamiento más adecuado sería "Honrarás a tus hijos."

6. "No matarás."

Caramba. Otro error crucial de traducción del hebreo original. La traducción correcta sería "No asesinarás" (así figura en las ediciones actualizadas de la Biblia). Como lo indica claramente el resto de las escrituras hebreas, Dios no tenía problemas con ciertas formas de matar: la pena de muerte era aplicable a una amplia variedad de ofensas, entre ellas el hurto en las casas, el castigo físico a los padres, el adulterio, el bestialismo, y la homosexualidad. Dios también dio la nada ambigua orden de que los enemigos de Israel fueran muertos durante la conquista de Canaán y en las posteriores batallas contra los filisteos. Dios no sólo mandó matar a los enemigos de Israel, sino que a menudo actuó como cómplice.

Entonces, matar por un motivo de índole moral—matar a un asesino para evitar una muerte, o matar a un Hitler—era considerado aceptable. Por supuesto que esto destapa una asquerosa caja colmada de gusanos: ¿Quién decide qué es una muerte "moral"? Antes de la Guerra de Secesión, el abolicionista John Brown pensaba que estaba justificado matar para liberar a los esclavos. En el otoño de 1997, durante la crisis de inspección de armas en Irak, el columnista del *New York Times* Thomas Friedman sugirió que se asesinara a Saddam Hussein. Algunos enemigos extremos de la práctica del aborto creen que es "moral" matar a los médicos que realizan abortos. Un creciente número de norteamericanos considera que los "suicidios asistidos" del Dr. Kevorkian deberían ser legalizados. De todas estas ambiguas formas de matar—aborto, suicidio, eutanasia, y pena capital—¿cuáles son afectadas por la prohibición del sexto mandamiento? Todo depende de nuestra definición de "asesinato."

7. **"No cometerás adulterio."**

El adulterio ya no es lo que era. Ni siquiera en la Casa Blanca. En una época en la que la vida privada de las personas públicas es exhibida en los noticieros y los puestos de revistas . . . definitivamente ha llegado el momento de repensar el adulterio. En 1997, una joven piloto fue expulsada de la Fuerza Aérea de los Estados Unidos por haber tenido una aventura amorosa y haberlo negado. La joven violó dos mandamientos: cometió adulterio y levantó falso testimonio. Al poco tiempo, el Pentágono se había convertido en un valle de pasiones. Un par de generales se metieron en problemas por viejos asuntos del corazón y el candidato potencial al puesto de mayor jerarquía en las fuerzas armadas del país fue obligado a retirarse a causa de una aventura que había tenido trece años atrás. Estas historias fueron un preludio al "escándalo Clinton": una serie de escándalos que hicieron que el pueblo norteamericano se encogiera de hombros al enterarse de que el presidente le era infiel a su esposa.

A fin de compararlo con las marchas y contramarchas, y los cambios de actitud en la sociedad actual, debemos considerar este mandamiento desde la perspectiva de los antiguos. El adulterio no era en el antiguo Israel lo que pensamos hoy. Aquélla era una sociedad polígama, de modo que este mandamiento estaba dirigido principalmente a las mujeres. Aunque también se aplicaba al hombre que cometía adulterio con una mujer casada, el adulterio era considerado un crimen contra el esposo y exigía la pena de muerte.

Jesús complicó las cosas para los cristianos cuando dijo que el solo hecho de mirar con deseo a una mujer equivalía moralmente al adulterio. Dijo Jesús en su célebre Sermón de la Montaña: "todo aquel que mire a una mujer con lujuria en su corazón ya ha cometido adulterio."

Cuando el presidente norteamericano Jimmy Carter admitió en

una entrevista otorgada a la revista *Playboy* que había cometido adulterio muchas veces "en su corazón," indudablemente estaba pensando en la admonición de Jesús y expresando el concepto estrictamente moralista de que concebir el pecado es tan malo como cometerlo. Y, si bien la idea moderna del adulterio es más permisiva, sigue siendo un tanto esquizofrénica. Pensamos que el adulterio está mal, pero ya no apedreamos a las adúlteras en la plaza. La mayoría de los norteamericanos—y más aún los europeos—parecen indiferentes al adulterio. Pobre Hester Prynne, heroína decimonónica de Nathaniel Hawthorne. Fue una pionera. Se anticipó a su época. Ciertamente, el adulterio ya no es lo que era.

8. "No robarás."

Este mandamiento es sumamente claro y directo, aunque algunos comentaristas judíos advierten que aludía tanto al secuestro de personas como al simple robo de mercaderías, y cabe destacar que el secuestro de personas merecía la pena de muerte. El rabino Telushkin también señala que el código legal especificaba penalidades para crímenes como el hurto y exigía que la víctima fuera compensada. El ladrón debía pagar el doble del valor de lo que había robado; si no podía pagar la multa debía ponerse al servicio del perjudicado.

Nuevamente es necesario sopesar algunos imperativos morales: ¿usted robaría comida para alimentar a un niño hambriento? ¿Estaría mal robar a un enemigo secretos militares relacionados con la fabricación de armas mortíferas para defender a la propia nación?

9. "No levantarás falso testimonio contra tu prójimo."

Aunque actualmente se lo considera como una prohibición de mentir en general, este mandamiento se refería originalmente a decir la verdad en las disputas legales, reforzando de este modo la sacralidad del testimonio ante la justicia ya definida en el tercer mandamiento.

Aun cuando se lo considere en el sentido más amplio de "mentir," el mandamiento contra el falso testimonio presenta todavía algunas zonas grises. La gente que ocultó a Anna Frank y a su familia en el ático para protegerlas de los nazis, indudablemente le "mintió" a la Gestapo. Pero la mayoría de nosotros coincidiríamos en decir que, si bien violaron el mandamiento, no obraron mal. Al contrario, decir la verdad hubiera sido en ese caso un verdadero crimen contra Dios.

Otra interpretación muy difundida vincula el "falso testimonio contra el prójimo" con la calumnia y el chisme, con los rumores maliciosos y destructivos que pueden aniquilar reputaciones. ¿Qué pasaría si la violación de este mandamiento desencadenara el rayo celestial? ¡Se acabarían los *talk shows* televisivos y las revistas sensacionalistas!

10. **"No codiciarás la casa de tu prójimo, ni desearás su mujer . . . , ni ninguna cosa que le pertenezca."**

De acuerdo con el diccionario, codiciar es "sentir deseo culpable por lo que le pertenece a otro" o "desear ardientemente." Este mandamiento es, en cierto sentido, único, en tanto considera al pecado como opuesto a una acción específica.

El problema es que la mayoría de las economías consumistas modernas y la totalidad de la industria publicitaria tienen sus fundamentos en la "codicia." El objetivo primordial de los avisos comerciales en la TV y las revistas es hacernos "desear ardientemente . . ." ya sea un Mercedes Benz o un cigarrillo. ¿Eso nos convierte a todos en pecadores? El rabino Telushkin ofrece, una vez más, su sabiduría: "No está mal querer más de lo que se tiene. Lo que está mal es quererlo a expensas del prójimo. No tiene nada de malo desear un Jaguar, siempre y cuando no sea el del vecino."

VOCES BÍBLICAS
ÉX. 20.26 CINCO LIBROS DE MOISÉS

Y no subirás por gradas a mi altar,
por que no se descubra tu desnudez.

Si alguien vende a su hija como esclava, ¿debe dar una garantía?

Cuando le hablaron por primera vez de los Diez Mandamientos, ¿no le dijeron que Dios no quería que usted espiara bajo las faldas del sacerdote? Moisés recibió muchas leyes de manos de Dios. Y unas cuantas necesitan ser explicadas.

Ante el asombroso sonido y la luz de Dios en la cima del Sinaí—es decir, al ver los rayos y la humareda, y escuchar el trueno—los israelitas decidieron que sería mejor que Moisés subiera y hablara con Dios "cara a cara" mientras ellos permanecían "a distancia prudencial." Así, Moisés se acercó a la "densa oscuridad" donde se hallaba Dios. Luego Dios procedió a entregarle una larga lista de leyes. Los Diez Mandamientos fueron sólo el comienzo de la Ley, la punta del témpano que aniquilaría al *Titanic*. Los Mandamientos podrían ser denominados como los "Diez Primeros," pero los siguientes capítulos del Éxodo—conocidos con el "Libro de la Alianza"—junto con el resto de la Torá, estaban dedicados a un extenso cuerpo de leyes que lo gobernaba todo: desde la moral básica y la conducta religiosa hasta un amplio espectro de directivas sociales para casi todos los aspectos de la vida del israelita.

La idea de que Moisés subió una sola vez, recibió las tablas, y luego bajó no tiene relación alguna con el complejo relato de la entrega de las leyes, tal como lo narra el Éxodo. Moisés sube y baja el Sinaí como si fuera un yo-yo: tarda varios meses en completar sus ocho viajes. En algunos lugares se dice que Dios escribió las leyes; en otros, fue Moisés quien las escribió. Ésta es una parte de la Biblia en la que los estudiosos han demostrado de manera convincente que por lo menos tres versiones distintas de los acontecimientos del monte Sinaí—volvemos a los viejos y buenos J, P, y E, los autores que presentamos en la primera parte de este libro—fueron combinadas para obtener la versión narrada en el Éxodo.

También es un sector de la Biblia que resulta tramposo para aquellos que todavía quieren tomarla—y tomar sus leyes—literalmente. La tradición judía identifica 613 leyes en la Torá. Muchas de ellas regían ritos sacrificiales que ya no tienen vigencia. En otras palabras, la mayoría de nosotros ya no creemos que la "veneración" y el perdón de los pecados impliquen descuartizar animales pequeños.

A continuación ofreceremos un sucinto ejemplo de las numerosas leyes que Moisés entregó al pueblo de Israel en el Éxodo. Convendría que los lectores modernos recordaran que la Biblia fue escrita hace mucho tiempo por un conjunto humano muy diferente al nuestro. Aquí es donde deberán determinar cuáles leyes son apropiadas para las tribus nómades del desierto 4.000 años atrás, y cuáles son las leyes universales que han trascendido el lugar y la época.

- "Si comprares un esclavo hebreo, seis años te servirá: pero al séptimo será libre, sin deuda . . . Pero si el esclavo dijere: 'Yo amo a mi señor, a mi mujer, y a mis hijos; no quiero ser libre', su dueño lo llevará ante Dios. Lo llevará a la puerta de su casa o al poste de la puerta, y le horadará la oreja con una lezna." (Éx. 21.2–6)

  Éste es un buen ejemplo de la modificación de los parámetros morales entre los tiempos bíblicos y nuestros días. Numerosos pasajes de la Biblia aprueban la esclavitud, y ésta fue una de las justificaciones aducidas por los esclavistas norteamericanos cristianos. Pero nosotros sólo podemos considerar la esclavitud como una institución inhumana e inmoral. Evidentemente, algo que era aceptable en los tiempos de Moisés es hoy absolutamente repudiable.

- "Si un hombre vendiere a su hija como esclava, ella no saldrá como salen los esclavos. Si no le agradare a su dueño, que la escogió para sí, la dejará libre. No tendrá derecho a venderla a un extranjero . . . Pero si la hubiere escogido para su hijo, la tratará como a una hija. Si tomare una nueva esposa, no disminuirá el alimento, el vestido, ni los derechos maritales de la primera esposa." (Éx. 21. 7–10)

  Este pasaje connota que una mujer era el equivalente aproximado de un esclavo. Aunque mucha gente cree que es así como deben funcionar las relaciones entre ambos sexos, la vasta mayoría piensa de otro modo.

- "Aquel que maldiga a su padre o a su madre recibirá la muerte." (Éx. 21.17)

  El código de Hammurabi—por lo general mucho más severo y con mayor cantidad de ofensas merecedoras de la pena capital—presenta otro punto de vista respecto de esta ley. Hammurabi establece que, por la misma ofensa, el ofensor pierda una mano . . . pero no la vida.

- "Si armando pendencia algunos hombres, uno de ellos hiriere a una mujer encinta, y ésta abortase pero no muriese, el que fuere hallado responsable resarcirá el daño según lo pidiere el marido . . .

Pero si le siguiese la muerte de la mujer, pagará vida por vida, ojo por ojo, diente por diente, mano por mano, pie por pie, quemadura por quemadura, herida por herida, lonja por lonja, golpe por golpe." (Éx. 21.22–24)

Este pasaje, generalmente mal citado, significaba que el castigo y la justicia debían ser imparciales, y la compensación igualitaria. Su objetivo era impedir que la gente se vengara desproporcionadamente del daño que le había sido infligido.

- "Si un buey corneare a un hombre o a una mujer, y les diera muerte, el buey será muerto a pedradas, y no se comerán sus carnes: mas el dueño del buey quedará absuelto. Pero si el buey estaba acostumbrado a cornear, y advertido de ello su dueño no lo tuvo encerrado, y el animal matare a un hombre o a una mujer, el buey será muerto a pedradas, y su dueño será condenado a muerte . . . Si el buey corneare a un esclavo o a una esclava, el dueño deberá pagar al propietario del esclavo treinta siclos de plata, y el buey morirá apedreado." (Éx. 21.28–33)

- "Si alguno destapare un pozo, o cavare un pozo y no lo tapare, y un buey o un asno cayese dentro, el propietario del pozo pagará el precio de las bestias a su dueño, pero el animal muerto será suyo." (Éx. 21.33–34)

- "Si un ladrón fuese hallado forzando de noche una casa, y fuera herido de muerte, no habrá habido derramamiento de sangre; pero si lo mismo ocurriere durante el día, habrá habido derramamiento de sangre." (Éx. 22.2–3) ("Derramamiento de sangre" es un eufemismo para "asesinato." En otras palabras, se podía matar legalmente a un ladrón que irrumpía en la vivienda durante la noche; pero, a la luz del día, presuntamente había otras maneras de impedirle robar o detenerlo.)

- "No maldecirás al príncipe de tu nación." (Éx. 22.27)

  Esta ley prohíbe maldecir al líder de la propia nación. Recuérdela cuando llegue el momento de pagar los impuestos.

Luego de una lista de "casos legales" referidos a la restitución de ovejas y otros animales perdidos, heridos o robados, la ley agrega:

- "Si un hombre sedujese a una virgen todavía no comprometida en matrimonio, y durmiese con ella, pagará la dote y la tomará por esposa. Pero si el padre se rehusare a entregársela, pagará por ella la dote correspondiente a las vírgenes." (Éx. 22.16–17)
- "No permitirás que viva una hechicera." (Éx. 22.18)
- "Todo el que yaciere con una bestia será castigado con la muerte." (Éx. 22.19)
- "No contristarás ni oprimirás al extranjero, porque también vosotros fuisteis extranjeros en la tierra de Egipto." (Éx. 22.21)

Estas últimas cuatro leyes, incongruentemente agrupadas, señalan las extravagancias de "obedecer" a la Biblia. Obviamente, los individuos modernos tienen otra idea de la virginidad, el matrimonio, y la dote. Las mujeres que ofrecen consejo en la "Línea Psíquica" son insoportables, ¿pero acaso usted querría condenarlas a la silla eléctrica? El bestialismo es ciertamente enfermizo para la mayoría de nosotros. ¿Pero digno de la pena de muerte?

RESUMEN DE LA TRAMA: EL BECERRO DE ORO

Moisés había subido y bajado la montaña por primera vez, y decide volver a subir, en esta ocasión durante cuarenta días y sus noches. Va a recibir un conjunto de directivas sumamente específicas para la construcción de la morada sagrada de Dios—el Tabernáculo, diseñado en formato portátil de modo que los israelitas puedan llevarlo con ellos a todas partes—y el Arca de la Alianza—donde se guardarán las tablas de los Diez Mandamientos. Pero mientras Dios y Moisés se entretienen con los planos y las leyes, el pueblo se pone impaciente. Los israelitas le piden a Aarón, hermano de Moisés, que les haga un nuevo dios. Aarón no se opone al pedido: se apodera de todos los aros y anillos de oro del campamento, los funde y crea un becerro de oro. Acto seguido, los israelitas danzan en torno a la imagen.

Dios no se alegra al verlos y envía a Moisés de regreso. Moisés destruye la tabla que contiene la ley y quema el becerro, convirtiéndolo en polvo. Luego esparce el polvo sobre el agua y hace beber a la gente. Dios lo acompaña enviando una plaga sobre el campamento. Moisés pide a los leales que se unan a él, y todos los levitas corren a su lado. Sacan sus espadas y matan a tres mil personas.

A pesar del papel que ha desempeñado en este drama, Aarón escapa al castigo. Su coartada es sorprendente: ¡le dice a Moisés que arrojó el oro al fuego y el cordero emergió! Aparentemente, Moisés acepta la explicación de su hermano.

Luego de esta purga, Moisés consigue otros dos pedazos de piedra para las nuevas tablas. Aquí se complican un poco las cosas porque Dios dice que Él las escribirá. Sin embargo, unos versículos más adelante, Dios le dice a Moisés que escriba las leyes. Moisés obedece y regresa con el nuevo conjunto de mandamientos.

VOCES BÍBLICAS
ÉX. 33.1–3

Habló después el Señor a Moisés, diciendo: "Vete, abandona este lugar, tú y el pueblo que has traído de la tierra de Egipto, y ve a la tierra que he prometido a Abram, Isaac y Jacob, diciendo: 'A tu descendencia se la daré'. Enviaré un ángel delante de ti, y expulsaré a los cananeos, los amorreos, los heteos, los fereceos, los heveos y los jebuseos. Iréis a la tierra que mana leche y miel; pero yo no iré entre vosotros, no sea que me viese obligado a destruiros en el camino, siendo como sois un pueblo de dura cerviz."

CAPÍTULO TRES

CUARENTA AÑOS EN EL CAMINO

Levítico
Números
Deuteronomio

Amarás a tu prójimo como a ti mismo.

LEV. 19.18

Y vuestros hijos andarán pastoreando en el desierto cuarenta años.

NÚM. 14.33

Amarás al Señor tu Dios con todo tu corazón, y con toda tu alma, y con todas tus fuerzas.

DEUT. 6.5

¿Qué es "kosher"?

¿Por qué Moisés no puede entrar en la Tierra Prometida?

¿Qué tenía para decir la burra parlante?

¿Cuál es el "Gran Mandamiento"?

¿Qué piensa Dios del travestismo?

En lo que hace a sus virtudes narrativas, los siguientes tres libros de Moisés—Levítico, Números, y Deuteronomio—palidecen ante la naturaleza épica de los dos primeros. Estos tres libros se concentran principalmente en restablecer, hacer agregados a, o incluso reinterpretar los elaborados rituales y códigos de leyes religiosas de Israel. Por esta razón encontraremos otra versión, ligeramente distinta, de los Diez Mandamientos en el Deuteronomio. Esencialmente dice lo mismo que la primera, pero presenta algunas expresiones alternativas. Uno podría pensar que estaba bien tal como era en un principio. Y que si Moisés la había escrito, por qué no la dejó tal como estaba. Pero este tipo de repeticiones y ocasionales contradicciones contribuyen a fortalecer la teoría de la autoría múltiple de la Biblia, ya que claramente comprueban que en su escritura intervino la mano de más de un autor.

En tanto el Génesis y el Éxodo eran primordialmente "libros de cuentos," el Levítico, los Números, y el Deuteronomio se parecen más a "la letra chica" de los contratos, que la mayoría de la gente evita leer.

El Levítico (en hebreo *Vayikra*: "Y El Llamó") se ocupa esencialmente de las leyes concernientes al ritual y a otros asuntos religiosos. El nombre castellano, derivado de las versiones griegas y latinas de la Biblia hebrea, alude a la tribu de los levitas, quienes constituyeron una orden sacerdotal. Además del gran impulso narrativo de los dos primeros libros, el Levítico también carece de su memorable poesía y su brillo dramático. Sin embargo, es el primer libro en el que aparece la versión bíblica de la "Regla de Oro."

Las elaboradas leyes incluidas en el Levítico abarcan todo lo relativo a los sacrificios y holocaustos, la consagración de los sacerdotes, la diferencia entre lo que es limpio y lo que es inmundo—incluyendo complejos análisis de leyes alimentarias y enfermedades contagiosas como la lepra—, los métodos para eliminar el moho de las tiendas, las reglas concernientes a los ritos de purificación luego del parto y la menstruación, la ceremonia del Día Anual del Perdón o Yom Kippur—que recién comenzó a celebrarse en el siglo VI AEC—y leyes relativas a la vida de Israel como pueblo sagrado y al calendario sagrado.

En la actualidad se cree que el Levítico fue compilado por los sacerdotes del Templo de Jerusalén en el siglo V AEC. Compuesto a la manera de un manual de entrenamiento para sacerdotes, este libro ofrece información detallada sobre sacrificios de animales y ceremonias de consagración. La antigua práctica judía del sacrificio de animales, descrita con exhaustiva precisión en estos libros, fue la pieza central del culto judío durante siglos. Esta práctica llegó a su fin con la destrucción del reconstruido Templo de Jerusalén—único lugar donde podían realizarse dichos sacrificios—a manos de los romanos en el año 70 EC. Luego la discusión se traslada al reino de lo limpio y lo inmundo, concentrándose en la clase de animales que se pueden o no comer.

¿Qué es "kosher"?

Una vez por año, muchos supermercados—particularmente en áreas metropolitanas—hacen lugar en sus refrigeradores para ciertos alimentos denominados "Kosher para Pascua." Muchos no judíos creen que las aves y carnes rojas "kosher" son más limpias, más sanas, e incluso más sabrosas que sus equivalentes "no kosher." Y muchas personas—judías y gentiles por igual—suelen preguntar si algo es "kosher" incluyendo bajo este término lo que está permitido o "bien." "Kosher" significa "apropiado" en ídish, palabra que a su vez deriva del hebreo "kashrut." Aunque actualmente asociamos el concepto "kosher" a las leyes alimentarias, la idea de lo que es "apropiado" abarca un amplio espectro de situaciones y actos que deben realizarse de acuerdo con la ley. Las leyes alimentarias—incluidas en el Levítico y en los siguientes libros de la Torá—no sólo especifican cuáles animales son apropiados para comer, sino también los métodos especiales para matarlos y prepararlos. Si bien mucha gente piensa que las leyes "kosher" están relacionadas de algún modo con el tema de la salud—por ejemplo, la vulgarizada creencia de que la carne de cerdo fue prohibida porque transmitía enfermedades—la mayor parte de las distinciones relativas a los alimentos "apropiados" se relaciona con una noción más esquiva—e incluso subjetiva—de la "santidad" y la "pureza."

Está bien comer:

- "todo animal que tenga la pezuña hendida en dos partes, y rumie," excepto el camello, el tejón, la liebre, y el cerdo.
- "todos los que se críen en las aguas," siempre que tengan aletas y escamas.
- "aves," excepto las mencionadas a continuación.

No está bien comer:

- águila, buitre, grifo, esmerejón, milano, cuervo, avestruz, lechuza, loro, gavilán, búho, somormujo, ibis, cigüeña, cisne, onocrótalo, calamón, garza, caladrión, abubilla, y murciélago (este último no es un ave, por supuesto, pero la Biblia no es un texto de zoología.)
- mariscos
- ningún insecto alado, excepto aquellos que tengan "cuatro patas y caminen sobre la tierra."
- todo lo que camine sobre sus "patas": la comadreja, el ratón, el cocodrilo terrestre, el camaleón, el lagarto, la salamandra, el topo, y la lagartija. (Esto nos habilitaría a comer perros y gatos sin problemas de conciencia.)
- todas las criaturas que "se arrastren sobre la tierra" o "se arrastren sobre su vientre," y todo "lo que tenga muchos pies."

También hay algunas advertencias específicas respecto de "hervir al niño en la leche de su madre," regla un tanto misteriosa incluida en la regla "kosher" contra la mezcla de carne y leche.

Pasando de los alimentos a las cuestiones reproductivas, el Levítico comprende numerosas leyes para la purificación después de la menstruación y el parto. Éstas son seguidas de una larga serie de reglas para combatir la lepra y otras enfermedades de la piel, y eliminar el moho de las casas o tiendas hasta llegar, finalmente, al estado de inmundicia del hombre que sufre "una descarga de su miembro." El Levítico no dice que esto sea malo o nocivo, sólo indica que después hay que limpiarse. "Si un hombre tiene una emisión de semen, deberá bañar todo su cuerpo en agua, y estará inmundo hasta el ocaso." (Lev. 15.16)

VOCES BÍBLICAS
LEV. 19.1–18

Entonces habló el Señor a Moisés, diciendo:

"Habla a toda la congregación de los hijos de Israel, y diles: Sed santos, porque yo el Señor Dios vuestro soy santo. Cada cual reverencie a su padre y a su madre, y respete mis sábados: Yo soy el Señor Dios vuestro. No acudáis a los ídolos ni os forméis imágenes de fundición: Yo soy el Señor Dios vuestro . . .

"No hurtarás; no mentirás y ninguno engañará a su prójimo. No jurarás en falso por mi nombre ni profanarás el nombre de tu Dios: Yo soy el Señor.

"No agraviarás a tu prójimo ni lo oprimirás con violencia; no robarás; no retendrás el jornal de los trabajadores hasta la mañana. No hablarás mal del sordo ni pondrás obstáculos ante los pies del ciego; temerás a tu Dios: Yo soy el Señor.

"No harás injusticia ni darás sentencia injusta; no serás parcial con los pobres ni deferente con los ricos: con justicia juzgarás a tu prójimo. No serás calumniador ni chismoso entre los tuyos, y no sacarás provecho ni beneficio de la sangre de tu prójimo: Yo soy el Señor.

"No aborrecerás en tu corazón a tu hermano; corregirás a tu prójimo, o tú mismo serás culpable de su pecado. No procurarás venganza ni conservarás la memoria de la injuria contra tu prójimo; amarás a tu prójimo como a ti mismo."

Estos versículos, que conforman el plan para llevar "una vida de santidad," recuperan los mandamientos y los expanden. Aunque sigue siendo un conjunto de válidas y valiosas reglas de conducta, este "código de santidad" es inmediatamente seguido de un conjunto de reglas muy diferentes:

> "No dejarás que tus animales se mezclen con los de otra especie; no sembrarás tus campos con dos clases de semillas; no vestirás ropa tejida con diferentes materiales."

Imposible saber qué pensaba Dios de combinar cuadros y rayas.

Números

El título en castellano refiere al censo de las doce tribus con el que se inicia el libro. El título hebreo—*Ba-Midbar,* "En el desierto"—es más descriptivo porque los Números comienzan con la decisión de abandonar el Sinaí y cruzar el desierto rumbo a la Tierra Prometida. Los israelitas llegan finalmente al oasis de Cades-barne, donde pasan la mayor parte de sus cuarenta años en el desierto.

Si bien gran parte del libro se ocupa de distintas leyes, también contiene varios episodios de notable carga dramática, entre ellos dos rebeliones contra Moisés y Dios respectivamente, y la muerte de Aarón.

Voces Bíblicas
Núm. 6.24–26

El Señor te bendiga y te guarde;
el Señor te muestre apacible su rostro,
y tenga misericordia de ti;
vuelva el Señor su semblante hacia ti,
y te conceda la paz.

Ésta es la "bendición aarónica," otorgada a Aarón por Dios. Se la considera una bendición extremadamente antigua que se utilizaba en Jerusalén y aún se sigue empleando en sinagogas e iglesias.

RESUMEN DE LA TRAMA: LA PARTIDA DEL SINAÍ

Finalmente, Dios le da a Moisés la orden de marcharse. Luego de haber pasado casi un año en el Sinaí, las tribus se retiran. Nuevamente hay quejas cuando los "advenedizos" piden carnes para comer. Están cansados del maná. Dios se enoja y envía incontables bandadas de aves contra el campamento. Los israelitas devoran aves hasta hartarse. Pero, tal vez para recordarles quién manda en realidad, Dios envía una plaga contra los quejosos.

Aarón y Miriam (o María) entran en la lista de los Quejosos.

Miriam—la hermana que había salvado la vida de Moisés bebé y luego lo había ayudado a sacar a su pueblo de Egipto—discute con Aarón las virtudes y defectos del benjamín. ¿Por qué Moisés es tan especial? Ellos también se consideran líderes y profetas de su pueblo. Entonces, ¿por qué Moisés recibe toda la atención de Dios? La rivalidad entre hermanos acaba de adquirir un carácter cósmico. Por si fuera poco, no les gusta la esposa de Moisés, una "cusita." Esta queja resulta un tanto confusa y ha dado origen a diversas especulaciones. ¿Acaso Moisés tuvo una segunda esposa? Séfora era madianita, no "cusita." "Cusita" también ha sido interpretado como "africana," aunque Cus podría ser otra denominación de Madian. La Biblia no lo explica.

Molesto con los dos hermanos litigantes, Dios decide castigarlos. Miriam es afectada por la lepra y se torna "blanca como la nieve." Moisés le pide a Dios que la perdone, y la hermana mayor es enviada fuera del campamento durante siete días hasta estar curada y "purificada," es decir ritualmente limpia. Por otra parte, Aarón aparentemente vuelve a salirse con la suya, como en el episodio del becerro de oro. Lo más probable es que los autores de la Biblia se consideraran, o efectivamente fueran, descendientes de Aarón y hayan querido hacerle buena prensa. En otras palabras, es como leer una biografía de Richard M. Nixon escrita por el Partido Republicano que explique el caso Watergate como una caída en desgracia del ex presidente.

VOCES BÍBLICAS
NÚM. 20.12

El Señor dijo a Moisés: "Ya que no habéis confiado en mí, para mostrar mi poder ante los ojos de los israelitas, no llevarás a este pueblo a la tierra que yo le he prometido."

¿Por qué Moisés no puede entrar en la Tierra Prometida?

Cuando Dios se enoja . . . cuidado. Hasta Moisés se mete en problemas. El motivo del enojo de Dios contra Moisés no está claramente definido, aunque la mayoría de los intérpretes cree que Moisés y Aarón fingieron haber realizado un milagro cuando Moisés partió una roca y de sus entrañas fluyó agua, o simplemente no hicieron las cosas como Dios quería. Aarón—cuya muerte en el monte Hor, cerca de Cades, está consignada en el libro de los Números—y Moisés morirán sin haber entrado en la Tierra Prometida.

Pero Dios no se contenta con castigarlos a ambos. Harto de las constantes quejas y reclamos de los israelitas, Dios le dice a Moisés: "Ninguno de éstos—ni uno de esta malvada generación—verá la buena tierra que he prometido a sus ancestros." (Deut. 1.35)

Con la excepción de Jesúa y Caleb, ninguno de los que salieron de Egipto en el Éxodo logrará entrar en la Tierra Prometida.

¿Qué tenía para decir la burra parlante?

"Un caballo es un caballo por supuesto / a menos que, por supuesto, sea un caballo parlante." Así dice la canción de una de las más célebres telecomedias norteamericanas: *Mr. Ed*.

Una burra parlante es otra cosa. Especialmente si decide hablar en la Biblia. La versión bíblica de Mr. Ed aparece en la curiosa historia de un mago llamado Balaam, a quien le piden que maldiga a las tribus de Israel. Tras abandonar Cades, las tribus israelitas deben atravesar los territorios de varias tribus, incluyendo Edom o Idumea—donde moraban los descendientes de Esaú—y Moab—donde vivían los descendientes de una de las hijas de Lot. Balaam—el hechicero o adivino que vive a orillas del Éufrates, aunque en la versión bíblica manifiesta su obediencia al Dios de Israel—ensilla su burra y va a socorrer al rey Balac.

El relato se torna confuso porque Dios se enfurece cuando Balaam hace lo que le han pedido. Entonces, la burra parlante de Balaam acapara la escena (como en los antiguos relatos folclóricos). Así, cuando Balaam la azuza para obligarla a avanzar por un camino, la burra ve a un ángel del Señor y se niega a moverse. Incapaz de ver al ángel, Balaam golpea tres veces a la burra para forzarla a caminar. Finalmente, la burra gira la cabeza y le pregunta al mago: "¿Qué te hice para que me golpearas tres veces?"

Dios hace que los ojos de Balaam se abran, y el mago ve al ángel que bloquea el camino. El mensajero celestial le dice que vaya a ver al rey de Moab y le diga lo que él le ordene. Cuando el rey le pide a Balaam que maldiga a Israel, el mago ofrece cuatro oráculos en bendición de Israel. Aunque la burra siempre fue más famosa que el propio Balaam, *The Oxford Illustrated Guide to the Bible* consigna que podría haber existido un Balaam real. "Fragmentos de textos arameos del siglo IX AEC provenientes de Deir Alla aluden a un tal Balaam, quien, como en las Escrituras hebreas, era hijo de Beor. Se dice que tuvo una visión del desastre que asolaría a su ciudad, y lloró." (Porter, p. 67)

Deuteronomio

Devarim ("Palabras")

Al final de los Números, el pueblo de Israel acampa en las planicies de Moab, donde se prepara para atacar Canaán desde el este. Antes de la embestida, Moisés pronuncia sus cuatro discursos de despedida. Ahora bien, para mucha gente el Deuteronomio podrá ser un gato muy viejo del musical de Andrew Lloyd Weber. Pero la denominación bíblica se deriva de las palabras griegas *deuteros* ("segundo") y *nomos* ("ley"). Esto explica que el libro no presente nuevas leyes sino que más bien reitere las antiguas.

Los expertos modernos en la Biblia consideran que la mayoría de los contenidos fueron transmitidos oralmente hasta que el Deuteronomio fue escrito en el siglo VII AEC, perdido, y finalmente encontrado (tal como lo indica el posterior libro de los Reyes). En el año 621 AEC, durante el reinado del rey Josías, fue descubierto un "Libro de ley" en el Primer Templo. Con el hallazgo de este libro, Josías comprendió que su pueblo no había respetado debidamente las leyes. Sumerge al país en un riguroso período de reforma religiosa, en el que impone la estricta ley mosaica. El Deuteronomio es el adiós—a decir verdad, los tres adioses—de Moisés al pueblo, en los que repasa los actos de Dios, advierte solemnemente contra las tentaciones de Canaán—especialmente contra las perversas mujeres cananaeas—y proclama la lealtad y el amor a Dios como condición para alcanzar la Tierra Prometida. Una de las principales enseñanzas del Deuteronomio es que la veneración de Dios debe centralizarse en un solo lugar, a fin de eliminar el paganismo de los altares locales. Cuando fue compuesto, el Templo de Jerusalén era considerado el santuario central.

¿Cuál es el "Gran Mandamiento"?

"¡Escucha, oh Israel! El Señor es nuestro Dios, solamente el Señor (o bien: "el Señor nuestro Dios es sólo uno"). Amarás al Señor tu Dios con todo tu corazón y con toda tu alma y con toda tu voluntad." (Deut. 6.4–5)

Ésta es la Shema, la plegaria más frecuente del judaísmo, también tradicionalmente llamada el "Gran Mandamiento." Algunos cristianos la conocerán bajo la forma que utiliza Jesús (Marcos 12.29) cuando le preguntan cuál es el primero entre los mandamientos. Pero probablemente no se hayan dado cuenta de que Jesús cita la Escritura hebrea cuando dice que "Amarás a tu prójimo como a ti mismo" (Marcos 12.31) es el segundo mandamiento, y el más grande.

La "Regla de Oro," como se ha dicho tantas veces, es una idea ampliamente expresada. Además de sus apariciones bíblicas en el Levítico y en los dichos de Jesús, sus otras versiones significativas incluyen:

Confucio: "No hagas a otros, lo que no quieras que te hagan a ti."

Aristóteles: "Deberíamos tratar a nuestros amigos como querríamos que nuestros amigos nos traten a nosotros."

Hilel: "No le hagas a tu prójimo aquello que aborreces. Ésa es la Torá. El resto es comentario." (Hilel, un famoso rabino del siglo I EC, vivió en Jerusalén. Mucha gente cree que Jesús conocía sus enseñanzas y hasta podría haber sido su discípulo. Pero no hay evidencias al respecto.)

El conde de Chesterfield: "Haz lo que te gustaría que te hagan, es el método más seguro que conozco de agradar." (Philip Dormer Stanhope, conde de Chesterfield, vivió entre 1694 y 1773. Sus copiosos aforismos, al igual que los consejos de Benjamin Franklin, fueron extraídos de sus cartas a su hijo. Otra muestra de su sabiduría: "Los consejos rara vez son bienvenidos: quienes más los necesitan, más los detestan.")

VOCES BÍBLICAS
DEUT. 8.3–5; el subrayado es mío

Te afligió con el hambre, y luego te dio el maná para comer, manjar que ni tú ni tus padres habían conocido, y te enseñó así que no sólo de pan vive el hombre, sino de cualquier cosa que Dios dispusiere. Las ropas que te cubren no se han gastado, ni tampoco se han lastimado tus pies durante estos cuarenta años. Ten presente que el Señor tu Dios te disciplina, así como el padre disciplina a su hijo.

Nuevamente, los lectores cristianos estarán más familiarizados con este versículo cuando Jesús es tentado por el diablo durante su estadía en el desierto. Cuando Jesús dice "No sólo de pan vive el hombre, sino de cada palabra que sale de la boca de Dios" (Mateo 4.4) está citando el Deuteronomio.

¿Qué piensa Dios del travestismo?

Milton Berle, Lucille Ball, el alcalde de Nueva York Rudolph Giuliani, la cantante k. d. lang, y el notorio jugador de baloncesto Dennis Rodman, se verán en problemas. De acuerdo con Deuteronomio 22:

"La mujer no se vestirá de hombre, ni el hombre se vestirá de mujer; porque aquel que haga estas cosas será abominable a los ojos del Señor tu Dios."

Está clarísimo: Dios no aprueba a los travestis.

Éste es otro ejemplo de prohibición específica contra una práctica muy común en otras sociedades del antiguo Oriente Medio. Muchas de las prohibiciones de la Torá incluían actos diversos, desde la idolatría, la prostitución, el incesto, y la homosexualidad hasta el bestialismo y el sacrificio de niños. Estas prácticas eran completamente aceptables en otras culturas, especialmente entre los cananeos, aunque también entre los egipcios. La prohibición contra el travestismo aparentemente pretendía evitar que los israelitas participaran de ciertos ritos cananeos de fertilidad en los que el oficiante simulaba cambiar de sexo. La religión cananea se centraba en el culto a Baal, dios de la fertilidad y de la lluvia, una figura obviamente significativa en el contexto de una comunidad agrícola asentada a orillas del desierto. Según la creencia cananea, las lluvias se desataban cuando Baal mantenía relaciones sexuales y su semen caía en forma de gotas de agua sobre la tierra. En lugar de bailar "la danza de la lluvia," los sacerdotes cananeos imitaban a Baal y copulaban (aparentemente con hombres, mujeres, y animales). Numerosas leyes mosaicas intentaban contrarrestar la notable carga sexual de los cultos cananeos, que probablemente habrán sido muy atractivos para algunos, si no muchos, hijos de Israel.

Además de su marcado desdén hacia la mezcla de sexo y Dios, el código de leyes del Deuteronomio—como todas las otras leyes de la Torá—se ocupa muy especialmente de las relaciones sexuales, costumbres maritales incluidas:

> "Si un hombre se casa con una mujer, pero después de entrar en ella se siente disgustado, y busca pretextos para repudiarla, y la difama diciendo: 'Me casé con esta mujer, pero cuando yací con ella no hallé la evidencia de su virginidad,' el padre de la joven enviará entonces las señales de la virginidad de su hija al tribunal de los ancianos en las puertas de la ciudad . . . Y agitarán la sábana frente a los ancianos de la aldea. Los ancianos de la aldea prenderán al marido y lo castigarán . . . La joven seguirá siendo su esposa; él no podrá repudiarla mientras viva."
>
> "Si, en cambio, la acusación es verdadera . . . la joven será arrastrada hasta la puerta de la casa de su padre y los hombres de la aldea le darán muerte a pedradas." (Deut. 22.13–21)

Voces Bíblicas
Deut. 34.1–6

Subió pues Moisés de la llanura de Moab al monte Nebo, sobre la cumbre de Fasga, enfrente de Jericó, y el Señor le mostró toda la tierra . . . Y dijo el Señor: "He ahí la tierra que prometí a Abram, a Isaac y a Jacob diciéndoles: 'A tu

descendencia se la daré.' Te he permitido verla con tus propios ojos, pero no entrarás en ella." Entonces Moisés, el siervo del Señor, murió en la tierra de Moab, en un valle en la tierra de Moab . . . pero ningún hombre conoce hasta hoy su sepultura.

CAPÍTULO CUATRO

SOBRE EL RÍO

Libro de Jesúa

Josué libró la batalla de Jericó, Jericó, Jerico
Josué libró la batalla de Jericó
Y las murallas se vinieron abajo.

ESPIRITUAL AFRONORTEAMERICANO

Y así sucedió, cuando el pueblo oyó el sonido de la trompeta, y la gente gritó con toda su fuerza, las murallas cayeron derrumbadas y la gente entró en la ciudad.

JESÚA 6.20

¿Cómo una prostituta ayudó a destruir a Jericó?

¿El rey David y Jesús descienden de un par de rameras bíblicas?

Si es Dios quien sanciona una "limpieza étnica," ¿eso quiere decir que está bien?

En los perversos días de la música disco, hordas de "gente linda" hacían cola frente a Studio 54 esperando, rogando, y suplicando ser admitidos en el club más notorio de Nueva York. Muchos se sentían desolados cuando el todopoderoso portero no les permitía entrar. Simplemente no estaban entre los seleccionados, no formaban parte de "los elegidos."

Sin olvidar esa perspectiva, imagínese la desilusión que habría experimentado si, luego de esperar cuarenta años para entrar en un lugar, en el último segundo le dijeran: "Lo lamento. Usted no es lo suficientemente bueno para entrar aquí." Básicamente, eso fue lo que les pasó a los hebreos que abandonaron Egipto guiados por Moisés. Cuando Moisés murió a los 120 años fue enterrado en un lugar que sólo Dios conoce. Ni Aarón ni él pudieron entrar en la Tierra Prometida, ni tampoco pudo hacerlo el pueblo israelita escapado de Egipto debido a sus pecados y quejas constantes en el desierto. Finalmente, los israelitas obtuvieron permiso para "conquistar" la Tierra Prometida luego de cuarenta años de espera. El Libro de Jesúa—un relato que ha soportado considerables revisiones—narra la historia de esa "Conquista." Las evidencias proporcionadas por el Libro de los Jueces, y los descubrimientos arqueológicos de este siglo, demuestran que la conquista de Canaán por los israelitas no fue la gran guerra santa de la que hace alarde el Libro de Jesúa.

Jesúa—el líder militar que Moisés eligió como su sucesor—fue el autor del libro según la tradición. Sin embargo, la mayoría de los eruditos modernos creen que el Libro de Jesúa es una combinación de diversas fuentes. El único hecho ampliamente aceptado es que los pasajes más antiguos del texto, que podrían datar del año 950 AEC, fueron reescritos en su totalidad en el siglo VII AEC. Posteriormente, probablemente después del año 500 AEC, alguien revisó y reescribió la segunda mitad del libro, casi totalmente dedicada a temas relacionados con el sacerdocio.

El Dios de Jesúa es una deidad puramente nacionalista, un Dios Guerrero aparentemente alejado del Señor que, apenas unos capítulos atrás, había ordenado a Israel amar a su prójimo en el Levítico. El tema central del Libro de Jesúa es que Dios guiará a su pueblo a la victoria si los israelitas observan la ley, pero se apartará de ellos si niegan al Señor.

RESUMEN DE LA TRAMA: LA CONQUISTA DE CANAÁN

Como tantos otros relatos de guerra, el Libro de Jesúa no es agradable de leer. La historia comienza con el milagroso pasaje de los israelitas sobre el río Jordán, cuyas aguas dejan de fluir temporalmente, y el sangriento saqueo de Jericó. Continúa con el avance de los ejércitos hebreos sobre las montañas para tomar la ciudad de Hai, y da testimonio de una cruenta batalla contra los reyes de otras cinco ciudades cananeas. Los israelitas demuestran ser absolutamente despiadados, tal como da cuenta la violenta devastación de Jericó y Hai. Una última batalla en el norte da por resultado la destrucción completa del poder cananeo en Palestina. Luego de una breve síntesis de las victorias de Jesúa, el libro describe la división de la tierra entre las distintas tribus.

¿Cómo una prostituta ayudó a destruir Jericó?

Antes de guiar a los israelitas rumbo a Canaán, Jesúa envió a dos espías a observar la zona, y particularmente la ciudad de Jericó. Apenas llegan a Jericó, los espías van directamente a la casa de Rahab, una ramera, quien los esconde del rey de la ciudad. Los espías prometen a esta "puta santa" que cuando los israelitas conquisten Jericó, Rahab y su familia serán salvados. Para que no haya errores, ella deberá atar una cuerda roja en el frente de su casa y reunir allí a su familia.

Los espías regresan con Jesúa y, tras acampar en las orillas del río Jordán durante tres días, las tribus deciden cruzarlo. Cuando los sacerdotes que portan el Arca de la Alianza tocan las aguas, el río deja de correr. Los sacerdotes permanecen inmóviles en el lecho seco del río y toda la nación israelita cruza a Canaán, hecho que recuerda simbólicamente la división de las aguas del Mar Rojo durante la huida de Egipto. El libro consigna que cuarenta mil hombres armados—nuevamente ese número místico—guiaban a las tribus israelitas. Finalmente, los sacerdotes abandonan el lecho del río y las aguas comienzan a correr, e inundan las riberas.

Para conmemorar el cruce del Jordán, se colocan doce ríos de piedras en Gilgal. Allí se celebra la primera Pascua en Tierra Prometida y se lleva a cabo una circuncisión masiva a cuchillo alzado, ya que todos los varones nacidos en el desierto no habían sido circuncidados. Debido a este episodio, Gilgal significa "Colina de los prepucios." ¡Una hermosa dirección epistolar!

Cuando se encontraba cerca de Jericó, Jesúa ve a un hombre y le pregunta si es amigo o enemigo. El hombre replica que es "comandante del ejército del Señor." Jesúa comprende entonces que lo ayudará en las batallas por venir.

Cuando la Biblia llega al legendario ataque contra Jericó, la Historia comienza a meter su molesta nariz en el relato. A diferencia del Jardín del Edén, el monte Sinaí, el Mar de Reeds, y muchos otros lugares bíblicos cuya identidad geográfica o emplazamiento preciso es desconocido y discutible, Jericó es un lugar real. Durante el último siglo ha sido uno de los sitios más excavados en Tierra Santa.

Localizada aproximadamente ocho millas al norte del Mar Muerto, a 258 metros bajo el nivel del mar, Jericó es la ciudad más baja de la Tierra. Situada a 23 millas al este de Jerusalén, Jericó—cuyo nombre probablemente significaba "ciudad de la luna" en homenaje a una deidad local—es también uno de los asentamientos humanos más antiguos del mundo. Los arqueólogos han establecido la fecha de sus comienzos. Las excavaciones extensivas en y alrededor de Jericó, y de la vecina Tell es-Sultan sugieren que grupos cazadores empezaron a frecuentar el área en el noveno milenio AEC. Hacia el año 8000 AEC se habían asentado en el lugar unas dos mil personas. Dueña de un sistema de irrigación, una gran torre, y una muralla defensiva, Jericó es considerada con justicia la ciudad más antigua del mundo. Hacia el año 6800 AEC, los pobladores originales fueron desplazados por un nuevo grupo. Hacia el 4500 AEC un tercer grupo se estableció en la ciudad, que luego fue ocupada continuamente hasta mediados de la Edad de Bronce.

En la versión de la catequesis, Jericó fue destruida cuando las tribus marcharon en silencio alrededor de sus muros, una vez al día y durante seis días, guiadas por siete sacerdotes que soplaban los cuernos de siete carneros. El séptimo día marcharon siete veces en torno a la ciudad y, durante la séptima marcha, los sacerdotes soplaron sus cuernos, y la gente lanzó un estridente grito. Las murallas cayeron y la ciudad fue tomada. Probablemente esta versión no menciona qué pasó con los habitantes de Jericó, cuyas casas se deshicieron en escombros. Jesúa no se gasta en discursos. Todos los pobladores de Jericó son pasados por el filo de la espada, excepto la prostituta Rahab y su familia.

¿El rey David y Jesús descienden de un par de rameras bíblicas?

La historia de Rahab, la prostituta que la censura eliminó de la mayoría de las versiones "limpias" difundidas en la catequesis, merece un análisis más profundo. Es necesario considerar dos aspectos claves. ¿Recuerdan a Tamar? ¿La mujer que fingió ser prostituta ante Judá en el Génesis? Cuando sus gemelos nacieron, a uno de ellos le ataron un cordel rojo en el tobillo. Era Fares, un ancestro de David. El cordel ofrece una relación simbólica con el cordel rojo que Rahab ata en la ventana de su casa. De acuerdo con otros relatos judíos, Rahab fue ancestro de varios profetas. Pero la genealogía según Mateo en el Nuevo Testamento indica que Rahab fue la madre de Boas, quien se casó con Ruth (véase Ruth) y fue ancestro de David. Esto significa que el gran rey de Israel—y también Jesús, cuyo linaje llega hasta David—desciende de un par de rameras generalmente ignoradas.

¿Pero qué clase de rameras eran éstas? En rigor de la verdad, las Escrituras hebreas definen dos clases de prostitutas. La variedad "mujer de la calle"—obviamente tolerada en esta cultura por lo demás sexualmente restrictiva—y la "prostituta de culto" de la religión cananea. Tradicionalmente, se cree que la religión cananea empleaba prostitutas en el templo para que mantuvieran relaciones sexuales con los sacerdotes y los fieles durante los ritos de fertilidad. Este punto de vista ha suscitado diversas revisiones. La palabra que generalmente se traduce como "prostituta de templo" presenta el más preciso significado de persona "consagrada." Si bien el sexo era entre los sacerdotes cananeos parte esencial del trabajo, algunos eruditos sugieren que estas mujeres cumplían también otras funciones, tal vez como parteras, o cantoras de himnos sagrados o servidoras del templo. Tamar era descripta tanto como prostituta común y como prostituta de templo. Rahab, la ramera de Jericó, era una *zonah* (prostituta común en hebreo).

Los recientes descubrimientos arqueológicos han atemperado el relato bíblico de la Conquista. En el siglo XIII AEC—fecha probable de la entrada de los israelitas en Canaán—Jericó era una aldea no amurallada. En otras palabras, el relato de la Conquista con el que estamos familiarizados fue adornado y magnificado con el correr del tiempo. El valle del río Jordán, donde está emplazada Jericó, se halla sobre una enorme grieta o falla geológica. La inmovilidad de las aguas y el derrumbe de los muros podrían explicarse como efectos de un terremoto. Sin embargo, no hay evidencia arqueológica de muros derrumbados en Jericó.

No es necesario alejarse demasiado para encontrar evidencias de antiguos relatos de guerra adornados y magnificados mediante la "intervención divina" en las antiguas civilizaciones mediterráneas. Aproximadamente en el mismo período histórico en el que Jesúa guió a la confederación de tribus israelitas a la tierra de Canaán tuvo lugar un combate continuo y aguerrido entre una confederación de tribus griegas y los habitantes de una ciudad fortificada sobre las costas de la actual Turquía. Esta larga e históricamente insignificante batalla tuvo lugar hacia el año 1193 AEC en Ilium y fue posteriormente transformada en un relato legendario. Transmitida por vía oral, como las historias de la Biblia, fue escrita más de trescientos años después, en el 850 AEC, por un poeta al que llamamos "Homero" y llevó por título la *Ilíada* (seguida de cerca por la *Odisea*).

Una vez tomada, Jericó fue destruida, saqueada, y maldecida. Pero los israelitas cometieron algunos deslices que no estaban en el libreto divino. Algunos de ellos conservaron ilícitamente parte del botín prometido a Dios. Por este crimen, Dios castigó a Israel con una derrota militar cuando Jesúa y sus ejércitos avanzaron sobre Hai (que significa "ruina"). El culpable fue descubierto y muerto a pedradas junto con toda su familia, y Jesúa pudo tomar la ciudad de Hai, cercana a Betel, gracias a una inteligente estrategia militar (no a la intervención divina).

El informe de las bajas después de la batalla de Hai es sombrío: "Cuando Israel terminó de matar a todos los habitantes de Hai en el desierto a donde habían huido, y cuando hubo caído hasta el último de ellos bajo el filo de la espada, los israelitas regresaron a Hai y la atacaron a espada. El total de los que cayeron ese día, hombres y mujeres, fue de doce mil. El pueblo entero de Hai . . . Entonces Jesúa incendió la ciudad de Hai, convirtiéndola para siempre en un montón de ruinas, como es hasta hoy." (Jos. 8. 24–28)

Si es Dios quien sanciona una "limpieza étnica," ¿eso quiere decir que está bien?

Bosnia, Líbano, Nanking. La "remoción" de los nativos norteamericanos. La "Institución Peculiar." No hay que buscar muy lejos para encontrar justificaciones de la violación, la esclavitud, el asesinato, y el genocidio de "los aborrecidos de Dios." Éstos son sólo algunos ejemplos de la historia reciente, pero hay muchos más. Por supuesto, en uno de los peores episodios de "limpieza étnica" los descendientes de Jesúa casi fueron borrados de la faz de la tierra durante el Holocausto nazi.

La vívida descripción bíblica de la crueldad con que fueron tratados los cananeos en Hai y otras ciudades viene envuelta en un manto de aprobación divina, lo cual señala una de las grandes contradicciones éticas de la Biblia. Cuando un pueblo supuestamente "malvado" es eliminado por orden de Dios, ¿el crimen se justifica? Recordemos el mandamiento divino que ordena no "asesinar" (aunque deja lugar para casos justificados).

Irónicamente, en cuanto a este período los narradores parecen aceptar la versión bíblica de la "Conquista," de modo tal que los peores y más sanguinarios crímenes perpetrados por los israelitas han sido embellecidos y adornados en las sucesivas versiones orales. Para la mayoría de las versiones eruditas, lo más probable es que los israelitas hayan tomado Canaán a través de un prolongado proceso de "asentamiento," combinando emigración y negociaciones, mientras los esporádicos conflictos armados entre algunos grupos localizados continuaron durante mucho tiempo. Pero decir que "las cosas no ocurrieron de esa manera" es una salida fácil a este dilema moral.

La respuesta tradicional es que los cananeos eran tan malos que merecían lo que les ocurrió. A lo largo de la Torá, las historias de cananeos tienden a demonizar a ese pueblo, tal como luego serían demonizados los filisteos al convertirse en los principales adversarios de

Israel. Es mucho más fácil destruir a alguien—o esclavizarlo o encadenarlo—si uno se autoconvence de que es impío, pagano, aborrecible, o moralmente corrupto. La mayoría de los "descubridores" europeos—desde Cristóbal Colón y los conquistadores españoles hasta los ingleses que se afincaron en Virginia y Massachusetts—estaban convencidos de que los nativos americanos eran bárbaros paganos. Los esclavistas estaban convencidos de que los africanos eran paganos salvajes. Los alemanes estaban convencidos de que los judíos eran la causa de todos sus problemas. Hay muy poca distancia entre condenar a otra raza o cultura por "inmoral," y justificar su esclavitud o su genocidio.

Voces Bíblicas
Jos. 23.14

Y ahora he de concluir la carrera de todos los mortales, y vosotros sabéis en vuestras almas y vuestros corazones, todos vosotros, que de todas las promesas que os hizo Dios vuestro Señor ninguna ha quedado sin efecto . . .

Habiendo cumplido su función de hacer entrar a las tribus en Israel y dividir entre ellas la Tierra Prometida, Jesúa murió a la edad de ciento diez años.

HITOS DE LOS TIEMPOS BÍBLICOS II
1568 AEC a 1000 AEC

Las fechas prehistóricas son a menudo especulativas y están sujetas a importantes debates académicos. Las siguientes fechas son utilizadas por un amplio espectro de historiadores en diversos libros y publicaciones. Sin embargo, existen fechas alternativas para algunos de estos acontecimientos. Entre las más controvertidas se encuentra la cronología (radicalmente distinta) sugerida por Charles Pellegrino en su reciente libro *Return to Sodom and Gomorrah*. Al establecer la fecha de la erupción del volcán en Thera en el año 1628 AEC, Pellegrino propone una cronología que difiere en varios siglos con la visión tradicional de la historia del antiguo Oriente Medio.

La aceptación de la propuesta de Pellegrino tiene un significativo impacto sobre las fechas atribuidas a las dinastías de Egipto, el Éxodo, la caída de Jericó, y otros eventos bíblicos discutidos en este libro.

1568/5 AEC: Amosis I expulsa a los hicsos de Egipto e inicia la décimo octava dinastía o Nuevo Reino.

1545 AEC: Amosis I muere luego de 20 años de reinado; lo sucede su hijo Amenothep I.

1525 AEC: Amenothep I muere tras 20 años de reinado; es sucedido por Tutmosis I.

Tutmosis I restaura el Templo de Osiris en Abidos y construye la primera tumba en el Valle de los Reyes.

1512 AEC: Es depuesto Tutmosis I; su hijo bastardo reinará como Tutmosis II con su esposa (y hermanastra) Hatshepsut.

1504 AEC: Muere Tutmosis II; Hatshepsut reina como regente en representación de su sobrino Tutmosis III.

c. 1480 AEC: Tutmosis III inicia un mandato de 33 años en el que Egipto alcanzará la cumbre de su poder. Durante su reinado comienza a utilizarse el título de "faraón" o "Gran Casa." Intenta oscurecer todas las referencias a su tía Hatshepsut levantando murallas en torno a los obeliscos que ella mandara construir en Karnak.

1470 AEC: Una erupción volcánica en Thera destruye la civilización minoica en Creta. Olas sísmicas de 100 a 160 pies de altura aumentan temporariamente el nivel del agua en las costas orientales del Mediterráneo. Algunos sectores de Egipto sufren inundaciones a consecuencia de los "tsunamis." Hay hambrunas. Muchos suponen que esta cultura dio origen al mito de la Ciudad Perdida de la Atlántida (o el Continente Perdido).

1450 AEC: Muere Tutmosis III; su hijo Amenothep II invade Judea y Mesopotamia.

1419 AEC: Amenothep II muere tras 34 años de reinado; lo sucede su hijo Tutmosis IV.

1400 AEC: Comienza la Edad de Hierro en Asia Menor con el descubrimiento de los primeros métodos para la fundición de metales.

1386 AEC: Muere Tutmosis IV y es sucedido por su hijo Amenothep III, último gran faraón del Nuevo Reino.

1349 AEC: Amenothep III muere luego de 38 años de reinado. Lo sucede su hijo Amenothep IV, también llamado Akhenatón. Durante su reinado Egipto se debilita debido a que los hititas construyen un imperio desde Anatolia (actual Turquía) hasta las fronteras de Líbano.

Akhenatón introduce el monoteísmo en Egipto: establece un nuevo culto de veneración al dios sol, y se opone a los sacerdotes de Amen debido a la influencia de su esposa Nefertiti.

1334 AEC: Amenothep IV o Akhenatón muere luego de 16 años de reinado; lo sucede su hijo Tutankhamon, de nueve años de edad.

1321 AEC: El soldado egipcio Harmahab se apodera del trono. Tutankhamon es enterrado en Tebas con un inmenso tesoro.

1300 AEC: El alfabeto desarrollado en la Mesopotamia es una forma refinada de la escritura cuneiforme del año 2500 AEC.

1293 AEC: Muere Harmahab y es reemplazado por Ramsés I, quien fallece dos años más tarde y es sucedido por su hijo Seti I.

1278 AEC: Seti I muere luego de derrotar a los libios al este del Nilo y hacer la paz con los hititas en Siria. El hijo de Seti reinará como Ramsés II.

c. 1275 AEC: Batalla de Qadesh, victoria decisiva de los egipcios sobre los hititas.

1260 AEC ?: Comienza una migración israelita que durará 40 años, luego de tres siglos de cautiverio y opresión en Egipto.

1246 AEC: Ramsés II de Egipto se casa con una princesa hitita, sellando de este modo un tratado de paz permanente entre ambas potencias. Dedica su reinado a la realización de construcciones monumentales: termina el templo de Seti en Abidos, reforma los templos de Karnak y Luxor, construye en Tebas templos con estatuas colosales que lo representan, y construye los templos de Abu-Simbel en Nubia.

1238/5 ? AEC: Batalla de Merneptah contra "Israel."

1212 AEC: Ramsés II muere luego de 67 años de reinado en los que se valió del trabajo forzado—el de los israelitas incluido—para construir las ciudades de Pitom y Ramsés. Lo sucede su hijo Merneptah.

1207 AEC: Los libios invaden Egipto pero son derrotados por Merneptah.

1202 AEC: Merneptah muere tras 10 años de reinado y es sucedido por una serie de faraones menores, lo cual pone fin a la décimo novena dinastía.

La epopeya de Gilgamesh, primera leyenda escrita de que se tenga noticia, es registrada en escritura cuneiforme. Cuenta la historia de un gran diluvio en el que un hombre se salva construyendo un arca. Los alimentos mencionados en este relato épico incluyen pepinos salvajes, higos, uvas, varias hojas y tallos comestibles, miel, carne sazonada con hierbas, y pan (una especie de panqueque hecho con harina de cebada mezclada con harina de semilla de sésamo y cebollas).

1193 AEC: Luego de un sitio de 10 años, Troya es destruida por las fuerzas griegas comandadas por el rey Agamenón.

1182 AEC: Ramsés III da comienzo a la vigésima dinastía de Egipto. Guiará a su pueblo contra una confederación de "Pueblos Marinos": invasores mediterráneos (filisteos, sardos y griegos, entre otros).

1150 AEC: Los filisteos fundan cinco ciudades sobre la costa mediterránea de Canaán. Israel comienza a emerger como una red de asentamientos en el área de Galilea.

1146 AEC: Nabucodonosor I inicia su mandato de 23 años como rey de Babilonia.

1141 AEC: Los ejércitos israelitas pierden más de 34.000 hombres en batallas contra los filisteos.

El Arca de la Alianza es capturada por los filisteos y trasladada a la ciudad de Ashdod.

1116 AEC: Tiglath-pileser I inicia un reinado de 38 años que llevará al Imperio Asirio a su cenit.

1100 AEC: Las fuerzas asirias llegan al Mediterráneo tras haber conquistado a los hititas.

1020 AEC: El profeta Samuel unge a Saúl, quien reinará como rey de Hebrón hasta el año 1012 AEC.

1005 AEC: Saúl y su hijo Jonatán mueren en la batalla de monte Gilboa contra los filisteos. David, amigo de Jonatán, lo sucede en el trono.

CAPÍTULO CINCO

"¿POR QUÉ, POR QUÉ, POR QUÉ, DALILA?"

Libro de los Jueces y Libro de Ruth

Entonces Jael . . . tomó un clavo de la tienda, y tomó un martillo en su mano, y entró sin ser notada, y le hundió el clavo en la sien, y lo traspasó hasta llegar al suelo; porque él estaba dormido, y cansado, y así murió, juntando el sueño con la muerte.

JUECES 4.21

Con la quijada de un asno . . . he matado a mil hombres

JUECES 15.16

¿Quién fue Débora?

Si un padre mata a su hija, ¿a Dios le importaría?

¿Los filisteos eran realmente tan malos?

¿Acaso Dalila cortó algo más que cabello?

¿Ustedes creen odiar el sexo y la violencia? ¿Su estómago no resistió la película Pulp Fiction? En ese caso les convendrá no abrir siquiera el Libro de los Jueces, acaso el más espeluznante de toda la Biblia. Clavos hundidos en cabezas, violaciones y descuartizamientos, una hija sacrificada—con la aprobación de Dios—por su padre, hombres y mujeres incinerados. El Libro de los Jueces tiene todo eso . . . y más. "La más bizarra reunión de bandidos, ilegales y truhanes de toda la Biblia . . . rameras y seductores, asesinos y mercenarios, violadores y torturadores." Así presenta Jonathan Kirsch a los personajes del Libro de los Jueces en su lúcido volumen The Harlot by the Side of the Road.

El Libro de los Jueces cuenta la historia de Israel desde la muerte de Jesúa a la época inmediatamente anterior al nacimiento del profeta hebreo Samuel, período de apenas 200 años que se extiende desde la conquista de Canaán—la Tierra Prometida—por los israelitas hasta el comienzo de la monarquía hacia el año 1000 AEC. Esto crea un pequeño problema cronológico, porque el Libro de los Jueces parece abarcar cuatrocientos años de historia y combina una serie de relatos de las hazañas de distintos líderes tribales. Aunque se los denomina "jueces," no solían vestir togas negras ni dirimir asuntos legales. Estos "jueces" han sido descriptos como "jefes guerreros," pero incluso esta descripción es inadecuada. La "estrella" más destacada del Libro de los Jueces es Sansón, uno de los "héroes" israelitas más célebres y menos comprendidos, cuya conducta hizo que el vocablo "héroe" fuera de discutible aplicación a su persona.

Tradicionalmente atribuido al profeta Samuel, actualmente se lo considera parte de una gran obra histórica que abarca desde el Deuteronomio hasta la época del exilio bajo los babilonios (538 AEC). Aunque se cree que algunas secciones de los Jueces—por ejemplo, el Cántico de Débora—merecen un lugar entre las escrituras hebreas más antiguas, otras partes del libro son consideradas posteriores al cautiverio en Babilonia.

VOCES BÍBLICAS
JUECES 2.11–13

Entonces los hijos de Israel hicieron lo que estaba mal a los ojos del Señor y veneraron a los ídolos; y abandonaron al Señor, el Dios de sus ancestros, que los había sacado de la tierra de Egipto. Siguieron a otros dioses, de entre los dioses de los pueblos que vivían en torno a ellos, y se arrodillaron ante ellos. Y provocaron la ira del Señor. Abandonaron al Señor, y veneraron a Baal y Astarté.

¿Quién fue Débora?

Una cosa está clara en el Libro de los Jueces: los Hijos de Israel no eran los mejores cuando se trataba de cumplir las órdenes de Dios. El cadáver de Jesúa aún no se había enfriado cuando los israelitas "hicieron lo que estaba mal a los ojos del Señor." Obviamente, los Hijos de Israel encontraron a los dioses cananeos—Baal, Astarté, y Asherah—mucho más atractivos que el viejo Yahvé. Asherah estaba asociada con el árbol sagrado de la vida y a menudo era representada con un árbol brotándole de los genitales. En *The Bible and the Ancient Near East*, Cyrus Gordon y Gary Rendsburg señalan que las leyes de la Torá relativas a prácticas sexuales fueron una respuesta a la costumbres sexuales de los cananeos. "En el culto de fertilidad cananeo," escriben, "la relación de Baal con la tierra era comparada con la cópula de una pareja humana . . . En una suerte de drama ritual . . . las prostitutas del templo realizaban el mismo acto que Baal estaba por realizar." (Gordon, 161–162)

Dado que los israelitas redactaron leyes muy específicas condenando el incesto, el bestialismo, el travestismo, y la simple prostitución, cabe suponer que todas estas "actividades" eran costumbre entre los cananeos. No es para asombrarse que los Hijos de Israel hayan tenido tantas dificultades para atenerse al mandato de Yahvé, quien no era precisamente un "dios fiestero." Aun más intrigante es el descubrimiento, realizado en la década de 1980, de una inscripción que menciona a "Yahvé y su Asherah." A falta de otra evidencia, la inscripción invita a preguntarse: ¿Dios tenía novia? Tal vez algunos antiguos israelitas casaron a su Yahvé con la Asherah cananea. Ciertamente, esto habría resultado "perverso a los ojos de Dios."

De acuerdo con el Libro de los Jueces, los israelitas hicieron muchas veces "lo que estaba mal a los ojos del Señor . . ." sólo para ser castigados. Cada vez, un líder tribal o "juez" salió al rescate de Israel, y cada vez el pueblo israelita volvió a cometer sus característicos deslices. Cuando los israelitas volvieron a meterse en problemas, Débora—descrita como profetisa y único "juez" de sexo femenino—emergió como su salvadora. A pesar de ser mujer en una época en que pocas mujeres desempeñaban funciones jerárquicas, la eminencia de Débora no es explicada en la Biblia: se la toma como un hecho consumado. Débora se convierte en una líder poderosa, reúne un ejército para enfrentar al enemigo cananeo, y diseña la estrategia de la batalla. Aunque es un personaje tan épico como Xena, la princesa guerrera de la cultura pop moderna, Débora suele ser pasada por alto como figura bíblica señera, especialmente cuando se la compara con sus más notables compatriotas de sexo masculino. ¿Será acaso "sexismo bíblico"? ¿Cómo explicar si no la ignorancia generalizada respecto de esta heroica guerrera, la Juana de Arco judía?

En la Biblia hay dos relatos de las hazañas de Débora, uno en prosa y el otro en verso, lo cual refleja una vez más la teoría de la autoría múltiple. En el primero, Jueces 4, Débora liderea el ejército y une a su pueblo, pero hay otra mujer heroica llamada Jael. Cuando Sisera, el general enemigo derrotado, entra en la tienda de Jael, ella le da la bienvenida. Pero mientras el enemigo duerme el sueño de los vencidos, Jael toma un clavo de la tienda y "le hunde el clavo en la sien, y lo traspasa hasta llegar al suelo." Este episodio es seguido por el "Cántico de Débora" (Jueces 5), versión poética de la historia, considerada una de las partes más antiguas de la Biblia hebrea y atribuida a J, el más viejo de los autores bíblicos mencionados en la primera parte de este libro. Algunos historiadores suponen que J fue una mujer y señalan la historia de Débora, una de las grandes heroínas bíblicas, como evidencia de su afición por describir mujeres fuertes y arrojadas. En la versión poética de la victoria de Débora los detalles cambian. Cuando los carros de Sisera atacan, Dios envía una lluvia que les impide avanzar. Este episodio debe de haberles resultado familiar a los israelitas que recordaban la ocasión en que Dios hundió 600 carros egipcios en una tumba de aguas. Sisera huye de la batalla y se refugia en la tienda de Jael, pero ella le traspasa el cráneo con una estaca. El "Cántico de Débora" ha sido fechado en el año 1100 AEC y es probable que haya sido escrito poco después de ocurrido el acontecimiento que lo inspiró. La versión en prosa de la conquista de Débora probablemente fue escrita hacia el año 750 AEC.

Si un padre mata a su hija, ¿a Dios no le importaría?

La historia de Débora es seguida por las de otros dos jueces: Gedeón y Jefté. Gedeón vence a los reyes madianitas que habían matado a sus hermanos. Luego rechaza el liderazgo de la tribu.

Tiempo después, los israelitas vuelven a portarse mal: esta vez no sólo veneran a los dioses cananeos sino también a los dioses de Aram, Sidón, Moab, los amorreos, y los filisteos. Esta vez emerge un "poderoso guerrero" llamado Jefté. Hijo ilegítimo de una prostituta, Jefté era un marginado de la familia de su padre y se convirtió en una suerte de antiguo "Robin Hood." Contradiciendo su imagen de "juez," Jefté pide ayuda a Dios y formula un voto terrible: si alcanza la victoria, sacrificará a la primera persona que se allegue a saludarlo. Por supuesto, gana la batalla contra los amorreos y es recibido por su propia hija, quien naturalmente debe ser sacrificada. La piadosa y virtuosa niña—cuyo nombre no se menciona jamás—accede al sacrificio de buena gana. Y creíamos que el viejo Abram había desterrado la ofrenda de sacrificios humanos . . . ¿Por qué Dios no detiene la mano de Jefté? La Biblia guarda silencio. Única conclusión posible: la hija de Jefté no era tan preciosa como el hijo de Abram.

Esta historia tiene un breve corolario cuando los hombres de Jefté pelean con la tribu de Efraín, otra tribu israelita que aparentemente no había prestado ayuda a Jefté durante la batalla. Poco después, cada vez que un efrainita se acercaba al río, los hombres de Jefté le pedían que dijera *Shibboleth* (palabra que significa "oreja de maíz" o "torrente de agua"). Debido a los dialectos regionales, los efrainitas no podían pronunciar el sonido "sh" y, en cambio, decían "sibboleth." Según el Libro de los Jueces, 42,000 hombres que presentaban este defecto de pronunciación murieron a orillas del Jordán. En *The Harlot by the Side of the Road,* Jonathan Kirsch narra una historia de la Segunda Guerra Mundial, según la cual los miembros de la resistencia holandesa detectaban a los infiltrados nazis porque éstos eran incapaces de pronunciar determinado nombre holandés.

¿Los filisteos eran realmente tan malos?

Con la aparición de los personajes más famosos del Libro de los Jueces—el legendario Sansón y su malvada esposa Dalila—los villanos cambian. Los abominables cananeos son reemplazados por los bárbaros filisteos.

La historia no ha sido amable con los filisteos, cuyo nombre—tomado del griego y el latín—fue aplicado a toda la región como "Palestina." Podría decirse que son "el último orejón del tarro" de una de las civilizaciones occidentales menos encumbradas. Hasta no hace mucho, era un insulto llamar a alguien "filisteo" (término peyorativo utilizado para definir a una persona ruda, sin clase, y mal educada que no sabía apreciar las cosas bellas de la vida. Sin embargo, los franceses han acuñado otro término para esta clase de personas: "norteamericanos").

¿Los filisteos eran realmente tan malos? ¿O eran una nación de bárbaros más amables, menos violentos? Descubrimientos arqueológicos recientes han suavizado la imagen "tosca" de los filisteos: uno de los denominados "pueblos marinos" del Mediterráneo que invadieron Oriente Medio en los últimos años del siglo XIII AEC, destruyeron el imperio hitita, y amenazaron la soberanía de Egipto hasta que Ramsés III los derrotó hacia el año 1190 AEC. En esa misma época, los filisteos se establecieron en la costa meridional de Canaán—en el área que hoy se conoce como Franja de Gaza—y fundaron cinco ciudades. Desde su asentamiento costero intentaron invadir la región, y chocaron con las tribus israelitas que comenzaban a dispersarse hacia la costa. Los filisteos eran una fuerza militar bien organizada y encarnaban una amenaza mayor para las más desordenadas tribus israelitas. Presumiblemente oriundos de las islas de Chipre o Creta, sus vasijas denotan la influencia de la antigua cultura micénica. Y, así como numerosos israelitas se sintieron atraídos por los dioses cananeos, los filisteos también asimilaron las divinidades locales: las deidades filisteas Dagon, Ashtarot, y el célebre Beelcebú estaban relacionadas con sendos dioses cananeos.

¿Acaso Dalila cortó algo más que cabello?

El más famoso de los protagonistas del Libro de los Jueces no fue, precisamente, un "juez." Ni siquiera era un buen muchacho. La mayoría de los lectores probablemente recordarán que Dalila le cortó el cabello—ni siquiera lo hizo con sus manos, prefirió contratar a un barbero—pero la historia de Sansón es mucho más que las engañosas habilidades "peluqueriles" de Dalila. Sansón fue producto de otro milagroso nacimiento bíblico. A su madre estéril le es concedido concebir, pero el "nonato" Sansón es consagrado a Dios como "nazareno," término que define a aquellos que hacen votos específicos de dedicar su vida a Dios (Núm. 6). Un nazareno no podía beber vino, ni tener contacto con cadáveres, ni permitir que le cortaran el cabello con una navaja. Mientras Sansón está todavía en el vientre materno, la Biblia predice su futura grandeza. El voto que lo consagra a Dios, y no sólo su mítico cabello, es la fuente de su fuerza sobrehumana, demostrada por primera vez cuando mata a un león con sus manos. Esta hazaña es uno de los varios puntos comunes entre Sansón y el forzudo griego Heracles—Hércules para los romanos—cuya primera acción fue matar un león.

La historia de Sansón es básicamente una sucesión de conflictos y peleas por mujeres que finalmente llevan a la guerra (bastante parecida a la historia de Troya). Sansón se enamora de una joven filistea y se casa con ella. En la boda, Sansón propone un enigma y apuesta a que ninguno de los invitados podrá resolverlo. Su novia lo engatusa y le hace revelar el misterio del enigma, los invitados ganan la apuesta, y Sansón debe matar a treinta hombres para pagar su deuda. Enfurecido, Sansón abandona a su esposa . . . ¡quien es inmediatamente otorgada al mejor amigo de nuestro héroe! Cuando se entera de la traición, Sansón incendia los trigales, olivares, y viñas de los filisteos atando ramas encendidas a las colas de 300 zorros, a su vez atados en pares y lanzados a correr. Los filisteos se vengan quemando vivos a la esposa y al suegro de Sansón, quien ha ascendido en la estima de su pueblo por haber matado tantos filisteos. No obstante, cuando los filisteos van a buscarlo, Sansón es capturado y entregado por sus compatriotas israelitas que no quieren meterse en problemas. Pero Dios rompe las cuerdas que lo atan y aniquila a mil filisteos "con la quijada de un asno."

Después de esto, Sansón regresa a la ciudad filistea de Gaza para visitar a una prostituta. Pero cuando los filisteos intentan atraparlo en el burdel, el forzudo derriba la puerta de la ciudad.

Finalmente, se enamora de Dalila. Aunque se supone que era una mujer filistea, la Biblia no identifica a Dalila—cuyo nombre podría estar relacionado con la palabra árabe para "coqueteo"—ni como filistea ni como israelita. Los líderes filisteos sobornan a Dalila para que descubra el secreto de la fuerza de Sansón. Luego de contarle unas cuantas mentiras, Sansón finalmente le revela la verdad. A pesar de las imágenes propagadas por Hollywood de una Dalila "tijera en mano," no fue ella quien le cortó el cabello. En realidad llamó a un barbero para que cortara los rizos sagrados de su esposo. Roto el voto, la fuerza de Sansón desaparece. Y, si bien numerosas especulaciones pseudofreudianas sugieren que lo que perdió Sansón no fue el cabello sino otros aspectos de su masculinidad, no hay evidencia bíblica de que el forzudo israelita haya sido castrado.

Una vez capturado, Sansón es cegado y puesto a trabajar en un molino de piedra. Pero los nada lúcidos filisteos olvidan rasurarle la cabeza y el cabello vuelve a crecer. Llevado para entretener a la multitud durante un festival, Sansón pide a Dios que renueve sus fuerzas y derrumba el templo, lo que resulta en su propia muerte, y en la de millares de filisteos. Tras haber recibido la paga prometida por haber descubierto el secreto de Sansón, Dalila desaparece de la historia. La Biblia no dice si estaba entre los millares de filisteos que murieron en el derrumbe del templo.

Por si las historias mencionadas no han logrado satisfacer los apetitos más básicos, el Libro de los Jueces concluye con un relato incluso más cruento. Un levita viajero y su concubina se detienen a pasar la noche en un pueblo llamado Gabaa. Tal como sucede en el relato de Lot en Sodoma, un grupo de hombres de la tribu de Benjamín quiere mantener relaciones sexuales con el levita. Y, tal como hizo Lot en Sodoma, el levita ofrece a su propia hija y a su concubina a la multitud lujuriosa, pero los hombres no aceptan. Para salvar su pellejo, el levita arroja a su concubina en brazos de la turba enardecida, que la viola hasta darle muerte. A fin de incitar en las otras tribus israelitas el espíritu de venganza contra los benjaminitas de Gabaa, el levita corta la cabeza de su concubina en doce pedazos y envía un pedazo a cada tribu. La guerra intertribal que sigue cuesta 22,000 vidas israelitas. Luego Dios intercede en la batalla y 25,100 benjaminitas son muertos en un solo día. Otros 18,000 benjaminitas mueren en la carnicería posterior y sus esposas son pasadas por la espada y sus pueblos incendiados.

La historia ya habría sido bastante truculenta de haber concluido allí, pero las otras tribus se dan cuenta de que la de Benjamín—parte de la confederación israelita—será destruida por completo si los sobrevivientes no tienen esposas. Los líderes de las otras tribus deciden entonces matar a los pobladores de Jabes-Galaad, la única ciudad que no había participado del ataque contra la tribu de Benjamín. Doce mil soldados israelitas matan al pueblo de Jabes-Galaad, "incluyendo a las mujeres y a los niños pequeños." Pero conservan a cuatrocientas vírgenes para evitar que se extinga la tribu de Benjamín. Al comprobar que esas cuatrocientas muchachas no alcanzan para todos los benjaminitas supervivientes, deciden raptar a algunas jóvenes de Silo que salen a danzar en las viñas.

Tal como lo expresan los últimos versículos del Libro de los Jueces: "En aquellos días no había rey en Israel; cada cual hacía lo que le parecía mejor."

RUTH

En el Antiguo Testamento cristiano, el Libro de Ruth sigue al Libro de los Jueces. La Biblia hebrea coloca al Libro de Ruth en su tercera parte, llamada "Escritos" o Ketuvim. La ubicación tiene por objetivo mantener la continuidad cronológica. La fecha de escritura es incierta.

El Libro de Ruth—un antiguo relato hebreo probablemente basado en un cuento del folclore popular—está ostensiblemente ambientado en la época de Jueces, pero tiene muy poco en común con los relatos de sangrientas guerras intertribales de que se compone este libro. Ruth es oriunda de la vecina Moab, no de Israel. Los primeros versículos narran el casamiento de Ruth con un hebreo y su decisión de regresar a Judea con su suegra tras la muerte de su esposo. Su lealtad y amabilidad son recompensadas cuando Ruth se convierte en la bisabuela del rey David.

Voces Bíblicas
Ruth 1.16

"Dondequiera que vayas, he de ir yo; y donde tú morares, he de morar yo. Tu pueblo será mi pueblo, y tu Dios será mi Dios."

RESUMEN DE LA TRAMA: RUTH

Durante una hambruna en la época de los Jueces, una mujer llamada Noemí o Naomi y oriunda de la antigua aldea de Belén se refugia en la vecina tierra de Moab, al este del Mar Muerto. De acuerdo con la tradición israelita, los moabitas descendían de una de las hijas de Lot. Mientras permanecen allí, los dos hijos de Noemí se casan con mujeres moabitas. Cuando su marido y sus dos hijos mueren, la desdichada Noemí decide regresar a Belén y permite a sus dos nueras que permanezcan en Moab. Una de ellas, Ruth, insiste lealmente en regresar con Noemí. Juntas llegan a Belén cuando comienza la cosecha de la cebada.

De vuelta en Belén, Noemí ve posibilidades de matrimonio entre Ruth y Booz, un pariente lejano. Ni lenta ni perezosa, sugiere a Ruth que se acueste junto a Booz y "descubra sus pies" (eufemismo bíblico para los genitales masculinos). Ruth obedece el consejo de Noemí y cuando Booz despierta y la ve acurrucada a su lado en el lecho, Ruth le dice que "extienda su manto" (otro eufemismo para indicar algo más que abrazarse inocentemente bajo las cobijas). Booz está más que interesado, pero de acuerdo con la ley, otro pariente más cercano tiene derecho a casarse con ella. Cuando ese hombre la rechaza, Booz se casa con Ruth. A pesar de ser extranjera, Ruth será la bisabuela del rey David. Además de su importancia dentro de la tradición judía, este linaje es doblemente significativo porque de él desciende Jesús, tal como lo consigna la genealogía incluida al comienzo del Evangelio según San Mateo.

Como personaje literario, Ruth ha sido considerada bajo dos luces diferentes. En primer lugar, a pesar de haber acosado sexualmente a Booz y haberlo seducido, es un modelo de mujer leal, y virtuosa que hace lo correcto. Y, aunque las chicas malas de la Biblia—Eva, Betsabé, Dalila, Jezabel—atraen la atención de los lectores, muchas de las "chicas buenas" fueron notablemente más significativas para la historia de Israel. Ruth pertenece a este último grupo, el de las que han quedado "un paso atrás" de los héroes varones. Irónicamente, en la antigua sociedad israelita las mujeres eran poco más que esclavas y tenían muy pocos derechos legales. Pero la cantidad de heroínas hebreas que "tomaron al toro por las astas" es imponente: Débora en el Libro de los Jueces; Raquel, cuya ingeniosa decisión de sentarse sobre los ídolos de su padre salva la vida de su marido Isaac en el Génesis; Miriam o María, quien rescata al pequeño Moisés y luego lo ayuda a guiar a su pueblo hacia el Éxodo; Rahab, la prostituta que ayudó a tomar Jericó; Tamar, quien fingió ser prostituta para desenmascarar a Judá (véase Génesis) y fue, como Ruth, ancestro del rey David—el héroe nacional de Israel—y, por extensión, también de Salomón y Jesús.

Carente de la violencia, el salvajismo sexual, y las batallas del Libro de los Jueces, el simple y fabulado Libro de Ruth ha sido interpretado de diversas maneras. Aunque está ambientado antes del Exilio, algunos eruditos creen que fue escrito después del Exilio en Babilonia y que su mensaje apuntaba a los duros decretos que condenaron el matrimonio interconfesional en el período posterior al Exilio, cuando los hombres judíos fueron obligados a divorciarse de sus esposas extranjeras (véase Esdras). El énfasis puesto en el hecho de que la virtuosa Ruth fuera extranjera, en que Booz la aceptara a pesar de esto, y su lugar en la genealogía del rey David parecen respaldar la aceptabilidad de las mujeres extranjeras. Pero otros consideran al Libro de Ruth como un simple relato "de virtud" tendiente a demostrar que Dios acepta a aquellos que no pertenecen a Israel.

CAPÍTULO SEIS

INCÓMODA SE HALLA LA CABEZA QUE LLEVA LA CORONA (1RA PARTE)

Libro de Samuel I y II

Así David prevaleció sobre el filisteo con una honda y una piedra.

SAM. I 17.50

¿Quién mató a Goliath?

¿David fue un traidor?

¿David y Jonatán fueron algo más que amigos?

¿Acaso existió el rey David?

Tras las carnicerías del Libro de los Jueces, con su reparto de personajes menos conocidos, es un alivio volver a una materia bíblica que nos resulte más familiar. En los dos Libros de Samuel los lectores se reencontrarán con ciertos personajes de su infancia a los que probablemente recordarán con afecto: el "Dulce Salmista" David y el "Sabio" Salomón. Sin embargo, el nivel de enredos sexuales y baños de sangre que conocimos en el Libro de los Jueces apenas baja un poco cuando la Biblia se consagra a estos "héroes." Tal vez los lectores no recuerden algunos de los relatos incluidos en este libro. David y Salomón, en particular, constituyen la versión bíblica de JFK: líderes otrora santificados cuyas aventuras y problemas con "el bello sexo" han manchado sus reputaciones.

Originalmente, los dos libros de Samuel y los dos libros de los Reyes eran un libro cada uno en el canon hebreo de la Biblia, y narraban la historia del reino de Israel. Cuando fueron traducidos al griego en la Septuaginta, ya no cupieron en un solo rollo y fueron expandidos a cuatro libros. La expansión del Libro de Samuel en dos libros apareció en las Biblias hebreas recién a mediados del siglo XV EC. El libro mencionado contiene la historia del profeta Samuel—último juez de Israel—y la tormentosa relación entre los dos primeros reyes de Israel, Saúl y David. El de ellos es un conflicto de personalidades digno de Shakespeare en términos de riqueza de trama, maquinaciones políticas, y hondura psicológica. *Macbeth* se queda pequeño frente a la historia de Saúl y David. Si bien abarca un breve período histórico, la época consignada en el Libro de Samuel es muy significativa, ya que en ella se estableció por primera vez la monarquía y las tribus israelitas se unieron en un solo reino, cuya capital fue Jerusalén.

Aunque la tradición sostiene que el Libro fue escrito por el propio Samuel, los académicos modernos coinciden en señalar que en realidad es obra de varios autores y autores/editores que utilizaron diversas fuentes. Una de ellas—la "Primera Fuente"—data probablemente del reinado de Salomón (c. 961–922 AEC). La segunda—o "Última fuente"—probablemente fue redactada entre los años 750 y 650 AEC. Cualesquiera que sean su origen y autoría, los dos libros de Samuel han sido siempre apreciados por su notable valor histórico y literario, y algunos consideran que su autor—o autores—fue el primer "historiador," título tradicionalmente otorgado al griego Herodoto (485–424 AEC).

VOCES BÍBLICAS
Sam. I 8.7–9

Y el Señor dijo a Samuel: "Escucha la voz del pueblo y condesciende a todo lo que te pide; porque no te han rechazado a ti, sino a mí para que no reine sobre ellos. Hacen lo que han hecho siempre desde el día en que los saqué de Egipto hasta hoy; así como me abandonaron para servir a otros dioses, lo mismo harán contigo. Ahora, pues, escucha su voz, pero primero adviérteles solemnemente y anúnciales el poder del rey que reinará sobre ellos."

RESUMEN DE LA TRAMA: SAMUEL

Como la madre de Sansón, Ana es otra mujer estéril que recibe la bendición divina de procrear luego de hacer el voto de que consagrará a su hijo como "nazareno." La navaja jamás tocará su cabeza, el vino jamás tocará sus labios. Ana recibe la bendición y da a luz a Samuel. De niño es enviado a estudiar con el sacerdote Helí. Su don profético hace que muy pronto sea honrado en todo Israel como juez, sacerdote, y profeta.

Durante el período de Samuel se desata una virulenta crisis cuando los filisteos atacan, matan a 30,000 soldados israelitas y se apoderan del Arca de la Alianza—que guarda las tablas de los Diez Mandamientos y es morada del Dios de Israel. Si usted ha visto *Los buscadores del Arca perdida* sabrá que poseer el Arca es peligroso para los no creyentes . . . tal como lo aprenderán con dolor los filisteos. Cuando éstos colocan el Arca en el templo de su dios Dagon, el ídolo que lo representa cae a tierra y la peste bubónica diezma al pueblo filisteo. Comprendiendo sin demora que es mejor devolver el Arca, los filisteos envían de regreso el cofre sagrado pero en el ínterin matan a algunos de los israelitas que acuden a recuperarlo. Una vez que el Arca está en poder de los israelitas, Samuel anuncia a su pueblo que sólo podrá derrotar a los filisteos si deja de venerar falsos dioses. Adhiriendo a la posición sacerdotal que pregona que sólo necesitan a Dios como guía, Samuel advierte a los israelitas que sean cuidadosos, ya que corren el riesgo de obtener lo que piden. En opinión de Samuel, un rey sólo les traerá problemas, impuestos, y trabajo forzado. Un poco molesto ante la insistencia de los israelitas en tener un rey terrenal, Dios le dice a Samuel: "Escucha la voz del pueblo y condesciende a todo lo que te pide; porque no te han rechazado a ti, sino a mí para que no reine sobre ellos." El Señor entonces ayuda a Samuel a encontrar a Saúl, el hijo de un rico Benjaminita.

Voces Bíblicas
Sam. I 10.24

Dijo entonces Samuel a todo su pueblo: "Ya veis a quién ha elegido el Señor, y que no hay en todo el pueblo uno semejante a él." Y gritó todo el pueblo, diciendo: Viva el rey.

Si efectivamente fue Dios quien eligió al rey, su primera opción no fue tan fabulosa. El reinado de Saúl (c. 1020–1012 AEC) fue corrupto. Saúl es lo que los antiguos griegos denominaban una "figura trágica": un personaje noble que posee defectos fatales. Aunque obtuvo algunas victorias iniciales, no consiguió derrotar a los filisteos y jamás logró gobernar con firmeza a la inestable confederación de tribus israelitas. El relato bíblico pone en escena todos los defectos de Saúl en tanto líder partiendo de un conflicto con Samuel, a quien evidentemente jamás le agradó Saúl ni mucho menos la idea de tener un rey.

El conflicto Samuel-Saúl es básicamente un conflicto de "Iglesia versus Estado" y refleja la opinión de los sacerdotes que escribieron la Biblia hebrea: solamente Dios debería gobernar Israel, a través de sus sacerdotes. Éstos creían que los reyes—quienes además implicaban una amenaza a su autoridad—no eran una idea notable, y finalmente echaron sobre los hombros de la monarquía la culpa de todos los infortunios que asolaron a Israel. Los problemas comienzan cuando Saúl intenta ofrecer un sacrificio antes de una batalla y lo echa todo a perder. Así como los sindicatos establecen qué trabajo debe hacer cada quien, la ofrenda de sacrificios era tarea de los sacerdotes, y Samuel y el "sindicato sacerdotal" no se alegran cuando Saúl invade su "territorio" sagrado. Poco después, Samuel comienza a buscar secretamente un nuevo rey. El anciano profeta viaja a Belén y evalúa a los siete hijos de un hombre llamado Isaí, pero ninguno de ellos pasa la prueba. Samuel pregunta a Isaí si tiene otros hijos y éste le responde que el menor está afuera cuidando las ovejas. El niño entra, es hermoso y tiene la mirada brillante. Éste es, le dice Dios a Samuel, y el viejo profeta unge en secreto al pastorcito: "Y desde aquel día en adelante el espíritu del Señor quedó difundido en David."

VOCES BÍBLICAS
SAM. I 17.4–9

Y de las tiendas de los filisteos salió un gigante llamado Goliath, natural de Get, cuya estatura era de seis codos y un palmo. Llevaba en la cabeza un yelmo de bronce, y estaba armado con una cota de malla: . . . Se detuvo y vociferó ante los escuadrones de Israel: "¿Por qué no habéis venido a dar batalla? ¿Acaso no soy yo un filisteo, y vosotros no sois siervos de Saúl? Escoged de entre vosotros a alguno que salga a combatir cuerpo a cuerpo conmigo. Si tuviera valor para pelear conmigo y me matara, seremos vuestros sirvientes. Mas si yo prevaleciera sobre él y lo matara, vosotros seréis nuestros esclavos y nos serviréis."

¿Quién mató a Goliath?

Probablemente usted lo recuerde así: con una armadura prestada por Saúl, el pequeño David acepta el desafío del gigante filisteo, toma cinco guijarros lisos y su honda de pastor, y sale en busca de su oponente. El altísimo Goliath ("seis codos y un palmo") lanza una carcajada al ver al enjuto pastor dentro de la inmensa y desproporcionada armadura. La primera piedra se estrella entre los ojos del gigante, quien se desmorona, inconsciente. David toma la espada de Goliath, lo mata, y luego lo decapita con toda calma.

A continuación, algunos "hechos." Al final del relato de Goliath, Saúl no sabe quién es David. Pero, en un pasaje anterior, David toca el arpa para deleitar a Saúl. O Saúl conoce a David . . . o bien no lo conoce. Ésta es otra evidencia para la tesis que sostiene que se utilizaron fuentes diversas para crear este relato . . . y que no siempre sus datos coincideron. Este problema volverá a presentarse cuando, más adelante, alguien mata nuevamente a Goliath.

En primer lugar, según otra versión de la historia, Goliath medía apenas cuatro codos, lo que equivaldría a un metro ochenta—una estatura muy saludable, sin duda, y excelente para un jugador de baloncesto profesional, pero no para un imponente gigante. Luego está Adeodato, un soldado que mata a Goliath en el Libro II de Samuel. Ahora bien, ¿quién mató a Goliath en realidad? Probablemente no fue David, quien podría haber matado a otro filisteo que luego fue llamado Goliath. Los traductores de la primera versión inglesa trataron de disimular la discrepancia insertando las palabras "hermano de" antes de la segunda mención de Goliath, pero no sucede lo mismo en los textos más antiguos. En otras palabras, cuando David se hizo famoso los autores de las escrituras hebreas trataron de adornar sus hazañas militares. Ésta es una vieja historia que no deja de repetirse, tal como lo demostró recientemente el lamentable episodio protagonizado por un almirante norteamericano que había exagerado su hoja de servicio y tuvo que suicidarse cuando los medios amenazaron con hacer público el fraude. También tuvimos el muy publicado caso del diplomático norteamericano que mintió acerca de haber servido durante la Segunda Guerra Mundial y tuvo el coraje de inventarse una "herida de guerra," mentira que fue descubierta después de que lo enterraran con todos los honores en el Cementerio Nacional de Arlington, el camposanto militar más venerado de Estados Unidos.

David sabía ganarse amigos y ejercer influencia sobre la gente. Después de tocar el arpa para deleite de Saúl, se hizo amigo de su hijo Jonatán—amistad que generó diversas especulaciones relativas a su grado de intimidad (véase más adelante)—y fue nombrado líder del ejército. Como muchos notables generales de la historia—entre otros

Napoleón, Washington, Eisenhower, y Schwarzkopf—David comprendió muy pronto que las victorias militares otorgan una enorme popularidad entre los compatriotas enardecidos. Todos estaban contentos con David. Excepto Saúl, que escuchaba cantar al pueblo:

> *"Saúl ha matado mil hombres,*
> *y David ha matado diez mil."*

Inflamado por los celos y obviamente amenazado por el carisma de David, Saúl comenzó a planear su asesinato, llegando al extremo de emplear a sus propias hijas como señuelo. El disparo le salió por la culata cuando su hija Mical se enamoró de David. Pero incluso entonces Saúl estuvo dispuesto a usar el amor de su hija para eliminarlo. Así fue que le pidió a David, a manera de "obsequio matrimonial" o dote, el pellejo de los prepucios de cien filisteos incircuncisos, suponiendo que el joven moriría intentando conseguirlos. La idea de imponerle una tarea imposible a un joven héroe es muy común en términos míticos. En la leyenda griega, Jasón debe rescatar el vellocino de oro y Perseo debe cortarle la cabeza a Medusa. Igual que otros antiguos héroes guerreros de Oriente Medio, David supera con creces la exigencia de Saúl y le entrega la piel de doscientos prepucios.

Los detalles de la entrega de los prepucios a Saúl son vagos en este relato. Pero el ritual de cortar una parte del cadáver del enemigo como trofeo de batalla era típico de las culturas antiguas de Oriente Medio. Los trofeos más comunes eran cabezas o manos, de modo que el pedido de Saúl no era una extravagancia ni un capricho en el mundo antiguo. ¿Pero la piel de los prepucios? Cyrus Gordon explica que los egipcios—circuncidados como los hebreos—generalmente cortaban las manos y las cabezas de sus enemigos muertos. Sin embargo, si se trataba de libios incircuncisos, "los penes no circuncidados solían ser amputados para contar los muertos." (Gordon, p. 187)

No obstante, Saúl se ve obligado a cumplir el trato y David se convierte en su yerno . . . y también en "la espina de su costado." Llevado al borde de la locura, Saúl discute abiertamente sus planes para matar a David con Jonatán, su hijo mayor. Pero hasta los hijos de Saúl prefieren a David, y Jonatán inmediatamente comunica a su íntimo amigo las intenciones asesinas de su padre. Luego de arrojar una jabalina en su contra, Saúl envía a unos asesinos a matar a David mientras duerme . . . pero Mical, hija de Saúl, salva a su esposo cosiendo un muñeco y colocándolo bajo las cobijas de la cama. Cuando David logra escapar a otras trampas de Saúl, el rey enfurecido manda asesinar a los ochenta y cinco sacerdotes que le habían dado refugio. Por cierto, esto no mejoró la imagen de Saúl entre la casta sacerdotal que luego escribiría su historia.

¿David fue un traidor?

En dos ocasiones, el relato bíblico da cuenta de que David le perdonó la vida a Saúl cuando podría haberlo matado. Reducido al estatus de bandido, David escapa con algunos centenares de hombres leales que "no toman prisioneros." Durante la fase "Jesse James" de su carrera, David tiene tiempo para tomar dos nuevas esposas y, según la Biblia, su primera esposa Mical es entregada a otro hombre por el persistente Saúl. Esta decisión real tiene por objetivo menguar la jerarquía de David. Mientras estuvo casado con la hija del rey, el ex pastor podía aspirar al trono. Las nuevas esposas de David son a su vez el resultado de astutas estratagemas políticas cuya intención era garantizar la lealtad de ciertas tribus. Todas estas esposas tomadas y entregadas sin importar lo que ellas sientan o piensen pintan un claro retrato del papel de la mujer en aquellos tiempos.

Convencido de que Saúl aún quiere arrancarle el pellejo, David hace lo impensable: se une a los filisteos. David es a todas luces un mercenario empleado por los filisteos. La Biblia no dice qué opinó Dios acerca de este cambio de lealtades.

Aproximadamente en la misma época—en una escena que rivaliza con la de las tres brujas del páramo en el *Macbeth* de Shakespeare—Saúl visita a una medium en Endor, práctica prohibida por la ley mosaica. La pitonisa invoca el espíritu del difunto Samuel, quien tiene pésimas noticias para Saúl: él y sus hijos y los israelitas caerán en combate ante los filisteos. En el ínterin, algunos filisteos desconfían de David y su supuesta lealtad, aunque su líder piensa que el israelita está haciendo un buen trabajo para ellos. Así, David y sus hombres abandonan el campamento filisteo en el mismo momento en que el ejército filisteo marcha a combatir contra Saúl en el monte Gelboé. Todavía se conjetura si efectivamente David abandonó a los filisteos cuando éstos enfrentaron a Saúl, o si los autores posteriores enmendaron la historia para excluir del cuadro bíblico su participación en la derrota del rey israelita. En un desastre militar sin parangón, Jonatán y otros dos hijos de Saúl son muertos y el primer rey de Israel se suicida con ayuda de su escudero: el equivalente bíblico de la tradición romana de arrojarse sobre la propia espada para evitar la deshonra. Los filisteos encuentran los cadáveres de Saúl y sus hijos, los despojan de sus armaduras, los decapitan, y los cuelgan de un muro.

En *The Bible and the Ancient Near East,* Cyrus Gordon y Gary Rendsburg trazan un fascinante paralelo entre la épica de Homero y el relato bíblico de las guerras entre filisteos e israelitas. "David tiene más en común con los héroes de la *Ilíada,*" escriben, "que con Esdras y Nehemías. Su capacidad de liderar una banda de hombres rudos, su impetuosidad, su orgullo al obtener una princesa matando a los filisteos . . . sus armaduras: todas estas características son más afines al espíritu de la épica homérica que a la estructura de sinagoga e iglesia. . . . El contexto histórico no deja dudas acerca de lo ocurrido: Saúl fue muerto por los filisteos, quienes compartían sus orígenes mediterráneos con los micénicos de la guerra de Troya. . . . La historia antigua de griegos y hebreos está complejamente interrelacionada, y ninguna de sus dos partes puede ser comprendida aislada de la otra." (Gordon, pp. 107 -108)

VOCES BÍBLICAS
SAM. II 1.25–26

¿Cómo es que así hayan los valientes
perecido en el combate?
¿Cómo es, oh montes de Gelboé, que
Jonatán yace muerto en vuestras cumbres?
Lloro por ti, hermano mío, Jonatán,
digno de ser amado más que la más amada
doncella, lloro por ti.

¿David y Jonatán fueron algo más que amigos?

Esta elegía y otros versículos concernientes a la amistad entre Jonatán y David ("Y Jonatán . . . amaba a David como amaba a su propia alma." Sam. II 20.17) han hecho arquearse con suspicacia más de un par de cejas. Los comentaristas modernos sostienen rotúndamente que Jonatán y David eran amantes homosexuales. Mientras los antiguos autores israelitas condenaban la homosexualidad, otras culturas vecinas la aceptaban abiertamente. La homosexualidad era incluso estimulada entre los guerreros por el lazo que creaba entre los hombres. Algunos tradicionalistas—como el rabino Joseph Telushkin—llaman a esto una "calumnia infame." Rechazan de plano la posibilidad de que David fuera gay—o, más acertadamente, bisexual, ya que tenía gran cantidad de esposas—arguyendo que los versículos describen simplemente una extraordinaria amistad platónica entre dos hombres que se amaban como hermanos. Sin embargo, otros han tratado de leer entre líneas y dicen que era algo más que eso. Dada la condena absoluta de la homosexualidad en las escrituras hebreas, es difícil imaginar que esta "abominación" específica fuera pasada por alto de haber sido cierta. Pero también es cierto que David se salió con la suya más de una vez y su reputación jamás fue enlodada. ¿Acaso los "especialistas" bíblicos en David decidieron saltarse este "pecadillo" y concentrarse en sus numerosas relaciones heterosexuales para probar lo "macho" que era? Es una pregunta que no tiene respuesta.

¿Acaso existió el rey David?

Hasta no hace mucho, formular esta pregunta equivalía a preguntar si Odiseo o el rey Arturo eran reales. Estos personajes heroicos, celebrados en epopeyas y canciones, indudablemente estaban basados en hombres de carne y hueso. Y, con el correr del tiempo, los hechos se fueron tergiversando. Hasta 1993 no había evidencias históricas o arqueológicas—fuera de la Biblia—que sustentaran la existencia de un rey israelita llamado David. Todo cambió con el descubrimiento de un pedazo de muro hallado en Tell Dan, en el nacimiento del río Jordán. La escritura fenicia grabada en la piedra aparentemente alude a "el rey de Israel" y "la Casa de David." Y, si bien esta solitaria inscripción en un pedazo de muro roto y vuelto a utilizar ha suscitado una importante negativa académica, sigue siendo ampliamente aceptada como la primera mención de una dinastía Davídica fuera de la Biblia.

Tras la muerte de Saúl, David consolida su poder en su propia tribu de Judá y aumentan las intrigas y peleas internas. David va a la guerra contra Isboset, el hijo sobreviviente de Saúl. Al mismo tiempo, Isboset (también llamado Isbaal) queda atrapado en una pelea de poder con uno de sus generales, quien ha dormido con una de las concubinas de Saúl, e intenta reclamar el trono. El general deserta y se une a David, quien presiona a Isboset para que le devuelva a Mical—su primera esposa, quien había sido entregada a otro hombre. Finalmente, Isboset es asesinado. Tras el golpe, David fue aceptado como rey por las tribus del norte de Israel. Luego consolidó su poder venciendo a los filisteos y eligió la ciudad de Jerusalén como capital de su reino. Jerusalén—anteriormente una pequeña e ignota aldea cananea—fue una excelente opción política y estratégica. Emplazada en lo alto de una encrucijada y con caminos en las cuatro direcciones, Jerusalén era prácticamente imposible de asaltar por tres de sus lados y recibía una perenne provisión de agua de la fuente de Gion. La elección de Jerusalén fue políticamente astuta porque la ciudad no pertenecía a ninguna de las doce tribus. De este modo, David fortaleció el lema de "la ciudad de David" trasladando allí el Arca de la Alianza y convirtiendo Jerusalén en el centro de veneración de Yahvé.

David celebra este momento triunfal con una danza frenética, extática. Pero su primera esposa, Mical, de regreso en la casa aunque obviamente desencantada de David, no aprueba el *strip-tease* de éste. Se queja de que David "se ha descubierto hoy ante los ojos de sus sirvientes, como cualquier hombre vulgar se descubriría desvergonzadamente." En otras palabras, David ha estado bailando desnudo. El nuevo rey, claramente desinteresado en su primera esposa, le dice que bailará todo lo que se le antoje. Perdedora de principio a fin, Mical no tiene hijos, ya sea porque es estéril o porque David deja de acostarse con ella.

VOCES BÍBLICAS
SAM. II 11.15

"Enviad a Urías al frente, donde esté lo más recio del combate."

RESUMEN DE LA TRAMA: DAVID Y BETSABÉ

En su famosa y a menudo mal citada frase de 1877, dijo Lord Acton: "El poder tiende a corromper, y el poder absoluto corrompe absolutamente."

El rey David no es una excepción a esta regla. El "Dulce Salmista" se transforma en un asesino adúltero cuyo poder lo lleva a creerse por encima de la ley y eventuálmente lo hace responsable de la muerte de uno de sus propios hijos.

Los problemas comienzan cuando David ve a una bella mujer bañándose en una terraza vecina. Interesado, pregunta por ella y le dicen que es Betsabé, la esposa de Urías el heteo. Como dice Mel Brooks: "Es bueno ser el rey." David se hace traer a la mujer, cohabita con ella, y la deja embarazada. A fin de tener la coartada perfecta para el engaño, Urías es instado a mantener relaciones con su esposa. Pero el valiente se rehúsa: se supone que los soldados deben abstenerse de todo intercambio sexual antes de la batalla para mantenerse "puros." Acto seguido, David ordena a Urías adelantarse en el frente de combate. El resto del ejército se retira, Urías queda en una posición sumamente vulnerable, y muere a manos de los enemigos. Luego del inevitable período de duelo, Betsabé se casa con David y le da un hijo. Pero Dios le hace saber a David que se ha conducido mal y promete llevar la desdicha a su casa. Como parte del castigo divino, muere el primer hijo de los adúlteros. "Los pecados del padre . . ."

David y Betsabé tienen otro hijo, quien recibe el nombre de Salomón, pero los problemas de esta familia disfuncional recién acaban de comenzar.

RESUMEN DE LA TRAMA: LA VIOLACIÓN DE TAMAR

David tiene un hijo llamado Absalón y una hija llamada Tamar, vástagos ambos de un mismo matrimonio. También tiene otro hijo—

su primogénito y heredero—llamado Amnón, retoño de sus primeras nupcias. Amnón quiere acostarse con su media hermana Tamar, pero ella se niega. Amnón no acepta una respuesta negativa y, sin más, la viola. Luego de esperar dos años para devolver el incestuoso golpe, Absalón venga la violación de su hermana Tamar emborrachando y matando a Amnón. No sólo es un acto de venganza: tras haber eliminado al primogénito Amnón, Absalón ocupa ahora el primer puesto como heredero del linaje de David.

Pero Absalón es demasiado impaciente para esperar la muerte de David e intenta un golpe de Estado casi exitoso. Al frente de un pequeño ejército, Absalón obliga a David a huir de Jerusalén "dejando atrás diez concubinas." Acto seguido, arma una tienda en el techo y se acuesta con las diez concubinas de su padre, demostrando simbólicamente que se ha apoderado del reino. David desmantela la rebelión de su hijo con la ayuda de un grupo de mercenarios y Absalón es capturado. En una escena seguramente incluida por su notable comicidad, Absalón es capturado cuando su cabeza—o su cabello, depende de la traducción—queda atrapada en un árbol y la mula que montaba sigue andando. Algunos comentaristas sugieren que el "árbol" en el que se enreda la cabeza de Absalón es un eufemismo que alude al vello púbico y que el hijo nada pródigo en realidad fue atrapado *in fraganti*. Desobedeciendo la expresa orden de David, su renegado hijo es castigado con la muerte.

Un segundo golpe de Estado—organizado por una "alimaña llamada Sheba"—es desmantelado sin piedad. Pero las intrigas familiares de David no han concluido. El reinado de David fue un entrevero de pasiones y conspiraciones fraternas que igualó a todo lo sucedido en el palacio de Calígula o la infame Roma de Nerón.

CAPÍTULO SIETE

INCÓMODA SE HALLA LA CABEZA QUE LLEVA LA CORONA (2DA PARTE)

Libro de los Reyes I y II (Sefer Malakhim)
Crónicas I y II
Lamentaciones

Buscaremos una joven virgen para nuestro rey, y haremos que lo cuide y le dé asistencia; para que lo abrigue y duerma a su lado, y le dé calor.

REYES I 1.1–4

Partid por el medio al niño vivo; luego dadle una mitad a una mujer y otra a la otra.

REYES I 3.25

Nabuzaradán, vasallo del rey de Babilonia y general de su ejército, entró entonces en Jerusalén. Quemó la casa del Señor, la casa del rey, y todas las otras casas de Jerusalén; incendió todas las casas . . . Nabuzaradán, el general del ejército, condenó al exilio a la gente que quedaba en la ciudad y a los desertores que se habían pasado al rey de Babilonia, y a todo el resto de la población.

REYES II 25.8–12

¡Triste imagen la del otrora viril pastor que danzaba desnudo en las calles!

¿Salomón era realmente tan inteligente?

¿Qué aspecto tenía el Templo de Salomón?

¿Dónde está Sabá?

¿Jezabel era tan mala como dicen?

¿Quién fue Baal-zebub?

¿Burlarse de un calvo es razón suficiente para matar niños?

¿Quién escribió el "Libro de la Ley"?

¿Por qué los relatos de las Crónicas difieren de las narraciones de los otros libros anteriores?

¿El Exilio fue tan malo en realidad?

Si los relatos acerca de David incluidos en el capítulo anterior no lo desilusionaron, ajústese el cinturón de seguridad. Salomón, presentado usualmente como un paradigma de sabiduría y virtud, no era mucho mejor que su ilustre—y lujurioso—padre.

Tanto en las Escrituras hebreas como en el Antiguo Testamento cristiano, los dos libros de los Reyes siguen inmediatamente a los dos Libros de Samuel y conforman una narrativa continua de los reinos de Israel y Judá desde la muerte de David y el ascenso de Salomón al trono hasta el Exilio en Babilonia, un período comprendido aproximadamente entre el año 1000 AEC y la destrucción de Jerusalén en el año 587 AEC. Tradicionalmente atribuidos al profeta Jeremías, actualmente se considera que fueron obra de dos o más autores o editores anónimos. Estos escritores se basaron en numerosas fuentes antiguas, hoy perdidas, varias de ellas mencionadas en el texto bíblico. Entre estas fuentes perdidas cabe mencionar el Libro de las Leyes de Salomón, el Libro de las Crónicas de los Reyes de Israel, y el Libro de las Crónicas de los Reyes de Judá, los cuales probablemente formaban parte de los archivos legales y registros históricos oficiales. Los libros bíblicos denominados Crónicas fueron compilados posteriormente y serán analizados hacia el final de este capítulo.

Se cree que la obra del primer autor del Libro de los Reyes data de la época inmediatamente anterior a la muerte de Josías, rey de Judá y reformista religioso, ocurrida en el año 609 AEC. El segundo autor probablemente trabajó desde el año 550 AEC, principalmente porque el último acontecimiento histórico que registra el libro tuvo lugar en el año 561 AEC y no se hace mención a la conquista de Babilonia por los persas en el año 539 AEC.

Voces Bíblicas
Reyes I 1.1–4

El rey David era ya viejo y de edad muy avanzada; por más que lo cubrían con ropa, no podía entrar en calor. Entonces sus sirvientes le dijeron: "Buscaremos una joven vir-

gen para nuestro rey, y haremos que lo cuide y le dé asistencia; para que lo abrigue y duerma a su lado, y le dé calor." Así fue que buscaron una hermosa muchacha en todo el territorio de Israel y encontraron a Abisag la sunamita, a quien llevaron ante el rey. La joven era verdaderamente bella. Se convirtió en la doncella del rey, pero el rey no la conoció sexualmente.

¡Triste imagen la del otrora viril pastor que danzaba desnudo en las calles!

Convertido en un viejo decrépito que no puede mantener el calor de su agotado cuerpo, David se acerca al final de sus días como un personaje un tanto patético. Sin embargo, antes de llegar a esta edad de decadencia que le hace necesitar una "calienta lechos" para ahuyentar los escalofríos, David fortaleció su control sobre Israel ejecutando por empalamiento a siete descendientes de Saúl. Sólo dejó con vida al hijo tullido de su íntimo amigo Jonatán, hijo de Saúl. David y Betsabé habían acordado que su hijo Salomón subiría al trono. En una escena emocionante, David le aconseja a Salomón cuáles enemigos eliminar. El autor Jonathan Kirsch señala que Mario Puzo la "copió" en su libro *El Padrino* (se refiere al momento en que Don Corleone aconseja del mismo modo a su hijo y sucesor Michael).

VOCES BÍBLICAS
REYES I 2.1–9)

Estando ya cercano David, al día de su muerte, dio estas instrucciones a su hijo Salomón: "Yo voy al lugar a donde van a parar todos los mortales. Sé fuerte y demuestra que eres hombre. Observa los mandamientos de Yahvé, nuestro Dios, siguiendo sus caminos y guardando sus ceremonias, sus preceptos, sus leyes y sus estatutos, tal como está escrito en la Ley de Moisés, para que aciertes en todo cuanto hagas y emprendas, y para que el Señor pueda cumplir la promesa que me hizo: 'Si tus hijos procedieren

> bien, y siguieran lealmente mis caminos con todo su corazón y con toda su alma, tu linaje siempre ocupará el trono de Israel.'
>
> "Sabes también lo que me ha hecho Joab, el hijo de Sarvia, y lo que les hizo a los dos comandantes del ejército de Israel, Abner, hijo de Ner, y Amasa, hijo de Jeter; cómo los asesinó, derramando su sangre en tiempo de paz como se hace en la guerra, y manchando el talabarte que uncía mi cintura y las sandalias que protegían mis pies con la sangre de la guerra. Tú obrarás conforme a tu sabiduría y no permitirás que su anciana cabeza baje en paz al sepulcro. Al contrario, a los hijos de Barzilai, el de Galaad, les mostrarás tu reconocimiento y los harás comer a tu mesa, pues ellos salieron a socorrerme cuando yo iba huyendo de tu hermano Absalón. También te ocuparás de Simei, hijo de Gera, el Benjaminita de Bahurim. Él vomitó contra mí horrendas maldiciones el día en que me retiré rumbo a Mahanaim, pero cuando salió a recibirme al cruzar yo el Jordán le juré por Yahvé que no lo condenaría a muerte. Pero tú no permitas que su delito quede impune; tú eres un hombre sabio y sabrás qué hacer con él, y harás que su cabeza encanecida baje al sepulcro envuelta en sangre."'

Tras la muerte de David, Adonías, su hijo mayor, hace un fútil intento de ocupar el trono preguntándole a Betsabé si puede cohabitar con la concubina virgen de David, Abisag. Betsabé le comunica este pedido a Salomón, sabiendo que éste comprenderá los motivos que condujeron a Adonías a elegir a Abisag. Ni lento ni perezoso, Salomón manda asesinar a su hermanastro. También se encarga de eliminar rápidamente todas las posibles amenazas a su mandato, demostrando ser tan despiadado como su padre. Probablemente habrá sentido un escalofrío cuando Dios lo elogió luego por no haber pedido la muerte de sus enemigos. A decir verdad, ya se había encargado de todos ellos.

Voces Bíblicas
Reyes I 3.11–13; el subrayado es mío

Y le dijo el Señor: "Por cuanto has hecho esta petición, y no has pedido para ti una larga vida o riquezas, *ni la muerte de tus enemigos,* sino que has pedido sabiduría para discernir lo que es justo, te otorgaré lo que has pedido. Te otorgo una mente sabia y capaz de discernir; antes no ha habido nadie como tú, ni lo habrá después. También te otorgo lo que no has pedido, riquezas y honor durante toda tu vida; no habrá otro rey que pueda compararse contigo."

¿Salomón era realmente tan inteligente?

Un chiste viejo como el tiempo: "Un hombre le pregunta al comediante: '¿Quién era esa dama?' y el comediante contesta: 'No era una dama. Era mi esposa.' "

Salomón hubiera dado la siguiente respuesta: "No eran damas. Eran prostitutas."

Cuando pensamos en Salomón pensamos en la sabiduría, en el equivalente israelita del juez Wapner en *People's Court,* capaz de impartir justicia en un abrir y cerrar de ojos. En un sueño, el recién coronado rey Salomón le pide sabiduría a Dios. Impresionado por el pedido, Dios no sólo le otorga la sabiduría sino también todo aquello que no pidió. Y, si bien el Libro de los Reyes sostiene que Salomón "pronunció tres mil proverbios," la evidencia bíblica de su inteligencia se fundamenta en un relato contado numerosas veces. El problema es que la historia que recuerda la gente no es la historia completa.

El célebre relato cuenta que dos mujeres le llevaron un bebé al rey Salomón. El hijo de una de ellas había muerto la noche anterior. Las dos viven en la misma casa y reclaman al bebé vivo como propio. Salomón reflexiona un instante y ordena que corten al bebé por la mitad, y le den una mitad a cada madre. Una de las mujeres se espanta y dice que le den el chico a la otra. Salomón sabe así que ella es la madre verdadera de la criatura. Vaya sabiduría. Todo Israel cae de rodillas ante tamaño descubrimiento.

Lo que no nos dijeron en la catequesis fue que esas dos mujeres eran prostitutas. ¿Y qué estaban haciendo dos prostitutas en el palacio del rey Salomón? Tenemos dos opciones. Una es que eran sencillamente un par de rameras, de esas que los lectores de la Biblia "real" deberían haberse acostumbrado a encontrar a cada paso. La otra posibilidad es que fueran prostitutas del templo, también muy famosas a lo largo de las Escrituras hebreas. Al final del Libro de los Reyes I incluso se hace mención de la prostitución masculina, cuyos "oficiantes" fueron definitivamente erradicados de Jerusalén durante el reinado del rey Josafat, en el año 873 AEC.

Una formidable excavación arqueológica—consignada en la *Biblical Archaeology Review* (julio/agosto de 1997)—ofrece evidencias de que la prostitución se siguió practicando durante mucho tiempo en esta parte del mundo. Cerca de las ruinas de una construcción de la era romana que podría haber sido el burdel de la ciudad de Ashkelon, dos arqueólogos encontraron los restos de muchos bebés, lo cual los llevó a especular que las prostitutas de aquellos tiempos no compartían las preocupaciones maternales de las dos rameras que se presentaron a dirimir su disputa ante el rey Salomón.

Y, si bien Salomón es convencionalmente reverenciado por haber construido el primer Templo en Jerusalén, también permitió que otros cultos y religiones florecieran durante su reinado, especialmente para hacer felices a sus numerosas esposas y concubinas. De acuerdo con el texto bíblico, el número de "mujeres extrañas" de Salomón ascendía a setecientas princesas y trescientas concubinas. Entre ellas figuraba la hija de un faraón, con quien Salomón contrajo enlace para garantizar un tratado de paz y un pacto de defensa mutua con Egipto. Salomón construyó altares para muchas de sus esposas y concubinas, entre ellos uno dedicado al dios cananeo Moloch, "la abominación de los ammonitas," el más despreciable de los dioses extranjeros ya que exigía sacrificios de niños, práctica que aparentemente continuó en Judá a pesar de la condena bíblica. Edificado en tiempos de Salomón, el Tofet—templo donde se quemaba vivos a los niños—estaba en un valle cercano llamado Gehena, palabra que comprensiblemente se transformó en un sinónimo de Infierno.

Salomón tenía planes grandiosos para su imperio. Además de construir el primer Templo en Jerusalén, quería palacios para él y sus esposas y numerosos altares. Los ambiciosos planes de Salomón requerían dos cosas para ser concretados: trabajo e impuestos. El antiguo Israel no era diferente de la mayoría de los lugares. Al pueblo no le gustan los impuestos ni tampoco el trabajo forzado. El programa de conscripción—que en esencia no difiere del que utilizaron los faraones para construir las pirámides—requería que todos los varones de Israel trabajaran un mes de cada tres para Salomón . . . No es para asombrarse de que no gozara de popularidad entre los israelitas. En otras palabras, mientras Salomón se regocijaba en su palacio en Jerusalén, en todo el país crecía el antagonismo hacia el régimen imperante debido a sus excesos, sus riquezas, y su creciente desprecio hacia la ley de Dios. Es probable que Salomón haya sido "sabio," pero por cierto no era demasiado inteligente.

¿Qué aspecto tenía el Templo de Salomón?

Si bien no fue el edificio más grande que se construyó durante el reinado de Salomón, el Templo de Jerusalén fue probablemente el más importante. Tardó siete años en hacerse—el palacio de Salomón llevó trece—y su construcción fue encomendada a un contratista extranjero, el rey Hiram de Fenicia, quien proveyó los materiales y el trabajo. Eso quiere decir que el gran Templo, centro del judaísmo y morada de Yahvé, fue probablemente diseñado al estilo de un templo fenicio o cananeo. Es difícil tener una imagen definida del Templo de Salomón porque las descripciones de la Biblia son oscuras. Pero en su construcción se siguió el mismo plano del Tabernáculo portátil que Dios describió a Moisés en el Desierto, y el Tabernáculo había estado con los israelitas desde entonces. David lo había llevado a Jerusalén, donde Salomón planeó convertirlo en un edificio permanente.

El edificio era rectangular, con una "galería" abierta que daba al este y un santuario interno, el Sancta Sanctorum, literalmente la morada de Yahvé. Las dimensiones totales del edificio eran 60 x 20 codos (aproximadamente 30 x 10 metros) y su altura llegaba a los 30 codos (aproximadamente 15 metros). Fue hecho con piedra de cantera, pero las paredes internas estaban cubiertas de madera de cedro, y toda la estructura tenía bordes de oro. El Templo tenía dos secciones.

El enorme salón exterior contenía candelabros, dos altares, y una mesa de oro en la que cada semana se depositaban doce hogazas de pan recién horneado. En la parte de atrás, un tramo de escalera llevaba a un salón interno, el cúbico Sancta Sanctorum cuyos lados medían 20 codos cada uno (10 metros aproximadamente). Allí descansaba el Arca de la Alianza, el arcón que contenía las tablas de los Diez Mandamientos. Este lugar era visitado exclusivamente por el sumo sacerdote una vez por año, el Día del Perdón.

El edificio del Templo estaba rodeado por dos patios a cielo abierto. El patio interno—el de los sacerdotes—tenía una muralla de tres capas de piedra y una de madera de cedro. En el interior de este patio amurallado se erguía el altar consagrado al sacrificio de animales y una gran fuente de metal—de diez codos de diámetro—llamada "mar," sostenida por doce estatuas de toros, un animal típicamente asociado con el dios cananeo Baal. Es probable que los edificios reales estuvieran rodeados por un patio abierto de grandes dimensiones.

La actividad diaria del Templo incluía plegarias y sacrificios a cargo de los sacerdotes. Los sacrificios se celebraban por diversas razones, entre ellas la gratitud, la purificación ritual, y la expiación de los pecados. En obediencia a los requerimientos establecidos en el Levítico, los sacerdotes sólo sacrificaban animales machos inmaculados. Los degollaban con un filoso cuchillo y vertían o asperjaban su sangre en el altar. La carcaza era luego cortada en pedazos que posteriormente se quemaban. También se realizaban ofrendas de vinos, cereales, y aceites. Los animales grandes, muy costosos, eran convenientemente sustituidos por palomas y pichones, a los que los sacerdotes degollaban con una uña del dedo. Los contenidos del estómago del animal eran desechados—por si acaso hubiera comido algo impuro—y, las alas eran aplastadas sin ser rotas antes de la incineración de la carcaza. La procesión diaria de sacrificios rituales continuó en Jerusalén desde la época de Salomón hasta la destrucción del Templo en el año 586 AEC. Los sacrificios fueron reinstaurados en el año 516 AEC, luego del regreso del Exilio en Babilonia, y prosiguieron hasta el año 70 EC, cuando el Templo fue destruido por los romanos.

¿Dónde está Sabá?

Además del célebre incidente del "bebé cortado en dos mitades," el otro episodio memorable en la vida del rey Salomón fue supuestamente la visita que le hizo la "reina de Sabá." Este encuentro regio fomentó la especulación histórica y dio origen a varias leyendas. ¿Qué ocurrió exactamente entre los dos monarcas cuando se encontraron? ¿Y de dónde provenía la reina de Sabá? Ambas preguntas permanecen en el ámbito de la mitología. Los etíopes que sostenían que Meroe, la antigua capital del país, era la "Sabá" bíblica, decidieron también que su primer emperador fuera el vástago de una aventura amorosa—no mencionada en la Biblia—entre Salomón y la misteriosa reina. Esto sirvió para que el último emperador etíope, Haile Selassie, se autoproclamara "León de Judá" y afirmara descender de Salomón. La historia se complica aun más porque, según las leyendas etíopes, el vástago real fruto de la unión amorosa entre Salomón y la reina de Sabá, Menelik I, regresó a Jerusalén, robó el Arca de la Alianza del Templo y la llevó a Etiopía, donde permanece hasta hoy.

Buena leyenda. Mala geografía.

Sabá era en realidad un estado en el sur de Arabia, en el área del actual Yemen, que producía las afamadas especias bíblicas: incienso y mirra. La visita de la reina de Sabá, si es que sucedió, fue en todo caso una misión diplomática destinada a limar ciertas diferencias en cuanto al comercio de especias, del que Salomón pretendía sacar una suculenta tajada. El hecho de que Sabá fuera gobernada por una reina es históricamente interesante, puesto que demuestra que algunas mujeres tenían poder en aquellas remotas épocas patriarcales.

RESUMEN DE LA TRAMA: EL REINO DIVIDIDO

Tras la muerte de Salomón, ocurrida entre los años 930 y 925 AEC, las diferencias políticas y religiosas hicieron rápidamente añicos el reino construido por David y su hijo. Cuando Roboam, hijo de Salomón, comete la estupidez de decirles a las tribus del norte que planea ser aun más duro que su padre, las tribus se violentan. Guiadas por el rebelde Jeroboam y apoyadas por el faraón egipcio Seshonk (llamado "Rey de Egipto" en la Biblia), las diez tribus del norte se separan de las dos del sur: la de Judá y la de Benjamín. En la estela de esta "secesión" nacen dos reinos más débiles: Judá en el sur e Israel en el norte. Para afirmar su independencia política y religiosa de Jerusalén, Jeroboam eleva dos altares con toros de oro (lo que recuerda la historia del Éxodo), acto de idolatría por el que las tribus del norte eventualmente tendrán que pagar un duro precio.

Jeroboam reinó durante 20 años sobre Israel y fue sucedido por su hijo, casi inmediatamente depuesto por un golpe militar. A éste siguieron una serie de golpes, hasta que un oficial del ejército llamado Omri se apoderó del trono, y estableció un período de orden relativo. Omri además demostró ser uno de los reyes más capaces de la historia Israelita, hecho que los "sureños" omitieron convenientemente mencionar cuando escribieron esta historia. Sería como si un historiador confederado escribiera acerca de la Guerra de Secesión y dijera que Lincoln fue un presidente norteamericano . . . y nada más. Omri estableció la nueva capital en la ciudad de Samaría, recuperó territorios perdidos en el pasado—conquistó la vecina Moab, hecho omitido en las Escrituras—e, inició un sólido linaje con su hijo Acab como sucesor. En los registros del imperio asirio Israel era conocido como la "Casa de Omri."

Reyes del Reino Dividido

(Entre paréntesis se consignan las fechas de los reinados; si bien son imprecisas, generalmente se las acepta como válidas.)

Israel (Norte)	**Judá (Sur)**
Jeroboam I (922–901)	Roboam (922–915)
	Abiam (915–913)
Nadab (901–900)	Asa (913–873)
Baasa (900–877)	
Ela (877–876)	Josafat (873–849)
Zimri (876)	
Omri (876–869)	
Acab (869–850)	
Ocozías(850–849)	Jeoram (849–842)

Joram (849–842)	Ocozías (842)
	Atalía (842–837)
Jehú (842–815)	Joás (837–800)
Joacaz (815–801)	Amasías (800–783)
Joáz (801–786)	
Jeroboam II (786–746)	Azarías (783–742)
Zacarías (746–745)	
Salum (745)	
Manahem (745–738)	Jotam (742–735)
Pekaía (738–737)	Acaz (735–715)
Peka (737–732)	
Oseas (732–721)	
	Judá (tras la caída de Israel)
	Ezequías (715–687)
	Manasés (687–642)
	Amón (642–640)
	Josías (640–609)
	Joacaz (609)
	Joacim (609–598)
	Joaquín (598–597)
	Sedequías (597–586)

(Fuente: *New Oxford Annotated Bible.*)

En el período del reino dividido, los reflectores de la Biblia abandonan a los reyes y se concentran en los devenires de una serie de "profetas" que intentan aconsejar—por lo general con escaso éxito—a los gobernantes y los pueblos de Israel y Judá. Ya habíamos conocido profetas o "videntes" en la temprana historia israelita, entre ellos Samuel y

Débora, jueza y profetisa. Pero en el período de los reinos divididos los distintos profetas emergen como personajes cruciales de la Biblia, oscureciendo a los reyes, a quienes a menudo intentaban predicar. Los "profetas" hebreos no son fáciles de definir, ya que fueron mucho más que "adivinos de la fortuna." En general, eran hombres y mujeres que recibían mensajes divinos, casi siempre a través de sueños o de visiones. Luego comunicaban estos mensajes a la nación entera o a determinados individuos, por ejemplo a los reyes. Los primeros de esta generación de profetas fueron Elías—uno de los grandes héroes folclóricos del judaísmo—y su sucesor Eliseo.

Voces Bíblicas
Reyes I 21.23

Los perros se comerán a Jezabel junto al muro de Jezreel.

¿Jezabel era tan mala como dicen?

Pocos nombres del acervo bíblico conjuran una imagen tan negativa como el de Jezabel, hoy sinónimo de mujer intrigante y perversa, y capaz de consagrar sus encantos a la tentación sexual. La Jezabel bíblica era una princesa fenicia casada con el rey Acab, hijo de Amri. Y, si bien Acab es una de las lacras de la Biblia, los registros históricos confirman que fue un gobernante eficaz que incrementó el poderío de Israel durante sus casi 20 años de reinado. Cuando se formó una coalición de naciones cananeas contra un ataque asirio en el año 583 AEC, Acab mandó el mayor contingente: 2,000 carros y 10,000 soldados. Incluso mejoró las relaciones con Judá casando a su hija con el rey Jeoram. Los autores bíblicos—oriundos del sur—no tenían una buena opinión de este rey del norte y pasaron por alto sus logros, concentrándose en cambio en sus flaquezas, la mayor de las cuales era su esposa: "Lo cierto es que no hubo jamás otro como Acab, quien se vendió para obrar el mal ante los ojos del Señor, instigado por su esposa Jezabel." (Reyes I 21.25)

Para los autores del Libro de los Reyes I y II, Acab era meramente un peón de ajedrez en manos de su intrigante esposa. Voluntariamente le permitió promover la veneración de Baal, el principal dios cananeo, y de sus consortes Astarté y Asherah. Para contrarrestar el aumento en la cantidad de adoradores de Baal bajo el reinado de Acab y Jezabel, Dios envió una sequía y una hambruna contra Israel, y luego despachó al profeta Elías para que predicara a los reyes y al pueblo pecadores. Milagrosamente alimentado en el desierto por los cuervos y posteriormente en la casa de una viuda donde jamás se acababa la comida, Elías era un hacedor de maravillas cuyos poderes excedían los de la simple profecía. También hizo volver a un niño de la muerte. Pero su misión esencial era devolver a Israel al rebaño de Yahvé.

Para probar la superioridad de Dios, Elías desafió a cuatrocientos cincuenta profetas de Baal y cuatrocientos profetas de Asherah, quienes "solían sentarse a la mesa de Jezabel." Los profetas de Baal bailaron frenéticos y se infligieron cortes con sus propias espadas. Ésta es una descripción acertada de los ritos de veneración de Baal, en los que los adoradores se automutilaban lamentando la muerte de su dios, quien luego debía regresar de entre los muertos. Como no ocurriera nada luego de la danza de los adoradores de Baal, Elías les espetó que o bien su dios estaba durmiendo o "había salido de paseo," eufemismo para indicar que estaba defecando. Elías invocó entonces al fuego celestial para quemar los altares de Baal, y los israelitas masacraron a los cuatrocientos cincuenta profetas.

Furiosa por la matanza de sus profetas, Jezabel amenazó con matar a Elías, pero éste huyó nuevamente al desierto. La capacidad de Jezabel para el mal quedó luego ejemplificada en un relato en que la tirana reina levanta falso testimonio contra un vecino que poseía una viña que su marido, el rey Acab, codiciaba. Valiéndose de testigos sobornados, Jezabel acusa a su vecino Nabot de blasfemia, el pobre hombre es muerto a pedradas, y Acab se hace entonces de la viña de Nabot.

Acab y Jezabel fueron horriblemente malditos por Elías, quien le dijo al rey que Jezabel y todos sus súbditos serían devorados por los perros. Así, cuando Acab muere en combate, el relato bíblico de su vida concluye con una jauría que lame la sangre que mana de su carro mientras "las prostitutas se lavan."

¿Quién fue Baal-zebub?

Cuando el hijo y sucesor de Acab, Ocozías, cayó de un balcón, le pidió a un dios llamado Baal-zebub que lo ayudara a recuperarse. Beelcebú (también traducido como Baalcebú) es un juego lexical sobre el nombre del dios cananeo, que originalmente significa "Señor Baal," "Baal el príncipe" o "Señor de la morada divina." Fue traducido en son de burla al hebreo como "señor de las moscas" y al arameo como "señor del estiércol." En épocas posteriores, Baal-zebub (o Beelcebul) fue identificado con Satanás y, en el Nuevo Testamento, Jesús es acusado de echar fuera a los demonios con la autoridad de Baal-zebub o Belcebú.

Cuando el profeta Elías le advierte a Ocozías que morirá a causa de sus heridas, el rey envía a sus guardias a matar al profeta, pero los soldados perecen víctimas del fuego celestial.

Poco después de este episodio Elías es llevado al cielo, convirtiéndose así en la segunda figura bíblica—el otro es Enoc, en el Génesis—en ser llevada directamente al cielo, y su manto es tomado por su discípulo Eliseo:

> Entonces apareció un carro de fuego, y caballos de fuego, y los separaron a ambos; y Elías subió al cielo en un torbellino. (Reyes II 2.11)

¿Burlarse de un calvo es razón suficiente para matar niños?

Tras la muerte del profeta Elías, su manto pasó—literalmente—a Eliseo, quien emergería como el próximo líder de una "compañía de profetas" (todo un poder en el ámbito político de aquella época). Distintos de los sacerdotes, los profetas eran itinerantes que merodeaban por los campos, a veces en grupos, y a veces solos. Si bien algunos de ellos alcanzaron un alto grado de poder e influencia entre los gobernantes de la época, muchos eran considerados "elementos perturbadores." Además de la obvia similitud entre los nombres Elías y Eliseo, el relato bíblico menciona numerosos milagros semejantes realizados por los dos profetas. Es probable que las narraciones acerca de ambos hayan sido confundidas y mezcladas por escritores posteriores.

El primer milagro de Eliseo fue purificar las aguas de una fuente en Jericó (todavía llamada "la Fuente de Eliseo"). Pero el relato de su segundo "milagro" es más perturbador. Cuando unos niños se burlaron de su cabeza calva cerca de la ciudad de Betel, Eliseo los maldijo en nombre de Dios. Dos osas emergieron de los bosques y despedazaron a cuarenta y dos de ellos.

No fueron los únicos niños en morir en este episodio bíblico. Durante una batalla entre las fuerzas aliadas de Israel, Judá y Edom, y los ejércitos de Moab, el rey de Moab ofreció a su hijo en holocausto en medio de la batalla. Impresionadas por este acto horrendo, las fuerzas de Israel se retiraron, aunque igualmente sufrieron las consecuencias de haber permitido un sacrificio humano en contra de las órdenes explícitas de Dios.

A diferencia de Elías y de otros profetas posteriores—que a menudo eran considerados "tábanos y espinas" por la realeza—Eliseo y sus seguidores—"la compañía de los profetas"—se convirtieron en una poderosa fuerza e influyeron sobre una serie de reyes. Guiaron a los ejércitos de Israel en las guerras y cambiaron el curso de las batallas con sus poderes milagrosos. La influencia de Eliseo lo llevó a ser consejero del rey Jehú de Israel (842–815 AEC), un general que perpetró un golpe de Estado y eliminó a los miembros sobrevivientes del linaje de Acab.

VOCES BÍBLICAS
REYES II 9.30–33

Entró entonces Jehú en Jezreel, y Jezabel supo de su llegada. Se pintó los ojos con alcohol, se adornó la cabeza, y se asomó a la ventana. . . . ehú levantó la cabeza y dijo . . . "Arrojadla de allí." Los otros la arrojaron, y quedó el muro salpicado con su sangre, y también los caballos, que la hollaron con sus patas.

Tras la muerte de Acab, Jezabel ostentaba el poder que sus hijos ejercían formalmente en el trono. Pero a raíz de un golpe de Estado comandado por Jehú—el general a quien respaldaba Eliseo—los hijos de Acab fueron destronados y Jezabel fue muerta. Así se cumplió la maldición de Elías y se eliminaron para siempre de Israel los vestigios de la veneración al dios cananeo Baal. La Biblia retrata a Jehú como a un héroe flamante, pero en términos históricos no fue nada excepcional. Anuló estúpidamente la alianza de Israel con los reinos vecinos de Fenicia y Judá, debilitando seriamente a su nación en la época en que el imperio asirio, asentado en el área del río Tigris y gobernado por Salmanasar II (859–824 AEC), estaba expandiendo su poder. Salmanasar redujo a Israel a un estado vasallo, forzado a pagar un pesado tributo. Pero Asiria también entró en un período de decadencia tras la muerte de Salmanasar, e Israel y Judá pudieron recuperar sus territorios, e incluso cierta independencia. El rey Jehú inició en Israel una dinastía que duró casi un siglo. Entre sus herederos se destacó Jeroboam II, poco mencionado en la Biblia, cuyo reinado de 40 años fue un período de relativa estabilidad y riqueza para Israel. Sin embargo, tras la muerte de Jeroboam II en el año 746 AEC, Israel volvió a caer en la inestabilidad y el caos.

Voces Bíblicas
Reyes II 17.5–8

Entonces el rey de Asiria invadió todo el territorio y llegó a Samaria, a la que sitió tres años seguidos. En el noveno año de Oseas, el rey de Asiria capturó Samaria y se llevó a los israelitas a su reino. . . . Esto ocurrió porque el pueblo de Israel había pecado contra el Señor su Dios, que los había sacado de la tierra de Egipto y del dominio del faraón, rey de Egipto. Habían venerado a otros dioses y adoptado las costumbres de otras naciones que el Señor había destruido delante del pueblo de Israel, cuyos reyes habían hecho lo mismo.

Bajo Tiglath-pileser II (745–727 AEC), el asirio identificado como "Pul" en la Biblia, el renovado imperio asirio volvió a dominar Oriente Medio. Los asirios extendieron su imperio hasta el río Nilo y levantaron su gran capital, Nínive—con un magnífico templo dedicado a la diosa Ishtar, patrona de la ciudad—a orillas del río Tigris. Una vez más, Israel se vio reducido a la categoría de estado vasallo y tuvo que pagar enormes tributos a los asirios. Uno de los métodos más eficaces empleados por los asirios para controlar los territorios conquistados era deportar a la elite de los enemigos derrotados a la Mesopotamia. Cuando Oseas, último rey de Israel, intentó rebelarse contra los gobernantes asirios con ayuda de los egipcios, el hijo de Tiglath-pileser, Salmanasar V, invadió Israel y tomó la ciudad de Samaria. En el año 721 AEC, Sargón II convirtió a Israel en provincia asiria y deportó a 27,290 habitantes a un territorio localizado al norte de la Mesopotamia. Este fue el fin del reino de Israel. Las diez tribus deportadas fueron conocidas a partir de entonces como las "tribus perdidas de Israel."

Sargón II también introdujo nuevas corrientes pobladoras en el ex territorio de Israel, que fue rebautizado Samaria. Sus habitantes fueron los célebres samaritanos. Curiosamente, Sargón envió a un sacerdote israelita a instruir a esta gente "en la ley del dios de la tierra." Si bien los samaritanos adoptaron algunas leyes y costumbres hebreas, conservaron también muchas de sus prácticas, entre otras la del sacrificio humano. Este acontecimiento histórico explica la enemistad existente entre judíos y samaritanos, que llegó hasta la época del Nuevo Testamento, tal como lo evidencia la parábola de Jesús sobre "el buen samaritano."

GOBERNANTES DE ASIRIA

(Todas las fechas son aproximadas y AEC)

Asur-dan II 934–912

Adad-nirari II 912–891

Tukulti-Ninurta II 891–884

Asurnasirpal II 884–859

Salmanasar III 859–824

Samsi-Adad V 824–811

Adad-nirari III 811–783

Salmanasar IV 783–773

Asur-dan III 773–755

Asur-nirari V 755–745

Tiglath-pileser III 745–727
(identificado como Pul en la Biblia)

Salmanasar V 727–722

Sargón II 722–705

Senaquerib 705–681

Esaradon 681–669

Asurbanipal 669–627

Asur-etel-ilani 627–624

Sin-sumu-lisir 624–623

Sin-sara-iskun 623–612

Asur-ubalit II 612–609

Con su centro en las llanuras del río Tigris, el imperio asirio dominó el antiguo Oriente Medio durante 300 años (entre el 900 y el 600 AEC). Su período de mayor grandeza tuvo lugar bajo una serie de reyes que aparecen en la Biblia como instrumentos de Dios para la opresión de Israel. La ciudad más célebre de Asiria fue Nínive, una espléndida capital dedicada a la diosa Ishtar, a donde Dios envió al profeta Jonás. Si bien su arte y sus bibliotecas—que conservaban las más viejas culturas sumerias—eran sofisticadas, los asirios tenían reputación de despiadados. Tal como afirman Cyrus Gordon y Gary Rendsburg en su historia del período: "Desde el punto de vista asirio, la brutalidad tenía una justificación de índole religiosa. El dios Assur había ordenado que su país y su rey dominaran el mundo, y por lo tanto todos los demás dioses, reyes, y pueblos tenían que someterse a la voluntad de Assur. Toda resistencia implicaba rebelión contra el gran dios y era desalentada con . . . severidad."

¿Acaso le suena familiar? Se parece muchísimo a otro Dios que todos conocemos.

Por crueles que puedan parecernos, los métodos asirios de deportación masiva de los pueblos conquistados ciertamente no son únicos.

Los "traslados" de nativos norteamericanos llevados a cabo por el gobierno de Estados Unidos a comienzos del siglo XIX, así como la "limpieza étnica" del siglo XX, son simplemente versiones actualizadas de una antigua práctica. Como dirá más tarde otro autor bíblico en el Eclesiastés: "No hay nada nuevo bajo el sol."

¿Quién escribió el "Libro de la Ley"?

Cuando el reino de Israel cayó, el reino de Judá intentó mantener su independencia pero sufrió los efectos nefastos de la combinación de reyes débiles y las embestidas del poderoso imperio asirio. Entre estos reyes "malos" estuvo Acaz, quien trató de ganarse el favor de la potencia dominante colocando un altar asirio en el Templo de Jerusalén. Obviamente, esta idea no agradó a los sacerdotes del Templo.

En asombroso contraste, Ezequías (715–687 AEC)—hijo de Acaz—fue un rey considerado favorablemente por los autores de la Biblia. Intentó realizar reformas religiosas y destruyó algunos de los altares paganos que todavía quedaban en Judá. Pero aquello que sirve a Dios no siempre sirve al reino del poder político en Oriente Medio. En su denodado esfuerzo por contrarrestar la amenaza asiria, Ezequías se alió con los reyes de Babilonia y Egipto. No obstante, no pudieron detener la invasión asiria. La estratégica ciudad de Laquish cayó en el año 702 AEC. Los relatos bíblicos difieren de las fuentes históricas en cuanto a la descripción del ataque asirio contra Jerusalén. De acuerdo con la Biblia, la ciudad fue salvada por un milagro divino. Otras fuentes indican que Ezequías les pagó a los asirios.

El reinado de Ezequías fue seguido por el de su hijo Manasés (687–642 AEC), uno de los reyes más notorios de Judá. Esperando salvar su reino, Manasés intentó negociar con los asirios y reintrodujo las prácticas paganas en Jerusalén. Según los autores de la Biblia, sus acciones fueron tan abominables a los ojos de Dios que finalmente provocaron la caída del reino. Las tácticas de Manasés no sirvieron de mucho, ya que fue engrillado y deportado a Babilonia.

Un momento crucial en la historia bíblica ocurrió en el año 621 AEC, durante el reinado de Josías, quien había subido al trono a los ocho años y es presentado en la Biblia como el rey ideal. Cuentan las Escrituras que un sacerdote encontró un rollo, tal vez oculto en una caja con dinero, o entre la basura que iban a retirar del Templo. Al leerlo, Josías se rasgó las vestiduras preso de la angustia porque supo hasta qué punto se había alejado su pueblo de Dios. Inició entonces un vigoroso movimiento reformista y eliminó todos los objetos de culto foráneos, como altares e ídolos, de Jerusalén.

Este "Libro de la Ley" hallado en los tiempos de Josías fue considerado como una versión del Deuteronomio, el libro de la Torá que hace hincapié en la eliminación de cualquier huella de idolatría en la veneración de Yahvé. Por primera vez desde la asunción de la monarquía en Israel, la Pascua fue celebrada apropiadamente. Hay cierta discrepancia entre el relato del Libro de los Reyes y una narración posterior en las Crónicas, donde se dice que el rey Josías inició sus reformas antes de que fuera hallado el "Libro de la Ley." Se trata de otra de las contradicciones típicas entre las versiones de la "historia" de Israel y Judá narradas en el Libro de los Reyes y las Crónicas (véase más adelante).

Con la declinación del poderío asirio, Josías esperaba unir a Judá con lo que quedaba de Israel en el norte, restaurar la nación única, y proseguir sus importantes reformas religiosas. Pero su visión de un Israel fiel a la ley de Dios murió con él en el año 609 AEC, cuando pereció en una batalla contra el faraón egipcio Necao II.

Para esa época había surgido una nueva potencia regional formada por varias tribus agrupadas bajo el nombre de "caldeos" (también llamados "neobabilonios" para diferenciarlos de los primeros babilonios). Los caldeos conquistaron Nínive y derrotaron a los asirios en el año 612 AEC. Su primer gran rey fue Nabopolasar, y fue este imperio, con base en la renovada y reconstruida Babilonia, el que finalmente ocasionó la caída de Jerusalén.

GOBERNANTES DE LOS CALDEOS (O NEOBABILONIOS)

(Todas las fechas son aproximadas y AEC)

Nabopolasar	625–605
Nabu-kuduri-usur II	605–562 (también llamado Nebucadrezar o Nabucodonosor)
Amel-Marduk	561–560 (Evil-Merodach)
Nergal-sal-usur	559–556 (Neriglisar)
Labashi-Marduk	556
Nabu-naid	555–539 (Nabonidus)
Bel-sarra-usur	552–542 (Belsasar, Baltasar)

VOCES BÍBLICAS
REYES II 25.8–12

En el quinto mes, en el séptimo día del mes, que era el décimo noveno año del rey Nabucodonosor, rey de Babilonia, Nebuzaradán, capitán de los ejércitos y siervo del rey de Babilonia, entró en Jerusalén. Quemó la casa del Señor, la casa del rey, y todas las casas de Jerusalén; redujo a cenizas todas las grandes moradas. . . . Nebuzaradán, el capitán de los ejércitos, envió al exilio al resto de la gente que quedaba en la ciudad y a los desertores que se habían pasado al rey de Babilonia y al resto de la población. Pero dejó a algunos de los más pobres de la tierra para que cuidaran las viñas y cultivaran el suelo.

Los caldeos atacaron por primera vez Jerusalén en el año 597 AEC y tomaron cautivos al rey Joaquín y a los nobles de Judá, a quienes deportaron a Babilonia, la capital caldea. El número de los deportados no está claro. De acuerdo con un relato, fueron deportados 10,000 cautivos; según otro, 8,000; según un tercero, 3,023. Coronado como rey fantoche en Jerusalén por los caldeos, Sedequías (597–586) se rebeló valientemente—aunque sin sabiduría—y, en el año 587 AEC, la "ciudad de David" fue destruida. Numerosos líderes judíos fueron ejecutados, y más cautivos—832, según un relato posterior—fueron trasladados a Babilonia. Sedequías fue capturado, obligado a presenciar la ejecución de sus hijos, y cegado. El último rey de Judá murió en cautiverio.

Crónicas I y II

Nuestros días en la tierra son una sombra. (Cr. I 29.15)

¿Por qué los relatos de las Crónicas difieren de las narraciones de los libros anteriores?

Si la Biblia incluye parte de la primera historia escrita—como profesan muchos eruditos—también incluye parte de la primera "historia revisionista." De hecho, los dos libros de Crónicas prácticamente definen la idea de "revisionismo," en tanto modificación de hechos históricos para adaptarlos a un propósito específico. Si se los lee objetivamente, estos libros presentan la mejor evidencia de la múltiple—y muy humana—autoría de la Biblia. Son textos raros, difíciles de explicar por sus numerosas contradicciones con otros relatos bíblicos. Por esta razón ocupan distintos lugares en las versiones hebrea y cristiana de la Biblia. En las Escrituras hebreas, las Crónicas aparecen al final de la sección llamada "Escritos," lo que los convierte en los últimos libros de la Tanak. En el Antiguo Testamento cristiano, los dos libros de las Crónicas siguen a los dos libros de los Reyes, falsificando así el orden original de las Escrituras hebreas.

También es probable que los dos libros de las Crónicas y los libros de Esdras y Nehemías hayan conformado un único libro más largo. De hecho, algunos eruditos los consideran obra de un solo autor. Las antiguas autoridades judías se los atribuyeron al propio Esdras, pero no hay pruebas de ello. Los estudiosos contemporáneos rechazan el postulado de un autor único y proponen que cada libro sea considerado por separado. No obstante, haya escrito o no los demás libros, el nombre y la identidad del "cronista" siguen siendo un misterio. La manera de narrar la historia y la alteración de ciertos detalles sugieren que el autor de las Crónicas fue un levita, o un miembro del clan sacerdotal. Investigaciones recientes indican que el libro probablemente fue escrito entre los años 350 y 300 AEC.

Dicho de otro modo, los libros de las Crónicas son una antigua versión del *Reader's Digest* que consigna todo lo que ocurrió en la Biblia, desde el Génesis en adelante. Es una versión abreviada, condensada, y simplificada de la que se han eliminado la mayoría de las escenas desagradables o comprometedoras. Por eso es un ejemplo perfecto de revisionismo. En esencia, el autor quiso contar la historia de Israel y Judá desde la creación de Adán hasta el surgimiento del imperio persa, culminando con el decreto del rey persa Ciro que permitió regresar a Jerusalén a los judíos exiliados en Babilonia. Pero "él" quiso contar una versión más potable y, para lograrlo, modificó considerablemente ciertos detalles. Cabe destacar que no se trataba de "pequeños detalles." Por ejemplo, la relación de David con Betsabé—un acontecimiento central en la versión de Samuel—es ignorada, y el papel desempeñado por David en el planeamiento del Templo es notoriamente magnificado. Los peores excesos de Salomón son convenientemente pasados por alto, en tanto sus esfuerzos para la construcción del Templo son glorificados.

Si el tedio—o la genealogía—es su placer, los primeros nueve capítulos del Libro I de las Crónicas fueron escritos para usted. Contienen largas listas de descendientes de las tribus israelitas, desde Adán hasta los tiempos de los reyes David y Salomón, y la subsiguiente historia del reino de Judá hasta el Exilio en Babilonia. Los textos de las Crónicas se basan en los relatos de los libros de Samuel y de los Reyes, citados literalmente aunque jamás nombrados, al igual que el Génesis, el Éxodo, los Números, el Libro de Jesúa, y el Libro de Ruth. Además, se mencionan otras dieciséis fuentes, entre ellas el "Libro de los reyes de Israel y Judá," "Las crónicas de Samuel el Visionario," y "El comentario sobre el Libro de los Reyes," títulos todos que corresponden a distintas partes de un mismo libro, hoy perdido.

El "Cronista" alteró libremente los hechos para adaptar su versión de la historia a su ideología sacerdotal. Como "hombre del sur," escribió lo menos posible sobre el reino de Israel, dado que para él no representaba el "verdadero Israel." En su relato genealógico se destacan los descendientes de Judá. Omitió casi toda la información relativa al profeta Samuel y al rey Saúl, las dificultades políticas y enredos personales de David y Salomón, y casi todos los datos históricos concernientes al reino del norte. También se dedicó a detallar la construcción y los rituales del Primer Templo, y prestó mucha atención al papel de los levitas, los sacerdotes, y los cantores. El "cronista" tenía interés en promover una estricta vida religiosa en su época y también pretendió señalar cómo sería un reino genuinamente sometido al poder de Dios. Su retrato de los reinados de David y Salomón es una visión idealizada: describe a los dos reyes no como fueron, sino como deberían haber sido.

En el Libro II de las Crónicas el autor retoma la historia de la monarquía tras la muerte de Salomón y relata el período de los reinos divididos: Judá e Israel. Esta versión enfatiza la idea sacerdotal de que las calamidades que asolaron a la nación fueron el resultado natural de sus pecados. El autor considera el pasado a manera de advertencia para su propia época y también para el futuro. A diferencia del Libro de los Reyes I y II, que concluye con la deprimente noticia de la destrucción de Jerusalén, el "Cronista" decide terminar su relato con un momento más esperanzado: el regreso a Jerusalén.

Voces Bíblicas
Cr. II, 36.22–23

> **Mas en el año primero de Ciro, rey de los persas, en cumplimiento de la palabra del Señor, pronunciada por boca de Jeremías, conmovió el Señor el corazón de Ciro, el rey de Persia, el cual envió un heraldo a todo su reino y declaró también en un edicto y por escrito: "Esto dice Ciro, rey de Persia: El Señor, el Dios del cielo, me ha dado todos los reinos de la tierra, y Él mismo me ha mandado edificarle una casa en Jerusalén, sita en Judea. ¿Quién hay entre vosotros que pertenezca a Su pueblo? ¡El Señor su Dios sea con él, y póngase en camino!"**

Dado que estos libros constituyen la última parte del canon hebreo, las Escrituras hebreas concluyen con una nota de liberación, que tiene su eco en el Éxodo.

Lamentaciones

¡Cómo ha quedado solitaria / la ciudad antes tan populosa!
¡La más grande entre las naciones / ha quedado como viuda desolada! (Lam. 1.1)

El Libro de las Lamentaciones es un breve conjunto de poemas pesarosos, algunos en forma de acrósticos alfabéticos, que recuerdan el triste destino de Jerusalén tras su destrucción por los babilonios en los años 587/6 AEC. En el Antiguo Testamento cristiano sigue al Libro de Jeremías, pero forma parte de los Escritos, la tercera sección del canon hebreo. Los judíos dieron al libro el título *Ekhah* ("Oh, cómo" en hebreo), primera palabra del texto, o *Kinoth* ("Trenos" o "Lamentos," en hebreo). El título en castellano deriva del *Threnoi* ("Trenos") de la versión griega de la Septuaginta, y de la Vulgata Latina *Threni id Est Lamentationes Jeromiae Prophetae* ("Trenos, es decir Lamentaciones, del profeta Jeremías"). Si bien la tradición atribuyó estos cantos al profeta Jeremías, es improbable que él haya sido su autor. El autor o los autores anónimos seguramente sufrieron en carne propia la destrucción de Jerusalén, y sus poemas son elegías amargas por "la ciudad muerta." Sin embargo, expresan la esperanza de que Dios restaurará al humilde y arrepentido Israel.

VOCES BÍBLICAS
LAM. 5.7–22

Pecaron nuestros padres, y ya no existen,
y nosotros soportamos el castigo de sus iniquidades.
Los esclavos nos gobiernan,
y nadie nos liberará de ellos.
Conseguimos el pan que comemos con peligro de nuestras vidas,
porque la espada acecha en el desierto.
Nuestra piel es negra como un horno
por el calor quemante del hambre.
Nuestras mujeres son violadas en Sion,

vírgenes eran en las ciudades de Judá.
Los príncipes son colgados de las manos,
nadie muestra respeto a los ancianos.
Los varones jóvenes empujan la rueda del molino,
y los niños se doblegan bajo atados de leña.
Los ancianos han dejado la puerta de la ciudad,
los jóvenes, su música.
La alegría ha abandonado nuestros corazones,
nuestras danzas se han transformado en lamentos.
La corona cayó de nuestra cabeza,
¡ay de nosotros, porque hemos pecado!
Por esto nuestros corazones están enfermos,
por esto nuestros ojos han perdido su luz.
Pero tú, oh Señor, reinas para siempre,
tu trono perdura a través de las generaciones.
¿Por qué nos has olvidado?
¿Por qué nos abandonas tanto tiempo?
Devuélvenos a Ti, oh Señor,
devuélvenos a nosotros,
renueva nuestros días felices,
como en un principio.
A menos que nos hayas rechazado para siempre,
y tu furia para con nosotros no tenga medida.

¿El Exilio fue tan malo en realidad?

El período del Exilio en Babilonia, que se prolongó aproximadamente desde el año 586 hasta el año 538 AEC, fue crucial para la conformación del judaísmo y la Biblia. Privados del Templo de Jerusalén en tanto núcleo de su fe en Yahvé, los exiliados se vieron obligados a crear una nueva forma de ritual comunitario, con los primeros esbozos de sinagogas (palabra griega para "lugar de reunión") como centros de plegarias, de estudio, y enseñanza de la Torá. Imposibilitados de ofrecer sacrificios legítimos fuera del destruido Templo de Jerusalén en Judá, y decididos a destacarse, los judíos pusieron énfasis en el Sabat, la circuncisión, las leyes alimentarias, y otros rituales purificadores que distinguirían a su comunidad de las otras. La idea de que su Dios no era uno entre muchos sino el único Dios verdadero surgió en esta época. Los judíos también aceptaron la idea de que la destrucción de Jerusalén no significaba que su Dios fuera menos poderoso o más débil que los dioses foráneos, sino más bien que había decidido castigar a Israel por sus pecados. Esta focalización del pecado personal y nacional—y también de la redención—fue el tema religioso predominante del Exilio, expresado en profecías y cantos.

El espíritu de esperanza por un eventual regreso a Jerusalén y la consecuente reconstrucción del Templo cobró nuevas fuerzas entre muchos de los exiliados. La melancolía de los profetas hebreos antes de y durante el Exilio era generalmente templada por la esperanza. Los judíos empezaron a buscar un Mesías, un nuevo líder o salvador, un espíritu optimista que anhelara una vida mejor en este mundo—y no después de la muerte o en otra vida—y que fuera exclusivo del judaísmo.

El otro gran progreso del Exilio fueron las etapas finales de la composición de las Escrituras hebreas. La Biblia hebrea adquirió la forma que hoy conocemos durante esos cincuenta años en Babilonia. El Pentateuco o Torá se aproximó a su forma actual, y la historia de Israel—desde Jesúa hasta los Reyes—y los primeros escritos proféticos fueron registrados durante el Exilio.

A pesar de las difundidas imágenes de esclavitud y cautiverio en Babilonia, las cosas no les fueron tan mal a los judíos exiliados. Cuando Ciro el Grande, rey de Persia, concluyó oficialmente el Exilio en el año 538 AEC, sólo una minoría de los judíos radicados en Babilonia aprovechó la oferta de regresar a Judá y reconstruir Jerusalén (véanse Esdras y Nehemías). Muchos de estos judíos llevaban ya dos generaciones en Babilonia. El matrimonio mixto se había popularizado, muchos de ellos habían prosperado, y se habían acostumbrado a la vida de placeres que les proporcionaba la espléndida ciudad de Babilonia, la "Gran Ramera," como la llamaron luego. Babilonia fue un centro vibrante, y activo para la vida y la erudición judías: allí se escribió el "Talmud Babilónico," un extenso conjunto de enseñanzas sobre las Escrituras. El período del Exilio y el Retorno también marca los comienzos de la Diáspora, la gran dispersión de los judíos a través del mundo mediterráneo y su posterior entrada en Europa. Algunos judíos ocupaban puestos oficiales, tal como se evidencia en los casos de Nehemías—el "escanciador" de un rey persa—y Mardoqueo—otro judío al servicio de un rey persa—(véase Libro de Ester).

Gordon y Rendsburg señalan en *The Bible and the Ancient Near East*:

> "El éxito de los judíos al servicio del gobierno puede explicarse de la siguiente manera: dado que los judíos no tenían vínculos importantes con sus vecinos gentiles, se sentían libres de servir al rey sin conflictos de lealtades. Así, hombres como Nehemías y Mardoqueo estuvieron en posición de servir apropiadamente al rey, de conseguir puestos de influencia, y de asegurar protección real a sus correligionarios cuando era necesario. Esto, por supuesto, provocó celos y hostilidad, de modo tal que con la Diáspora surge por primera vez el antisemitismo. Mientras los hebreos fueron una nación con territorio propio, tuvieron relaciones normales, y hasta amistades con sus vecinos. Pero el antisemitismo es producto de la Diáspora, tal como lo ejemplifica Amán, el villano del Libro de Ester" (p. 303).

El postulado de los autores está muy claro desde el punto de vista histórico. Fuera de la legendaria orden de matar a todos los bebés hebreos dada por el faraón, la historia del pueblo judío antes del Exilio no difiere esencialmente de las de otros pueblos vecinos. Todos convivían y peleaban con sus vecinos por los motivos de siempre: tierra, poder, tributos. Pero algo cambió luego del Exilio cuando los judíos, obligados a integrarse a un mundo no judío, buscaron maneras de diferenciarse. Aunque cabe destacar que este punto de vista en esencia culpa a los judíos por lo que les hicieron los otros y olvida a otras sectas "separatistas" que no fueron rechazadas ni diezmadas a lo largo de la historia humana. No obstante, numerosos eruditos han sostenido que este "separatismo" religioso, ritual, y social dio origen y sentó las bases de lo que hoy llamamos antisemitismo.

"Antisemitismo" no significa odio a los semitas, etnia que incluye a los árabes y otros grupos de Oriente Medio. Tal como lo explica el historiador Peter Schäfer en su libro *Judeophobia:* "Su significado literal—'hostilidad hacia los semitas'—revela su absurdidad, dado que en su contexto racista original no se dirige precisamente a todos los 'pueblos semitas' sino exclusivamente a los judíos." Empeorado en la era cristiana por la extendida prédica—una de las grandes manchas de sangre de la historia cristiana—de que los judíos eran los "asesinos de Cristo," el sentimiento anti-judío era sumamente poderoso entre los griegos y los romanos. Los estudiosos debatieron mucho tiempo para determinar si se trataba de un sentimiento religioso, por oposición a un sentimiento de índole social o política. Pero ninguna explicación logra responder satisfactoriamente la pregunta formulada por el rabino Joseph Telushkin: "¿Qué tiene este pequeño grupo de individuos, que puede unir a la extrema derecha y la extrema izquierda, a los ricos y a los pobres, a los religiosos y a los ateos contra ellos?" (*Jewish Literacy*, p. 468)

Mientras la odiosa idea del "antisemitismo" puede ser antigua, el término no lo es. Apenas tiene un siglo de antigüedad y fue acuñado por un agitador antijudío alemán llamado Wilhelm Marr, quien deseaba eliminar de la cultura alemana todo rastro de influencia judía. En el año 1879, Marr fundó la Liga de Antisemitas, una manera más aceptable socialmente de aludir a quienes odiaban a los judíos.

HITOS DE LOS TIEMPOS BÍBLICOS III
1000 AEC–587 AEC

1005 AEC: David une las tribus de Israel y vence el poder de los filisteos. El Arca de la Alianza es trasladada a Jerusalén—"la ciudad de David"—capital de Israel.

c. 965–960 AEC: Muere David y su hijo Salomón sube al trono de Israel. Reina hasta el año 928 AEC, y firma tratados de alianza con Egipto y Fenicia. Bajo su gobierno, el antiguo Israel alcanza su más alto grado de poder y civilización.

Salomón inicia la construcción del Gran Templo de Jerusalén para albergar allí el Arca de la Alianza. También construye un nuevo palacio y amuralla la ciudad por medio del trabajo forzado y nuevos impuestos destinados a financiar estos proyectos.

945 AEC: El trono de Egipto es usurpado por el libio Seshonk, dando inicio a la vigésimo segunda dinastía que gobernará el país durante los próximos 200 años.

928 AEC: Muere Salomón y es sucedido por su hijo Roboam I. Las diez tribus del norte se rebelan contra los impuestos y establecen un reino (Israel), gobernado por Jeroboam I. El reino del sur pasa a llamarse Judá.

884 AEC: El rey asirio Asurnasirpal II inicia un reinado de 24 años, que convertirá a Asiria en la potencia dominante de la región.

853 AEC: El rey Acab de Israel es derrotado por el rey asirio Salmanasar.

850 AEC: Homero compone la *Ilíada* y la *Odisea.*

841 AEC: El rey Jehú de Israel paga tributo a Salmanasar III.

814 AEC: Los fenicios fundan la ciudad de Cartago en el norte de África.

776 AEC: Se llevan a cabo los primeros Juegos Olímpicos en la ciudad griega de Olimpia.

760–690 AEC: En Israel se destacan los profetas hebreos Amós y Oseas; en Judá, los profetas Isaías y Miqueas.

753 AEC: Según la leyenda, Roma es fundada sobre una colina boscosa a orillas del río Tíber.

745 AEC: Tiglath-pileser III de Asiria inicia un reinado de 7 años en el que conquistará Siria e Israel.

722 AEC: Caída de Samaria, capital de Israel, a manos de los asirios, luego de un sitio de tres años: 30,000 israelitas son tomados prisioneros y deportados a Asia central. Desaparecerán de la historia y serán considerados las Tribus Perdidas de Israel.

710 AEC: Invasores etíopes conquistan Egipto.

705 AEC: Senaquerib de Asiria inicia un reinado de 23 años, durante el que Nínive se convertirá en una importantísima ciudad.

701 AEC: Laquish, una fortaleza de Judá, cae en manos del rey asirio Senaquerib.

693 AEC: Senaquerib de Asiria destruye Babilonia.

670 AEC: Manasés, rey de Judá, paga tributo al asirio Esargadón.

626 AEC: El rey asirio Asurbanipal muere luego de 43 años de reinado. La prosperidad lograda por su imperio se derrumbará en los próximos 20 años.

621 AEC: El legista ateniense Dracón redacta un código de leyes que castiga casi todas las ofensas con la muerte.

En el Templo de Jerusalén es hallado un "libro de ley," supuestamente el Deuteronomio.

612 AEC: Caída de Nínive, capital de Asiria, en manos de los caldeos (neobabilonios). El imperio asirio desaparece poco después.

609 AEC: El rey Josías de Judá es asesinado por el faraón egipcio Necao II.

605 AEC: Necao de Egipto es derrotado por un rey caldeo, quien inicia un reinado de 43 años como Nabucodonosor II de Babilonia.

El líder religioso persa Zoroastro (Zaratustra) funda una fe que dominará el pensamiento persa durante siglos.

597 AEC: Nabucodonosor II conquista Jerusalén. El rey Joaquín de Judá es deportado a Babilonia, una magnífica ciudad de edificios públicos con fachadas de mosaicos azules, blancos, y amarillos, anchas avenidas, canales, y calles sinuosas. Allí están emplazados los Jardines Colgantes, una de las siete maravillas del mundo antiguo, cuyos arbustos y flores exóticas son irrigados por las aguas del río Éufrates.

587 AEC: Caída de Jerusalén, destrucción del Gran Templo, y comienzo del Exilio de cincuenta años en Babilonia. Durante el cautiverio en Babilonia se redactarán varios libros de las Escrituras hebreas, transmitidos hasta el momento por vía oral.

CAPÍTULO OCHO

"QUE SALGAN OCHO HOMBRES"

Los Profetas del Pre Exilio

¿Por qué los Hijos de Israel son el “Pueblo Elegido”?

¿Cuál es la diferencia entre una “virgen” y una “mujer joven”?

¿Quién es el “siervo sufriente”?

¿Qué es una “Jeremiada”?

Si usted debiera preparar la lista de invitados para una fiesta, tal vez preferiría excluir a los Profetas. Mientras David y Salomón merecieron el título de "grandes fiesteros" en el antiguo Israel, los Profetas fueron, por el contrario, los infaltables "aguafiestas." Representados por los quince libros individuales, estos singulares hebreos denunciaron a voz en cuello el mal, la corrupción, y la inmoralidad que desfilaban ante sus molestos ojos. Como dijimos antes, el término "profeta" es acaso demasiado amplio. Si bien el significado original de la palabra era "vidente," estos hombres (Débora fue una de las escasas excepciones de la época) fueron mucho más que adivinos de la fortuna. Su papel podría definirse como "mensajeros humanos de Dios," aunque ocasionalmente fueron testigos renuentes, como en el caso de Jonás.

Aunque sus blancos preferidos eran los pueblos de Israel y Judá, los profetas también apuntaban a otras sociedades vecinas, y sus palabras todavía resuenan incómodamente verdaderas en lo que hace al pecado, la corrupción, y la falibilidad humana. En la mayoría de los casos, los libros brindan pocos datos biográficos acerca de estos hombres y, en muchos casos, partes de los libros fueron escritas mucho después de la muerte de los Profetas. En su conjunto, el cuerpo literario—duro, sin ambages y a menudo vívidamente poético—dejado por los Profetas es único entre las religiones del mundo.

Estos libros también marcan un punto de partida para las Escrituras hebrea y cristiana. En la Escritura hebrea, los libros de los tres Profetas "mayores" y los doce "menores"—todos incluidos bajo el título *Nevi'im* ("Profetas")—siguen a los "libros históricos" desde Jesúa hasta los Reyes. El Antiguo Testamento cristiano continúa una progresión "histórica" en la que el Libro de los Reyes I y II es seguido por las Crónicas, los Libros de Esdras, Nehemías y Ester, y los Profetas aparecen mucho más tarde.

Para mantener la continuidad narrativa de la historia del antiguo Israel, los Profetas son divididos en dos grupos: el primero abarca a los ocho Profetas anteriores a la caída de Jerusalén y el Exilio, el segundo incluye a los Profetas del Exilio y del post-Exilio.

Tradicionalmente, Isaías, Jeremías, y Ezequiel son los "Profetas

Mayores." Los otros doce son los "Profetas Menores." Pero esta caracterización no refleja la importancia relativa de cada uno. Los profetas "menores" no son menos importantes: simplemente, sus libros son más cortos. Sin embargo, de haberlos bautizado "Profetas Cortos" hubieran constituido la versión hebrea de los Siete Enanitos.

PROFETAS ANTERIORES AL EXILIO

Profeta	Fecha (AEC) / Lugar
Amós	c. 760–750; Israel, bajo Jeroboam II
Oseas	c. 745; Israel, bajo Jeroboam II
Isaías	742–701; Judá, bajo Osee, Joatam, Acaz, y Ezequías
Miqueas	c. 750; Judá, bajo Joatam, Acaz, y Ezequías
Nahúm	625–610; Judá, bajo Josías
Sofonías	c. 621; Judá, bajo Josías
Habacuc	615–598; ¿Judá?
Jeremías	627–587; Judá hasta la caída de Jerusalén

Amós

Pero deja que la venganza se derrame como agua, y la justicia fluya cual torrente impetuoso. (Am. 5.24)

El Libro de Amós es atribuido a un guardador de ganado—Richard Elliot Friedman lo llama "cowboy" en *Who Wrote the Bible?*—de una aldea de Judá que se traslada a Israel en los tiempos del rey Jeroboam II (786–784 AEC), época verdaderamente próspera para el reino del norte. Pero, a los ojos de Amós, estos tiempos de bonanza son emblema de decadencia moral y corrupción ética en Judá e Israel.

Voces Bíblicas
Am. 2.6–8

Por cuanto han vendido por monedas de plata
al justo,
y por un par de sandalias al pobre.
Abaten hasta el suelo las cabezas de los pobres,
y apartan de su camino a los afligidos.
Padre e hijo duermen con la misma joven,
y profanan así mi nombre.

Predicando en una época de relativa riqueza y estabilidad política, Amós condenó la opresión de los pobres por los ricos, la piedad vana, y las prácticas religiosas inmorales ("padre e hijo duermen con la misma joven" era aparentemente una alusión a la creciente popularidad de las prostitutas de templo). Según Amós, Dios desprecia los sacrificios, los festivales, y los cantos que no van acompañados de una conducta ética que depende exclusivamente de la responsabilidad de cada individuo. El profeta anunció que Dios destruiría a todos aquellos que no enmendaran su proceder corrupto. Este mensaje no le ganó el favor popular, y el rey Jeroboam desterró a Amós de Israel debido a la dureza de sus palabras. Obviamente, el mensaje de Amós no quedó restringido a su lejana época.

En los últimos versículos del libro, Amós predijo la redención, la paz y la prosperidad para el pueblo de Israel, aunque se cree que podrían haber sido agregados por un editor posterior.

¿Por qué los Hijos de Israel son el "Pueblo Elegido"?

Una de las frases más significativas del Libro de Amós es aquella que comunica el mensaje de Dios a Israel: "A vosotros os he elegido entre todos los pueblos de la tierra; por eso os pediré cuentas de todas vuestras injusticias."

Ésta es la esencia de la designación de "Pueblo Elegido" aplicada a los judíos. Desde los tiempos de Abram los israelitas creyeron haber sido elegidos por Dios. ¿Pero elegidos para qué? ¿Para ocupar el mejor lugar en la mesa? ¿Para conseguir las mejores ubicaciones en el teatro?

La idea de "ser especial" no es exclusiva del judaísmo: casi todas las culturas se consideran mejores que las demás (esto es lo que se conoce como "etnocentrismo"). Cristianos y musulmanes han adoptado la idea de "ser elegidos." Este concepto de "elegibilidad," estrechamente vinculado al resentimiento histórico del pueblo judío y que encuentra su manifestación última en un virulento antisemitismo, no tiene nada que ver con la idea elitista judía de ser en cierto modo "favorecidos" por Dios. En opinión de Amós, la alianza de Dios con su pueblo—"ser el pueblo elegido"—no autoriza a los judíos a esperar favores especiales. En esencia, el hecho de "ser elegidos" aumenta su responsabilidad de demostrar obediencia ejemplar a la ley divina. Si bien el porqué de la elección de Abram y sus descendientes jamás se explica en la Torá, los israelitas fueron elegidos para una función exclusiva: divulgar la palabra de Dios y hacer conocer al mundo su naturaleza y sus leyes. Dice el rabino Telushkin en *Jewish Literacy*: "¿Acaso el judaísmo cree que haber sido elegidos otorga a los judíos derechos especiales, así como las ideologías racistas los otorgan a quienes pertenecen a 'la raza elegida'? En absoluto. . . . Ser el pueblo elegido está tan desvinculado de cualquier idea de raza que los judíos creen que el propio Mesías descendía de Ruth, una mujer no judía convertida al judaísmo." (p. 506)

Amós suscribe este punto de vista cuando agrega estas palabras dirigidas al pueblo judío: "Para Mí, oh israelitas, vosotros sois iguales a los etíopes, dice el Señor." (Am. 9.7)

Oseas

Porque quise misericordia, y no sacrificios; y el conocimiento de Dios más que los holocaustos. (Os. 6.6)

El Libro de Oseas es atribuido a un profeta que vivió en el reino del norte poco después de Amós. Su historia es una de las más raras entre los profetas, ya que en el primer versículo Dios le ordena casarse con una prostituta. Oseas obedece, aunque su esposa Gomer es luego llamada adúltera en lugar de ramera. En términos modernos, Oseas fue el profeta del "amor incondicional." No importa lo que Gomer haya hecho, Oseas la ama y la acepta nuevamente. En cierta ocasión se ve obligado a comprarla—aunque no queda claro a quién—por plata, cebada, y vino. (Algunos escritores adujeron que en realidad compró una segunda esposa, interpretación que provocó considerables debates y desacuerdos.)

La esposa infiel brinda a Oseas su metáfora profética. Oseas compara la relación del hombre casado con una adúltera a la relación de Dios e Israel. Oseas, el esposo engañado, es como Dios. Su esposa anda con otros hombres, así como el pueblo de Israel peca con otros dioses. Ella será severamente castigada, pero todas las veces será perdonada y aceptada de regreso porque el amor de su esposo siempre será mayor que su cólera.

La afirmación de Oseas en cuanto a que Dios prefiere la "misericordia," o la conducta justa, a las demostraciones de piedad vana ("sacrificio") será un tema clave de las enseñanzas de Jesús.

Voces Bíblicas
Os. 14.4–5

Curaré su deslealtad, los amaré sin medida, porque mi cólera los ha abandonado. Seré para Israel como rocío.

En conjunto, el de Oseas es un libro curioso. El Dios que tan severamente ha condenado el adulterio—ordenando que las esposas adúlteras fueran muertas a pedradas bajo la ley mosaica—contempla la posibilidad de perdonar a la mujer adúltera.

Que clase de señales confusas.

Isaías

Aunque vuestros pecados sean como el carmín, podrán volverse blancos como la nieve; aunque sean rojos como la lana teñida, podrán volverse blancos como el vellón. (Is. 1.18)

Todos los años, en Pascua y Navidad, los teatros, catedrales, e iglesias se llenan de gente dispuesta a escuchar el *Mesías* de Händel. Compuesta en apenas 18 días en 1742, esta obra maestra es un prodigio de música y palabras gloriosas. Las audiencias todavía se ponen de pie al escuchar el "Aleluya." Pero Händel tuvo ayuda. George Gershwin tuvo a Ira. Rogers, a Hammerstein. Y Elton John tiene a Bernie Taupin. Händel y su libretista tuvieron a Isaías.

"Porque ha nacido un niño entre nosotros," "Consuélame, consuela a mi pueblo," "Cada valle sea alabado," "La voz de aquel que gritó en el desierto," "Él soportó nuestros pesares y cargó con nuestras penas," "Somos como ovejas extraviadas del rebaño." Todo esto, y mucho más, pertenece al Libro de Isaías.

El libro profético más extenso de la Escritura hebrea tuvo un notable impacto sobre nuestro idioma. Además de brindarle a Händel una lírica excepcional, Isaías nos dio:

"Blanca como la nieve," "Espadas en azadas / lanzas en hoces," "No volverán a aprender las artes de la guerra," "El pueblo que caminó en la oscuridad," "El lobo morará con el cordero, y el leopardo yacerá con el ciervo, y un niño pequeño los guiará," "Ascenderán con sus alas como águilas," "Verán ojo por ojo," "Un cordero para el carnicero."

No es para asombrarse que se hayan utilizado tantas frases de Isaías para el relato de la vida de Jesús en el *Mesías* de Händel. Más que cualquier otro libro de un profeta hebreo, el de Isaías ha desempeñado un papel protagónico para los cristianos e incluso ha sido llamado "el quinto Evangelio," porque muchas de sus profecías parecen haberse cumplido en la vida de Jesús. Esto señala una diferencia fundamental entre judíos y cristianos en lo que hace a la lectura de la Biblia. Para los judíos, Isaías fue el profeta de su tiempo y de un futuro mesiánico. Para los cristianos, las profecías de Isaías se cumplieron en Jesús.

RESUMEN DE LA TRAMA: ISAÍAS

Lo que sabemos de Isaías proviene básicamente del libro mismo, incluyendo el hecho de que Isaías no escribió todo el libro que lleva su nombre. Nacido en el seno de una aristocrática familia de Jerusalén hacia el año 740 AEC, Isaías fue consejero de cuatro reyes de Judá: Osee, Joatam, Acaz, y Ezequías. Según la tradición, el profeta fue martirizado entre los años 701 y 690 AEC. Su carrera profética atacó el torbellino político y las intrigas foráneas que afectaron a Judá en tiempos del Imperio Asirio. Las referencias a acontecimientos ocurridos mucho después de su muerte fueron seguramente agregadas por el escritor o los escritores que posteriormente editaron el Libro de Isaías. La mayoría de los estudiosos lo consideran un conjunto formado por tres partes distintas que adquirió su actual estructura hacia el año 180 AEC.

Como otros profetas, Isaías combina las advertencias de castigo por los pecados de Israel con la esperanza de tiempos más prósperos. Anuncia la llegada de un juicio y una era mesiánica en la que un rey del linaje de David gobernará en paz y justicia.

Voces Bíblicas

Is. 7.14 (Versión cristiana)

Mirad, una virgen concebirá, y tendrá un hijo, y lo llamará Emanuel.

Is. 7.14 (Versión judía)

Mirad, la joven mujer está encinta y tendrá un hijo, y lo llamará Emanuel.

¿Cuál es la diferencia entre una "virgen" y una "mujer joven"?

Estas dos traducciones de un mismo versículo brindan un nuevo ejemplo de "¿La Biblia de quién?" Las diferencias entre los idiomas y la dificultad de expresar el significado preciso o el sentido de las palabras en la traducción han provocado incontables problemas con el correr de los siglos. Estas divergencias de interpretación y/o errores de traducción son causa de ciertas diferencias fundamentales en la manera en que judíos y cristianos perciben las Escrituras hebreas. Para los cristianos, casi todo lo que ocurre en el AntiguoTestamento está relacionado con profecías del advenimiento de Jesús. Obviamente, los lectores judíos no establecen ese tipo de relaciones. El ejemplo perfecto de interpretación judía contra la interpretación cristiana se encuentra en la profecía de Isaías al rey Acaz hacia el año 735 AEC. Al igual que la mayoría de los idiomas, el hebreo tiene dos palabras diferentes para designar a una "virgen" y a una "mujer joven." La mujer joven podría ser virgen, pero no tiene que serlo. Los comentaristas judíos señalan que Isaías le estaba diciendo al rey Acaz que su esposa, la "mujer joven" del versículo, pronto tendría otro hijo. Ese hijo fue Ezequías, un rey devoto y bueno, fiel a las tradiciones y obediente a las leyes.

Sin embargo, los lectores cristianos vieron algo más en las palabras de Isaías: no sólo la profecía de un nuevo príncipe para Israel sino la de un futuro vástago mesiánico, el mismísimo Jesús. En los dos relatos de su nacimiento milagroso, Jesús nace de María, una mortal virgen. Uno de estos relatos, el Evangelio según San Mateo, repite la traducción errada de "virgen" al griego, cuando la profecía de Isaías fue utilizada para aludir a María, madre de Jesús. En otras palabras, fuera o no virgen María, no tenía que serlo para cumplir la profecía de Isaías, ya que ésta sólo hablaba de una mujer joven. Mientras algunos estudiosos cristianos modernos han comenzado a discutir vigorosamente el concepto de "nacimiento inmaculado," las palabras originales de Isaías refieren claramente a una "mujer joven" o "doncella" no necesariamente virgen.

VOCES BÍBLICAS

IS. 42.1

He aquí mi siervo, yo lo sostendré; / mi elegido, en quien se complace mi alma; / sobre él he derramado mi espíritu; / él traerá justicia a las naciones.

IS. 50.6

Entregué mis espaldas a los que me azotaban, / y mis mejillas a los que arrancaban mi barba; / no aparté mi rostro de los que me escarnecían y escupían.

IS. 52.13

Sabed que mi siervo prosperará / será ensalzado y engrandecido, / y será puesto muy en alto.

IS. 53.5

Pero él fue llagado por causa de nuestros pecados, / y despedazado por nuestras maldades; / sobre él cayó el castigo que nos liberó, / y por sus heridas fuimos sanados.

IS. 53.11

El justo, mi siervo, hará justos a muchos, / y soportará el peso de sus iniquidades.

¿Quién es el "siervo sufriente"?

Como en el caso de la "virgen encinta" de la profecía de Isaías, cristianos y judíos disienten en otro sector clave del Libro, el que corresponde a los capítulos 42, 49, 50, 52 y 53, cuyos cantos hablan de un "sufriente siervo de Dios." Cuando Isaías habla de un hombre sufriente, despreciado, y rechazado que es llevado como un cordero al carnicero, los cristianos ven otra profecía de Jesús. Las palabras de Isaías describen sufrimientos específicos que parecen aludir a las torturas sufridas por Jesús antes de morir crucificado. El "siervo sufriente" no sólo sufre por el bien de los hombres sino que también carga con sus pecados. Esta descripción se adapta perfectamente a la creencia central del cristianismo, según la cual Cristo muere por los pecados del hombre. Los lectores judíos prefieren considerarlo como una referencia al propio Isaías—el profeta que sufrirá por la dureza de sus palabras—o al pueblo de Israel—que pronto sufrirá una catastrófica derrota por los pecados de la nación.

Miqueas

Él te ha dicho, oh mortal, lo que es bueno; / y lo que el Señor requiere de ti; / que seas justo y ames la misericordia, / y camines humildemente con tu Dios. (Miq. 6.9)

Miqueas comenzó a profetizar antes de la caída de Samaria, la capital del reino del norte, en el año 721 AEC. Sus profecías anuncian la terrible condena que caerá sobre ambos reinos. La mayoría de los eruditos actuales coinciden en que este Libro tuvo múltiples autores, y en que sólo los tres primeros capítulos salieron de la pluma de Miqueas.

Igual que Amós y otros profetas, Miqueas atribuye el futuro castigo de Dios contra Israel y Judá debido a la opresión de los pobres por los ricos, la corrupción de los sacerdotes y profetas, y la irresponsabilidad e inmoralidad de los líderes políticos. Como consecuencia de estos males, Miqueas predice que Jerusalén y el Templo serán destruidos (lo que ocurrió en el año 586 AEC).

Algunos de los últimos capítulos del Libro de Miqueas, probablemente escritos luego del Exilio en Babilonia, contienen profecías de una nueva era de paz universal en la que Israel será gobernado por un descendiente del rey David. Este "rey pastor" nacería en Belén, como David, por lo que la profecía de Miqueas fue interpretada por los cristianos como una predicción del nacimiento de Jesús.

Los "tres requerimientos" de Miqueas—ser justo y amar la misericordia, obrar el bien, y caminar humildemente con Dios—resumen la esencia de una persona divina.

Nahúm

Se sabe muy poco acerca de Nahúm, excepto que fue más un poeta que un profeta. Y un poeta muy bueno. La primera parte del Libro de Nahúm es un acróstico incompleto, en el que cada verso del poema se inicia con una letra distinta del alfabeto hebreo. Nahúm profetizó la inminente derrota de Nínive, la capital asiria, que cayó en manos de los caldeos en el año 612 AEC. Comparando a esta ciudad perversa con una prostituta, Nahúm narró su futura destrucción con una imaginación vívida . . . aunque su mensaje también podría ser leído como una condena general del mal, la corrupción, y la inmoralidad.

Voces Bíblicas
Nah. 3.1–6

¡Ay de ti, ciudad sanguinaria, / llena de fraudes y de extorsiones / y de continuas rapiñas! / ¡Chasquido de látigos y estruendo / de impetuosas ruedas, / galope de caballos y

ruido de carros! / La caballería avanza, / relucen las espadas y relumbran las lanzas. / Muchedumbre de heridos / que agonizan, / grandísima derrota. / Son innumerables los cadáveres, / los unos caen muertos encima de los otros. / Todo esto por causa de las muchas / fornicaciones de la ramera, / la bella y agraciada que domina el arte de la hechicería, / que esclaviza a los pueblos con sus fornicaciones / y a los hombres con sus hechicerías. / Aquí estoy contra ti, / dice el Señor de los ejércitos, / y levantaré tus faldas hasta cubrirte / con ellas el rostro, / y mostraré a las naciones tu desnudez / y a los reinos tu oprobio. / Arrojaré tus abominaciones contra ti, / y te cubriré de afrentas, / y servirás de escarmiento.

El Libro de Nahúm también brinda un excelente ejemplo de los problemas inherentes a la diversidad de traducciones de la Biblia. A continuación incluyo cuatro versiones de un mismo verso del Libro de Nahúm 2.11:

Y las caras de todos renegridas como hollín.
Y las caras de todos se ponen negras.
Todos los rostros empalidecen.
Todos los rostros se vuelven como ceniza.

Sofonías

Yo atribularé a los hombres, / y andarán como ciegos. / Porque han pecado contra el Señor; / y su sangre será esparcida como polvo, / y sus cadáveres arrojados como estiércol. / Y ni la plata ni el oro / podrán librarlos / en el día de la ira del Señor. / En el fuego de Su pasión / la tierra entera será consumida; / pues Él dará un fin terrible / a todos los que moran en la tierra. (Sof. 1.17–18)

Tradicionalmente atribuido a un profeta hebreo que supuestamente descendía del buen rey Ezequías (el niño cuyo nacimiento fue predicho en el Libro de Isaías), Sofonías profetizó durante el reinado del rey reformista Josías, quien instituyó un amplio conjunto de reformas religiosas en toda la nación con el propósito de restaurar la fe verdadera. Sofonías se queja de todos los pecados de siempre: el desprecio de la verdadera fe en Dios mediante la práctica de ritos religiosos foráneos, la adopción de costumbres extranjeras, y el comportamiento violento y licencioso.

Predice la inminencia del día del juicio, y urge a Judá a arrepentirse para aplacar la ira de Dios. Jerusalén es específicamente condenada a la destrucción por su negativa a abandonar sus hábitos corruptos.

Hacia el final, Sofonías pone una nota de esperanza al prometer la reconstrucción de Jerusalén. También predice que todos los gentiles—o naciones no judías—serán convertidos, y que los hombres fieles y justos de Judá serán salvados. Si bien la palabra "gentil" se utiliza actualmente como una acepción de "cristiano," tradicionalmente tenía un sentido más amplio. Deriva del latín *gens*—literalmente, "nación"—y es una traducción de la palabra hebrea *goy*. Aludía a los no judíos y a todos aquellos que no participaban de la alianza judía. En muchas traducciones "gentil" ha sido reemplazado por "nación" a fin de respetar el sentido del texto hebreo original.

Parte del oráculo de Sofonías sobre el terrible "día del Señor" inspiró el célebre himno en latín *Dies Irae:*

Cerca está el gran día del Señor, / está cada vez más cerca y presuroso, / el sonido del día del Señor es amargo, / allí el guerrero gritará a voz en cuello. / Día de ira, / día de tribulación y angustia, / día de ruina y devastación, / día de oscuridad y de miseria, / día de nubes y de espesas tinieblas, / día del estruendo de la trompeta / y el grito de batalla / contra las ciudades fortificadas / y contra las altas torres. (Sof. 1.14–16)

Habacuc

> *¿Hasta cuándo, Señor, estaré clamando sin que me atiendas? / ¿Hasta cuándo daré voces en la violencia que sufro, sin que Tú me salves?* (Hab. 1.2)

No se conoce absolutamente nada del profeta Habacuc, y las fechas que se le atribuyen se deben a referencias de la llegada de los caldeos en su Libro, hecho que tuvo lugar hacia el año 597 AEC. Habacuc es en cierto modo único entre los profetas, ya que cuestiona a Dios por el sufrimiento del justo y la falta de castigo del injusto, dilema moral posteriormente explorado en el Libro de Job.

A manera de respuesta, Dios asegura al profeta la llegada del juicio, y anuncia que los caldeos—una nación violenta y conquistadora a ojos del Señor—llevarán a cabo el plan divino. Habacuc finaliza su revelación afirmando que "el justo vivirá por su fe" (2.4) y prosigue con un gran salmo, o himno, en el que exalta las maravillas de Dios.

Jeremías

¿Acaso el etíope puede cambiar su piel, o el leopardo sus manchas? (Jer. 13.23)

¿Qué es una "jeremiada"?

Nacido hacia el año 650 AEC, Jeremías era hijo del poderoso sacerdote Hilcías, e inició su carrera profética en el año 627 AEC. Murió poco tiempo después de que los babilonios conquistaran Jerusalén en el año 586 AEC. Jeremías recibió la orden divina de no casarse ni tener hijos porque todos terminarían muertos. Es probable que ese impedimento constante le haya agriado el carácter. Tuvo muy pocos amigos luego de empezar a predicar sus profecías de castigo y condena para Jerusalén.

Es probable que Jeremías haya participado del movimiento reformista del rey Josías y contado con la protección de los poderosos de la corte hasta la muerte del rey, acaecida en el año 609 AEC. Después, el profeta fue cada vez peor considerado por los líderes civiles y religiosos. En distintos períodos fue colocado bajo arresto domiciliario, expulsado del foro público, y arrojado a una cisterna seca que hacía las veces de calabozo. También fue acusado de traidor y derrotista por haber aconsejado no luchar contra los caldeos. Tras la derrota definitiva de Jerusalén, Jeremías fue llevado a Egipto contra su voluntad y, según cuenta la leyenda, fue asesinado por una mano anónima hacia el año 587 AEC.

Dios ordenó a Jeremías predicar la destrucción de Israel y Judá en castigo a la impureza moral y religiosa de sus habitantes . . . Y aquí llegamos a la palabra jeremiada: lamentación pesada, exagerada, o ridícula. En opinión de Jeremías hasta los sacerdotes eran laxos y corruptos, y por ello urgió a los israelitas a arrepentirse y a retornar a Dios. Les advirtió que la invasión extranjera era inevitable, y que el pueblo de Jerusalén sufriría sin el consuelo de la fe. Reprendió duramente al pueblo y describió con lujo de detalles los horrores de la guerra y la deportación a Babilonia. Los logros humanos—sabiduría, fuerza, riqueza—son insignificantes, le dijo Dios a Jeremías, y él lo comunicó en frases vívidas como la que sigue: "Los cadáveres humanos caerán como estiércol sobre campo abierto."

VOCES BÍBLICAS
JER. 39.5–8

Pero el ejército de los caldeos los persiguió, y capturó a Sedequías en las llanuras de Jericó; y cuando lo hubieron atrapado, lo llevaron ante el rey Nabucodonosor de Babilonia, en Reblata, en el territorio de Emat, y allí fue juzgado. El rey de Babilonia hizo matar a los hijos de Sedequías ante sus ojos, y también mandó matar a todos los nobles de Judá. Luego arrancó los ojos de Sedequías, y lo aprisionó entre grillos para llevarlo a Babilonia. Los caldeos quemaron la casa del rey y las casas de la gente, y derrumbaron los muros de Jerusalén.

(En el Antiguo Testamento cristiano el Libro de Jeremías es seguido por el de las Lamentaciones, un conjunto de lamentos que conmemora la destrucción de Jerusalén en el año 587 AEC. En la Biblia hebrea, las Lamentaciones se encuentran en la tercera sección o los Escritos. La mayoría de los eruditos coinciden en afirmar que Jeremías no escribió las Lamentaciones.)

CAPÍTULO NUEVE

PUEDES REGRESAR A CASA

ESDRAS y NEHEMÍAS

Entonces el sacerdote Esdras se puso de pie y les dijo: "Vosotros habéis prevaricado y tomado mujeres extranjeras, añadiendo esta culpa a los delitos de Israel. Ahora confesaos al Señor, Dios de vuestros ancestros, y haced Su voluntad; separaos de los pueblos del país y de las mujeres extranjeras." A lo que respondió todo aquel gentío, diciendo en alta voz: "Hágase como tú has dicho."

ESDRAS 10.10–12

Matrimonio mixto: ¿está permitido o no es *kosher*?

El novelista norteamericano Thomas Wolfe probablemente se equivocó al titular su famosa obra *You Can't Go Home Again* (No puedes regresar a casa). Para los judíos exiliados en Babilonia—o al menos para algunos de ellos—el regreso a casa era muy posible. Para otros, Babilonia era más que un lugar agradable de visitar: querían quedarse allí.

Los Libros de Esdras y Nehemías narran la historia de Judá luego del regreso del Exilio en Babilonia. No solamente describen la reconstrucción del Templo sino la restauración de un "vestigio divino" cuya misión era recuperar y levantar la fe verdadera. Considerados como un solo libro hasta el año 300 EC aproximadamente—época en la que fueron divididos—los Libros de Esdras y Nehemías aparentemente fueron escritos por la misma persona que escribió las Crónicas, aunque algunos estudiosos discuten esta posibilidad. Si bien hay discrepancias respecto de las fechas precisas en que Esdras y Nehemías viajaron a Jerusalén, el marco temporal del regreso a la ciudad santa—con frecuencia denominado "post-Exilio"—está contenido dentro de los límites de la "historia" documentada, a diferencia de numerosos períodos anteriores de la Biblia. Los relatos bíblicos han sido corroborados por los datos de los archivos persas y de otras culturas de Oriente Medio.

El Libro de Esdras se inicia con el decreto de Ciro, rey de Persia. Tras la toma de Babilonia en el año 539 AEC, Ciro anuncia que quienes lo deseen pueden abandonar Babilonia y volver a Jerusalén para reconstruir el Templo. A diferencia de otros reyes y faraones "extranjeros"—generalmente considerados como alimañas, pecadores, y asesinos—Ciro está muy bien visto por los autores de la Biblia. Fundador de un inmenso imperio que duró más de 200 años, Ciro fue un líder extraordinario que, junto con sus sucesores, logró unificar bajo un solo gobierno gran parte de los territorios del antiguo Oriente Medio—desde India hasta Egipto y las fronteras de Grecia—hazaña que no habían alcanzado los egipcios ni tampoco los primeros babilonios. Incluso los autores griegos—quienes no amaban precisamente a los persas, clásicos archirrivales de su civilización—consideraban a Ciro un gobernante modelo. A diferencia de otros antiguos conquistadores que intentaban imponer sus propias costumbres y prácticas religiosas a los pueblos conquistados, Ciro y sus sucesores permitieron que las "naciones cautivas" conservaran y restauraran sus propias instituciones.

GOBERNANTES DEL IMPERIO PERSA

(Todas las fechas son aproximadas y AEC)

Ciro ("El grande")	550–529	(toma Babilonia en el año 539; en el año 538 permite que los judíos regresen a Jerusalén.)
Cambises II	529–522	(conquista Memfis, capital de Egipto.)
Darío I	522–486	(en el año 516 concluye la construcción del Templo; es derrotado por los griegos en la batalla de Maratón en el año 590.)
Jerjes I	486–465	
Artajerjes I	465–425	(envía a Esdras a Jerusalén en el año 458, y a Nehemías en los años 445? y 433?)
Jerjes II	425–424	
Darío II	423–404	
Artajerjes II	404–359	
Artajerjes III	359–338	
Arses	338–336	
Darío III 3	36–330	

En el año 330 AEC, el imperio persa cae derrotado por Alejandro Magno, hecho que da inicio a la "época helenística," en la que la civilización y el idioma griegos se diseminan y predominan en todo Oriente Medio.

RESUMEN DE LA TRAMA: ESDRAS

La mayoría de los eruditos coinciden con el relato bíblico en afirmar que el regreso de los judíos exiliados a Jerusalén no fue un movimiento masivo y repentino, sino que tuvo lugar gradualmente, en olas. Al año siguiente de la conquista de Babilonia por Ciro—"sin disparar una sola flecha," como asevera el prestigioso historiador Cyrus Gordon—un primer grupo de judíos regresó a Jerusalén. Fueron guiados por Sesbasar, un "príncipe de Judá" que, a pesar de su nombre persa, servía como gobernador territorial. Bajo su gobierno se iniciaron casi inmediatamente las obras de reconstrucción del Templo. Pero al poco tiempo se desató un conflicto entre aquellos que se habían quedado en Judea y los judíos que habían regresado del Exilio. Durante los 50 años que duró el Exilio, los empobrecidos habitantes de Judea se habían apropiado de las tierras abandonadas por los exiliados—en su mayoría pertenecientes a la elite social de Judea, en especial a la aristocracia y a la casta sacerdotal. Existía una animosidad natural entre los que se habían quedado y los recién llegados, que esperaban recuperar su estatus anterior. El conflicto entre ambos grupos provocó la interrupción de la reconstrucción del Templo.

Diecisiete años después, Darío I—soldado de 28 años de la familia de Ciro que se había apoderado del trono de Persia en el año 522 AEC tras una serie de intrigas y complots—autorizó el regreso de una segunda camada de exiliados. Liderados por Zorobabel—nieto del rey Joaquín y descendiente de David—y el alto sacerdote Jesúa, retomaron la reconstrucción del Templo en el año 520 AEC. Alentados por los profetas Hageo y Zacarías (véanse Profetas posteriores al Exilio), los retornados concluyeron el segundo Templo en el año 516 AEC.

La Judá del Retorno era un pobre émulo del Imperio Salomónico. El segundo Templo, concluido en marzo o abril del año 516 AEC, era una obra modesta que reflejaba el cambio de circunstancia. Judá era apenas una parte del Israel de Salomón, y el territorio otrora controlado por los judíos estaba ahora en manos de sus vecinos edomitas y samaritanos. A pesar de que Ciro había provisto fondos para la reconstrucción del Templo, el nuevo centro espiritual de los judíos no alcanzaba la gloria y la magnificencia de los tiempos de Salomón. En el

Libro de Esdras hay muy pocos datos acerca del Templo reconstruido, excepto que debía medir sesenta codos (aproximadamente 30 metros) de alto y sesenta codos de ancho, y que sus paredes debían tener tres capas de piedra y una de madera. Todos los objetos de oro y plata rescatados del Templo original y llevados al Exilio en Babilonia fueron devueltos a Jerusalén. Pero ni en este libro ni en ninguna otra parte de la Escritura hebrea se menciona el destino del Arca de la Alianza, el objeto más sagrado del judaísmo. Ya haya sido destruida en el año 586 AEC cuando los soldados de Nabucodonosor saquearon Jerusalén e incendiaron el Templo, o bien salvada y llevada a Babilonia por los cautivos, el destino del Arca sigue siendo un misterio bíblico.

En el año 458 AEC—más de cincuenta años después de la reconstrucción del Templo—una tercera camada de exiliados retornó a Israel durante el reinado de Artajerjes, el sucesor de Darío. Artajerjes envió a Esdras, funcionario judío del gobierno persa, para asegurarse de que la ley judía estuviera siendo estrictamente observada. Para su desesperación, Esdras descubrió que muchos de los antiguos exiliados, al igual que los que habían permanecido en Judá, habían adoptado la costumbre del "matrimonio mixto."

VOCES BÍBLICAS
ES. 9.1–14

Cumplidas estas cosas, acudieron a mí los príncipes de las familias, diciendo: "Ni el pueblo de Israel, ni los sacerdotes y levitas, se han mantenido segregados de los pueblos de estos países y de sus abominaciones, a saber, de los cananeos, heteos, fereceos, de los jebuseos, y ammonitas, y moabitas, egipcios, y amorreos. Porque han tomado de sus hijas esposas para sí y para sus hijos, y han mezclado el linaje santo con las naciones del país, habiendo sido los príncipes y magistrados los primeros cómplices en esta transgresión." Al escuchar estas palabras, penetrado de dolor, rasgué mi manto y mi túnica, y mesé los cabellos de mi cabeza y de mi barba, y me senté apabullado. Entonces acudieron a mí todos los temerosos de la palabra del Dios de Israel, azorados por la prevaricación de aquellos que habían retor-

nado del cautiverio, y permanecimos sentados y poseídos por la angustia hasta el sacrificio de la tarde.

Matrimonio mixto: ¿está permitido o no es *kosher*?

Para la historia, la ley, y la teología judías, Esdras es un personaje sumamente significativo. Algunos comentaristas hebreos antiguos lo sitúan casi a la par de Moisés como profeta y predicador de la ley. Funcionario judío del imperio persa cuya responsabilidad era la administración de los asuntos religiosos judíos, Esdras fue enviado a Jerusalén para estabilizar a la comunidad judía de la ciudad y restablecer la Ley de Moisés. Viajó acompañado por unos 1,700 judíos babilonios, entre ellos algunos levitas bastante renuentes a emprender la travesía.

Esdras arribó a Jerusalén en el año 458 AEC, y restableció las leyes y los rituales judíos. En su libro *Who Wrote the Bible*, Richard Elliot Friedman sostiene que Esdras fue el autor bíblico conocido como "R" o "Redactor," quien modificó y compiló en la Torá (o Pentateuco) los libros anteriormente escritos por J, E, P y D. Considerado por algunos el segundo fundador (después de Moisés) de la nación judía, Esdras fue el responsable de la codificación masiva de las leyes, incluidas aquellas referidas a la veneración en el Templo y el canon bíblico. También contribuyó al reemplazo de los sacerdotes por rabinos.

Pero una de las primeras decisiones de Esdras no fue demasiado popular en su época y, desde una perspectiva moderna, puede considerársela absolutamente cruel. Decidió que todos los varones judíos debían deshacerse de sus esposas e hijos extranjeros. Luego de unos pocos meses los hombres aceptaron la terrible decisión, y el Libro de Esdras concluye acerbamente con las siguientes palabras: "Todos éstos se habían casado con mujeres extranjeras, y las mujeres fueron expulsadas junto con sus hijos."

El relato bíblico no vuelve a mencionar a estas familias abandonadas. En el Libro de Esdras hay cierta ambigüedad respecto al acatamiento de la ley por parte de los varones cuyas mujeres eran extranjeras. Si bien en algunas versiones concluye con las palabras: "Todos éstos se habían casado con mujeres extranjeras, y las mujeres fueron expulsadas junto con sus hijos," la versión de la Jewish Publication Society reza: "Todos éstos se habían casado con mujeres extranjeras, y algunas de ellas habían concebido hijos." No obstante, se supone que estas mujeres y sus hijos fueron desterrados. Evidentemente, Esdras no consideró la posibilidad de la conversión.

Entre las mujeres olvidadas hay varias "extranjeras" que desempeñaron un papel crucial en la historia de Israel. Entre ellas se destaca Tamar (véase Génesis), la cananea que engañó a Judá y parió a Fares, un ancestro del rey David. Por otra parte, numerosos eruditos han sugerido que el Libro de Ruth—la historia de la esposa modelo que se convierte al judaísmo—fue escrito especialmente en oposición al decreto de Esdras.

Pero el tema del matrimonio mixto sigue siendo conflictivo entre los judíos contemporáneos. Primera razón: definir quién es judío. De acuerdo con la ley judía, judío es aquel que nace de madre judía o se convierte al judaísmo. Aunque los judíos reformistas consideran judíos a los hijos de padres judíos desde el año 1983 EC, los judíos ortodoxos y conservadores no comparten ese punto de vista. Los judíos ortodoxos también rechazan a los reformistas y conservadores conversos al judaísmo, quienes conforman por otra parte la mayoría de los conversos. Y si bien éste es un tema emocional que habla de la supervivencia misma del judaísmo en la mayoría de los lugares, ejerce su mayor impacto en Israel, donde definir quién es judío—y quién lo decide—tiene también serias consecuencias políticas.

VOCES BÍBLICAS
NEH. 9.17

Tú eres un Dios dispuesto a perdonar, amante y misericordioso, lento para la ira, y grandemente amable.

RESUMEN DE LA TRAMA: NEHEMÍAS

Aproximadamente 80 años después del primer retorno del Exilio las cosas seguían andando mal en Jerusalén. Es probable que Esdras haya sido un gran legista y verdadero un genio si efectivamente fue el artífice de la Torá, pero su decreto de divorcio no fue precisamente aclamado por los habitantes de Jerusalén. Cuando Esdras resultó ineficaz como administrador civil, el rey persa Artajerjes envió a Jerusalén en el año 445 AEC a un "escanciador" (servidor cuya función era probar las bebidas del rey para evitar que éste fuera envenenado) judío residente en Susa (actual Shush, Irán), llamado Nehemías. De acuerdo con la geopolítica de aquella época, Artajerjes estaba interesado en tener como aliada a una Jerusalén fuerte y leal para contrarrestar cualquier posible levantamiento de Egipto. El rey ordenó a Nehemías supervisar las reparaciones de los muros de Jerusalén, originalmente dañados durante la invasión de los babilonios en el año 587 AEC, y luego derruidos debido a la constante negligencia. Nehemías inició inmediatamente un programa de reparaciones y se ganó el afecto de los habitantes de la ciudad cancelando todas las deudas, ya que supuestamente los judíos no debían cobrarles intereses a sus pares. Esta estrategia resultó mucho más propicia con los habitantes de Jerusalén que la decisión de Esdras de obligarlos a abandonar a sus esposas e hijos no judíos.

El Libro de Nehemías está dedicado en gran parte a la reconstrucción de los muros y las torres de Jerusalén. Cuando estas obras públicas llegaron a su conclusión, Esdras fue invitado a consagrar nuevamente la ciudad mediante la lectura del Libro de Moisés. Nehemías volvió a Persia pero, en su ausencia, las costumbres volvieron a relajarse y tuvo que regresar a Jerusalén una vez más, probablemente en el año 433 AEC, para imponer un nuevo conjunto de leyes locales. Las puertas de la ciudad fueron cerradas a los mercaderes durante el Sabat y el tema del matrimonio mixto volvió a ocupar el centro de la escena.

En otro sentido, el período de Esdras y Nehemías también reflejó un cambio de realidad política para el pueblo judío. Consciente del poder de Persia, Nehemías no intentó restablecer el linaje de reyes davídicos. A falta de una monarquía visible en el período posterior al Exilio, la autoridad sobre asuntos internos judíos quedó en manos de los servidores del Templo. El nuevo Judá fue una "teocracia" en la que la casta sacerdotal rigió sobre la vida social y religiosa local, en tanto que el poder político y militar quedó en manos de los reyes de Persia.

Bajo Esdras y Nehemías, el segundo Templo se convirtió en centro principal de la religión, las costumbres, y el poder judíos. Dios se manifestó en este lugar, el único en el que se le podían ofrecer sacrificios. El papel central del Templo se fortaleció al crearse la obligación de peregrinar a Jerusalén para tres festividades mayores.

Voces Bíblicas
Neh. 8.1–8

> **Se congregaron todos en la plaza, frente a la Puerta de las Aguas. Le dijeron al escriba Esdras que llevara el libro de la ley de Moisés, que el Señor había dado a Israel. El sacerdote Esdras llevó el libro ante la multitud reunida, compuesta de hombres y mujeres y de todos aquellos capaces de comprenderlo. . . . Y leyó aquel libro, con voz clara, en la plaza frente a la Puerta de las Aguas, desde la mañana temprano hasta el mediodía, en presencia de los hombres y mujeres capaces de entender; y los oídos de todos prestaron atención al libro de la ley. . . . Y leyeron el libro de la Ley de Dios clara y distintamente, de modo que se entendiera; y en efecto entendieron cuanto se fue leyendo.**

El último verso de este párrafo alude al hecho de que la mayoría de los judíos ya no entendían el idioma hebreo. Durante el Exilio en Babilonia, el arameo había reemplazado al hebreo como idioma común y la Ley de Moisés tuvo por lo tanto que ser traducida para los judíos reunidos en Jerusalén dispuestos a escucharla. En la época del Retorno, el arameo—un idioma semita pariente del hebreo originado en Aram (Siria actual)—se había convertido en el idioma más usado en Oriente Medio, tanto para el comercio cuanto para la diplomacia. Los siguientes libros de la Biblia, incluyendo algunos agregados posteriores al Libro de Isaías, partes del Libro de Esdras y otros, fueron escritos en arameo.

CAPÍTULO DIEZ

DE LOS HUESOS SECOS AL VIENTRE DEL PEZ

Los Profetas Posteriores al Exilio

¿Quién es Gog y dónde está Magog?

¿Qué le pasó a la ballena de Jonás?

Los acontecimientos comprendidos entre los años 586 y 516 AEC—destrucción de Jerusalén, Exilio, Retorno, y reconstrucción del Templo—se combinan para marcar un punto crucial en la historia de los judíos y la Biblia, tan importante como la guerra de Secesión en la historia de Estados Unidos de Norteamérica. Todo lo que ocurrió antes y después sólo puede ser analizado a la luz de estos hechos clave. Dado que gran parte de las Escrituras hebreas alcanzó su estado actual luego de este período tumultuoso e incierto, el contenido de estos libros debe ser analizado también a la luz de este torbellino.

Lo más arduo para los israelitas fue comprender que el tan esperado reino de Dios—imperio que reinaría supremo sobre toda la tierra—no era el reino que iban a alcanzar. A medida que transcurría el tiempo, y las generaciones de judíos comenzaban a dispersarse por el extranjero en lo que dio en llamarse la gran Diáspora, esta realidad se volvía más pronunciada. La sensación de que todo había cambiado para siempre se vio reflejada en las voces y las palabras de los profetas que vivieron y predicaron durante y después del Exilio en Babilonia. Estos profetas comenzaron a hablar insistentemente de un futuro día del Señor, un día del juicio, un tiempo mesiánico por venir en el que Dios finalmente gobernaría el mundo. Algunos grupos militaristas y políticamente orientados de judíos creyeron que esto anunciaba el advenimiento de un rey guerrero como David, consagrado a gestar nuevamente la grandeza de Israel, lo que provocó la aparición esporádica de movimientos nacionalistas en los siglos inmediatamente posteriores. Otros judíos llegaron a creer que el cumplimiento de las profecías estuvo dado por la llegada de Jesús y se convirtieron, naturalmente, en los primeros cristianos. Otros fieles judíos aún esperan que se cumplan las palabras de los Profetas.

Profeta	Fecha (AEC) / Lugar
Ezequiel	597–563; Exilio en Babilonia
Hageo	520; Jerusalén, período posterior al Exilio

Zacarías	520–518; Jerusalén, período posterior al Exilio
Malaquías	460–450; Jerusalén tras la reconstrucción del Templo
Abdías	460–400
Joel	350
Jonás	Jonás vivió circa 750; el Libro de Jonás fue escrito c. 350

Ezequiel

"Huesos áridos, oíd las palabras del Señor." (Ez. 37.4)

El profeta Ezequiel, cuya esposa había muerto durante el último sitio de Jerusalén, estaba entre los judíos cautivos deportados a Babilonia en el año 597 AEC, antes de la caída de Jerusalén y la destrucción del Templo. Esto lo convierte en el primero entre los Profetas en haber vivido fuera de la Tierra Prometida. Su papel de profeta y sacerdote data del año 592 AEC aproximadamente, cuando simbólicamente masticó y tragó un rollo y recibió la vocación de profetizar "entre los exiliados junto al río Quebar" (supuestamente un canal cercano a la ciudad de Babilonia). La familiaridad de Ezequiel con los ritos del Templo y las formas profanas de adoración que habían proliferado en el Templo indica que probablemente haya sido sacerdote antes del Exilio. Sus profecías abarcan tres fases generales: la del profeta duro de la condena y la destrucción antes de la caída de Jerusalén, la del que consuela a la comunidad de exiliados tras la caída, y la del legista y creador de la forma y la estructura del Templo restaurado y los ritos de veneración posteriores al regreso de los judíos a Jerusalén.

En términos estrictamente literarios, Ezequiel es probablemente uno de los grandes escritores de la Biblia. Su estilo es suntuoso y las partes más difundidas del Libro presentan visiones místicas de Dios colmadas de imágenes terribles, violencia, y amenazas. Sus primeras profecías incluyen denuncias gráficas y plagadas de remordimientos sobre la conducta de los israelitas. Señala y pide la condena específica de prácticas permitidas en el Templo, entre ellas la adoración de otros dioses—como la deidad agrícola de la Mesopotamia, Tammuz, que supuestamente moría cada año, y luego resucitaba con las nuevas cosechas. Ezequiel menciona también la continua práctica de sacrificios humanos. Su descripción de la vida cotidiana durante el sitio previo a la caída de Jerusalén sugiere que los pobladores de la ciudad probablemente se vieron obligados a recurrir al canibalismo.

En una de sus denuncias más candentes, Ezequiel describe mediante un lenguaje cargado de eufemismos de carácter sexual cómo Dios trató a Israel como a una amante:

> "Y volví a pasar junto a ti y te miré; estabas en la edad del amor. Extendí sobre tus hombros el borde de mi manto, y cubrí tu desnudez; y me entregué a ti e hice alianza contigo. . . . Luego te bañé con agua y te limpié la sangre, y te ungí con aceite."

Pero a pesar de sus gestos amorosos, la esposa infiel se vuelve degenerada:

> "Envanecida en tu belleza jugaste a ser ramera, y te ofreciste lujuriosa a todo el que pasaba. . . . Tomaste a tus hijos y a tus hijas, que habías concebido para mí, y los sacrificaste para que fueran devorados. ¡Como si tu prostitución no hubiera bastado! Asesinaste a mis hijos y los entregaste a manera de ofrenda. (Ez. 16.15)
>
> "Por lo tanto, oh ramera, escucha la palabra del Señor: he aquí lo que dice el Señor, tu Dios. Porque has derramado tu lujuria y has mostrado tu desnudez prostituyéndote con tus amantes, y por todos tus abominables ídolos, y por la sangre de tus hijos que entregaste a ellos, por todo esto reuniré a todos tus amantes, con quienes gozaste del placer, a todos los que te amaron y a todos los que odiaste; los reuniré contra ti, y descubriré tu desnudez, de modo que todos puedan verte desnuda. Y te juzgaré como las mujeres que cometen adulterio y derraman sangre son juzgadas, y te arrancaré la vida lleno de ira y de celos." (Ez. 16.35–38)

Esta imagen de Dios como amante celoso y despechado, dispuesto a entregar a su esposa desnuda a la muchedumbre para que sea violada y castigada dista muchísimo de la imagen profética del Libro de Oseas, en la que la esposa adúltera es castigada—menos severamente—y luego perdonada.

De las numerosas visiones proféticas de Ezequiel, la más famosa y memorable es su descripción del Valle de los Huesos Secos:

> "La mano del Señor vino sobre mí, y me sacó fuera el espíritu del Señor y me puso en medio de un valle lleno de huesos. Me hizo dar una vuelta alrededor de ellos; había muchos yaciendo en el valle, y estaban muy secos. Y me dijo el Señor: 'Mortal, ¿crees tú acaso que estos huesos vuelvan a tener vida?.' Y yo respondí: 'Oh, Señor Dios mío, Tú lo sabes.' Y entonces Él me dijo: 'Profetiza ante estos huesos, y diles: Huesos áridos, oíd las palabras del Señor. Esto dice el Señor a esos huesos: Infundiré en vosotros el espíritu, y volveréis a la vida. Y pondré sobre vosotros nervios, y haré que crezca la carne, y os cubriré de piel, y os haré respirar, y viviréis y sabréis que yo soy el Señor.'

Y profeticé como me lo había mandado; y mientras profetizaba se oyó un ruido, y una conmoción, y los huesos se unieron a los huesos, cada uno por su propia coyuntura." (Ez. 37; 1–7)

Con el correr del tiempo, esta visión profética ha sido interpretada de distintas maneras. En su época, Ezequiel utilizó esta metáfora para describir la restauración posterior al Exilio. Los judíos modernos la han visto como una profecía de la creación del moderno estado de Israel tras el Holocausto. Y otros la consideran una promesa de resurrección después de la muerte, concepto central para el cristianismo aunque mucho menos prominente para la teología judía.

A modo de resumen del mensaje de Ezequiel, escribió Paul Johnson en su libro *Una historia de los judíos:*

> "En esencia, este hombre raro y apasionado tuvo un mensaje firme y poderoso que entregar: la única salvación posible se daría a través de la pureza religiosa. Estados, imperios y tronos a

la larga no importarían. Perecerían por el poder de Dios. Lo que importaba era la criatura que Dios había creado a su imagen y semejanza: el hombre. . . . Posteriormente los cristianos interpretarían esta aterradora escena (El Valle de los Huesos Secos) como una metáfora de la Resurrección de los muertos, pero para Ezequiel y su pueblo era una señal de la resurrección de Israel, aun cuando se trataba de un Israel más cercano y más dependiente de Dios que nunca antes, en el que cada hombre y cada mujer creados por Dios serían individualmente responsables ante Él y cada uno se comprometería a obedecer sus leyes desde el nacimiento hasta la muerte. . . . Ezequiel y sus visiones dieron un impulso dinámico a la formulación del judaísmo. (Johnson, pp. 81–82)

El Libro de Ezequiel concluye con una visión de Jerusalén devuelta a la vida por haberle sido infundido el aliento divino o espíritu—acto que recuerda a la Creación en el Génesis. Luego del Retorno, Ezequiel describe cómo deberá ser reconstruido el Templo nuevo y perfecto, un lugar al que la presencia divina pueda regresar.

¿Quién es Gog y dónde está Magog?

Otra de las visiones de Ezequiel ha provocado numerosas especulaciones ya que profetiza una gran batalla apocalíptica por venir, profecía que el autor cristiano del Libro de las Revelaciones (Nuevo Testamento) vinculó a la llegada de una invasión satánica. En el Libro de Ezequiel, el "príncipe jefe" Gog es un enemigo que llegará desde "Magog," una tierra del norte, a atacar Israel. Luego de una batalla cataclísmica, Gog será derrotado y Dios será reconocido por todas las naciones. En el contexto histórico, la identidad de Gog y Magog sigue siendo un misterio, aunque es probable que Ezequiel estuviera hablando de Babilonia, tradicionalmente identificada como la fuente del mal en el mundo hebreo. Tras la declinación de Babilonia como fuerza política, los "literalistas" de la historia han sugerido una variedad de naciones alternativas para la Magog bíblica. En épocas más recientes, los fundamentalistas cristianos han señalado a la Unión Soviética—hoy desmantelada y presumiblemente inofensiva—Rusia o Irán como la nación malvada que vendría "del norte." Magog ha sido también identificada como una área en los Montes Cáucasos, cerca del Mar Caspio.

Hageo

Subid al monte, traed de allí maderos y reedificad mi casa, y Yo me complaceré en ella, y seré en ella glorificado, dice el Señor. Vosotros esperabais mucho y habéis obtenido poco; y cuando metisteis ese poco en vuestras casas, con un soplo lo hice desaparecer. ¿Por qué? dice el Señor de los ejércitos. Porque mi casa está en ruinas, y cada uno de vosotros ha corrido a reparar su propia casa. (Hag. 1.7–9)

Nada se sabe de la vida o la persona del profeta Hageo, a quien se atribuye este Libro, excepto que estuvo en Jerusalén ayudando a supervisar la reconstrucción del Templo en el año 520 AEC, un año de hambrunas, sequía, e insatisfacción general para los exiliados recién llegados de Babilonia. Hageo atribuyó estos infortunios a los conflictos que interrumpieron la construcción del nuevo templo. De hecho, Hageo dice que Dios está castigando al pueblo por concentrarse en la decoración de sus propias casas antes de haber concluido la casa del Señor. Hageo urge a Zerobabel, gobernador de Judá, y al alto sacerdote Jesúa para que obliguen a los israelitas a completar su tarea primordial.

Cuando se reinician las obras del Templo, el pueblo debe recibir nuevos estímulos, y Hageo los urge por segunda vez profetizando que el espíritu de Dios permanecerá con ellos, que Dios les traerá oro y plata de todas las naciones de la tierra, y que el nuevo Templo será algún día incluso más grande que el primero, profecía que no llegó a cumplirse literalmente. Como advertimos en el capítulo anterior, el Segundo Templo—cuyas dimensiones exactas desconocemos—fue mucho menos grandioso que el Templo de Salomón.

Si bien Hageo carece de las grandes visiones poéticas y la voz dramática de muchos de los otros profetas, su libro es valioso porque documenta la historia del período desde el regreso de Babilonia. Además de los Libros de Esdras y Nehemías, sólo el Libro de Hageo, y el brevísimo Libro de Zacarías (véase a continuación) arrojan luz sobre este importante período.

Zacarías

No ha de ser por medio de un ejército, ni por la fuerza, sino por mi espíritu, dice el Señor de los ejércitos. (Zac. 4.6)

Al igual que Hageo, el profeta y sacerdote Zacarías se dirigió a los judíos que habían regresado del Exilio, y los urgió a terminar la restauración del Templo durante el reinado de Darío I (522–486 AEC). Pero Zacarías solamente podría haber escrito los primeros ocho capítulos del libro. Los últimos capítulos son visiones oscuras de una era mesiánica por venir y difieren de los ocho primeros en cuanto a estilo, lenguaje, teología, y fundamento histórico. Los últimos capítulos contienen referencias a los griegos, que no predominaron en el área sino después de los tiempos de Alejandro Magno. Los académicos sugieren que probablemente fueron escritos más de dos siglos después de la muerte de Zacarías, entre los años 300 y 200 AEC.

Sin embargo, los primeros ocho capítulos reflejan el período inmediatamente posterior al cautiverio en Babilonia (538 AEC) y se preocupan por la reconstrucción del Templo y de Jerusalén para el advenimiento de una futura era mesiánica. La tradición judía afirmaba que el Mesías ("el ungido") descendería del rey David, quien volvería a reinar en la tierra de Israel. El Mesías reuniría a todos los judíos y restauraría la observancia absoluta de la Torá, como preludio a una era de paz mundial. En el transcurso de los siglos muchos judíos esperaron que un rey guerrero como el mítico David derrocara la seguidilla de imperios—persa, griego, sirio, romano—que oprimían al pueblo de Israel. Varios líderes rebeldes reclamaron ser ellos mismos el Mesías. Por supuesto, los cristianos aceptan que Jesús cumplió la profecía de la llegada del Mesías.

Zacarías predicó el arrepentimiento, la obediencia, la espiritualidad interior, y un mundo de paz en el que judíos y gentiles se respetarían mutuamente. Su profecía incluye una serie de ocho visiones nocturnas que experimentó en el año 519 AEC. También considera que Zerobabel, descendiente de David, continúa el linaje real, pero Zerobabel desaparece silenciosamente del relato y de la historia, y no vuelve a ser mencionado. Lo más probable es que el rey persa Darío lo haya considerado una amenaza a su poder y lo haya depuesto. Ante la imposibilidad de alentar la esperanza de una restauración nacionalista, las visiones de Zacarías—que contienen imágenes apocalípticas comunicadas por un ángel—apuntan a un futuro mesiánico en el que el próximo líder desterrará "el arco del guerrero," e iniciará una época de paz universal.

Los restantes seis capítulos del Libro de Zacarías conforman una de las partes más oscuras del Antiguo Testamento. Incluyen una serie de oráculos que profetizan la restauración de Israel tras la derrota de sus enemigos, la llegada de un Mesías del linaje de David que regirá a Israel, y un gran "día del Señor" en el que se restablecerá la alianza y el Dios de Israel será venerado universalmente. Los cristianos atribuyen un significado especial a varios pasajes de estos últimos seis capítulos, ya que los consideran profecías posteriormente cumplidas por Jesús. Entre otras cabe mencionar:

> "*Entonces, ten cuidado, pues tu rey vendrá a ti . . . pobremente, y montado sobre un asno.*" (Zac. 9.9)

Este versículo fue relacionado con la entrada de Jesús en Jerusalén.

> "*Y ellos pesaron mi salario en treinta siclos de plata.*" (Zac. 11.12)

Este versículo fue considerado como una predicción de la traición de Judas a Jesús, por la que recibe treinta denarios de plata.

> "*¿Qué son esas heridas en tus manos? . . . Las que me han hecho en la casa de mis amigos.*" (Zac. 13.6)

Este versículo es considerado como profecía de las heridas sufridas por Cristo en la cruz.

Malaquías

¿Acaso no tenemos todos el mismo padre? ¿Acaso no nos ha creado un solo Dios? ¿Por qué entonces nos traicionamos unos a otros, profanando así la alianza de nuestros ancestros? (Mal. 2.10)

Nada se sabe de la persona de "Malaquías," nombre que podría ser un seudónimo ya que significa "mi mensajero." Otrora se creía que el libro había sido escrito por Esdras, pero los académicos actuales consideran improbable que él fuera el autor. Aunque el Libro de Malaquías es el último del Antiguo Testamento cristiano, y el último de doce breves libros proféticos de la Biblia hebrea, no fue el último que se escribió. La evidencia histórica sugiere que fue compuesto cincuenta años después que los Libros de Hageo y Zacarías, y la reconstrucción del Templo, pero antes de las reformas llevadas a cabo por Nehemías.

El brevísimo Libro de Malaquías se ocupa principalmente de la ligereza de los sacerdotes en el nuevo Templo, ya que aparentemente utilizan animales enfermos o inmundos para los sacrificios. Malaquías predice el castigo de los sacerdotes si éstos persisten en ignorar sus obligaciones. Luego condena el divorcio y la infidelidad matrimonial. Pero, como la mayoría de los profetas, Malaquías vitupera crímenes y pecados en términos precisos y apropiados tanto hoy como hace dos mil quinientos años.

Voces Bíblicas
Mal. 3.5

Y me acercaré a vosotros para juzgaros; y seré pronto testigo contra los hechiceros, contra los adúlteros, contra los que juran en vano, contra los que oprimen y defraudan al jornalero en su salario, y a la viuda y al huérfano, contra todos los que excluyen a los extranjeros, y no me temen, dice el Señor de los ejércitos.

El libro concluye con dos epílogos que aconsejan al pueblo recordar la Ley y vaticinan que el profeta Elías será enviado nuevamente para anunciar la llegada del Mesías, cuando "salga el sol de la justicia, con la curación en sus alas."

En las Biblias cristianas, el de Malaquías es el último libro del Antiguo Testamento, y las profecías acerca del "mensajero" que preparará el camino se vinculan a la llegada del Mesías, encarnado por Jesús.

Abdías

Porque se acerca ya el día terrible del Señor / para todas las naciones. / Aquello que hayas hecho, / se hará en tu contra; / tus acciones recaerán sobre / tu propia cabeza. (Abd. 1.15)

El Libro de Abdías, el más corto de la Biblia hebrea, consta de un solo capítulo de 21 versículos. Aunque los estudiosos coinciden en afirmar que fue escrito después del Exilio, varias líneas aluden específicamente a la caída de Jerusalén en el año 586 AEC. Pero nada más se sabe de este profeta, cuyo nombre significa "siervo del Señor."

La primera parte del Libro de Abdías predice la caída de Edom, enemigo tradicional de Judá, debido a que los edomitas ayudaron a los babilonios a destruir Jerusalén. El resto del Libro anuncia la llegada del "día del Señor," en el que Edom y otras naciones vecinas serán castigadas por sus actos contra Israel. Más tarde, Israel recuperará su antiguo territorio, profecía en la que se basaron los sionistas modernos para establecer el actual estado de Israel.

Joel

Vuestros ancianos tendrán sueños misteriosos, y tendrán visiones vuestros jóvenes. (Jl. 2.28)

Además del nombre por demás oscuro de su padre (Petuel) y de que su propio nombre significa "Yahvé es Dios," nada se sabe de Joel. Esto hace difícil fechar su vida y su obra con exactitud, aunque la mayoría de los especialistas coinciden en que Joel pertenece al período posterior al Exilio y data del año 350 AEC. En un principio Joel habla de una terrible plaga de langostas que asola la tierra, pero no se sabe si alude a un hecho real o se trata de una metáfora poética de los problemas que ha sufrido Israel. Joel conmina al pueblo a un ayuno solemne y a hacer penitencia para obtener la salvación. Interpretando la plaga como una señal ominosa del día del juicio, Joel advierte al pueblo que sólo el arrepentimiento sincero podrá salvarlos. Si se arrepienten de todo corazón, el Señor devolverá a la tierra sus frutos.

En la segunda parte del libro, Joel anticipa que Dios reunirá a todas las naciones para el Juicio Final. En flagrante contradicción con las esperanzadas profecías de paz de otros profetas, Joel predice una guerra santa. Revirtiendo la famosa visión pacifista de Isaías y Miqueas sobre las armas convertidas en instrumentos de labranza, Joel dice en cambio:

> Preparaos para la guerra, / animad a los valientes. / Que se alisten todos los guerreros, / que se pongan en marcha. / Transformad vuestros arados en espadas / y vuestras azadas en lanzas; / y que diga el débil: / "Tengo fuerza."

Los teólogos cristianos también han hallado significados profundos en el Libro de Joel. El apóstol Pedro creía que el pasaje de Joel acerca del Espíritu de Dios derramado era una profecía sobre el descenso del Espíritu Santo, y citaba el siguiente pasaje sobre el día de Pentecostés:

Voces Bíblicas
Jl. 2.28–29

Y después de esto / sucederá que derramaré mi espíritu / sobre toda la carne; / y profetizarán vuestros hijos / y vuestras hijas, / vuestros ancianos tendrán / sueños misteriosos / y tendrán visiones / vuestros jóvenes. / Y también sobre los esclavos / y las esclavas / derramaré en aquellos días / mi espíritu.

Jonás

Y Jonás estuvo tres días y tres noches en el vientre del pez. (Jon. 1.17)

¿QUÉ LE PASÓ A LA BALLENA DE JONÁS?

En primer lugar, no hubo tal ballena. La historia de Jonás, probablemente una de las más conocidas de la Biblia, es otra leyenda familiar simplificada con el correr de los siglos debido a las constantes versiones orales. En segundo lugar, la mayoría de la gente sigue sin saber qué estaba haciendo Jonás en el vientre del pez.

Aunque este libro describe eventos de la época de Jeroboam II (786–746 AEC), cuando los asirios de Nínive amenazaban a los judíos, en realidad fue escrito mucho después. Numerosos especialistas lo consideran una parábola escrita alrededor de los años 320 y 350 AEC y no una descripción de hechos reales de la época del verdadero Jonás, un profeta que vivió hacia el año 750 AEC. El estilo del hebreo empleado por el autor y su familiaridad con libros posteriores de la Biblia dan evidencia de una fecha más tardía. Los registros históricos de la antigua Asiria no contienen referencias a los hechos descritos en el Libro de Jonás.

RESUMEN DE LA TRAMA: JONÁS

Dios condena al profeta Jonás a ir a Nínive, la perversa ciudad capital de los asirios, a predicar el arrepentimiento. En cambio, Jonás intenta escapar y reserva un pasaje en un barco que se dirige a Tarsis, en el sur de España, el punto más lejano de la tierra al que se podía llegar en aquel entonces. En mitad de la travesía se desata una tempestad y los marineros aterrados creen que alguien a bordo es responsable de la ira de los dioses. Jonás pide ser arrojado por la borda y los marineros lo complacen. Tragado por "un gran pez," Jonás reza en el vientre del animal durante tres días y tres noches. Obviamente harto de tantas oraciones indigestas, el pez vomita a Jonás sobre la tierra y Dios vuelve a ordenarle ir a predicar a Nínive, y convencer a sus moradores de abandonar sus pervertidas costumbres. Jonás obedece y el pueblo asirio, aunque no es judío, se arrepiente y es perdonado por Dios.

Todo el mundo está contento con el giro de los acontecimientos excepto Jonás, quien esperaba una lluvia de fuego y brea sobre la desdichada Nínive. En un final menos conocido de esta historia, Jonás se sienta bajo un arbusto, una enorme hiedra, en busca de sombra. Dios envía a un gusano a roer la raíz de la hiedra y Jonás se queda sentado bajo el sol quemante, furioso por haber perdido el reparo de la sombra. Dios le dice: "Estás preocupado por esa hiedra, que ningún trabajo te ha costado. . . . ¿Y Yo no he de tener compasión de Nínive, la gran ciudad, en la que moran más de ciento veinte mil personas que aún no saben distinguir su mano derecha de su mano izquierda . . . ?

En otras palabras, el Dios del Libro de Jonás ya no es el Dios de la venganza contra los enemigos de Israel, sino más bien un Creador atento, amante, y preocupado por el destino de todo lo que ha creado. El Dios de Jonás ha recorrido un largo camino desde los días de Noé.

La historia de Jonás tragado por el pez es considerada un reflejo de la misericordia divina tanto por los judíos como por los cristianos. Hasta los pecadores de Nínive, el lugar más espantoso de la Tierra, merecen el perdón y la salvación si manifiestan arrepentimiento. Otros comentaristas judíos consideraron la historia del renuente Jonás como una parábola acerca de la reticencia de los judíos a anunciar a los gentiles la Palabra de Dios. Por este motivo, la historia fue citada muchas veces para destacar la importancia de llevar el mensaje de Dios al mundo entero, incluso a los oyentes más improbables, mensaje que desde entonces también ha sido transmitido a los cristianos. La tradición cristiana considera que los tres días que Jonás pasó en el vientre del pez simbolizan la resurrección y la muerte de Jesucristo. El propio Jesús comparó su sepultura con el confinamiento de Jonás en el vientre de la ballena (véase Mt. 12.39–41).

CAPÍTULO ONCE

UN LIBRO SIN DIOS

Libro de Ester

Amán , enemigo y perseguidor de los judíos, maquinó contra ellos para exterminarlos, y echó el pur—que es lo mismo que "la suerte" en nuestra lengua—para decidir el momento de abatirlos y destruirlos; pero cuando Ester se presentó ante el rey, él dio orden por escrito de que el plan tramado por Amán contra los judíos recayese sobre su cabeza, y que él y sus hijos fueran colgados de los cadalsos. Desde aquel entonces se llaman estos días Purim, por la palabra pur.

EST. 9.24–26

Reconocido por los lectores judíos como el origen de la festividad de Purim—y desconocido por la mayoría de los cristianos—el Libro de Ester tiene una característica que lo distingue de todos los otros libros de la Biblia, salvo uno: jamás menciona a Dios. El Señor se queda afuera.

Ambientado en los tiempos del imperio persa, narra la historia de una valiente heroína judía, Ester (*Hadasa* en hebreo), quien salva a su pueblo de un complot genocida. Como Escritura, el Libro de Ester se incorporó tardíamente al canon hebreo. Los hombres que fijaron el canon oficial de las Escrituras hebreas discutieron hasta bien entrado el siglo IV EC si este relato—en esencia un cuento de hadas hebreo "a la Grimm"—podía acompañar al corpus de libros divinos. No sólo Dios "no aparece" sino que el libro contiene pocos de los elementos típicos de todo texto bíblico. No hay leyes, milagros, plegarias, ni menciones a Jerusalén. Ni siquiera es una fábula moral, ya que concluye con un baño de sangre en el que son masacrados más de 75,000 persas (enemigos naturales del pueblo judío).

Probablemente inspirado en un relato de la corte persa, el de Ester no es un libro "histórico" y parece una versión hebrea del popular cuento "*La cenicienta.*" Aparte del nombre del rey que protagoniza el relato, Asuero—probablemente el rey persa Jerjes (485–464 AEC)—no hay otras evidencias que vinculen el libro a la historia de Persia. Por lo demás, se cree que fue escrito por un autor anónimo después del año 200 AEC.

RESUMEN DE LA TRAMA: ESTER

El rey persa Asuero ofrece un gran banquete en la ciudad de Susa, capital de su imperio. Inspirado por los vapores etílicos, Asuero decide exhibir a su bella reina Vasti. Pero Vasti, aparentemente desinteresada en verse expuesta como un trofeo de caza, se rehúsa a presentarse. El rey firma entonces un decreto ordenando a todas las mujeres obedecer a sus maridos (¡Una vez más, sabemos que fue un hombre quien lo escribió!) y repudia a la bella reina Vasti. Decidido a buscar una nueva esposa, Asuero manda buscar a todas las hermosas jóvenes vírgenes del reino—el imperio persa se extendía entonces desde India hasta Egipto—para hacerlas participar en lo que evidentemente sería un concurso de belleza masivo.

Ocultando su origen judío, la bella Ester (Hadasa o Edisa), llevada por su tío Mardoqueo, es elegida como la nueva reina de Persia. Ester y su tío ayudan a desbaratar un plan contra la vida del rey. Pero el tío Mardoqueo se niega a inclinarse en deferencia al canciller del rey, Amán. Enfurecido ante semejante falta de respeto, el irascible Amán decide vengarse del judío Mardoqueo eliminando a todos los judíos del imperio, iniciando así el primer pogrom antisemita de la historia. Amán persuade al rey a decretar la muerte de "cierta gente" que mantiene sus propias leyes.

Enterado del plan de Amán para destruir a los judíos persas, Mardoqueo exige a Ester que invite a Asuero y a Amán a un banquete. Allí Ester le confiesa a Asuero que corre peligro de muerte por el decreto que él mismo firmó y que todo es obra del villano Amán. El rey horrorizado anula el decreto, y ordena que Amán y sus diez hijos sean colgados del mismo cadalso preparado para los judíos. Mardoqueo ocupa el cargo de Amán en el palacio, y los judíos obtienen permiso para vengarse de sus enemigos en el imperio. Posteriormente, el relato consigna que más de setenta y cinco mil enemigos de los judíos hallaron espantosa muerte. El triunfo de Ester se celebra en la festividad judía del Purim, celebración que tiene sus raíces en un antiguo festival agrícola en homenaje a la llegada de la primavera.

CAPÍTULO DOCE

EL DIABLO ME HIZO HACERLO

Job

"Job siente la vara.
Aún así, alaba a Dios."

THE NEW ENGLAND PRIMER, 1688

Satanás respondió al Señor: "¿Acaso Job teme a Dios por nada? ¿Acaso no has puesto una cerca en torno a él y a su casa y a todo lo que posee, por todas partes? Has bendecido la obra de sus manos, y has aumentado sus posesiones en la tierra. Pero extiende un poco tu mano, y toca todos sus bienes, y te maldecirá en tu propia cara."

JOB 1.9–11

¿Por qué Dios hace apuestas con Satanás?

Uno de los once libros de la tercera sección de la Biblia hebrea—conocida como "Escritos"—el de Job es un relato familiar aunque ampliamente malinterpretado que intenta explicar el misterio del sufrimiento de los justos. O, dicho en términos modernos: "Por qué le pasan cosas malas a la gente buena." Basado en un antiguo cuento folclórico ambientado en la nación de Uz, en las regiones desiertas del sudeste de Israel, relata la historia de un hombre bueno—jamás identificado como judío—que sufre inenarrables dolores y tragedias a raíz del desafío de Satanás a Dios. Si bien se desconoce la fecha exacta de su escritura, el Libro de Job supuestamente data de la época del Exilio en Babilonia o de poco después del Regreso a Jerusalén. Como señala Karen Armstrong en *Una historia de Dios:* "Después del exilio, uno de los sobrevivientes utilizó esta vieja leyenda para formular preguntas fundamentales acerca de la naturaleza de Dios, y de su responsabilidad por los sufrimientos de la humanidad." (p. 65).

Escrito cuando la sociedad judía parecía estar dividida entre piadosos e infieles, el libro no intenta explicar el problema del mal y la enfermedad en el mundo. Más bien indaga de manera específica en una cuestión clave: por qué los fieles creyentes deben sufrir si Dios es verdaderamente justo. Esta pregunta aparece muchas veces en las Escrituras hebreas (varios Salmos y algunos profetas la formulan, por citar un ejemplo) y ha preocupado no sólo a los pensadores judíos sino también a distintas personas de otras épocas y otras culturas. Es probable que un poema babilonio titulado "Diálogo sobre la miseria humana" haya influido sobre el estilo y los contenidos del Libro de Job. En épocas más recientes, la perturbadora historia del sufrimiento del justo ha inspirado a escritores como Archibald MacLeish—cuya obra *J.B.* está basada en el libro bíblico—y el columnista político William Safire—cuyo libro acerca de Job se titula *The First Dissident.*

RESUMEN DE LA TRAMA: JOB

Dios alardea de la fidelidad de su siervo Job cuando Satanás ("el Acusador" o "Adversario" en hebreo) le dice a boca de jarro: "Claro que es un buen hombre. Lo tiene todo. Quítale todo lo que tiene y verás qué bueno es en realidad."

Dios acepta el desafío de Satanás y le permite hacer lo que mejor sabe: el mal. Job padece pérdidas, infortunios, y privaciones, incluyendo la muerte de sus diez hijos cuando su casa se derrumba en medio de un vendaval. A pesar de la terrible tragedia, Job conserva su fuerza interior. Desafiado por segunda vez por Satanás, Dios le permite probar nuevamente la fe de Job. El diablo cubre el cuerpo del justo de dolorosas llagas y úlceras. La esposa de Job le aconseja: "Maldice a Dios, y muere"—en otras palabras, ponle fin a tus miserias—pero Job responde fielmente que es su deber aceptar lo bueno y lo malo que le envía Dios. La mayoría de la gente cree que aquí termina la historia, con un Job fiel que se niega a desafiar a Dios. Pero en realidad esto es apenas el comienzo.

Tres amigos de Job—Elifaz, Bildad, y Zofar—llegan a ofrecerle sus condolencias y comienzan a discutir el tema de la justicia divina. Los amigos suponen que Job debe de haber hecho algo malo para merecer el castigo que está recibiendo. Job defiende con furia su inocencia y clama contra su infausto destino. Maldice el día de su nacimiento y deja de ser el fiel siervo de Dios que acepta mansamente lo que Él le envía. Elifaz intenta defender su propia idea de los misteriosos caminos de Dios, pero Job contradice todas y cada una de sus argumentaciones con continuas declaraciones de inocencia, y hace notar que los malvados prosperan.

Finalmente, el propio Dios se presenta a hablar con Job desde un remolino de viento y le dice que es señal de presunción en los humanos querer discutir los actos de Dios, ya que Dios está más allá del entendimiento de los mortales. Al mismo tiempo, la aparición de Dios en este momento indicaría que Job le importa mucho. Ocasionalmente sarcástico—"Seguramente lo sabes, porque entonces naciste, y el número de tus días es grande," le espeta Dios a su siervo fiel—el Señor arguye que Job ni siquiera comprende la ardua tarea que implica ser Dios. Por haber ordenado a los cielos que dejaran "andar libres a los asnos salvajes" Dios tiene muchísimo que hacer. Castigado por las preguntas imposibles de responder planteadas por Dios, Job se arrepiente. En lugar de obtener una respuesta clara a las preguntas que le ha hecho a Dios, Job reconoce el poder del Señor, y acepta que jamás podrá comprender los propósitos divinos. Se arrepiente de su debilidad por haber cuestionado a Dios.

Dios reprende a los tres amigos de Job y les ordena ofrecer un sacrificio especial. Luego devuelve el bienestar a Job, otorgándole mayor felicidad y prosperidad que nunca antes. Los eruditos discuten todavía si Job recuperó los mismos siete hijos y tres hijas que tenía al comienzo, o si tuvo otros diez hijos en compensación. Sin embargo, el libro concluye con una escena en la que Job pone nombre a las tres niñas: Jemima ("paloma"), Cesia ("canela") y Keren-hapuc ("cuerno de cosmético ocular"). Si eran sus primeras hijas, ¿por qué habría de darles otros nombres?

VOCES BÍBLICAS
JOB 38.1–7, 12–13

Entonces el Señor desde un torbellino habló a Job, diciendo: / "¿Quien es ese que oscurece / preciosas oraciones con / palabras de ignorante? / Ciñe ahora tus carnes / y prepárate como varón que entra en la pelea, / porque voy a interrogarte / y me responderás. / ¿Dónde estabas tú cuando / eché los cimientos de la tierra? / Dímelo, si es que tanto sabes. / ¿Quién decidió las medidas? / ¡Seguramente tú lo sabes! / ¿Quién extendió sobre ella / la primera cuerda? / ¿Quién apoyó sus basas, / quién asentó su piedra angular / cuando me alababa la estrella de la mañana / y todos los seres celestiales clamaban su alegría?" / . . . / "¿Acaso has mandado sobre la luz / de la mañana / desde que estás en el mundo? / ¿O has hecho que el alba / conozca su lugar / para que, tomando los polos de la tierra, / la sacuda / y elimine de ella a los impíos?"

¿Por qué Dios hace apuestas con Satanás?

El significado del Libro de Job ha confundido a muchos eruditos y lectores aficionados durante casi 2,500 años. La descripción tradicional de

Job tendió a simplificar en exceso el tema, presentando a un hombre bueno y leal a Dios, pase lo que pase, cuya obediencia absoluta es recompensada con mayor prosperidad. Una lectura más exhaustiva mostrará que Job es un personaje más complejo, que desafía a Dios. Algunos lo han llamado "el primer existencialista" porque cuestionó la soledad y el aislamiento humanos en un universo hostil, y luego descubrió que no había respuestas. El complejo y no del todo satisfactorio mensaje del Libro de Job es que los seres humanos, en sentido cósmico, "no entienden nada." Este mensaje resulta más perturbador que espiritualmente reconfortante. Leamos lo que dijo Karen Armstrong respecto del Libro de Job:

> "Junto con sus tres amigos, Job se atreve a cuestionar las órdenes divinas e inicia un feroz debate intelectual. Por primera vez en la historia judía, la imaginación religiosa da lugar a una especulación de naturaleza más abstracta. Los profetas habían dicho que Dios permitía que Israel sufriera por sus pecados; el autor del Libro de Job demuestra que algunos israelitas ya no se contentaban con la respuesta tradicional. Job ataca esta tendencia y revela su insuficiencia intelectual, pero Dios interrumpe súbitamente su furiosa especulación. Se revela a Job en una visión y señala las maravillas del mundo que ha creado: ¿cómo podría una criatura ínfima y ridícula como Job atreverse a discutir con el Dios trascendente? Job se somete, pero el lector moderno que busque una respuesta más coherente y filosófica al tema del sufrimiento no quedará satisfecho con esta solución. Sin embargo, el autor del Libro de Job no niega el derecho a cuestionar, sino que sugiere que el intelecto humano no está equipado para considerar por sí solo estos asuntos imponderables. La especulación intelectual debe dar lugar a la revelación directa de Dios, tal como la recibieron los profetas (*Una historia de Dios*, pp. 65–66)

El mensaje para los isrealitas de aquella época probablemente fue más claro: los justos sufren a veces pero si mantienen su fe en Dios recuperarán la buena fortuna, así como Dios recuperó Israel en el año 538 AEC. Pero el Libro de Job, al igual que otros relatos bíblicos sobre

Dios, parece generar más preguntas conflictivas de las que está en condiciones de responder. La más perturbadora de todas las cuestiones es el retrato nada halagador que pinta de Dios: en la primera escena Dios se muestra jactancioso, como un padre excesivamente orgulloso de un hijo precoz. Desafiado por Satanás, Dios se muestra inseguro y no sabe qué decir cuando el demonio lo presiona acerca de su fiel siervo. ¿Acaso Dios es tan débil como para sucumbir a una embestida casi adolescente de Satanás? ¿Por qué tendría que demostrarle nada a un miembro de la "compañía celestial"?

El Satanás del Libro de Job—del hebreo *ha-Satan*, "el Acusador" o "Adversario"—se parece más a un fiscal que a la encarnación del mal en estado puro. Este Satanás—que desaparece de escena después de los primeros versículos y jamás vuelve a aparecer—es presentado como un miembro de la compañía celestial. Recién en escritos posteriores judíos y cristianos, Satanás se convertirá en el jefe de un grupo de ángeles caídos, en la fuerza del mal comúnmente asociada con su nombre. La conexión entre el Satanás del Libro de Job y la serpiente que tienta a Eva en el Génesis recién se produjo cuando el autor del Libro de las Revelaciones—último libro del Nuevo Testamento cristiano—identificó a la serpiente con el demonio.

En opinión de Jack Miles—autor de *God: A Biography*—el Libro de Job representa un momento supremo en la Biblia: el instante en el que Dios enfrenta el hecho de que incluso Él puede hacer cosas malas o, como dice Miles, tiene "un costado susceptible al mal." Señalando que el Libro de Job marca la última vez en que Dios habla en las Escrituras hebreas sin necesidad de mensajeros o mediadores, escribe Miles:

> "El clímax es el clímax de Dios, no el de Job ni el del lector. Gracias a Job, Dios conoce por primera vez su propia ambigüedad. Ahora sabe que . . . tiene un costado susceptible al mal, y que la conciencia de la humanidad puede ser más refinada que la suya. Con ayuda de Job, su costado justo y amable logra triunfar sobre su costado cruel, caprichoso (tal como ocurrió tras el Diluvio). Pero la victoria ha costado cara. Job engendrará una nueva familia, pero la que perdió durante el vendaval no volverá de la muerte. Tampoco regresarán los sirvientes que mató el diablo. Y Dios tampoco recuperará la inocencia. El mundo sigue pare-

ciendo más justo que injusto, y Dios sigue pareciendo más bueno que malo. No obstante, el ánimo que impera al finalizar este extraordinario libro no es de redención sino de alivio." (p. 328)

Así como el propio Job aprende que no hay respuestas fáciles, el Libro de Job no es un libro fácil. Se destaca como testimonio de la naturaleza inquisitiva del espíritu humano, acaso una sobra de aquel "fruto prohibido" que Adán y Eva disfrutaron en el Edén. El hecho de que aquellos que decidieron qué libros debían integrar el canon bíblico hayan incluido un libro con tantas preguntas sin responder es también "testamento" de su reconocimiento de los misteriosos caminos de Dios, y de la legitimidad de los cuestionamientos humanos. El Libro de Job no celebra la fe ciega ni el incondicional "temor de Dios" encarnado por Abram. Más bien deja a sus lectores con una aproximación tentativa al sentido de la fe. Su mensaje sigue siendo subversivo y nos deja la sensación de que este Dios un tanto caprichoso, otorga a su "leal siervo" la ubicua pero frustrante respuesta que muchos padres dan a sus hijos: "Porque lo digo yo."

CAPÍTULO TRECE

DE LA BOCA DE LOS NIÑOS

Salmos (Tehillim)

¡Los más grandes éxitos de Dios! Esta colección de 150 himnos—o, más apropiadamente, poemas—es el primer libro de los "Escritos" hebreos, pero sigue al Libro de Job en las Biblias cristianas. El título hebreo *Tehillim*—"Alabanzas" o "Cantos de Alabanza"—tampoco ofrece una descripción adecuada del contenido. Se trata de un conjunto de cantos de desesperación, pesar, y depresión con frecuencia intensamente personales, y de otros que celebran las glorias del Señor.

En las antiguas tradiciones judía y cristiana el rey David era considerado el autor de los Salmos, pero los eruditos modernos coinciden en afirmar que se trata de una compilación de distintos libros anteriores. El texto bíblico atribuía 74 salmos al rey David, 12 a Salomón, 1 a Moisés, 32 a otros individuos, y el resto a autores anónimos. En cuanto a la fecha de composición, comúnmente se acepta que el conjunto abarca un largo periodo: desde el Éxodo hasta la época inmediatamente posterior al retorno a Jerusalén (año 538 AEC). Acerca de la importancia del contexto histórico y el fundamento poético de los Salmos, escribió C. S. Lewis en su libro *Reflexiones sobre los Salmos* (1958):

> "Los Salmos fueron escritos por muchos poetas y en épocas muy diferentes. Creo que algunos datan del reinado de David. Creo también que algunos eruditos conceden que el Salmo XVIII podría haber sido escrito por el propio David. Pero otros son posteriores al 'cautiverio', al que deberíamos llamar la deportación a Babilonia. . . . Sin embargo, es menester decir que los Salmos son poemas, y que fueron escritos para ser cantados; no son tratados de doctrina, ni siquiera de sermones. . . . Insisto en que los Salmos deben ser leídos como poemas, como lírica, con todas las licencias y todas las formalidades, las hipérboles y las conexiones emocionales antes que lógicas que caracterizan a la poesía lírica."

La Biblia fue tradicionalmente pensada como la Palabra de Dios para el hombre. Pero en los Salmos el hombre le habla a Dios, en algunos casos a través de la literatura poética más grande de que se tenga conocimiento. David Rosenberg—un poeta que se ha consagrado a capturar las voces humanas presentes en las Escrituras hebreas en su libro A *Poet's Bible*—dice lo siguiente en cuanto a la cualidad íntima, profundamente humana de los Salmos: "Cierto día, traduciendo un salmo que creía escrito con furia y generalmente presentado de ese modo, descubrí repentinamente que la emoción subyacente no era furia sino depresión intensa, conciencia profunda del propio fracaso. El salmista debió enfrentar la depresión y no se permitió responder con furia ni enojo. En cambio, aun cuando su voz transmite amargura, supera la desesperación otorgando a su salmo un sentido irónico de infinito, de eco constante en la eternidad. Así pude sentir la presencia real del poeta."

Si bien judíos y cristianos comparten la totalidad de las Escrituras hebreas, o Antiguo Testamento, el de los Salmos es probablemente el libro más leído e intensamente compartido de la Biblia hebrea. El rabino Joseph Telushkin sostiene que el libro de los Salmos es "la espina dorsal del libro de plegarias hebreo" y lo atribuye a que, debido a la omnipresencia de los Salmos en los servicios de plegarias, muchos judíos conocen de memoria los versos. Jesús citaba o aludía con frecuencia a los Salmos, particularmente en el episodio de la tentación, en el Sermón de la Montaña y en su crucifixión. Es probable que los primeros cristianos hayan utilizado partes de este libro en sus servicios. San Agustín, sacerdote y erudito católico del siglo V EC, llamó al libro "el lenguaje de la devoción," y Martin Luther King consideraba a los Salmos "una Biblia en miniatura." Los 15 "rosarios" posteriormente instituidos por la Iglesia Católica Romana son en honor de los 150 Salmos.

Los más grandes éxitos de los Salmos

Aunque la mayoría de la gente coincidiría en afirmar que el salmo más difundido—el XXIII—es el mejor de todos, los párrafos siguientes provienen de algunos de los salmos más bellos, más memorables, o más frecuentemente citados.

Salmo I

Bendito sea el hombre que no se deja llevar por los consejos de los malos, ni se detiene en el camino de los pecadores, ni se sienta en la silla de los libertinos,
sino que se deleita en la ley del Señor, y medita en ella día y noche.

Él será como el árbol plantado junto a la corriente del río, que dará su fruto a su debido tiempo; y su hoja nunca se marchitará, y todo lo que haga prosperará.

No así los ímpios: ellos serán como el polvo que el viento arroja de la superficie de la tierra. (1.1–4)

Salmo VIII

De la boca de los niños / y de los que aún están pendientes del pecho de sus madres, / hiciste Tú salir perfecta alabanza / para silenciar al enemigo y al sediento de venganza. / Cuando contemplo tus cielos, / la obra de tus dedos, / la luna y las estrellas que has puesto en ellos, me digo / ¿qué es el hombre para que Tú te acuerdes de él, / qué son los mortales para que te preocupes por ellos? / Tú mismo los hiciste un poco inferiores a Dios (o a los ángeles). (8.2–5)

Salmo XIII

¿Cuánto tiempo, oh Señor? ¿Me olvidarás para siempre?
¿Cuánto tiempo ocultarás de mí tu rostro?
¿Cuánto tiempo tendré que luchar con mis pensamientos y cada día sentir el corazón oprimido por la pena?
¿Cuánto tiempo triunfará sobre mí mi enemigo?
Mírame y responde, oh Señor mi Dios.
Da luz a mis ojos, o dormiré en la muerte;
y mi enemigo dirá "Lo he vencido" y los traidores
se regocijarán al verme caer.
Pero confío en tu amor infalible;
mi corazón se regocija en tu salvación.
Cantaré al Señor,
porque ha sido bueno conmigo.

Salmo XIV

Los tontos dicen en sus corazones: "Dios
no existe." (14.1)

Salmo XIX

Los cielos proclaman la gloria de Dios,
y el firmamento anuncia la obra de Sus manos.
Cada día transmite con abundancia estos anuncios
al siguiente día, y cada noche los comunica
a otra noche.
No hay lenguaje, no hay palabras,
que no sean escuchados.
Su voz se ha propagado por toda la tierra,
y hasta el fin del mundo han llegado sus palabras. (19.1–4)

Los preceptos del Señor son justos,
y alegran el corazón;
el mandamiento del Señor es lúcido,
e ilumina la mirada.
El temor del Señor es puro,
permanece para siempre;
los juicios del Señor son ciertos,
justos y verdaderos,
más deseables que el oro,
que la más dulce miel
de la colmena. (19.9–10)

Salmo XXII

(Salmo de la Crucifixión, citado por Jesús en la cruz)
Dios mío, Dios mío, ¿por qué me has abandonado?
¿Por qué no acudes en mi ayuda, por qué
no escuchas mis quejas?
Oh, Dios mío, todo el día clamo, pero
tú no respondes;
y toda la noche, pero no hallo descanso. (22.1–2)

Salmo XXIV

¿Quién subirá la colina del Señor?
¿Y quién pondrá el pie en este lugar sagrado?
Aquellos que tengan limpias las manos
y el corazón puro,

aquellos que no entreguen sus almas a la falsedad
y no levanten falso testimonio. (24.3–4)

Salmo XXVII

El Señor es mi luz y mi salvación;
¿a quién he de temer?
El Señor es la fortaleza de mi vida;
¿de qué podría tener miedo?
Cuando los malvados me asalten
para devorar mi carne,
los adversarios y traidores,
tropezarán y caerán.
Aunque el enemigo se arme
contra mí, mi corazón no temerá;
aunque la guerra se desate
contra mí, tendré confianza. (27.1–3)

Salmo XXXVII

Reprime el furor, y abandona la ira,
no caviles en tu enojo: esto sólo lleva al mal.
Pues los malvados serán exterminados,
pero aquellos que esperen en el Señor
heredarán la tierra.
Ten un poco de paciencia, y verás
que ya no habrá pecadores;
aunque los busques diligente
donde antes estuvieron, no los hallarás.
Pero los dóciles heredarán la tierra
y gozarán de abundancia y prosperidad. (37.8–11)

Salmo XLII

Como brama el ciervo sediento por las fuentes
de agua,
así clama mi alma por ti, oh Señor.
Mi alma está sedienta de Dios, del Dios vivo.
¿Dónde podré encontrarme con el Señor?
Noche y día, las lágrimas han sido mi alimento,

y los hombres no han cesado de preguntarme:
"¿Dónde está tu Dios?" (42.1–3)

¿Por qué estás triste, oh alma mía?
¿Por qué te sientes perturbada?
Pon tu esperanza en Dios,
porque cantaré sus alabanzas, mi Salvador y mi Dios. (42.5–6)

Salmo LXVI

Moradores de la tierra, dirigid
a Dios voces de júbilo;
cantad la gloria de su nombre,
ofrecedle gloriosas alabanzas.
Decid a Dios: "¡Cuán maravillosas son tus obras!
Por tu gran poder, tus enemigos
se arrodillan ante Ti.
Toda la tierra te venera;
todos te cantan alabanzas
y glorifican tu nombre." (66.1–4)

Salmo LXXXIV

¡Oh cuán amables son tus moradas,
Señor de los ejércitos!
Mi alma suspira, anhela la morada del Señor;
mi cuerpo y mi alma claman de alegría por el Dios viviente.
Hasta el gorrión encontró un hogar,
y la tórtola un nido donde
guarecerse con sus pequeños,
cerca de tu altar, oh Señor de los ejércitos,
mi rey y mi Dios.
Dichosos aquellos que moran en tu casa. (84.1–5)

Más vale un solo día en tu morada que un
millar (en cualquier otra parte);
prefiero quedarme en el umbral de Dios
a morar en las tiendas de los perversos. (84.11)

Salmo C

Que la tierra toda celebre al Señor.
Venerad al Señor con júbilo,
acudid cantando a Su presencia.
Sabed que el Señor es Dios,
es Él quien nos ha creado, y le pertenecemos.
Somos su pueblo, las ovejas de su rebaño.
Entrad en su morada agradeciendo
y alabad eternamente su obra. (100.1–4)

Salmo CXXXVII

A orillas de los ríos de Babilonia,
allí nos sentábamos,
nos sentábamos y llorábamos,
pensando en Sion.
Allí bajo los sauces
colgamos nuestras liras,
porque nuestros captores nos pidieron que cantáramos,
nuestros atormentadores que los entretuviéramos.
"Cantadnos un canto de Sion."
¿Cómo podríamos cantar un canto del Señor
en suelo extranjero?
Si te olvido, oh Jerusalén,
haz que se marchite mi mano derecha,
que la lengua se me pegue al paladar
si dejo de pensar en ti,
si no guardo a Jerusalén en la memoria
aun en mis horas más felices. (137.1–6)

Los Salmos que no nos enseñaron

El fragmento citado arriba es el más difundido del Salmo CXXXVII, ya que retrata al pueblo de Israel cautivo en Babilonia ansioso por liberarse. Pero es probable que pocas personas conozcan esta parte del Salmo:

Hermosa Babilonia, oh predadora,
bendito aquel que te pague con creces
lo que nos has infligido;

bienaventurado el que aferre a tus bebés
y los estrelle contra las piedras. (137.8–9)

Tal como lo demuestran estas amargas palabras, no todos los salmos pintaron un retrato inocente del pueblo elegido. A continuación incluyo parte de otros salmos que Mamá tampoco le enseñó:

Salmo LXVIII

Pero Dios destrozará las cabezas de sus enemigos,
el copete erizado de los que se jactan de sus delitos.
Dijo el Señor:
"Los haré volver de Basán, los traeré de vuelta
desde las profundidades del mar,
para que podáis bañaros los pies en su sangre,
para que las lenguas de vuestros perros
laman la sangre de los traidores." (68.21–23)

Salmo CXLIV

Bendito sea el Señor, mi roca,
que prepara mis manos para la guerra,
y mis dedos para la batalla;
mi roca y mi fortaleza,
mi muralla y mi guía,
mi escudo, aquel que me protege,
aquel que somete los pueblos a mi arbitrio.
Oh, Señor, ¿qué son los hombres para que Tú los mires?
¿Qué son los mortales para que pienses en ellos?
Son como el aliento: sus días son
apenas una sombra pasajera. (144.1–4)

CAPÍTULO CATORCE

"DICHOSOS AQUELLOS QUE ENCUENTRAN LA SABIDURÍA"

Proverbios

Ven, empapémonos en deleites,
y gocemos del amor hasta que amanezca.
Porque mi marido no está en casa;
ha emprendido un viaje muy largo.
Llevó consigo un talego de dinero,
y no regresará hasta la luna llena.

PROV. 7.18–20

El tonto no se complace en entender;
sólo en expresar sus opiniones personales.

PROV. 18.2

¿Es verdad que "la letra con sangre entra"?

El Libro de los Proverbios—otro de los textos reunidos en los "Escritos" hebreos—suele ser considerado poco menos que un antiguo compendio hebreo de galletitas chinas de la fortuna. Como las analectas de Confucio o los consejos de Benjamin Franklin en *Poor Richard's Almanac*, el Libro de los Proverbios comprende una colección de más de un millar de dichos tradicionales y adagios populares. Agrupados con los "Libros de la Sabiduría" en el Antiguo Testamento cristiano, los Proverbios contienen consejos, órdenes, y admoniciones sobre temas tales como el comportamiento correcto, la pureza de la mente, y la veneración de Dios, la evitación del pecado y, sobre todo, la búsqueda de la sabiduría.

Los autores—y hubo muchos durante un largo período—pretendieron enaltecer determinadas virtudes atemporales: la honestidad, la laboriosidad, el hecho de ser dignos de confianza, el control del temperamento, y los apetitos—sexual y culinario—y, la capacidad de mantener la actitud apropiada respecto de la riqueza y la pobreza. Algunos de estos dichos son simples observaciones, aunque siempre exaltan los valores morales. En el Libro de los Proverbios no hay ambigüedades respecto del contraste entre buenos y malos. El adulterio y otros errabundeos sexuales son condenados con frecuencia, y la ebriedad también obtiene bajas calificaciones. En varios capítulos habla la "Dama Sabiduría"—creada por orden divina—y es comparada con la "prostituta," "mujer extraña," o "Dama Locura" que pervierte a los varones jóvenes. Si bien la mayoría de los proverbios utilizan la forma clásica, hay también algunos poemas largos (entre ellos el último, que pondera las virtudes y atributos de la "esposa ideal").

Este compendio de consejos útiles fue atribuido tradicionalmente al rey Salomón, famoso por su gran sabiduría . . . aunque no necesariamente por sus elevados parámetros morales. (Véase Libro de los Reyes I y II.) Pero el libro consiste en varias colecciones de dichos que datan de diferentes períodos y fueron compuestos, o compilados, por numerosos autores anónimos, probablemente rabinos o sabios que dictaban clases de moral e instrucción religiosa a los jóvenes varones judíos. El Libro de los Proverbios comparte la estructura típica de otros textos "de sabiduría" de las Escrituras hebreas y del antiguo Oriente Medio. Cabe destacar que treinta de los proverbios son adaptaciones de un texto de instrucción moral de Amenemope, un sabio egipcio anterior a la época.

Lo mejor del Libro de los Proverbios

Hijo mío, por más que te halaguen los pecadores, no seas condescendiente con ellos. (1.10)

Nunca pierdas de vista estas cosas:
observa la ley y mis consejos,
porque ellos serán la vida de tu alma
y un precioso collar para tu garganta.
Así seguirás confiado tu camino
y no tropezará tu pie.
Cuando te acuestes no tendrás miedo;
dormirás y tus sueños serán dulces.
No temerás el terror repentino
ni el desastre que azota a los malvados.
Porque confiarás en el Señor,
y Él no permitirá que tropiece tu pie. (3.21–26)

La senda de los justos es como una luz brillante, que relumbra más y más hacia el día perfecto. (4.18)

Los labios de la mujer prohibida destilan miel,
su boca es más suave que el aceite;
pero al final es más amarga que el gusano,
y cortante como una espada de dos filos. (5.3–4)

(A continuación, una breve versión de la popular fábula "*La cigarra y la hormiga*" contenida en el Libro de los Proverbios.)

Anda, perezoso, junto a la hormiga:
estudia sus costumbres y aprende.
Sin necesidad de líderes, funcionarios ni gobernantes,
almacena provisiones durante el verano.
Junta su alimento en época de cosecha.

¿Cuánto tiempo más te quedarás allí, perezoso,
cuándo despertarás de tu sueño?
Un poco más de sueño, un poco más de modorra,
un poco más de abrazarte a ti mismo en la cama,
y la pobreza llamará a tu puerta,
y la necesidad llamará, semejante a un hombre con escudo.
(6.6–11)

(Una filosa advertencia contra la tentación del adulterio.)
Porque el precio de la meretriz apenas es el precio de un pan,
pero la esposa de otro cautiva la vida misma de un hombre.
¿Por ventura puede un hombre esconder el fuego en su pecho,
sin que ardan sus vestidos?
¿O andar sobre las ascuas sin quemarse las plantas de los pies?
Así le pasa al que duerme con la mujer de su prójimo. (6.26–29)

El odio provoca rencillas,
pero el amor cubre todas las faltas. (1012)

La belleza en una mujer fatua
es como sortija de oro en el hocico de un cerdo. (11.22)

El que confíe en su riqueza caerá,
pero el justo florecerá como la hierba. (11.28)

El que cree problemas en su propia casa heredará el viento,
y el tonto habrá de servir al sabio. (11.29)

Al necio se le figura acertado su proceder,
pero el hombre sabio acepta los consejos. (12.15)

La esperanza que se dilata enferma el corazón. (13.12)

El deseo cumplido es dulce para el alma. (13.19)

La respuesta suave quebranta la ira,
pero las palabras duras excitan el furor. (15.1)

Los iracundos suscitan peleas,
los apacibles suscitan la calma. (15.18)

La mente humana planea el camino,
pero el Señor dirige los pasos. (16.9)

La soberbia precede a la destrucción,
y el espíritu vano a la caída. (16.18)

Mejor es el apacible que el poderoso,
mejor el que templa sus pasiones
que el que conquista una ciudad. (16.32)

Quien se burla del pobre insulta a su Creador;
y el que disfruta en la ruina de otro no quedará impune. (17.5)

El corazón alegre mantiene la buena salud,
la tristeza de espíritu reseca los huesos. (17.22)

(¡El *Reader's Digest* tenía razón! La mejor medicina *es* la risa.)

El sabio y prudente mide sus palabras, y el hombre entendido es de ánimo excelente. Aun el ignorante, si calla, tendrá reputación de sabio. (17.27–28)

Por la boca muere el tonto. (18.7)

La humildad está antes que el honor. (18.12)

Quien hallare una esposa, habrá hallado un gran bien. (18.22)

Quien se compadece del pobre, otorga un préstamo al Señor. (19.17)

Dulce es al hombre el pan de la mentira;
mas luego se le llenará la boca de arena. (20.17)

Vale más el buen nombre que todas las riquezas. (22.1)

Enséñale a andar a un niño por una senda, y cuando llegue a viejo no se apartará de ella. (22.6)

Ponte un cuchillo en la garganta, si eres de aquellos que sucumben al apetito. (23.2)

No te afanes por obtener riquezas;
ten la sabiduría de desistir.
No pongas tus ojos en riquezas
que no podrás adquirir,
porque les saldrán alas y
volarán al cielo como águilas. (23.4–5)

El ebrio y el glotón se volverán pobres, y su soñolienta desidia los vestirá de andrajos. (23.21)

No mires el vino cuando está rojo, cuando resalta su color en la copa, cuando entra suavemente. Pues al final muerde como la serpiente y esparce veneno como el basilisco. (23.31–32)

Si desfalleces en momentos de adversidad, tu fuerza es pequeña. (24.10)

Como el perro que regresa a su vómito,
así el imprudente retorna a su necedad. (26.11)

No te jactes del mañana, porque no sabes qué te deparará. Deja que los demás te elogien, y no tu propia boca. (27.1–2)

El que le da al pobre no pasará necesidad.
Pero el que cierre los ojos será maldito. (28.27)

Si no hay visión, el pueblo perece. (29.18)

Habla por los que no pueden hablar,
por los derechos de todos los desamparados.

> Habla, juzga rectamente,
> defiende los derechos de pobres y necesitados. (31.8–9)
>
> ¡Qué raro hallazgo es una esposa capaz!
> Su valor excede al de los rubíes. (31.10)

Y, a propósito, para todos aquellos que gastan montones de dinero tiñéndose el cabello en la peluquería, incluimos un consejo del Libro de los Proverbios:

> El cabello gris es corona de gloria; es el resultado de una vida justa. (Prov. 16.31)

¿Es verdad que "la letra con sangre entra"?

Si bien el Libro de los Proverbios ofrece algunos de los mejores consejos sobre los valores eternos de la humildad, la laboriosidad, la caridad, y la sabiduría, lamento decir que no se ha ahorrado dos de los peores, a saber:

> Quien no usa la vara odia a su hijo,
> pero un padre amante lo disciplina desde el principio. (13.24)
>
> No evites disciplinar a los niños:
> si golpeas a tu hijo con la vara, no morirá.
> Golpéalo con la vara
> y lo salvarás de la tumba. (23.13)

Durante siglos, estos proverbios fueron utilizados para justificar el castigo físico, los golpes del maestro con el puntero, el azote de la monja con la regla sobre los nudillos, e incluso otras formas más severas de castigo corporal.

Tal vez la mejor interpretación moderna sea afirmar que lo que era aceptable en una cultura primitiva ya no lo es. Así como hemos dejado de apedrear a las adúlteras, considero que la sociedad ya no puede tolerar el castigo físico de los niños. La disciplina es crucial para los niños, pero los golpes son inaceptables. Tal como usted no golpearía a un empleado que comete un error, no hay razón para que justifique el hecho de golpear o abusar físicamente de un niño.

Como bien lo expresa el rabino Joseph Telushkin: "Como los adultos, los niños necesitan disciplina, pero igualar disciplina con golpiza es un ejemplo flagrante de muy mal consejo en el contexto de un muy buen libro. En esos dos proverbios, la moral queda patas para arriba: quienes no golpean a sus hijos son denostados como padres desamorados, mientras aquellos que los golpean (debemos suponer que muchos son sádicos) son recompensados como padres amantes." (Telushkin, p. 344)

Hay métodos seguros y eficaces de enseñar lecciones, imponer disciplina e incluso castigar el mal comportamiento de los niños sin recurrir a la violencia física. En una época en la que el abuso infantil es moneda corriente, el solo hecho de suponer que la Biblia acepta esa conducta es un terrible error.

CAPÍTULO QUINCE

"NADA NUEVO BAJO EL SOL"

Eclesiastés (Qoheleth)

Vanidad de vanidades, dijo el Eclesiastés, todo es vanidad.

Ec. 12.8

La multiplicación de los libros no tiene fin; y el exceso de estudio es un tormento para la carne.

Ec. 12.12

Durante la década de 1960, probablemente no hubo versículos bíblicos más citados que las palabras del Eclesiastés utilizadas por Peter Sieger en su tema "Turn, turn, turn," uno de los grandes éxitos de los Byrds. Los norteamericanos de cierta edad tal vez recordarán que el presidente Kennedy admiraba esos versículos, y que fueron leídos en su funeral. Irónicamente, provienen de uno de los más inusuales—y, para muchos, uno de los más confusos—libros de la Biblia.

Voces Bíblicas

Todas las cosas tienen su estación, y todo lo que
hay bajo el cielo tiene su tiempo prescrito:
tiempo de nacer, y tiempo de morir;
tiempo de plantar, y tiempo de cosechar lo que se
ha plantado;
tiempo de matar, y tiempo de curar;
tiempo de derribar, y tiempo de edificar;
tiempo de llorar, y tiempo de reír;
tiempo de lamentarse, y tiempo de danzar;
tiempo de arrojar piedras, y tiempo de recoger
piedras;
tiempo de abrazar, y tiempo de apartarse de los
abrazos;
tiempo de ganar, y tiempo de perder;
tiempo de guardar, y tiempo de arrojar;
tiempo de rasgar, y tiempo de coser;
tiempo de callar, y tiempo de hablar;
tiempo de amar, y tiempo de odiar;
tiempo de guerra, y tiempo de paz.

(Ec. 3.1–8)

RESUMEN DE LA TRAMA: ECLESIASTÉS

Todo el que crea que la Biblia es un libro simplista que ofrece respuestas hechas a las preguntas más preocupantes no ha leído el Libro de Job ni el Eclesiastés. Estos dos libros también refutan a los creyentes ortodoxos y fundamentalistas que condenan a todo el que se atreve a cuestionar a Dios o a su plan divino. Si bien gran parte de la Escritura hebrea describe un universo ordenado en el que los fieles pueden hallar esperanza hasta en los momentos más desesperados, el Eclesiastés—como el Libro de Job—es un libro escéptico y cuestionador. Ambos libros no sólo aceptan las preguntas incómodas: las honran. Los editores de la Nueva Biblia de Jerusalén comentan en su introducción al Eclesiastés: "Este libro es sumamente valioso por su fe inquieta y cuestionadora, y su inclusión en la Biblia es una confirmación para todos aquellos que comparten esta actitud."

Las primeras palabras del libro—"¡Vanidad de vanidades! Todo es vanidad" (la Biblia de Jerusalén elige el término "futilidad")—instalan el tono caviloso y los temas del autor: la futilidad de perseguir las riquezas y la sabiduría, y la inevitabilidad de la muerte. A veces expresa ideas de corte tan cínico y hedonista que algunos rabinos pensaron en suprimir el libro. Su popularidad, su aceptación última de la voluntad de Dios y la difundida idea de que Salomón lo escribió le ganaron al Eclesiastés un lugar en los "Escritos" (tercera sección de las Escrituras hebreas). En el Antiguo Testamento cristiano, el Eclesiastés es parte de los Libros Sapienciales, denominación que también incluye a los Libros de Job y de los Proverbios.

Al igual que los Proverbios y el Cantar de los Cantares, la tradición atribuye la autoría del Eclesiastés al rey Salomón, el idealizado "hombre sabio" de la historia israelita. Pero los especialistas han señalado que el lenguaje empleado—por ejemplo, la inclusión de ciertas palabras persas en el texto original—y el tono general del libro obligan a descartar por completo esa posibilidad. Numerosos versículos reflejan un estado de desilusión que pudo haber afectado a los judíos durante el Exilio en Babilonia. La escritura del Eclesiastés supuestamente data del año 300 AEC, y algunos historiadores creen que incluso podría ser posterior. Algunos eruditos sostienen que data de la época "helenística"—período inmediatamente posterior a la conquista de Persia por

Alejandro Magno en el año 332 AEC—momento histórico en el que el antiguo Oriente Medio cayó bajo la influencia de varios filósofos griegos. Es probable que los judíos letrados estuvieran familiarizados con los Tres Grandes Griegos: Sócrates, Platón, y Aristóteles.

Voces Bíblicas
Ec. 6.1–3

He visto todavía otra miseria en este mundo, harto común entre los mortales: la de aquel a quien Dios ha dado riquezas, haciendas y honores, sin que le falte nada de lo que su alma anhela; pero a quien Dios no le ha dado la facultad de disfrutar de todo ello, sino que vendrá un extraño a disfrutarlo. Todo esto es vanidad, y miseria muy grande. O pensad en alguien que haya tenido cien hijos y vivido largos años, y habiendo llegado a edad anciana jamás haya disfrutado las cosas buenas de la vida y ni siquiera tenga sepultura; considero que un niño abortado es más feliz.

El nombre Eclesiastés deriva de las versiones griega y latina de una palabra hebrea que significa "líder de una asamblea o congregación," palabra que fue traducida aproximativamente como "Predicador." Pero la traducción más apropiada del hebreo *Qoheleth* sería "maestro."

Ni historia, ni parábola, ni libro profético, el Eclesiastés es único entre los libros bíblicos. Lo más conveniente es pensarlo como la obra de alguien que piensa en voz alta, un anciano sabio pero hastiado que comparte sus reflexiones con un grupo de colegas o alumnos.

En su libro *A Poet's Bible*, David Rosenberg propone una aproximación ligeramente distinta al Eclesiastés y considera que el autor intenta "degradar" las viejas homilías y los estereotipos. Dice Rosenberg: "Ninguna filosofía atraviesa el libro, mucho menos una teología. . . . Envuelto en las trampas de su obstinada cultura hebrea, el poeta encuentra una manera de abrazar un mundo difícil mientras en apariencia lo rechaza. (. . .) Incluso hoy, los intérpretes convencionales de la Biblia—particularmente los no judíos—suponen erróneamente que el Eclesiastés está plagado de dudas corrosivas."

Más filosóficos que religiosos, los vagabundeos del "Maestro" se inician con una pregunta esencial: "¿Qué se gana con el esfuerzo humano?" El autor busca sentido en las respuestas típicas—trabajo, placer, riquezas—pero no encuentra nada que acalle su inquietud. Incluso cuestiona el tema básico del bien y el mal, y decide que el bien no es invariablemente recompensado y que un mismo fin espera a todos los mortales. Todo termina en la muerte, y el destino ya ha sido decretado por Dios. Éste es un contundente punto de partida para otra clase de sabiduría, que contrasta particularmente con la de los Proverbios, libro que celebra la vida modesta dedicada al trabajo arduo, y a la búsqueda continua de la sabiduría.

El Eclesiastés concluye con las siguientes palabras:

> Todo ha sido escuchado. Teme a Dios y guarda sus mandamientos; porque ése es el deber de todos los hombres. Porque Dios juzgará todas las acciones humanas, incluyendo las cosas más secretas, ya sean buenas o malas. (Ec. 12.13–14)

Este párrafo es tan distinto del resto del libro que numerosos comentaristas creen que fue agregado posteriormente para otorgar al Eclesiastés un mensaje más ortodoxo y aceptable desde un punto de vista convencional.

CAPÍTULO DIECISIES

LA MÁQUINA DEL AMOR, OTRO LIBRO SIN DIOS

Cantar de los Cantares

Mientras estaba el rey recostado en su asiento,
mi nardo difundió su fragancia.
El bienamado es para mí manojo de mirra,
guardado entre mis pechos.

1.12–13

¿Negra y hermosa?

Si el Libro de los Jueces fuera censurado por su contenido violento, el Cantar de los Cantares merecería la misma calificación por su alto voltaje sexual. Es un largo poema de amor, simple y llanamente. Más aún: es un poema de amor erótico. Mejor todavía: es un ardiente poema de amor erótico. Bien, tal vez no sea el *Kama Sutra* o *El amante de Lady Chatterley*, pero tiene lo suyo.

Cuando recordamos versos memorables de la Biblia, la intrigante frase "mi *nardo* difundió su fragancia" no toca las mismas cuerdas sensibles que "En el principio era el Verbo" o "El Señor es mi pastor." Los catequistas no acostumbran leer en voz alta el Cantar de los Cantares. Seguramente el vapor les nublaría las gafas. (A propósito, el "*nardo*" es un ungüento herbario, no un antiguo eufemismo hebreo para designar los genitales femeninos.)

El Cantar de los Cantares es uno de los libros más controvertidos de las Escrituras hebreas. En el siglo I EC todavía se seguía discutiendo su ubicación en el canon porque—como el Libro de Ester—jamás menciona a Dios y no se ocupa de leyes, de profecías, ni de religión. La pregunta es: ¿cómo es posible que un poema de índole explícitamente sexual, ricamente seductor en sus imagenes eróticas, y no precisamente dedicado al matrimonio, haya encontrado lugar en la Biblia?

Incluido en los Escritos hebreos por su popularidad, y la atribución de su autoría al rey Salomón, el Cantar de los Cantares es un ejemplar único en la Biblia. Este poema—escrito a manera de diálogo entre una mujer y su amante (sólo a veces llamado el novio o el esposo)—celebra a través de un lenguaje marcadamente erótico y exótico el amor físico entre un hombre y una mujer. Esta obra recuerda la poesía amorosa egipcia y los cantos nupciales árabes que celebran los encantos y la belleza de la novia. También presenta semejanzas con los textos matrimoniales sagrados que consagran la unión ritual de la diosa Ishtar y su consorte Tammuz, un dios pastor venerado en el Templo de Jerusalén y específicamente mencionado por el profeta Ezequiel.

Algunos eruditos han considerado al Cantar de los Cantares como un libro de liturgia para una boda real o divina, o al menos derivado de un ritual semejante. Si bien es imposible fijar una fecha para la composición del Cantar de los Cantares, sus orígenes poéticos podrían datar de épocas anteriores a los reinados de David y Salomón. La versión definitiva probablemente fue compuesta luego del regreso del Exilio en Babilonia. Salomón es mencionado en varios fragmentos y también se le atribuyó la escritura de los poemas. Aunque esto último es bastante improbable, es posible que el Cantar haya tenido origen en la corte de Salomón, colmada como estaba de bellas y exóticas mujeres extranjeras.

Entonces, ¿qué lugar ocupa en la Biblia? La interpretación tradicional—tanto judía como cristiana—sostiene que estos jugosos poemas de amor erótico expresan el amor de Yahvé hacia Israel. Esta idea tiene su antecedente en el Libro de Ezequiel, en el que el profeta también brinda una expresión sensual de Dios al presentarlo como amante de una hermosa doncella (Israel). Para los cristianos, el Cantar de los Cantares supuestamente expresa el amor de Cristo por su Iglesia. Dado el explícito erotismo del poema, ambas explicaciones resultan difíciles de aceptar. Al presentar la visión tradicional del Cantar como modelo alegórico del amor de Dios por el pueblo judío, advierte el rabino Joseph Telushkin: "La utilización de un modelo como éste indica la alta consideración de la Biblia respecto del amor entre hombre y mujer y la sexualidad humana" (p. 358).

VOCES BÍBLICAS

Oh, dame los besos de tu boca,
porque tu amor es más delicioso que el vino. (1.2)
. . .
Tus pechos son como dos cervatillos,
mellizos de una gacela,
que pacen entre las violetas.
Cuando el día amanezca
y huyan las sombras
subiré a buscarte al monte de la mirra
y al collado del incienso.
Eres toda bella, amada mía,
no hay defecto en ti. (4.5–7)
. . .

¡Despierta, oh viento del norte;
ven, oh viento del sur!
Soplad sobre mi jardín,
y esparcid su perfume.
¡Dejad que mi amado llegue a su jardín
y goce de sus suntuosos frutos! (4.16)
. . .
Su vientre como una tabla de marfil,
adornada con zafiros.
Sus piernas como pilares de mármol
envueltas en medias de oro fino.
Es majestuoso como el Líbano,
imponente como los cedros.
Su boca es deliciosa
y todo en él es delicioso,
así es mi bienamado. (5.14–16)
. . .
Mi amado ha bajado a su huerto,
al lecho de las hierbas aromáticas,
para recrearse en los vergeles
y recoger violetas.
Pertenezco a mi amado
y mi amado me pertenece:
el que se goza entre las violetas. (6.1–3)
. . .
¡Cuán adorables son tus pies en las sandalias,
oh hija de príncipes!
Tus muslos redondeados son joyas,
obra de un maestro orfebre.
Tu ombligo es un cuenco profundo
—¡que el vino no falte en él!—,
tu vientre, un haz de trigo
cercado de azucenas.
Tus pechos como dos cervatillos,
mellizos de una gacela.
Tu cuello, una torre de marfil. (7.2–5)
. . .

Tu erguido talle es como la palmera,
tus pechos, como los deliciosos racimos.
Yo digo: Déjame subir a la palmera,
déjame tomarme de las ramas;
deja que sean tus pechos como racimos de uvas,
tu aliento como la fragancia de las manzanas,
y tu boca como el mejor de los vinos.
Que fluya sobre mi amado como el vino nuevo
se escurre entre los labios de los durmientes.
(7.8–10)

¿Negra y hermosa?

Un verso de este libro ha creado algunos problemas de traducción. A continuación incluyo tres versiones posibles:

- "Soy negra pero bien parecida, oh hijas de Jerusalén, como las tiendas de Cedar, como las uvas de Salomón. (1.5)
- "Soy negra y hermosa . . . como las cortinas de Salomón." (1.5)
- "Soy negra, pero agraciada . . . como los pabellones de Salomón." (1.5)

Una versión muy difundida dice que la piel de la heroína es negra como las "uvas" o las grosellas . . . lo que parece una traducción plausible teniendo en cuenta el suntuoso imaginario "alimentario" desplegado a lo largo del poema. Las otras dos traducciones probablemente se aproximan más al original hebreo. "Cortinas" y "pabellones" tienen sentido en referencia a las "tiendas" del verso anterior.

¿Pero esta mujer era negra? La típica imagen de Hollywood que representa a las antiguas israelitas como "estrellitas" norteamericanas de piel y cabello claros cubiertas por glamorosos velos ciertamente está fuera de contexto. Los protagonistas de la Biblia eran semitas de piel oscura. La enemistad racial y la equiparación de "negro" con "malo" comenzó mucho después en Europa, y fue un artilugio creado en parte para justificar la esclavitud de los africanos. Sin embargo, en el Cantar de los Cantares la joven explica su pigmentación oscura unos versos más adelante: le ordenaron vigilar las viñas y el ardiente sol doró demasiado su piel. No obstante, esto no debe interpretarse como una reprobación bíblica respecto del uso de protector solar.

Es probable que Bob Jones—difunto predicador protestante fundamentalista y fundador de la Bob Jones University—no haya leído el Cantar de los Cantares. Una de las reglas de su campus prohibía las parejas interraciales. Pero en el Cantar de los Cantares la Biblia nos ofrece una bella mujer negra o de piel oscura cuyo amante tiene un "vientre de marfil" (lo cual suena bastante blanco). Si las parejas interraciales eran aceptables en tiempos de Salomón, ¿por qué Bob Jones las habrá desterrado de su universidad?

HITOS DE LOS TIEMPOS BÍBLICOS IV

573 AEC–41 AEC

573: El rey caldeo Nabucodonosor II conquista la ciudad portuaria de Tiro luego de un sitio de trece años. Invade Egipto en el año 568.

565: El filósofo chino Lao-tsé funda el Taoísmo en la provincia de Honan, y establece sus principios en el Tao Te Ching. Esta filosofía liberal enseña que las formas y ceremonias son inútiles; predica el espíritu de justicia pero luego degenera en un sistema de magia.

562: Nabucodonosor II muere luego de 43 años de reinado. Es sucedido por su hijo Evil-Merodac (el Marduk bíblico), quien gobierna sólo dos años.

559: Ciro ocupa el trono de Persia. Unifica a los medos, los persas, y otras tribus, y reina durante veinte años sobre ellos.

539: Babilonia cae en manos de Ciro de Persia.

538: Ciro permite que los judíos regresen a Jerusalén luego de 39 años de exilio.

530: Cambises II, hijo de Ciro, sube al trono de Persia tras la muerte de su padre en una batalla cerca del Mar Caspio.

528: Se inicia el budismo en India cuando Siddharta Gautama, un príncipe de 35 años que ha renunciado al lujo y los honores de su rango, encuentra la iluminación en el desierto.

521: Un soldado pariente de Ciro ocupa el trono de Persia y reina como Darío I.

516: El Templo de Jerusalén es reconstruido 70 años después de su destrucción.

495: El filósofo chino Confucio renuncia a su puesto de primer ministro y pasa los siguientes 12 años enseñando moral.

490: La batalla de Maratón marca el comienzo de una larga guerra entre persas y griegos, que continuará hasta el año 479 AEC.

458: Esdras, un escriba hebreo, viaja a Jerusalén para restaurar las leyes de Moisés.

457: Comienza la Edad Dorada de Atenas bajo Pericles: durante este período de 28 años la ciudad alcanzará singular eminencia en la arquitectura y las artes, y se preparará para el conflicto con Esparta, conocido como Guerras del Peloponeso.

c. 400: Los "Cinco Libros de Moisés" adoptan su forma definitiva.

399: El filósofo griego Sócrates es condenado por atentar contra las ideas convencionales y, supuestamente, por corromper a los jóvenes. Bebe una poción de veneno ante la mirada de sus discípulos.

347: El filósofo ateniense Platón, discípulo de Sócrates, abre su academia (que seguirá vigente durante 876 años).

344: Aristóteles, un seguidor de Platón, viaja a Macedonia para ser tutor de Alejandro, el hijo del rey Filipo de Macedonia.

336: Filipo de Macedonia es asesinado. Lo sucede su hijo de 20 años, Alejandro. Conocido como Alejandro Magno o Alejandro el Grande, lleva a buen término el plan de su padre contra los persas. Conquista Egipto en el año 332 y funda la ciudad de Alejandría. Hacia el año 331 conquista a los persas. Extiende su imperio hasta India.

323: Alejandro muere en Babilonia a los 31 años. Ptolomeo, uno de sus generales y también discípulo de Aristóteles, se apodera de Egipto.

305: Los seléucidas de Siria comienzan a gobernar Palestina.

c. 255: Comienza en Alejandría la traducción de la Septuaginta o Septuagésimo, versión griega de las Escrituras hebreas.

202: Los ejércitos romanos conquistan Cartago, marcando el comienzo del poder romano en el Mediterráneo.

167: El sacerdote judío Matatías desafía a Antíoco de Siria, quien había proscripto el judaísmo. Lidera con sus hijos una revuelta. Su tercer hijo, Judas, es conocido como Macabeo ("el que porta el martillo").

165: Judas Macabeo recupera Jerusalén de manos de los sirios.

73: Espartaco, un esclavo tracio, lidera un ejército de esclavos fugitivos contra Roma. Es derrotado en el año 71.

64: Jerusalén cae en manos del general romano Pompeyo, quien luego conquista el resto de Palestina para su imperio.

63: Cayo Julio César, Pompeyo, y Craso integran el triunvirato que gobierna Roma. Julia, la hija de César, se casa con Pompeyo para consolidar el nuevo gobierno. César se embarca en la conquista de Europa.

49: Las tropas de César cruzan el río Rubicón e inician una guerra civil en la que Pompeyo sale vencido. César se convierte en regente absoluto de Roma en el año 48. Sigue al derrotado Pompeyo a Egipto, donde éste muere asesinado. César permanece en Egipto y comanda una guerra en defensa de la destronada reina Cleopatra.

46: Tras derrotar a los ejércitos opositores romanos, César vuelve a Roma con su amante Cleopatra y es nombrado dictador.

44: Julio César es asesinado en el Senado de Roma.

43: El senador romano Marco Antonio forma, junto a Octavio—sobrino nieto de César—y Marco Lépido, el segundo triunvirato.

41: Marco Antonio conoce a Cleopatra, ya de 28 años de edad, y la sigue a Egipto.

CAPÍTULO DIECISIETE

HEBREOS 1—LEONES 0

Daniel

Trajeron a Daniel, y lo arrojaron a la guarida de los leones.

6.16

La mayoría de los lectores seguramente recordará un par de relatos de fe protagonizados por un joven judío llamado Daniel, relatos reciclados hace poco tiempo en el best-seller de William Bennett, *El libro de las virtudes*. En uno de ellos, tres niños judíos son salvados de una hoguera mortífera por su fe en Dios. Y en el segundo, el propio Daniel escapa indemne de la guarida de un león. Como la mayoría de las versiones infantiles de relatos bíblicos, estas historias son mucho más complicadas. Es probable que los lectores no recuerden que cuando Daniel emergió sano y salvo de la guarida del león, los hombres que lo habían arrojado allí sirvieron de alimento a la fiera . . . junto con sus esposas y sus hijos. ¡Dura justicia!

Si bien las historias de Daniel y sus compatriotas tienen lugar durante el Exilio en Babilonia en el año 586 AEC, el libro fue escrito mucho después. Se supone que el Libro de Daniel fue escrito en el año 165–164 AEC, lo cual lo convierte en el último libro aceptado por el canon hebreo. La aceptación se produjo hacia el año 90 EC, y probablemente por esta razón el Libro de Daniel fue incluido en los "Escritos" (o la tercera sección de las Escrituras hebreas) y no entre los Profetas. El Libro de Daniel—la historia de un joven que se aferra a su fe a pesar de la presión extrema y las amenazas de muerte—fue redactado para fortalecer y consolar a los judíos de Jerusalén que sufrían bajo la opresión del rey Antíoco IV (175–164 AEC), uno de los reyes seléucidas que gobernaron a los judíos.

La dinastía seléucida recibió su nombre de uno de los cinco generales de Alejandro Magno: Seleuco I (312–281 AEC). Tras la muerte de Alejandro en el año 323 AEC, los cinco generales se dividieron el imperio del joven conquistador. Los más eminentes entre ellos eran Ptolomeo, quien se apoderó de Egipto, y Seleuco, quien se quedó con la mayor parte del antiguo imperio babilónico. Al igual que Canaán, Israel, y la propia Judá en tiempos pasados, Judá quedó nuevamente en medio de estos dos sempiternos centros de poder: uno en Egipto, y otro en la Mesopotamia. Los judíos de Judá quedaron bajo la égida de un grupo de aristócratas y familias de sacerdotes que controlaban un senado llamado Sanhedrin (término derivado de la palabra griega para "consejo"), liderado por el sumo sacerdote del Templo. Éste no fue precisamente un momento del que la historia judía pueda enorgullecerse, ya que las luchas internas por la posición de sumo sacerdote se intensificaron y florecieron las conspiraciones. También fue un período de conflicto y animosidad extrema entre los judíos porque muchos jóvenes rechazaron su fe y adoptaron de buena gana las costumbres griegas, abandonaron la práctica de la circuncisión, cambiaron sus nombres judíos por nombres griegos, y comenzaron a considerarse más griegos que judíos. Incluso dos de los que competían por el rango de sumo sacerdote ostentaban nombres tan poco apropiados como Jasón y Menelao. En medio de este caos emergió un grupo de judíos ortodoxos y nacionalistas, los *jasidim* o jasídicos ("los piadosos"), decididos a contrarrestar la creciente "helenización" del judaísmo. Es probable que el autor del Libro de Daniel haya sido uno de ellos.

Los conflictos y peleas internas entre los judíos llevaron al rey seléucida Antíoco IV a invadir Jerusalén en el año 169/8 AEC, período en el que saqueó y profanó el Templo y, de acuerdo con algunos relatos, masacró a 80,000 personas. Tras la masacre, Antíoco—o posiblemente el sumo sacerdote Menelao, en nombre del rey—instituyó una serie de reglas destinadas a erradicar las costumbres y prácticas judías. La circuncisión, la observancia del Sabat, el respeto de las festividades y las leyes de pureza fueron proscriptos. Afirmando que Yahvé, el antiguo dios cananeo Baal y el dios griego Zeus eran aspectos de lo mismo, Antíoco dedicó el Templo de Jerusalén a Zeus y otorgó jerarquía divina a su persona a través del título de Epífanes ("Dios manifiesto" o "Dios revelado"). Los judíos fueron obligados a asistir a ceremonias en honor de esta deidad "pagana" y a comer cerdo durante los sacrificios, lo cual era, por supuesto, "inmundo." Durante esta época de extrema represión religiosa, el autor anónimo del Libro de Daniel contó su historia para mantener viva la fe ante los propios ojos de la tiranía extranjera e idólatra.

VOCES BÍBLICAS
DN. 3.17–20

"Porque he aquí que nuestro Dios, a quien adoramos, puede librarnos del horno del fuego ardiente y sustraer-

nos, oh rey, de tus manos. Y si Él no quisiere, oh rey, debes saber que nosotros no serviremos a tu dios ni veneraremos la estatua que has levantado." Esto enfureció al rey Nabucodonosor, y mudó el aspecto de su rostro al contemplar a Sadrac, Mesac, y Abed-nego. Y mandó que se encendiese el horno con fuego siete veces mayor de lo acostumbrado. Y dio orden a los soldados más fuertes de su ejército para que, atando los pies a Sadrac, Mesac, y Abed-nego, los arrojasen en el horno de fuego ardiente.

RESUMEN DE LA TRAMA: LIBRO DE DANIEL

Daniel es uno de los cuatro niños judíos atrapados en el saqueo de Jerusalén por el rey Nabucodonosor y llevados a la corte real durante el Exilio en Babilonia. Los nombres y fechas de los reyes babilonios y persas están mal citados en el Libro de Daniel, relato que debería leerse no como un texto histórico sino como una inspirada alegoría destinada a reflejar lo que ocurría en Judá en tiempos de Antíoco IV. Los nombres hebreos de los cuatro niños fueron reemplazados por nombres babilonios. Todos se niegan a comer los alimentos inmundos que les ofrecen y asombran a la corte por tener mejor salud que quienes los comen.

Al igual que José—quien se gana el favor del faraón egipcio interpretando sus sueños—Daniel recibe el don divino de interpretar los sueños y le revela al rey Nabucodonosor el significado de varios sueños que ha tenido. Como José, Daniel y sus amigos ganan prestigio en Babilonia. Pero cuando el rey manda hacer un ídolo de oro y exige que todos lo adoren, los tres amigos de Daniel—Sadrac, Mesac, y Abed-nego—se niegan a cumplir la orden y son arrojados al horno en llamas. Para asombro del rey, el trío sobrevive ileso gracias a la protección de Dios.

Daniel interpreta otro de los sueños de Nabucodonosor como una advertencia de que perderá la razón hasta que se avenga a reconocer a Dios. Su predicción pronto se hace realidad. Poco tiempo después, durante un banquete celebrado por un rey posterior, Beltsasar, una feroz escritura aparece misteriosamente en las paredes del salón. Daniel interpreta esta escritura como una señal de que el rey morirá pronto y su imperio caerá en manos de los medos y los persas. Beltsasar es asesinado esa misma noche.

El sucesor de Beltsasar—llamado equivocadamente Darío, rey de los persas—ordena por decreto que todas las plegarias sean dirigidas a su persona, reflejando nuevamente los actos de Antíoco. Cuando Daniel se niega a ofrecerle sus plegarias, es arrojado en el foso de los leones . . . pero emerge sano y salvo, protegido por el ángel de Dios. Arrepentido, el rey arroja a sus consejeros al foso, junto con sus esposas y sus hijos. Los leones los devoran a todos y Daniel recupera un sitial de poder en la corte.

El significado de todas estas historias habrá resultado obvio para el público de la época. El relato de Daniel y sus valientes amigos negándose a comer alimentos inmundos o a la idolatría era un claro llamado a los judíos contemporáneos a resistir el rito de veneración a Zeus decretado por el sacerdote Menelao y el "candidato a la divinidad" Antíoco IV.

En los últimos capítulos, Daniel deja de interpretar sueños para dedicarse a las visiones. Sus visiones proféticas contienen numerosas referencias específicas a las intrigas políticas de la época, y dan cuenta de la división del imperio alejandrino y la aparición de los seléucidas y los ptolomeos en Egipto. Varias predicciones del autor acerca del futuro inmediato de estos imperios no se cumplieron, y el libro concluye con palabras de consumación final y resurrección de los muertos cuando los fieles judíos alcancen por fin la esquiva victoria.

VOCES BÍBLICAS
DN. 12.1–4

Y en aquel tiempo se levantará Miguel, gran príncipe, que es el defensor de los hijos de tu pueblo; porque vendrá un tiempo como nunca se ha visto desde que comenzaron a existir las naciones. Y en aquel tiempo tu pueblo será salvado, y lo será todo aquel que se hallare inscripto en el libro. Y la muchedumbre de aquellos que duermen en el polvo de la tierra, despertará; unos para la vida eterna, otros para la ignominia y el aborrecimiento sempiternos. Mas los que hubieren sido sabios brillarán como la luz

> **del firmamento, y como estrellas por toda la eternidad aquellos que hubieren enseñado a muchos la justicia y la verdad. Pero tú, oh Daniel, guarda en secreto estas palabras, y sella el libro hasta el tiempo determinado. Muchos lo recorrerán y el conocimiento será cada vez mayor.**

Ciertamente, el Libro de Daniel estuvo dirigido a la gente que en aquella época lejana confrontó la posibilidad de ver extinguirse su religión. Pero su tono de esperanza en un momento tan desesperado posee una cualidad atemporal. Daniel se ha convertido en el símbolo del creyente oprimido, torturado por su fe. Sus visiones de un tiempo prometido de "salvación" y "vida eterna" han dado esperanza a judíos y cristianos desde entonces.

CAPÍTULO DIECIOCHO

ENTRE LOS LIBROS

Los Apócrifos o Libros Deuterocanónicos

¿Por qué Hanukkah no está en la Biblia?

¿Por qué Hanukkah no está en la Biblia?

Una vez analizados todos los textos considerados "de inspiración divina" por los rabinos judíos que establecieron el "canon" de las Escrituras hebreas, la Biblia retoma abruptamente una vieja cuestión: "¿De quién es la Biblia?" De acuerdo con los parámetros de la Biblia hebrea (Tanak) y con las versiones del Antiguo Testamento que siguen el orden de la versión del rey James, no hay nada más que decir. Pero si usted está leyendo la Nueva Biblia de Jerusalén o alguna de las diversas Biblias católicas romanas, verá que faltan algunos libros. Estos libros—o partes de libros—faltantes a menudo se incluyen a continuación de los libros "canónicos" en muchas Biblias, en una sección separada llamada Apócrifos.

La palabra de origen griego Apócrifos alude a un pequeño grupo de escritos antiguos cuyo estatus de "inspiración divina" ha sido tema de debate y controversia durante siglos. El término significa "cosas ocultas," y siempre se ha dudado de que esto significara que los libros eran en cierto sentido heréticos y debían permanecer ocultos. Pero los libros de los Apócrifos jamás fueron considerados secretos. En las Biblias protestantes se los incluye entre el Antiguo y el Nuevo Testamento. Sin embargo, en las Biblias católicas romanas se los incluye entre los otros libros canónicos y se los denomina "libros Deuterocanónicos," lo que significa "libros agregados al canon."

Es probable que algunos de estos libros apócrifos hayan sido escritos originalmente en hebreo, pero sólo se los conoce en su versión griega, y ésta es una de las razones que motivó a los rabinos a rechazarlos como parte de la Escritura hebrea. Sin embargo, fueron incluidos en el Septuagésimo o Septuaginta, la traducción griega de la Biblia hebrea utilizada por la primera iglesia cristiana. Durante los primeros cuatro siglos de la "Era Común" (EC), estos escritos fueron aceptados por los primeros cristianos. La gran controversia entre los cristianos respecto de estos libros "extras" comenzó en el año 382 EC, cuando el Papa Damasio encargó a Jerónimo—el principal erudito bíblico de la época—una nueva traducción de la Biblia al latín. Jerónimo se basó en los originales hebreos para traducir lo que luego daría en llamarse la Vulgata. Estaba convencido de que sólo los libros del canon hebreo podían considerarse auténticos, de modo que rechazó aquellos textos que solamente podían encontrarse en griego tachándolos de "apócrifos." Pero la opinión de Jerónimo no fue aceptada por los líderes eclesiásticos, y la Iglesia cristiana conservó los escritos apócrifos dentro del Antiguo Testamento durante los siguientes mil años.

Luego, durante la Reforma protestante del siglo XVI, los rebeldes tomaron partido por Jerónimo. Señalaron el hecho de que ninguno de los autores de los libros del Nuevo Testamento jamás mencionó los libros apócrifos, aunque sí se refirieron a los treinta y nueve libros del canon hebreo. Hacia 1530, los protestantes consideraron que estos libros carecían de autoridad divina y, o bien los retiraron por completo de sus Biblias, o los colocaron en una sección aparte entre las Escrituras hebreas y el Nuevo Testamento. Por su parte, los católicos romanos declararon en el Concilio de Trento del año 1546 que los libros eran de origen divino. Las diferencias no eran puramente literarias: comprendían cuestiones de doctrina que dividían acerbamente a católicos y protestantes.

Los libros Apócrifos representan varios tipos de escritura: obras de ficción basadas livianamente en la historia judía, leyendas, y relatos folclóricos antiguos, libros de sabiduría, y obras históricas particularmente útiles para comprender la vida cotidiana de los judíos en Judá en los años inmediatamente anteriores al nacimiento de Jesús.

LIBRO DE TOBÍAS (incluido a continuación del Libro de Nehemías en las Biblias católicas)

Ambientado en Nínive, la capital del imperio asirio, este libro contiene algunas inexactitudes cronológicas que lo hacen parecer una obra de ficción, aunque cabe destacar que entre los Rollos del Mar Muerto se han hallado fragmentos del Libro de Tobías en hebreo. Tobías es un judío generoso y temeroso de Dios que ha quedado ciego. Con la ayuda del disfrazado arcángel Rafael, el hijo de Tobías—también llamado Tobías—pesca un pez mágico que le devolverá la vista a su padre y sanará a una piadosa joven, Sara, atacada por un misterioso espíritu que ha matado a sus siete prometidos. El Libro de Tobías conjuga diversos elementos de distintos cuentos folclóricos antiguos para expresar, esencialmente, que los justos siempre son recompensados.

- **LIBRO DE JUDITH (incluido a continuación del Libro de Tobías y antes del Libro de Ester en las Biblias católicas)**

  Al igual que el Libro de Daniel, este relato probablemente fue escrito durante el reinado del opresor Antíoco Epífanes, quizás hacia el año 150 AEC. Narra la valiente resistencia de una viuda judía llamada Judith ante los embates de un cruel extranjero. Está plagado de inexactitudes históricas y geográficas, razón por la cual no fue aceptado en el canon hebreo. La historia se centra en el momento en el que Nabucodonosor—erróneamente descripto como rey de los asirios, ya que era caldeo—envía a su general Holofernes a conquistar a los rebeldes judíos. Judith se despoja de sus ropas de viuda, elige un atuendo deslumbrante, se perfuma, se presenta en el campamento de Holofernes, y le ofrece ayudarlo a derrotar a su pueblo. Una noche emborracha a Holofernes y, mientras éste se halla sumido en el estupor alcohólico, le corta la cabeza con su propia espada. Judith regresa a su casa, infunde al pueblo judío la decisión de atacar y el ejército de Nabucodonosor es derrotado por los bravos rebeldes.

- **AGREGADOS AL LIBRO DE ESTER**

  El Septuagésimo (Septuaginta) griego incluye varios pasajes del Libro de Ester de los que no se conocen los originales en hebreo. En la versión griega, la hermosa judía Ester salva a su pueblo de un cruel complot pergeñado por Amán, un funcionario del rey persa. En la versión hebrea Dios no es mencionado jamás, pero los agregados griegos contienen frecuentes alusiones a Dios y Ester también despliega su odio a los gentiles y observa estrictamente las leyes alimentarias judías . . . cosa que no sucede en el original hebreo.

- **EL LIBRO DE LA SABIDURÍA (incluido a continuación del Cantar de los Cantares en las Biblias católicas)**

  Aunque el nombre de Salomón no aparece en este libro de contemplación, su autoría le fue atribuida (aun cuando probablemente fue escrito hacia el año 50 AEC). Aquí, el autor contempla su fe religiosa en contraste con la falta de fe que ve en el mundo que lo rodea, especialmente entre los egipcios.

- **LIBRO DEL ECLESIÁSTICO O LIBRO DE LA SABIDURÍA DE SIRAC**

También llamado "El libro de la Sabiduría de Ben Sira," es una colección de dichos—semejante al Libro de los Proverbios—relativos al buen comportamiento, el tacto, el sentido común, y la celebración de la Sabiduría como virtud esencial. Su autor—Ben Sira—fue escriba y maestro en Jerusalén entre los años 190 y 180 AEC. Se han encontrado fragmentos del texto hebreo original, pero el libro fue traducido al griego en su totalidad por el nieto del autor en el año 132 AEC.

- **LIBRO DE BARUC (incluido a continuación del Libro de las Lamentaciones en las Biblias católicas)**

Suele decirse que este libro fue escrito por un seguidor del profeta Jeremías, quien escribió en la Babilonia de los Exiliados después del año 587 AEC. Supuestamente, Jeremías y Baruc fueron llevados a Egipto en el año 582 AEC, por lo que es probable que el libro haya sido escrito después del Libro de Daniel, hacia el año 165 AEC. Al igual que los profetas tradicionales, Baruc señala la falta de fe y la corrupción de su pueblo como causa de los desastres que padece. Pero cree que el castigo llegará a su fin y Jerusalén será reconstruida.

- **CARTA DE JEREMÍAS**

Se trata de una carta supuestamente escrita por Jeremías en Babilonia, pero lo cierto es que Jeremías viajó a Egipto tras la caída de Jerusalén. En su carta, Jeremías dice que el Exilio será largo pero no permanente y que los exiliados deben precaverse de no adquirir los malos hábitos de los extranjeros, entre ellos la idolatría.

- **AGREGADOS AL LIBRO DE DANIEL**

Este libro contiene tres extensos pasajes en griego que no formaban parte del texto hebreo del Libro de Daniel. "La plegaria de Azarías" es un largo himno de alabanza cantado mientras los tres valientes judíos se sientan en el horno en llamas. "Susana y los viejos" es una fábula moral acerca de una virtuosa joven judía a la que unos ancianos amenazan con acusarla de adúltera si no se acuesta con ellos. Daniel interviene, salva la vida de Susana, y mata a los dos ancianos lascivos. En "Bel y el dragón (o la serpiente)," Daniel se burla de la enorme estatua de una serpiente a la que cada día se le ofrecen alimentos en la corte del rey Ciro. Daniel demuestra que la estatua no come los alimentos, sino que son los sacerdotes quienes se deslizan en el templo, y devoran el contenido de las fuentes de ofrendas. El rey condena a muerte a los sacerdotes del dragón (o de la serpiente).

- **LOS LIBROS DE LOS MACABEOS (I, II, III y IV) (incluidos en los textos históricos a continuación del Libro de Ester en las Biblias católicas)**

Los primeros tres libros intentan ofrecer una reseña histórica de la vida cotidiana de los judíos bajo Alejandro Magno y sus sucesores en Judá y Siria (los seléucidas, especialmente el rey seléucida Antíoco IV Epífanes, monarca sirio que profanó el Templo). Estos libros narran el ascenso de una dinastía judía—la de los asmoneos o macabeos—fundada por el sacerdote Matatías y sus cinco hijos.

Cuando Antíoco atacó Jerusalén y luego profanó el Templo, Matatías y sus hijos alentaron a los judíos a resistir. Tras la muerte de Matatías, su hijo Judas "Macabeo" ("el que porta el martillo") tomó el mando y derrotó a los seléucidas. Judas Macabeo recuperó el Templo, que fue purificado y vuelto a consagrar. La festividad judía de Hanukkah celebra la limpieza ritual del Templo. Pero la tradición de la pequeña lámpara de aceite que arde milagrosamente durante ocho días no se menciona en estos libros.

Posteriormente Judas fue asesinado y sucedido por uno de sus hermanos, hecho que dio inicio a otra serie de guerras entre los seléucidas sirios y los judíos macabeos. El libro concluye con el ascenso de Juan Hircano al liderazgo de la dinastía macabea en el año 134 AEC, época de emergencia del imperio romano como potencia mundial.

- **ESDRAS 1**

  Este libro retoma algunos de los libros de las Crónicas, Esdras, y Nehemías, e incluye una parábola derivada del mazdeísmo persa acerca de "la cosa más fuerte del mundo," que resulta ser la Verdad.

- **ESDRAS 2**

  Con sus aspectos cristianos y judíos, este libro discute la resurrección de los muertos y la llegada del Mesías.

- **PLEGARIA DE MANASÉS**

  En este brevísimo libro, el rey más notorio de Judá—Manasés—ofrece una plegaria de penitencia en la que pide a Dios el perdón por todos los males cometidos durante su reinado.

- **SALMO 151**

  Se dice que este salmo fue compuesto por David luego de haber derrotado a Goliath, pero es un hecho que se sigue disputando.

Con la conclusión de las Escrituras hebreas, se destaca una presencia descollante en el mundo mediterráneo. Es el alba del imperio romano, y todo lo que suceda en la época de Jesús y los primeros años del cristianismo deberá ser considerado a la luz del poder de Roma. Jesús nació en un mundo absolutamente dominado por los romanos.

Originalmente un conjunto de aldeas, Roma se transformó en ciudad y lentamente llegó a dominar todo el territorio de Italia. En el año 264 AEC, Roma y la ciudad norafricana de Cartago se enfrentaron por el control del Mediterráneo en las Guerras Púnicas, una serie de batallas que se prolongaron hasta el año 146 AEC. Fundada por los fenicios en las costas del norte de África, Cartago era la potencia dominante del Mediterráneo occidental. A pesar de la victoria del celebérrimo Aníbal—el general africano que cruzó los Alpes con su ejército de elefantes y sorprendió a Roma atacándola desde el norte—el imperio romano conquistó Cartago en el año 146 AEC. Gracias a ello, obtuvo el dominio del Mediterráneo.

Durante el siguiente siglo Roma se aseguró el control absoluto del Mediterráneo oriental. En la época del gran general Pompeyo (106–48 AEC), Judá era apenas un estado vasallo de los romanos, quienes tomaron Jerusalén en el año 60 AEC. Roma padeció entonces un breve pero caótico período de guerra civil, que concluyó cuando Julio César tomó el poder en el año 49 AEC.

César fue asesinado en el año 44 AEC. Lo reemplazó un triunvirato integrado por Marco Antonio y Octavio, el sobrino nieto de César. Esta sociedad también terminó en guerra civil entre las fuerzas de Octavio y las de Marco Antonio. La victoria quedó en manos del primero luego de la batalla de Accio, en el año 31 AEC.

Poco después, Octavio se autoproclamó emperador de Roma, con el nombre de Augusto. A partir de ese momento, Roma imperó sobre el mundo gracias a su ejército disciplinado y eficaz, sus habilidades diplomáticas y la política de otorgar la ciudadanía romana a todos los que estuvieran bajo su dominio.

En Judea—nombre romano de Judá—un ambicioso soldado llamado Herodes hizo que los romanos se enfrentaran entre sí antes de que Augusto consolidara su poder. Nacido hacia el año 73 AEC, Herodes fue nombrado gobernador militar y se convirtió en ciudadano romano en el año 47 AEC. En el año 41 AEC fue nombrado "tetrarca" o gobernador de una de las cinco provincias romanas del área. Herodes viajó a Roma en el año 40 AEC y Marco Antonio lo hizo rey de Judea, otorgándole poder absoluto en la región (reforzado por la presencia del ejército romano). Pero Herodes supo apreciar los cambios que se avecinaban y se alió con Octavio, quien derrotó a Marco Antonio. Luego fue recompensado y confirmado como rey de Judea por el emperador Augusto.

Considerado como un cruel títere de los paganos romanos, Herodes era odiado por sus compatriotas. Aunque reconstruyó el Templo de Jerusalén sobrepasando la magnificencia de Salomón, Herodes era temido y detestado como cabeza tiránica de un "estado policial." Murió a los 69 años en el año 4 AEC y sus últimos años en el poder dieron marco a uno de los acontecimientos más significativos de la historia, un episodio muy conocido por los cristianos y no obstante plagado de inconsistencias, contradicciones, y hechos indocumentados.

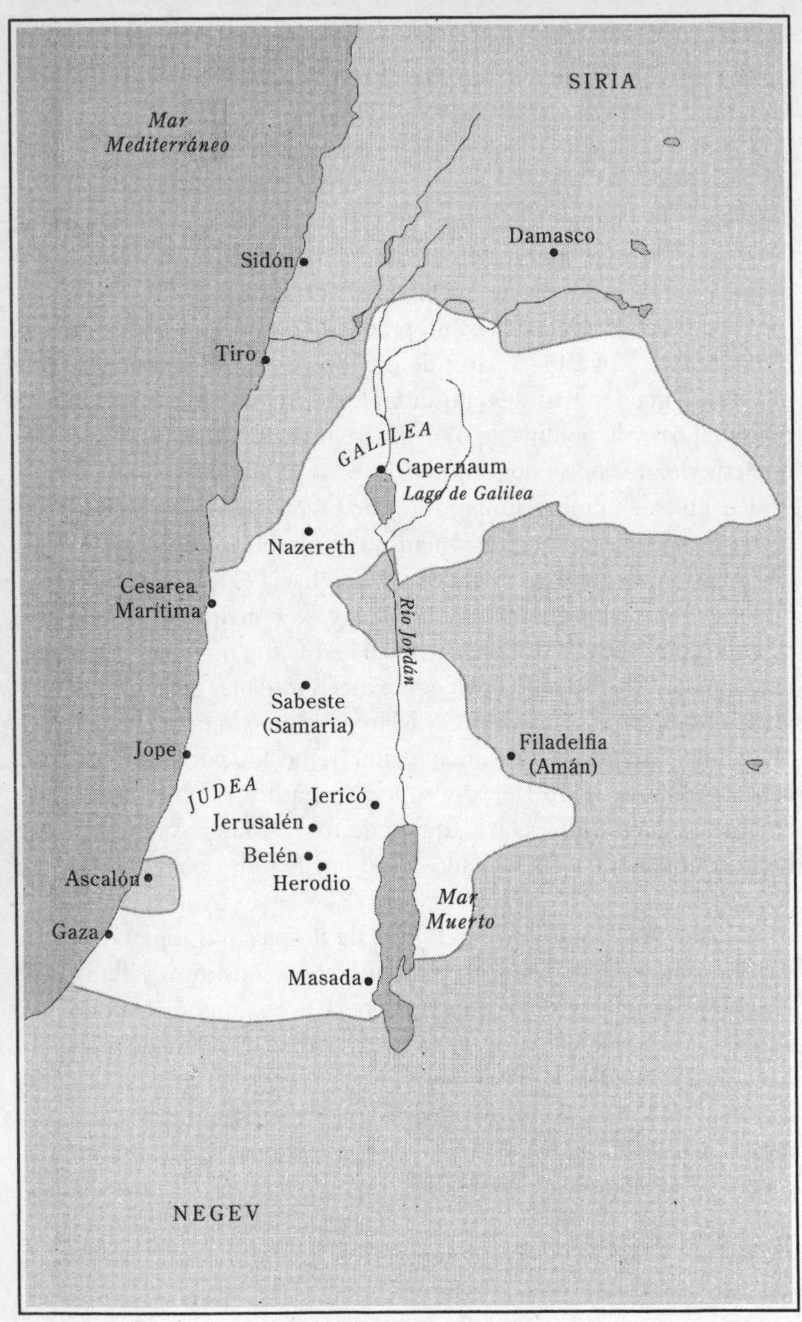

El mundo de Jesús
Este mapa representa el área general en que nació y vivió Jesús.

TERCERA PARTE

EL NUEVO TESTAMENTO

Entonces, Jesús dijo a los judíos que habían creído en él: "Si perseveráis en mi doctrina, seréis mis verdaderos discípulos; y conoceréis la verdad, y la verdad os hará libres."

JUAN 8.31–32

Jesús me ama, eso lo sé,
porque así me dice la Biblia.

ANNA BARTLETT WARNER,
The Love of Jesus, 1858

"¿Y si Dios fuera uno de nosotros?"

JOAN OSBORNE

¿Qué es el Nuevo Testamento?

¿Quién escribió el Nuevo Testamento?

¿Los cuatro Evangelios son una verdad "evangélica"?

Si solamente hay cuatro Evangelios, ¿qué son los "Evangelios Gnósticos"?

Trece hombres bajan de un avión proveniente de Damasco en el aeropuerto JFK, en los Estados Unidos de Norteamérica. La mayoría de ellos tendría que afeitarse y, por si fuera poco, visten ropas un tanto hediondas: los envuelve un olor penetrante a pescado y a ovejas. Usan túnicas y sandalias polvorientas, no llevan equipaje: sólo cayados de pastor y un bolso con una túnica extra. Las luces rojas de la Aduana se encienden como por ensalmo. Un grupo de inspectores empuja a los recién llegados a una habitación para iniciar los procedimientos. Suspicaces, los oficiales de Inmigración merodean con las armas listas para actuar. Los sagaces inspectores suponen lo más obvio: acaban de atrapar a una banda de terroristas de Oriente Medio.

Los funcionarios de la Aduana formulan preguntas de rutina. Pero obtienen respuestas inusuales. Los recién llegados no tienen pasaportes; dicen no reconocer ningún gobierno. No tienen dinero que declarar; Dios se ocupa de sus necesidades. Sus pasajes fueron pagados por amigos ricos en su país. Dicen haber venido a Estados Unidos "a enseñar la verdad." Ante la posibilidad de ser detenidos, se muestran sumamente sofisticados respecto de las ordenanzas locales: uno de ellos pide asilo político y una audiencia de inmigración . . . ¡y exige que la audiencia sea en Washington D.C., frente al presidente de Estados Unidos!

¿Qué ocurriría si Jesús y sus doce discípulos llegaran a un aeropuerto moderno? ¿Si Pablo y algunos de los primeros cristianos recorrieran una típica ciudad norteamericana actual? Aunque acostumbrados a la imagen del Jesús WASP* de piel blanca y ojos azules, algunos cristianos contemporáneos podrían reconocer a su "mesías" o a los judíos turcos que fundaron su Iglesia y darles la bienvenida con los brazos abiertos. Pero la mayoría de los "creyentes" retrocedería ante este raro conjunto de "extranjeros" pobremente vestidos y sin techo. En el mejor de los casos, el grupo de los trece andrajosos no sería invitado a compartir la casa del norteamericano promedio. En el peor de los casos, el FBI acudiría presto y los encerraría para hacer una investigación de sus antecedentes.

La segunda parte de la Biblia cristiana, el Nuevo Testamento, cuenta la historia de estos hombres (¡y mujeres!) harapientos y sin techo que cambiaron la Historia.

¿Qué es el Nuevo Testamento?

A diferencia de los numerosos siglos que transcurren en las Escrituras hebreas, el relato del Nuevo Testamento abarca apenas una centuria, y comprende tan sólo un cuarto de la extensión del Antiguo Testamento. El Nuevo Testamento narra la historia del milagroso nacimiento, las obras, las enseñanzas, la ejecución, y la resurrección de Jesús. Durante veinte siglos los cristianos han profesado fe en este Jesús—aunque éste no sea su verdadero nombre—quien supuestamente fue un carpintero judío—aunque no hay pruebas de ello. Además de contar la historia de la vida de Jesús, el Nuevo Testamento también consigna la fundación y el crecimiento del cristianismo, primero como secta dentro del judaísmo tradicional y más tarde como religión del mundo de los gentiles (o no judíos). Tal como ocurrió con las Escrituras hebreas, gran parte de esta información fue transmitida oralmente hasta ser escrita en griego mucho después de la muerte y la milagrosa resurrección de Jesús.

La figura central de este drama del Nuevo Testamento—una de las personas más influyentes de la historia humana—es un buen chico judío probablemente llamado Josuá ben José o Yosua ben Yosef, el hijo de un carpintero que, según un relato, continuó el oficio de su padre. *La última tentación de Cristo*—polémica novela de Nikos Kazantzakis posteriormente filmada por Martin Scorsese,—describe provocativamente a Jesús cortando los rústicos crucifijos que los romanos empleaban para ejecutar a los judíos.

Como la mayoría de los judíos de su época, Jesús hablaba arameo, un idioma sirio similar al hebreo comúnmente utilizado en aquellos tiempos, aunque seguramente había estudiado el hebreo formal de la Torá, los Profetas, y los Escritos. Todo el mundo se pregunta si también hablaba griego. Jesús no dejó escritos personales ni otra clase de vestigios literarios. Tampoco hay descripciones físicas de su persona. ¿Era alto o bajo? ¿Se dejaba la barba? ¿Estaba casado? ¿Tenía hijos? La Biblia no dice nada al respecto. Toda la información relativa a Jesús nos ha llegado de segunda mano—o de tercera—a través de sus seguidores inmediatos, los discípulos de sus seguidores, y los discípulos de los discípulos.

Si se combinan distintas fuentes bíblicas emerge el retrato de un

Jesús nacido milagrosamente de una virgen que se transformó en maestro errante, sanador, y obrador de maravillas, y pasó la mayor parte de su vida en las cercanías del mar de Galilea. Debido a que atrajo a un grupo de devotos seguidores que abandonaron sus oficios y familias para acompañarlo, ciertas autoridades judías comenzaron a verlo como una amenaza. Así, se ocuparon de que fuera arrestado, juzgado, y ejecutado por los romanos en la cruz, castigo por lo general reservado a los esclavos fugitivos y los rebeldes. También se dijo que, luego de su muerte en la cruz, Jesús se apareció a sus discípulos. Para los devotos judíos que lo aceptaron, Jesús fue el Salvador esperado que cumplió la promesa del advenimiento de un Mesías o "ungido" del linaje de David para salvar a los Hijos de Israel e iniciar una nueva era de paz y ley divina. Aunque más tarde fue llamado "Cristo," cabe señalar que "Cristo" no es un nombre sino un título otorgado a Jesús. *Christos* viene del griego—el idioma original del Antiguo Testamento—y significa "aceite," pero fue erróneamente interpretado como "el ungido" o "mesías."

Los veintisiete libros del Nuevo Testamento se dividen en dos secciones principales: los primeros cinco narran la vida de Jesús y la obra de sus discípulos en pro de establecer los fundamentos de la religión posteriormente llamada cristianismo; los siguientes veintiún libros son cartas o epístolas escritas por algunos de los líderes de la primera Iglesia cristiana. Estas cartas amplían o interpretan las enseñanzas de Jesús, y establecen un nuevo conjunto de reglas de vida y práctica religiosa bastante contraria a la tradición judía. El último de los veintisiete libros, el Apocalipsis o Libro de la Revelación, también es una carta pero contiene una visión "apocalíptica" de los últimos días del mundo antes del Juicio Final, lo que la diferencia en tono y estilo de todas las epístolas anteriores.

Aunque probablemente no fueron los primeros en ser escritos, los cuatro libros que inician el Nuevo Testamento se llaman Evangelios y fueron atribuidos a cuatro apóstoles: Mateo, Marcos, Lucas, y Juan. Eruditos y teólogos han definido a los tres primeros—Mateo, Marcos y Lucas—como evangelios "sinópticos" (del griego *sinopsis*, "ver conjuntamente") porque "ven" la historia de la vida, la muerte, y las enseñanzas de Jesús de manera muy similar. Pero, si bien los tres Evangelios sinópticos tienen mucho en común, también presentan algunas diferencias esenciales. Ofrecen el mismo relato básico de la vida y la muerte de Jesús, pero disienten en detalles significativos y precisiones de tiempo y lugar. Algunos de estos disensos son particularmente asombrosos. Por ejemplo, el Evangelio según San Mateo—el primero de los "sinópticos"—afirma que cuando Jesús murió algunos muertos de Jerusalén se levantaron y caminaron . . . un evento milagroso que los otros Evangelios y relatos contemporáneos del siglo I en Jerusalén omiten mencionar. Los Evangelios según San Mateo y según San Lucas relatan que Jesús nació de una virgen, pero San Marcos pasa por alto este hecho extraordinario.

El Evangelio según San Juan es muy diferente de los otros tres en cuanto a detalles biográficos y estilo de escritura. Este libro gloriosamente poético narra los mismos eventos de la vida y la muerte de Jesús que los otros tres, pero de manera más figurativa y "espiritual." También contiene diferencias críticas, entre ellas un hecho tan básico como la cantidad de veces que Jesús visitó Jerusalén durante su vida. Como San Marcos, San Juan ignora el nacimiento milagroso de Jesús y es también el único que reporta su primer milagro: transformar el agua en vino en la celebración de una boda.

Lo más difícil para los cristianos acostumbrados a pensar los cuatro Evangelios como una "biografía" de Jesús es aprender a usar con cautela la palabra "historia" cuando de los Evangelios se trata. Aunque de inspiración divina, los Evangelios no son obras históricas o biográficas. Ni siquiera son memorias personales. Fueron escritos por fervientes creyentes para renovar la fe de sus contemporáneos, no como documentos históricos. Los autores de los Evangelios no fueron periodistas encargados de "cubrir" a Jesús y dispuestos a capturar todos los detalles de su vida diaria y comunicarlos dentro de un contexto histórico mayor. Más bien fueron discípulos devotos que quisieron dar al mundo una versión de la Verdad de la que habían sido testigos.

A continuación de los cuatro Evangelios siguen los Hechos de los Apóstoles, un vívido relato que narra cómo un grupo de "apóstoles"—discípulos de Jesús—comenzaron a predicar la palabra de su maestro y fundaron en esencia la Iglesia cristiana. Debido a la mortal persecución de las autoridades romanas y judías, los primeros seguidores de Jesús constituyeron un "culto" proscripto hasta que el emperador

Constantino se convirtió al cristianismo en el año 313 EC y la fe cristiana dominó el panorama religioso romano.

El Libro de los Hechos de los Apóstoles presenta a la segunda figura protagónica del Nuevo Testamento: un judío piadoso y letrado llamado Saulo, que posteriormente pasó a llamarse Pablo. Nacido en el territorio de la actual Turquía, Saulo persiguió vigorosamente a los seguidores de Jesús. Pero luego de su milagrosa conversión cambió su nombre, y este judío "bajo, calvo y chueco"—la única descripción de Pablo con la que contamos le otorga cierta semejanza con el "George Costanza" de Seinfeld—se transformó en el defensor más celoso de la cristiandad en el mundo romano. Si Jesús "inventó" el cristianismo, Pablo se encargó de "venderlo" en todo el mundo. Sus viajes misioneros—realizados con el fin de establecer y fortalecer nuevas comunidades de creyentes—hicieron que el cristianismo dejara de ser una secta descastada del judaísmo para convertirse en una religión independiente y dinámica que transformó la historia. Cuando fue arrestado en Jerusalén por sus ideas "heréticas," Pablo exigió ser juzgado en Roma ante el emperador, derecho que tenía como ciudadano romano (el equivalente del moderno pasajero aéreo que quería una audiencia con la presencia del presidente).

A continuación de los Evangelios y los Hechos de los Apóstoles, los siguientes veintiún libros adoptan una nueva forma dentro de la estructura del Nuevo Testamento: una colección de cartas o "Epístolas" dirigidas a individuos o comunidades cristianos. Es probable que hayan sido escritas antes que los Evangelios, y la autoría de la mayor parte de estas cartas se atribuye a San Pablo. Dos de las restantes epístolas fueron atribuidas a Pedro, el primer discípulo de Jesús. Se cree que Judas y Santiago—dos posibles autores—eran hermanos de Jesús. Otras tres cartas fueron atribuidas a San Juan, autor de uno de los Evangelios y presumiblemente también del Apocalipsis, el último libro del Nuevo Testamento. A diferencia de los otros textos bíblicos, este libro expresa una visión apocalíptica de la voluntad futura de Dios y, a la manera de un ominoso oráculo, ha alimentado las especulaciones y profecías sobre "el fin del mundo" y los "últimos días" desde que fue escrito. Sus menciones al pasaje de dos eras de mil años cada una antes de la llegada del Juicio Final han llevado a muchos a preguntarse si el 2000 podría ser, no el comienzo del nuevo milenio, ¡sino el fin del mundo que conocemos!

LIBROS DEL NUEVO TESTAMENTO

Evangelios	Cartas Paulinas	Cartas Generales
San Mateo	Romanos	Hebreos
San Marcos	1 Corintios	Santiago
San Lucas	2 Corintios	1 Pedro
San Juan	Gálatas	2 Pedro
Hechos de los Apóstoles	Efesios	1 Juan
	Filipenses	2 Juan
	Colosenses	3 Juan
	1 Tesalonicenses	Judas
	2 Tesalonicenses	Proféticos (Apocalipsis)
	1 Timoteo	
	2 Timoteo	
	Tito	
	Filemón	

¿Quién escribió el Nuevo Testamento?

Los interrogantes acerca del Nuevo Testamento cristiano deberían ser más fáciles de responder que los relativos a las Escrituras hebreas o Antiguo Testamento. A diferencia de éstas—cuya composición demandó más de mil años—los "libros" del Nuevo Testamento probablemente fueron escritos en un período de cincuenta años, desde el año 60 al año 110 EC aproximadamente. Todo lo que se cuenta en el Nuevo Testamento tuvo lugar en tiempos del Imperio Romano: una burocracia perfectamente documentada de una era "civilizada" en la que la escritura era un arte sofisticado. La elite letrada del mundo romano tuvo acceso a un corpus literario sustancial, en su mayor parte integrado por dramas, poesías, ensayos, filosofía, y leyes griegas. Los romanos crearon a su vez su propia literatura, en la que se destacan los nombres de Ovidio, Horacio, Séneca, y Juvenal (poetas y dramaturgos del siglo I romano). Por su parte, los historiadores romanos comenzaron a registrar sus propias versiones del gran imperio, y uno de ellos, Tácito, mencionó a los primeros cristianos en este período. El gran depósito de conocimiento del mundo occidental se hallaba por entonces en la biblioteca de Alejandría, una ciudad portuaria cosmopolita emplazada sobre la costa del Mediterráneo en la provincia romana de Egipto. Los rollos de la célebre biblioteca se preservaron hasta el año 391 EC, cuando el emperador Teodosio—un cristiano converso—ordenó destruir todas las obras no cristianas. La Biblioteca de Alejandría, centro del conocimiento del mundo antiguo, fue incendiada . . . iniciando así una larga serie de quemas de libros "por inspiración cristiana."

Otro testigo presencial de los acontecimientos del siglo I en Jerusalén fue un "judío rebelde convertido en escritor" llamado José ben Matías (c. 37–100 EC). Luego de luchar contra los romanos durante una revuelta judía, José decidió que "si no puedes contra ellos, únete a ellos." Apoyado por algunos de sus ex enemigos romanos, adoptó el nombre de Flavio Josefo y escribió la historia del pueblo judío, y un relato del levantamiento judío que provocó la destrucción del Templo de Jerusalén por los romanos en el año 70 EC. Sus pintorescas y muy personales versiones de la vida y las costumbres en la Palestina romana constituyen un documento clave para el análisis y la comprensión de este turbulento período histórico. En uno de sus libros, Flavio Josefo hace una breve—y ligeramente controvertida—mención de Jesús (cabe señalar que es una de las escasas alusiones a su persona fuera del Nuevo Testamento). Acaso la principal razón por la que Jesús no figura en la historia "tradicional" es simple. Si bien Jesús y sus primeros seguidores son sumamente importantes hoy como fundadores del cristianismo, en aquella época eran una banda de insignificantes agitadores en un lejano rincón del inmenso imperio.

En otras palabras, a pesar de la gran cantidad de información disponible, el alto grado de civilización en los tiempos romanos y la proliferación de escritores y letrados, la autoría de los libros del Nuevo Testamento sigue envuelta en el misterio. Tal como ocurre con las Escrituras hebreas, persisten numerosos interrogantes acerca de la identidad de los autores, y la fecha y lugar de escritura de la mayoría de los libros que componen el Nuevo Testamento.

Aunque más breve que la Biblia hebrea, el Nuevo Testamento tiene una compleja historia. Muchos de los libros comenzaron en la tradición oral, y dado que los primeros cristianos esperaban la "Segunda Venida" de Cristo en cualquier momento, no se preocuparon demasiado por dejar una versión escrita de la "Buena Nueva." Más tarde, cuando la primera generación de "apóstoles" encargados de divulgar la "buena nueva" comenzó a fallecer—ya fuera de viejos o debido a las cruentas persecuciones de los romanos—se creyó conveniente registrar estas "verdades" por escrito. Las cartas de San Pablo fueron reunidas hacia el año 90 EC, y poco después del año 100 EC ya se contaba con una versión de los cuatro Evangelios. No hay "originales" de estos escritos. Con el crecimiento de la Iglesia cristiana, los Evangelios y las cartas fueron profusamente copiados para ser difundidos entre las comunidades cristianas (cabe recordar que en aquellos tiempos no había casas de fotocopias a la vuelta de la esquina). Existen miles de copias manuscritas del Nuevo Testamento, que no siempre concuerdan. A menudo compuestos con seudónimo, los primeros textos cristianos fueron escritos sobre papiros o rollos de cuero, pero hacia el siglo II EC empezó a utilizarse el códex (o primeros libros encuadernados) en las iglesias. Las páginas de piel de becerro reemplazaron al papiro.

El concepto de "Nuevo Testamento"—entendido como una extensión de las sagradas escrituras que se agregaba o incluso reemplazaba a los escritos hebreos aceptados hasta el momento—surgió en el siglo II EC. Tal como ocurrió con la Biblia hebrea, hay infinidad de huellas humanas en la toma de decisiones que llevó a la compilación final del Nuevo Testamento. La mayoría de los investigadores de la Biblia suponen que numerosos escritos de los primeros cristianos—entre ellos otras cartas de San Pablo—se perdieron o fueron descartados. Los eruditos modernos sospechan también que los autores del Nuevo Testamento tenían acceso a una colección de dichos de Jesús, una suerte de citas de frases célebres denominada "Q." ¡Nuevamente recurrimos a las letras del alfabeto para nombrar a los autores de la Biblia! Este documento "Q"—la inicial proviene de la palabra alemana *Quelle*, "fuente"—existe sólo en teoría. La supuesta colección de dichos jamás fue encontrada.

Más controvertido aún es otro grupo de antiguos escritos cristianos que sí fue encontrado. El conjunto incluye otros "evangelios" escritos con posterioridad a los libros aceptados por el Nuevo Testamento. Muchos de estos "otros evangelios"—que luego dieron en llamarse "Evangelios Gnósticos"—fueron rechazados como ilegítimos por las primeras autoridades de la Iglesia. (Véanse Evangelios Gnósticos más adelante.) En el año 180 EC, Ireneo—obispo griego de Lyons y poderoso líder eclesiástico—escribió que los herejes "se jactan de poseer más evangelios de los que existen en realidad." Como ven, la comunidad cristiana inicial no era una gran familia feliz. Soportaba divergencias profundas acerca de cuestiones básicas . . . por ejemplo, qué creer. Grupos como los "gnósticos"—palabra que designa a los primeros cristianos que creían tener acceso a una sabiduría o conocimiento secreto (del griego *gnosis*, conocimiento)—no compartían en absoluto las ideas de otros cristianos respecto de la naturaleza de Dios, Jesús, y el mal. El grupo de los "montanistas"—así llamado por su líder Montanus—proclamaba recibir inspiración directa a través del Espíritu Santo. El conflicto entre los Padres de la Iglesia y estos "herejes" provocó peleas verdaderamente cruentas acerca de lo que era, exactamente, la "Palabra de Dios."

Uno de los primeros en concebir un "Nuevo Testamento" como fundación escrituraria de la nueva iglesia fue Marcio de Sinope (c. 80–155), un líder cristiano renegado de Asia Menor. Si bien no era formalmente un gnóstico, Marcio fue excomulgado por sostener que Jesús era radicalmente diferente de la tradición judía y estableció su propia iglesia en el año 144. Luego se distanció aun más de los cristianos "ortodoxos" al designar mujeres como líderes de la Iglesia. Marcio rechazó la idea del Dios vengativo e iracundo que proponían las Escrituras hebreas. Dice Elaine Pagels en su libro *Los Evangelios Gnósticos*: "Marcio vio un profundo contraste entre el Dios creador del Antiguo Testamento, que exige justicia y castiga toda violación de su ley, y el Padre proclamado por Jesús, el Dios del amor y el perdón del Nuevo Testamento. ¿Por qué, se pregunta Marcio, un Dios "todopoderoso" habría de crear un mundo donde imperan el sufrimiento, el dolor y la enfermedad, mosquitos y escorpiones incluidos? Marcio llega entonces a la conclusión de que debe de haber dos Dioses diferentes." (p. 28) La recopilación de Escrituras de Marcio incluía solamente una versión editada del Evangelio según Lucas y diez cartas de Pablo, que también editó para eliminar toda referencia a las escrituras judías. Fue denunciado y, a manera de respuesta a este "canon herético," se creó un canon oficial más "ortodoxo" que enfatizaba el carácter sagrado de los cuatro Evangelios y las trece cartas atribuidas a Pablo.

En el año 367 EC, Atanasio—un líder cristiano de Alejandría—hizo la lista de los 27 libros que componían el Nuevo Testamento . . . más de trescientos años después de la muerte de Jesús. Su "canon" fue ampliamente aceptado y aprobado en el año 382 EC por los líderes cristianos de Roma, ciudad que se había convertido en centro del cristianismo "oficial" y legalizado. Las iglesias del norte de África aceptaron esta lista luego de que fuera aprobada por el eminente autor y teólogo cristiano Agustín de Hipona (354–430 EC). Hacia el año 400 EC, la mayoría de las iglesias cristianas reconocían y aceptaban el Nuevo Testamento tal como lo conocemos hoy. Pero también había grupos rebeldes dispersos que pensaban de otro modo, particularmente en algunas de las Iglesias africanas y asiáticas. Algunos grupos sólo aceptaban 22 libros y la Iglesia de Etiopía reconoce hasta hoy un total de 38 libros en su Nuevo Testamento.

¿Los cuatro Evangelios son una verdad "evangélica"?

Casi todo lo que sabemos de Jesús proviene de los cuatro relatos evangélicos. Una vez "canonizados," su autoridad literal y estatura divina prosiguió incuestionable durante la mayor parte de la historia cristiana . . . tal como los Libros de Moisés no fueron cuestionados por las autoridades. No obstante, desde el siglo XIX, muchos eruditos e investigadores comenzaron a preguntarse por la autoría de los Evangelios. La identidad de los autores y la fecha de escritura de estos libros permanecen aún en el terreno de la especulación.

Evangelio según San Marcos

Si bien ocupa el segundo lugar en el Nuevo Testamento, después del Evangelio según San Mateo, los especialistas modernos creen que el Evangelio según San Marcos—el más breve de todos—es el más antiguo. Pasando por alto el nacimiento de Jesús, Marcos narra la historia de su vida adulta, desde el momento del bautismo hasta la crucifixión, y el anuncio de la resurrección. Numerosos eruditos creen que los autores de los Evangelios según Mateo y Lucas se basaron en el relato de Marcos.

¿Pero quién fue Marcos? No había ningún Marcos entre los doce primeros discípulos de Jesús. El Nuevo Testamento menciona repetidamente a un tal Juan Marcos que, de acuerdo con la tradición cristiana, acompañaba a Pablo en sus viajes misioneros hasta que se pelearon. Muchos eruditos creen que este Evangelio fue escrito por un primer cristiano desconocido llamado Marcos, quien se basó en una gran cantidad de tradiciones para crear su narración. Marcos habla de la destrucción de Jerusalén por el ejército romano en el año 70 EC, acontecimiento que podía estar por ocurrir o bien acababa de ocurrir. Aunque los especialistas no se deciden a establecer la fecha de escritura de este Evangelio poco antes o poco después del año 70 EC, seguramente fue escrito en esa época.

Evangelio según San Mateo

Durante mucho tiempo se creyó que el autor de este libro fue Mateo, uno de los discípulos de Jesús. Ese Mateo era recaudador de impuestos, una profesión tan poco popular en aquel entonces como ahora. Sin embargo, en los Evangelios de Marcos y Lucas el recaudador de impuestos recibe también el nombre de Leví. Los estudiosos modernos aceptan que el Evangelio de Mateo fue escrito por un judío cristiano de épocas posteriores que creía que Jesús era el Mesías prometido de las Escrituras hebreas. En el Evangelio según Mateo hay numerosas referencias a las profecías hebreas cumplidas por Jesús. El libro comienza con una extensa genealogía que rastrea los ancestros de Jesús hasta el rey David. En ese caso, si decidimos creerles a los Evangelios, José no habría sido el padre de Jesús. Mateo también incluye con frecuencia citas de las Escrituras hebreas, probablemente destinadas a convencer a otros judíos del cumplimiento de las profecías a través de Jesús. La famosa visita de los magos—impropiamente llamados "los tres reyes"—, la masacre de niños ordenada por Herodes en Belén, y la huida a Egipto a lomo de una mula, sólo fueron registradas en este Evangelio.

Los primeros cristianos creían que el Evangelio según Mateo había sido escrito primero, pero los estudiosos modernos consideran que el primer Evangelio escrito fue el de Marcos. Basándose en pruebas literarias y cronológicas, afirman que el autor del Evangelio según Mateo había leído la versión de Marcos y también la hipotética colección de dichos de Jesús denominada "Q." Algunos especialistas creen que el Evangelio según Mateo fue escrito en Palestina; otros se inclinan por Antioquía (Siria), otro centro de la cristiandad, entre los años 70 y 85 EC.

Evangelio según San Lucas

El autor del Evangelio según Lucas—una narración pulida que emplea las convenciones de los escritos griegos clásicos—fue probablemente un letrado que hablaba y escribía en griego. Al mismo individuo se le atribuye la escritura del Libro de los Hechos. El Evangelio según Lucas y el Libro de los Hechos comprenden en conjunto casi un cuarto del Nuevo Testamento y consignan la historia de los comienzos de la fe cristiana. El Evangelio según Lucas cuenta la historia de Jesús, y el Libro de los Hechos se ocupa del movimiento misionero y de la propagación del cristianismo luego de su muerte. Las obras de Lucas fueron creadas para ser leídas conjuntamente, pero cuando se compiló el Nuevo Testamento los escribanos insertaron el Evangelio según Juan entre ambas "obras" para que los cuatro Evangelios estuvieran juntos. Mencionado en una de las cartas de Pablo como "el médico bienamado," es probable que Lucas haya sido un médico o sanador que acompañó a Pablo durante sus viajes misioneros. Varias escenas de la vida de Jesús aparecen exclusivamente en el Evangelio según Lucas, entre ellas una genealogía que rastrea los orígenes de Jesús hasta Adán, el relato del nacimiento de Juan el Bautista, el viaje de Jesús al Templo de Jerusalén a los doce años de edad, y algunas de las enseñanzas más difundidas de Jesús en parábolas, tales como la del buen samaritano y la del hijo pródigo.

En el afán de otorgarle cierto sentido de autenticidad histórica a su relato sobre Jesús, el autor del Evangelio según Lucas incluyó la edad de Jesús (aproximadamente treinta años) cuando éste empezó a predicar y también algunos hechos específicos (que resultan contradictorios) destinados a establecer la fecha de su nacimiento. El mensaje del Evangelio según Lucas estaba primordialmente dirigido a los creyentes gentiles (no judíos) que la Iglesia pretendía incorporar a sus filas. Por último, muchos coinciden en afirmar que el Evangelio según Lucas data de la década comprendida entre los años 77 y 85 EC, y que probablemente fue escrito en la ciudad de Éfeso (actual Turquía), importante centro cristiano de aquellos tiempos.

Evangelio según San Juan

El cuarto libro es el "Viaje Mágico Misterioso" de los Evangelios. Complejo y profundo, ha sido atribuido a Juan, uno de los discípulos más cercanos de Jesús. Este Evangelio traza un retrato diferente de la vida y las enseñanzas de Jesús, lo que ha llevado a algunos eruditos a sospechar que el autor de Juan fue testigo presencial de los hechos que narra. Entre las diferencias más conspicuas y significativas entre el Evangelio según Juan y los "sinópticos," cabe destacar la ausencia de descripciones del nacimiento de Jesús, su infancia, la tentación en el desierto, la transfiguración, el empleo de parábolas en la enseñaza, y la agonía en el jardín de Getsemaní. La versión de Juan de la "última cena"—en la que Jesús come con sus discípulos antes de ser arrestado y crucificado—difiere por completo de las otras tres. En el Evangelio según Juan, Jesús da un largo discurso a sus discípulos durante "la última cena," pero no parte simbólicamente el pan ni bebe vino con ellos. Otros episodios únicos de este Evangelio muestran a Jesús transformando el agua en vino en Caná y haciendo resucitar a Lázaro, uno de sus seguidores, cuatro días después de haber muerto y de haber sido sepultado.

Durante dos mil años, los cristianos aceptaron que el Evangelio según Juan había sido escrito por uno de los doce discípulos escogidos por Jesús. Desde el siglo XIX, no obstante, la identidad del autor de este Evangelio ha provocado controversias. Si bien los estudiosos tradicionales siguen creyendo que Juan fue un apóstol y testigo de los acontecimientos narrados en el libro, otros historiadores bíblicos refutan esta idea y sostienen que un pescador de Galilea no podría haber escrito esas memorables páginas en un pulido y poético idioma griego. Hay numerosos candidatos para el puesto de Juan y actualmente se cree que el Evangelio fue escrito hacia fines del siglo I o hacia el año 110 EC.

Si solamente hay cuatro Evangelios, ¿qué son los "Evangelios gnósticos"?

Como si no bastara con las discusiones generadas por los cuatro Evangelios, ¡alguien tuvo que sacar de la galera unos cuantos libros más! En un episodio que combina una dosis de novela de crimen y misterio con un poco de *Indiana Jones*, un campesino egipcio concretó el extraordinario descubrimiento de trece libros encuadernados en cuero en el año 1945. Tal como relata Elaine Pagels en su celebrado libro *Los Evangelios Gnósticos*, un agricultor que cavaba un pozo cerca de la ciudad de Nag Hammadi—localizada sobre el Nilo, al norte de Luxor—, descubrió estos libros de papiro en un recipiente enterrado. Los llevó a su casa, donde su madre quemó algunos por error para avivar el fuego. Pocas semanas después, el campesino y su hermano mataron a un hombre para vengar la muerte de su padre. Temiendo que los policías que investigaban el asesinato descubrieran los libros, el campesino entregó su preciado tesoro a un sacerdote local. Enterado del hallazgo, un maestro de escuela envió uno de los libros a El Cairo para averiguar su valor en el mercado negro de antigüedades. El gobierno egipcio fue informado, y confiscó diez y medio de los trece libros, que inmediatamente fueron trasladados al Museo de El Cairo.

Pero una parte de otro libro fue sacada clandestinamente de Egipto y ofrecida en Estados Unidos. Un historiador y lingüista holandés se enteró de la existencia de los libros y compró el texto de contrabando. Al comprobar que faltaba la otra parte, viajó a El Cairo en 1955 y allí vio reproducciones fotográficas de los otros libros. Comenzó a descifrarlos. Las primeras palabras que logró comprender fueron poco menos que revolucionarias:

"Éstas son las palabras secretas que pronunció Jesús en vida, y que fueron escritas por Judas Tomás."

Este texto pertenece al Evangelio según Tomás. Aunque se sabía que existían otros escritos cristianos y ya se habían encontrado fragmentos de un misterioso Evangelio según Tomás, nadie había visto jamás el texto completo. Este "nuevo" evangelio fue el primero de cincuenta y cinco textos hallados en Nag Hammadi. Los así llamados "Evangelios gnósticos"—un corpus secreto de escritos cristianos en copto, un dialecto norafricano utilizado exclusivamente por una secta cristiana egipcia—resultaron ser traducciones que databan de 1,500 años atrás de antiguos escritos griegos. Algunos de los libros contenían dichos familiares del Nuevo Testamento. Pero otras enseñanzas y declaraciones atribuidas a Jesús eran únicas y extraordinarias, y sacudieron potencialmente los fundamentos del cristianismo con las dudas que sembraron. En uno de los textos, el Evangelio según Felipe, se dice que Jesús besa a María Magdalena, una de sus seguidoras. Cabe destacar que no se trata de un beso fraternal en la mejilla:

> ". . . la compañera del (Salvador es) María Magdalena. (Pero Cristo la amaba) más que a (todos) los discípulos, y acostumbraba besarla (a menudo) en la (boca)." (Citado por Elaine Pagels en su libro *Los Evangelios Gnósticos*, p. xv)

El término "gnósticos"—referido a una temprana secta cristiana cuyo nombre deriva del griego *gnosis* (conocer)—se utilizó para identificar a un grupo de cristianos cuyas creencias se distinguían notablemente del cristianismo convencional. Así como el cristianismo moderno está dividido en numerosas sectas rivales con diferentes ideas acerca de Jesús, los gnósticos creían, por ejemplo, que la resurrección de Jesús era un hecho más espiritual que físico. También creían en la búsqueda espiritual de la verdad interior, planteó que tenían más en común con las ideas orientales—como el budismo—que con el cristianismo ortodoxo. Los "Evangelios gnósticos" fueron denunciados por herejía por los primeros líderes cristianos, quienes evidentemente habían dejado de ser víctimas de persecuciones y ahora desafiaban la autoridad. Desafiarlos equivalía a ser excomulgado, arrestado, o algo peor por el delito de herejía. Aproximadamente 500 años después de los tiempos de Jesús, alguien—¿tal vez un monje? hay ruinas de un monasterio cerca de Nag Hammadi—se apoderó del corpus de textos proscriptos y lo enterró en el desierto egipcio, ya fuera para salvar su propio pellejo o bien para preservarlos para la posteridad. Si bien los hallazgos de Nag Hammadi han creado numerosos interrogantes, también han servido para esclarecer un tópico esencial: los primeros cristianos no estaban de acuerdo sobre lo que llamamos Nuevo Testamento, y es probable que hayan leído y estudiado más textos acerca de la vida y las palabras de Jesús que los que actualmente conocen los cristianos contemporáneos.

Este breve resumen de la evolución del Nuevo Testamento nos recuerda, una vez más, que lo que puede ser "Palabra de Dios" para una persona puede ser herejía para otra. Y la historia no termina con el establecimiento del Nuevo Testamento hace 1,600 años. Un grupo de devotos creyentes en el Dios de Abram, Moisés, y Jesús posee otro libro sagrado, llamado Quoran o Corán, entregado al profeta Mahoma aproximadamente 600 años después de la muerte de Jesús. Los católicos romanos se valen del Catecismo para propagar las enseñanzas de la Sagrada Biblia. También creen que el Papa, su líder terrenal, a veces transmite la "infalible" palabra de Dios. Otro inmenso y creciente grupo de cristianos cree en un libro divino entregado a su profeta por un ángel. Este libro sólo podía ser leído por alguien que usara un par de anteojos de oro. Se trata del Libro de Mormón, considerado sagrado por la Iglesia de Jesucristo del Último Día. Entonces, pongamos a un judío, un musulmán, un católico romano, y un mormón en el mismo cuarto. Seguramente todos serán creyentes sinceros, buenos, y devotos que se creerán dueños de la "Verdad" o la Palabra de Dios. Seguramente no se pondrán de acuerdo.

HITOS DE LOS TIEMPOS BÍBLICOS V

Vida de Jesús

40 AEC: Herodes es nombrado rey de Judea por Marco Antonio, e inicia un reinado de 33 años como Herodes el Grande en el año 37 AEC.

31 AEC: Batalla de Accio. El general romano Octavio derrota a Marco Antonio en esta batalla naval y obtiene el poder absoluto sobre el Imperio Romano. Marco Antonio se suicida en el año 30 AEC. Herodes denuncia a Marco Antonio y Cleopatra y se alía con Octavio.

27 AEC: Octavio funda el Imperio Romano, cambia su nombre por el de Augusto César, y reina durante 41 años.

20 AEC: Herodes el Grande inicia la reconstrucción del Gran Templo de Jerusalén con el propósito de recuperar la magnificencia y las dimensiones del Templo de Salomón.

7–4 AEC?: Posible fecha del nacimiento de Jesús. La fecha, el lugar, y las circunstancias de su nacimiento, están sujetos a controvertidas especulaciones.

4 AEC: Muere Herodes el Grande; Judea se divide entre sus tres hijos.

La Era Común (EC)

6: Cirino, gobernador romano de Siria, ordena un censo local. Probablemente se trate del censo "mundial" mencionado en el Evangelio según Lucas.

14: Muere el emperador Augusto; su hijastro Tiberio gobierna Roma.

26: Poncio Pilato es nombrado gobernador de Judea; en el año 36 es destituido y trasladado a Roma.

27–28: Juan el Bautista comienza a predicar; bautismo de Jesús.

30–33: Posible fecha de la crucifixión de Jesús. También es posible que haya ocurrido en el año 36. Tácito dice que Jesús fue crucificado durante el reinado de Tiberio.

37: Muerte de Tiberio; su sobrino Calígula será el próximo emperador romano.

CAPÍTULO DIECINUEVE

EL MUNDO SEGÚN JESÚS

Los Evangelios según Mateo, Marcos, Lucas, y Juan

Yo soy el pan de la vida.

JN. 6.35

Yo soy la luz del mundo.

JN. 8.12

Yo soy la puerta para el rebaño.

JN. 10.7

Yo soy el buen pastor: el buen pastor da su vida por las ovejas.

JN. 10.11

Yo soy el camino, y la verdad, y la vida.

JN. 14.6

Yo soy la viña verdadera.

JN. 15.1

¿Jesús nació en Navidad?

¿En la aldea de Belén?

Anunciación, Asunción, Inmaculada Concepción. Nacimiento de virgen . . . ¿cuál es la diferencia?

¿Qué significaba la palabra "virgen" hace 2,000 años?

¿Hubo realmente "tres reyes"? Si los hubo, ¿de dónde provenían?

¿Los "hombres sabios" de Mateo se encontraron con los pastores de Lucas?

¿Jesús obedecía a sus padres?

¿Por qué habría de querer una joven la cabeza de Juan el Bautista en bandeja de plata?

¿Cuál es la diferencia entre un discípulo y un apóstol?

¿Jesús dio un sermón en la montaña?

¿Cómo haría un camello para pasar por el ojo de la aguja?

María Magdalena: ¿desagradable o amable?

¿Jesús despreciaba a las mujeres?

¿Qué tenía de "bueno" el "buen samaritano"?

¿Qué tenían de malo los fariseos?

¿Qué es una Transfiguración?

¿Qué fue la Última Cena?

¿Quién juzgó a Jesús?

¿Cómo se muere por crucifixión?

Si uno no cree que Jesús es Dios, ¿qué otra cosa tiene para ofrecernos?

Treinta y cinco años después de la muerte de John F. Kennedy, la vida y la muerte del presidente norteamericano siguen fascinando al público y proporcionan una infinita fuente de material a biógrafos, historiadores, novelistas, teóricos de la conspiración, y cineastas revisionistas. Todos dicen conocer al "verdadero" Kennedy: quién era, qué dijo, y qué podría haber pensado. El flujo de conjeturas, especulaciones, y ficción lisa y llana prosigue incesante a pesar de las noticias de los diarios, las grabaciones, las filmaciones de cine y televisión, y de los centenares—si no millares—de personas todavía vivas que conocieron a John F. Kennedy y que trabajaron codo a codo con él. A pesar de toda esta "evidencia," mucha gente todavía no conoce la "verdad" acerca del "verdadero" John F. Kennedy.

Entonces, ¿cómo sería posible obtener un retrato "auténtico" del Jesús "histórico," un hombre que no dejó escritos ni grabaciones en la Oficina Oval? Ni siquiera sabemos si la gente que dijo haberlo conocido realmente lo conoció, o de dónde sacaron los datos acerca de su vida si no lo conocieron. No obstante, desde el siglo XIX—y particularmente en los últimos años—impera la tendencia de distinguir al Jesús "de la fe"—tal como lo presenta el Nuevo Testamento– y el Jesús "histórico." Fuera de unas dispersas menciones de Jesús en los escritos de la era romana, todo lo que sabemos acerca del hombre conocido como el "Cristo," el "Mesías," o el "ungido" proviene del Nuevo Testamento, y de la evidencia aportada de segunda mano por aquellos que tuvieron una fe inquebrantable en que ese hombre era también el Hijo de Dios y que había muerto para purgar los pecados de los mortales, y luego había resucitado de entre los muertos. Los Evangelios fueron escritos para despertar la fe en Jesús como el Mesías y el Salvador. Así como las Escrituras hebreas contenían múltiples relatos de todo tipo—desde la Creación al rey David, y la destrucción y reconstrucción del Templo de Jerusalén—el Nuevo Testamento ofrece visiones conflictivas de Jesús. Esta sección aspira a describir la vida de Jesús tal como fue relatada en los cuatro Evangelios, contradicciones incluidas.

Voces Bíblicas
Mt. 1.18–21

Y el nacimiento de Cristo fue de esta manera: estando desposada su madre María con José, sin que antes hubiesen estado juntos, se halló que había concebido en su seno por obra del Espíritu Santo. Mas José, su esposo, siendo como era justo y no queriendo infamarla, planeó dejarla secretamente. Estando él en este pensamiento, he aquí que un Ángel del Señor se le apareció en sueños, diciendo: "José, hijo de David, no tengas recelo en recibir a María como tu esposa, porque lo que ha concebido en su vientre es obra del Espíritu Santo. Dará a luz un hijo, al que pondrás por nombre Jesús, porque él salvará a su pueblo de sus pecados."

¿Jesús nació en Navidad?

A pesar de lo que cantan los villancicos navideños, el 25 de diciembre es una fecha elegida básicamente para atraer a los paganos adoradores del sol.

¿Belén? Probablemente no. Jesús dijo que el venía de Nazareth.

"¿Nosotros, los tres reyes?" Error otra vez. No eran reyes sino magos persas. Y es probable que tampoco fueran tres.

Las elaboradas historias y canciones relativas a la Navidad forman parte de un complejo conjunto de mitos y tradiciones que tiene muy poco que ver con el relato bíblico del nacimiento de Jesús. La palabra inglesa *Christmas* (Navidad) significa literalmente "Misa de Cristo," y alude a la celebración de su nacimiento. La primera mención del 25 de diciembre como día de festejo de la "Navidad" o "Natividad" data del año 354 EC. En tiempos antiguos el 25 de diciembre era la fecha del solsticio de invierno, una celebración pagana en honor del dios sol. En Roma, la semana anterior a este solsticio era la Saturnalia, un festival orgiástico que concluía con entrega de obsequios y encendido de velas. Hmmm. ¿No les resulta familiar?

Los primeros cristianos romanos se apropiaron de la fecha y la utilizaron para ganar conversos entre los paganos. Cabe destacar que el paganismo era la religión estatal del imperio romano, con su equipo de dioses y diosas expropiados de la mitología griega. La palabra "pagano" fue acuñada por los primeros cristianos y originalmente significaba "civil." En otras palabras, todo aquel que no formaba parte del "ejército de Jesús" era un pagano. Sin embargo, los primeros cristianos no consideraban paganos a los judíos porque todavía todos veneraban al mismo Dios.

Entonces como ahora, los cristianos coincidían en algunos aspectos. Tras la división del Imperio Romano en el año 340 EC, el cristianismo también se dividió entre Oriente y Occidente. En el calendario de los cristianos orientales el solsticio caía el 6 de enero, fecha en que todavía se celebraba el nacimiento de Osiris en Alejandría, Egipto. Hacia el año 300 EC, el 6 de enero se había convertido ya en la fecha de la "Epifanía" (del griego "manifestación"), festividad estrechamente relacionada con la Navidad del calendario católico, ya que el 6 de enero fue el día en que los "hombres sabios" o "magos" visitaron a Jesús. Para la Iglesia Ortodoxa Rusa la Epifanía es incluso más popular que la Navidad y conmemora el bautismo de Jesús en las aguas del río Jordán.

Bien, queda claro que Jesús no nació en Navidad. Seguramente el Nuevo Testamento nos dice en qué año nació Jesús, ¿verdad?

Nuevamente . . . no. El Nuevo Testamento ofrece varios posibles años de nacimiento. Cada uno puede elegir el que más le agrade. Ante todo, tendremos que enfrentar la realidad del "calendario mutable." Dado que estaban en Roma y hacían lo que hacían los romanos, los primeros escritores cristianos calculaban las fechas a partir de la legendaria fundación de Roma en el año 753 AEC. Este calendario romano fue posteriormente reemplazado por otro, basado en los cálculos de un monje griego encargado de coordinar las festividades de la Iglesia. Hacia el año 532 EC, el monje Dioniso Exiguo fechó el nacimiento de Cristo el día 25 de marzo del año romano 754: el 1° de enero del año I del calendario cristiano. De allí viene el Anno Domini o "año de nuestro Señor." Pero Dionisio Exiguo erró el cálculo. Dado que el Evangelio según Mateo fecha el nacimiento de Jesucristo en tiempos del rey Herodes, y teniendo en cuenta que éste falleció en el año 4 AEC, el "Año I" establecido por Dionisio Exiguo no pudo haber sido el año I.

Como numerosos sistemas de fechas antiguos, los primeros calendarios cristianos también referían al número de años que los gobernantes contemporáneos permanecían en el poder. En términos modernos, 1998 sería el sexto año de "reinado" de Bill Clinton. El Evangelio según Lucas dice que Juan el Bautista, de lejano parentesco con Jesús, nació seis meses antes que el Mesías y comenzó a predicar en el año quince del reinado del emperador Tiberio, fecha que corresponde al período comprendido entre los años 27 y 29 EC. De acuerdo al Evangelio de Lucas, en esa época Jesús contaba "aproximadamente treinta años de edad." La cuenta regresiva indicaría algún momento entre los años 4 y 1 AEC como fecha aproximada del nacimiento de Jesús. Todo esto es un poco vago y se vuelve todavía más vago si el "aproximadamente treinta" de Lucas podía ser una manera de decir "treinta y algo." ¿Jesús tenía exactamente treinta años cuando empezó a predicar? ¿Treinta y cinco? ¿Treinta y ocho? ¿O acaso apenas veinticinco? Eso también es "aproximadamente treinta." Y aún no hemos terminado. Esta resbaladiza cronología se pone todavía más escurridiza.

La vida de Herodes seguramente debería proporcionar alguna pista sobre el nacimiento de Jesús. La Biblia dice que cuando Herodes era rey de Judea los romanos llevaron a cabo un gran censo. Alguien debe de saber cuándo fue. Error otra vez. El Evangelio según Mateo vincula explícitamente el nacimiento de Jesús con el gobierno del rey Herodes. Y la referencia al sucesor de Herodes, su hijo Arquelao, prueba que el autor estaba hablando de Herodes el Grande, no de uno de sus varios hijos que luego adoptaron el nombre de Herodes. Hay datos sobre los años en los que Herodes el Grande fue rey de los judíos: Herodes fue nombrado rey de Judea por el Senado romano en el año 40 AEC y murió treinta y seis años después, lo cual nos da como fecha exacta el año 4 AEC. Entonces, de acuerdo con el Evangelio de Mateo, Jesús nació antes del año 4 AEC.

También según Mateo (pero en ningún otro Evangelio), cuando Herodes se entera del nacimiento de un "mesías" que podría amenazar su poder, ordena matar a todos los varones judíos nacidos en Belén. La célebre "matanza de inocentes"—representada en numerosas obras de arte con el correr de los siglos—pretendía hacer recordar a los judíos al faraón que ordenó matar a los bebés circuncidados en tiempos de Moisés. ¿Cuándo emitió Herodes su terrible decreto? Lo siento. Herodes cometió varios actos espantosos en su época y su celo para eliminar opositores sólo podría compararse con el del rey David, su predecesor como rey de los judíos. Por ejemplo, en el año 7 AEC mandó ejecutar a dos de sus hijos. Antes de morir, hizo quemar vivos a un grupo de líderes religiosos y a sus discípulos por profanar un símbolo romano que él mismo había mandado colocar en el Templo de Jerusalén. Pero no hay registros de que haya emitido esa terrible orden, y aunque los hubiera, la orden era matar a los bebés menores de dos años, lo que implicaría que Jesús podría haber nacido dos años antes, en el año 6 o 7 AEC. Pero fuera de la Biblia no se hace mención a una masacre de infantes—hecho que seguramente habría llamado la atención de muchos—y sí a otras acciones crueles de Herodes. La ausencia de evidencia no es evidencia de ausencia, pero no hay manera de confirmar la veracidad de la masacre narrada en el Evangelio según Mateo.

¿Y el censo mundial ordenado por el emperador romano Augusto según el Evangelio de Lucas? Al igual que el autor de Mateo, el de Lucas sostiene que Jesús nació bajo el reinado de Herodes. Sin embargo, en el Evangelio según Lucas el nacimiento de Jesús se relaciona con una recaudación de impuestos ordenada por el emperador Augusto y llevada a cabo por Cirino, el gobernador romano de Siria. Nuevamente, lo lamento. De acuerdo con los registros históricos, ese censo jamás tuvo lugar en aquella época. El único censo realizado por Cirino se produjo en el año 6 EC, diez años después de la muerte de Herodes. Este censo, organizado para recaudar impuestos entre los ciudadanos romanos, causó una revuelta en Judea pero no afectó a la población de Galilea, donde vivían José y María, gobernada por Herodes Antipas (otro hijo de Herodes el Grande). ¿Podría ser posible que el autor del Evangelio según Lucas se hubiera confundido de Herodes al escribir su libro setenta y cinco años más tarde?

Entonces, Mateo hace nacer a Jesús entre los años 7 y 4 AEC, y Lucas lo hace nacer antes del año 4 AEC—en vida de Herodes el Grande,—y luego en el año 6 EC—diez años después de la muerte de Herodes el Grande. Los dos Evangelios no coinciden por aproximadamente diez o doce años. La fecha es errónea y el año es un misterio. En otras palabras, el nacimiento del "Hijo de Dios" es una fiesta móvil.

Si la Biblia es obra de la inspiración divina, ¿por qué Dios no se puso de acuerdo consigo mismo en cuanto a las fechas?

Voces Bíblicas
Lc. 2.1–7

Por aquellos días se promulgó un edicto de César Augusto, mandando empadronar a todo el mundo. Éste fue el primer empadronamiento hecho por Cirino, gobernador de Siria. Todos fueron a empadronarse, cada cual a la ciudad de su estirpe. José, como era de la casa y familia de David, vino desde Nazareth, ciudad de Galilea, a la ciudad de David llamada Belén, en Judea, para empadronarse con María, su esposa, que estaba encinta. Y sucedió que, hallándose allí, le llegó la hora del parto. Y dio a luz a su hijo primogénito, y lo envolvió en pañales, y lo recostó en un pesebre, porque no hubo otro refugio para ellos.

¿En la aldea de Belén?

Bueno. El día y el año se mezclaron un poco. ¿Pero podemos dar por cierto que Jesús nació en Belén? Caramba, caramba. El lugar de nacimiento de Jesús también presenta algunas dificultades. Si sólo debiéramos atenernos a los Evangelios según Marcos y Juan, supondríamos que fue en Nazareth, porque ambos dicen que Nazareth era su ciudad natal . . . y el propio Jesús también. Pero Lucas y Mateo ambientan el relato del nacimiento de Jesús en Belén. Mateo simplemente consigna que María y José se hallaban en esa adormilada aldea, situada 10 kilómetros al sur de Jerusalén y muy lejos de Nazareth (emplazada al norte de la ciudad santa). En el Evangelio según Lucas, José y María viven en Nazareth pero viajan a Belén para cumplir con el gran censo imperial. Si hubiese habido un empadronamiento mundial, José no habría tenido necesidad de ir a anotarse a Belén. Y mucho menos probable es que haya debido arrastrar consigo a una mujer embarazada.

También se desconoce el lugar exacto del nacimiento de Jesús en

Belén. El "pesebre" de Lucas podría haber sido un establo sin techo, o incluso un comedero de animales a cielo abierto; y es probable que la "posada" haya sido una especie de patio cubierto en tres de sus lados. De acuerdo con los datos arqueológicos y de otras fuentes, en aquella época Belén no tenía su Holiday Inn. Otras tradiciones cristianas sostienen que Jesús nació en una cueva. Esta versión se debe a Orígenes, un teólogo y erudito griego (c. 185–254) que dedicó su vida a la enseñanza del cristianismo y dijo haber visto la cueva con sus propios ojos. Recordado por su temprano intento de coordinar las versiones griega y hebrea de la Biblia, Orígenes se castró luego de leer en el Evangelio según Mateo que algunos "se volverían eunucos para el Reino del Cielo." Hacia el año 338 EC el emperador Constantino mandó construir una iglesia sobre esta cueva; fue allí donde Jerónimo se instaló en el año 386 a traducir la Biblia del griego al latín, lo que dio por resultado la llamada Vulgata latina.

Entonces, ¿por qué hacer nacer a Jesús en Belén, una pequeña aldea ignota? Porque para el pueblo judío Belén no era en absoluto ignota. Mencionada por primera vez en el Libro de los Jueces, cobró mayor importancia en el Libro de Ruth, cuya heroína fue a Belén, se casó allí y se convirtió en ancestro del futuro rey David. Como lugar de nacimiento del más grande rey de Israel, Belén se transformó en un auténtico hito nacional. Más tarde, Miqueas profetizó que un rey pastor, el Mesías de Israel, nacería en Belén.

Tenemos sólo dos posibilidades. O Jesús nació en Belén—aun cuando el propio Jesús se diga oriundo de Nazareth y no haya razones históricas que justifiquen la presencia de sus padres en Belén—o no nació en Belén—y los autores de los Evangelios según Mateo y Lucas lo hicieron nacer allí para cumplir la profecía del Mesías del linaje de David nacido en Belén. En otras palabras, ¿los autores de los Evangelios acaso "cortaron el pie para adaptarlo al calzado" medio siglo después de los acontecimientos reales?

Voces Bíblicas
Lc. 1.26–34

En el sexto mes Dios envió al ángel Gabriel a Nazareth, ciudad de Galilea, a una virgen desposada con cierto

varón de la casa de David, llamado José. El nombre de la virgen era María. Y habiendo entrado el ángel a donde ella estaba, le dijo: "Dios te salve, llena eres de gracia. El Señor es contigo." Al escuchar estas palabras, la virgen se turbó y comenzó a preguntarse a qué se debería tamaño saludo. Y el ángel le dijo: "Oh, María, no temas, porque has hallado gracia a los ojos de Dios. Sabe que has de concebir en tu seno, y darás a luz un hijo, a quien pondrás por nombre Jesús. Éste será grande, y será llamado Hijo del Altísimo, y Dios le dará el trono de su ancestro David. Reinará en la casa de Jacob eternamente, y su reino no tendrá fin." Pero María dijo al ángel: "¿Cómo ha de ser eso, si soy virgen?" (o "¿Cómo ha de ser eso, si no conozco varón alguno?")

Anunciación, Asunción, Inmaculada Concepción. Nacimiento de virgen . . . ¿cuál es la diferencia?

Los relatos navideños que suelen leer los cristianos de todo el mundo mezclan las versiones encontradas de Lucas y Mateo, las sazonan con un manojo de profecías hebreas y sirven el "manjar" de manera prolija y ordenada. El problema es que las versiones "ordenadas" de los Evangelios no concuerdan, tal como hemos visto al analizar la fecha y el lugar de nacimiento de Jesús.

Si este inocente embate contra el relato navideño típico le resulta perturbador, no sabe lo que le espera. La trama se pone cada vez más densa. En el Evangelio según Mateo, el ángel anónimo que anuncia el nacimiento de Jesús se le aparece a José. El ángel le ordena escapar con María porque Herodes se trae algo terrible entre manos. José y María aún no están casados y el inexplicable embarazo de la joven virgen se convierte en un problema. José planea "abandonarla en secreto." Pero, urgido por el ángel, despierta de sus sombrías cavilaciones, toma a María por esposa y, luego del nacimiento de Jesús, escapa con los suyos de Belén para esperar la muerte de Herodes (que, según la historia, ocurrió en el año 4 AEC), en el célebre episodio de la "Huida a Egipto." Sin decir cuánto tiempo pasó en Egipto la Sagrada

Familia, un ángel le indica a José que el camino está despejado: pueden abandonar Egipto y regresar sanos y salvos a Judá. Pero en vez de retornar a Belén, la Sagrada Familia decide poner rumbo a Nazareth, en la provincia de Galilea. La huida a Egipto de José, María, y Jesús no es mencionada en el Evangelio según Lucas, pero las intenciones de Mateo seguramente fueron claras para los judíos de la época. Citando una profecía hebrea del Libro de los Números—"Llamé a mi hijo a salir de Egipto"—el autor del Evangelio según Mateo intentó trazar un paralelo entre Jesús y Moisés. Jesús fue a Egipto, igual que Moisés, y al igual que Moisés y los israelitas, salió de Egipto sano y salvo, en una suerte de recapitulación del Éxodo.

A diferencia del libro de Mateo, el Evangelio según Lucas se inicia con la historia de un nacimiento milagroso anterior: el de Juan el Bautista. Continuando con la tradición bíblica de la mujer estéril que recibe el mensaje celestial de un inesperado embarazo, el ángel Gabriel le anuncia a un sacerdote llamado Zacarías que su anciana y hasta el momento infertil esposa, Isabel, tendrá un hijo llamado Juan. (En las Escrituras hebreas las mujeres estériles son Sara, Rebeca, Raquel—madre de Sansón—, y Ana—madre del profeta Samuel.) Al igual que los israelitas Sansón y Samuel, este niño es consagrado a Dios antes de nacer. Su misión será preparar al pueblo judío para la llegada del Señor.

Seis meses más tarde, el ángel Gabriel se presenta en Nazareth ante María, una joven virgen pariente de Isabel, quien está comprometida con José pero aún no ha quedado embarazada. Gabriel le anuncia a la joven mujer—las "mujeres" de aquella época solían contraer matrimonio a la edad de catorce años—que concebirá un hijo que será llamado el "Hijo de Dios." Cabe recordar que, en el Evangelio según Mateo, José recibió la noticia cuando María ya se hallaba "por tener familia." En otras palabras, María no discutió la visita del ángel, ni explicó su misterioso embarazo a su futuro esposo.

Simplemente piensen qué dirían ustedes si su hija de catorce años les dijera que un ángel le anunció que daría a luz al Hijo de Dios. Pero mamá y papá no tendrían por qué preocuparse. ¡La jovencita seguiría siendo virgen! Las imágenes tradicionales de la Virgen María tienden a oscurecer el hecho de que la Santa Madre de Jesús fue una adolescente soltera.

La visita de Gabriel a María fue llamada Anunciación, y es el anuncio anticipado del nacimiento de Jesús. (Algunos cristianos celebran la Anunciación el 25 de marzo, que también fue la fecha calculada por el monje griego Dionisos para el nacimiento de Jesús: ¡agregue nueve meses y el resultado será 25 de diciembre!) No hay testimonios que indiquen que María y José hayan hablado de sus respectivas visitas angélicas. Imaginemos por un momento que José dijera: "María, quería decirte algo respecto a ese problemita tuyo. Bueno, anoche tuve el más extraño de los sueños."

Sorprendida, María responde: "¿Tuviste un sueño? Yo también. Hace seis meses un ángel me dijo que sería la madre de Dios."

A diferencia de otras mujeres bíblicas cuyos hijos son anunciados por visitas angélicas, María se entera de que su hijo será engendrado por el Espíritu Santo. Todas estas mujeres ancianas—desde la esposa de Abram, Sara, hasta la madre del profeta Samuel—se enteran milagrosamente de su embarazo y conciben sus hijos a la vieja usanza. Pero la adolescente María no concibe como ellas: su hijo es engendrado por el Espíritu Santo. María acude a visitar a su pariente Isabel, milagrosamente encinta. Cuando Isabel ve a María, su hijo, que aún no ha nacido, "salta en el vientre" y la anciana futura madre exclama: "Bendita eres entre todas las mujeres, y bendito es el fruto de tu vientre."

La respuesta de María a Isabel toma la forma de un canto (el himno familiarmente conocido como "el Magnificat"):

Mi alma glorifica al Señor
y mi espíritu se regocija en Dios,
mi Salvador,
porque ha puesto los ojos en la bajeza
de su esclava.
Por tanto, ya desde ahora
me llamarán bienaventurada
todas las generaciones. (Lc. 1.46–48)

Ser la Madre de Dios no es algo que pueda tomarse a la ligera. Tal vez por eso la posición de María en la historia cristiana resulta intrigante. Después de los dos relatos del nacimiento de Jesús la Biblia habla muy poco de ella. Menos aún habla de José, quien se convierte en el primer desaparecido bíblico cuando Jesús cumple los doce años. Más adelante, Jesús hablará de su madre en varios versículos que parecen contradecir el mandamiento de "honrar a la madre." En una ocasión, su familia llega a una casa donde Jesús se encuentra con sus seguidores y pide verlo, pero el Mesías responde: " '¿Quiénes son mi madre y mis hermanos y hermanas?' Y, mirando a su alrededor a aquellos que están sentados junto a él, dice: 'Aquí están mi madre y mis hermanos y hermanas. Todo el que cumpla la voluntad de Dios es mi hermano, y mi hermana, y mi madre.' " (Mc. 3.31–35) En el Evangelio según Lucas dice Jesús: "Si alguien viene a mí y se preocupa por su padre o su madre o su esposa o sus hijos o sus hermanas o sus hermanos o incluso por su propia alma, no puede ser mi discípulo." (Lc. 14.26) Las palabras de Jesús—que han impactado a muchos lectores por su fría determinación—significan que la fe en él debe ser absoluta e inequívoca.

A pesar de la elocuente adoración de María y la mitología que se ha creado en torno a ella—cada año se reportan millares de "visiones marianas"—la Biblia apenas menciona a María, madre de Jesús. En el Evangelio según Juan está presente en las bodas de Caná y en la crucifixión de Jesús. En el Libro de los Hechos se encuentra junto a los discípulos tras la muerte de Jesús y su ascención a los cielos. Los Evangelios según Marcos y Juan no mencionan la concepción virginal de Jesús, y Pablo tampoco explora el tema del milagroso nacimiento del Mesías concebido por una mujer que no ha mantenido relaciones sexuales. Pablo se limita a afirmar que Jesús había "nacido de mujer" en una de sus cartas. Algunos historiadores bíblicos sostienen que esto es una clara señal de que la virginidad de María no era un tema preocupante para los primeros cristianos, pero los autores de los Evangelios se vieron obligados a considerar un difícil escollo: la posibilidad de que un hombre de carne y hueso fuera también un ser divino (tal como supuestamente lo era Jesús). Establecer la divinidad de Jesús era especialmente importante para ganar conversos gentiles. La idea de un dios que mantiene vínculos sexuales con los mortales era común en las tradiciones paganas, dioses griegos incluidos. Pero los cristianos introdujeron la imagen del Espíritu Santo como agente de la concepción para dejar en claro que el nacimiento de Jesús no era comparable a la historia de Leda y el cisne, un mito griego en el que Zeus toma la forma de un ave para copular con una mujer. María, en cambio, concibió a Jesús sin relaciones sexuales de por medio, de allí la idea del "nacimiento virginal."

¿Qué significaba la palabra "virgen" hace 2,000 años?

Aunque los autores de los Evangelios según Mateo y Lucas se esfuerzan por dejar en claro el estatus virginal de María, el tema de su virginidad es más bien un caso de traducción errada. En las profecías del Libro de Isaías ya había numerosas alusiones a la llegada de un Salvador. Es probable que el autor del Evangelio según Mateo se haya basado en una traducción al griego del Libro de Isaías, en el que se profetiza el advenimiento del Mesías. En cierta ocasión, Isaías habla del nacimiento del hijo de una mujer joven (véase Isaías). Pero la traducción griega del hebreo "mujer joven" podría haber significado indistintamente "virgen" o "mujer joven." En otras palabras, Isaías jamás profetizó un nacimiento virginal y ni siquiera se refirió al Mesías cuando predijo el nacimiento del hijo del rey Acaz de Judá. Pero, en su afán de cumplir la profecía mal traducida, el autor del Evangelio según Mateo creyó conveniente hacer nacer a Jesús de una virgen. Dado que ni Juan, ni Marcos, ni Pablo discuten el "nacimiento virginal," algunos teólogos han sugerido que este aspecto del nacimiento de Jesús fue un invento posterior—tal como la localización del nacimiento en Belén—destinado a transformar los eventos de la Navidad en un plan profético. Nuevamente, el episodio completo del nacimiento de Cristo recordará a los lectores que la Biblia es una obra de fe, no un texto de historia o biología.

El "culto de María" que se desarrolló en siglos posteriores carece casi por completo de fundamentos bíblicos. No obstante, la veneración de María se propagó velozmente entre los primeros Cristianos. Ya en el siglo II se la llamaba "Madre de Dios," pero hacia el siglo IV comenzaron los debates eclesiásticos acerca de la divinidad de Jesús y la jerarquía de María. Un monje llamado Nestorius insistió en afirmar que María era la madre de Jesús, no de Dios. El Concilio de Éfeso condenó su prédica en el año 431 y ordenó que María fuera llamada

Theotokos o "Madre de Dios." Las enseñanzas cristianas posteriores señalan que María fue siempre virgen, aun cuando los Evangelios mencionan reiteradamente a los hermanos y hermanas de Jesús. Los teólogos explicaron que estos hermanos eran en realidad primos o parientes cercanos de Jesús, o bien hijos de un matrimonio anterior de José . . . interpretación que carece por completo de sustento bíblico. En el Evangelio según Mateo se dice que José "no tuvo relaciones carnales con su esposa hasta que ella dio a luz un hijo," lo que deja abierta la posibilidad de que María y José tuvieran "relaciones carnales" después del nacimiento de Jesús.

Otros teólogos siguieron avanzando por una senda que tampoco tiene justificación bíblica: según ellos, María concibió sin el "pecado original" del sexo. Esta creencia—la doctrina conocida como "Inmaculada Concepción"—se remonta a los inicios del cristianismo y fue oficialmente aceptada como dogma esencial de la fe católica romana por el Papa Pío IX en 1854. El "pecado original"—una idea teológica cristiana inhallable en la Biblia—atribuye el pecado universal de la raza humana al primer pecado cometido por Adán. El eminente autor cristiano Agustín, obispo de Hipona, no acuñó el término pero difundió la idea del "pecado original," dejando en claro que la lacra del pecado humano se transmite de una generación a la siguiente por el acto mismo de la procreación. La idea de la "Inmaculada Concepción"—confundida a menudo con la del "Nacimiento Virginal"—fue posteriormente desarrollada en la Edad Media para explicar que María no sólo no había mantenido relaciones sexuales para concebir a Jesús sino que también estaba libre del "pecado original."

La popularidad de María aumentó notablemente durante la Edad Media, particularmente en el período de la plaga o "Muerte negra." En esta época, muchos europeos pensaron que el mundo realmente estaba por llegar a su fin y que el Día del Juicio anunciado por la Biblia caería sobre sus cabezas. De allí que comenzaran a representar a Jesús más como juez supremo universal que como misericordioso "cordero de Dios." A medida que el miedo a la muerte y al Día del Juicio aumentaba a la par de la plaga que asolaba Europa, María comenzó a ser considerada como una misericordiosa intermediaria cuyos ruegos podían atemperar la terrible justicia de Jesucristo. En esta época se comenzó a rezar el rosario, una devoción originalmente compuesta de 150 "Ave Marías," uno por cada salmo bíblico.

Las Iglesias Católica Romana y Ortodoxa Rusa también incorporaron la idea de que el cuerpo de María subió al cielo y allí se unió con su alma. Este episodio, llamado la "Asunción de la Virgen," también carece de fundamento bíblico. La Asunción—basada en la Festividad de la Dormición del siglo IV—fue definida formalmente como un artículo de fe por el Papa Pío XII en el año 1950.

Numerosas denominaciones protestantes disienten con los católicos romanos en lo que respecta a la Inmaculada Concepción y la Asunción de la Virgen María. Pero el nacimiento virginal sigue siendo una doctrina esencial para la mayoría de los cristianos. Desde que los eruditos modernos cuestionaron las incongruencias y los errores de traducción con respecto a María y el nacimiento de Jesús, algunos teólogos cristianos comenzaron a discutir la idea del nacimiento virginal. No obstante, como todas las cuestiones de la Biblia, ésta queda reservada a la fe individual.

VOCES BÍBLICAS
MT. 2.1–5

Habiendo nacido Jesús en Belén de Judá, y bajo el reinado de Herodes, he aquí que unos magos vinieron de Oriente a Jerusalén preguntando: "¿Dónde está el nacido rey de los judíos? Vimos ascender su estrella y hemos venido a rendirle homenaje." Al escuchar esto, el rey Herodes se turbó, lo mismo que toda Jerusalén. Convocó a todos los sacerdotes y escribas y les preguntó dónde nacería el Cristo. Y ellos le dijeron: "En Belén de Judea, porque así lo escribió el profeta."

¿Hubo realmente "tres reyes"? Si los hubo, ¿de dónde provenían?

Olvidando todos los engorrosos detalles del censo imperial (que podría haber ocurrido diez años después de la muerte de Herodes) descritos en el Evangelio según Lucas, el autor del libro de Mateo concentra el relato del nacimiento de Jesús en el rey Herodes, quien recibe la noticia de que el Mesías—el nuevo rey de los judíos, el Cristo—acaba de nacer en Belén. En un alarde similar al del faraón egipcio en tiempos de Moisés, Herodes manda matar a todos los varones menores de dos años nacidos en Belén. Emite el terrible decreto luego de que una cantidad no especificada de "hombres sabios" pregunta a los moradores de Jerusalén cómo encontrar al recién nacido "rey de los judíos." Han escuchado la profecía del nacimiento y han contemplado la señal astrológica—la ubérrima "estrella de Belén"—que lo confirma.

Ahora bien, ¿quiénes eran estos "hombres sabios" que sólo aparecen en el Evangelio según Mateo? ¿Eran reyes? ¿Eran tres?

En el original griego se los denomina *magi*—palabra utilizada para describir a los místicos y de la que deriva la palabra magos—de Persia (actual Irán). Nada indica que pertenecieran a la realeza, salvo el "hecho" de haber tenido una audiencia con Herodes. Tampoco se afirma que hayan sido tres. El único indicio posible de que fueran tres *magi* son los tres regalos que le llevan al niño. Pero estos tres obsequios no necesariamente deben provenir de tres personas. El hecho de que Herodes mande matar a todos los varones menores de dos años podría sugerir, incluso, que los "hombres sabios" llegaron a Jerusalén bastante después del nacimiento de Jesús. Aunque algunas tradiciones consignan que Jesús era un bebé cuando los *magi* llegaron a visitarlo, en otras versiones se dice que era un niño. La estrella que guía a los magos indica que eran astrólogos. Originalmente, los *magi* eran un clan de los medos e integraban la casta sacerdotal de Persia. En tiempos de Jesús, la palabra *magi* se aplicaba a los profesionales de la magia o de la astrología.

A pesar de las leyendas folclóricas que los celebran y del establecimiento del "Día de los Reyes Magos," los *magi* son anónimos. Sus nombres legendarios—Melchor, Gaspar, y Baltasar en la tradición occidental—aparecieron mucho más tarde, al igual que el mito de que uno de ellos era negro. Todo esto fue producto de la vívida imaginación medieval. Los cristianos del medioevo seguramente pensaron que los "tres reyes" provenían de los tres continentes conocidos . . . lo cual significaba que uno de ellos debía ser africano y, por lo tanto, negro. Así se hacen las leyendas. La Biblia menciona tres obsequios: oro, incienso, y mirra. El primero es obvio. Los otros dos eran hierbas aromáticas obtenidas de arbustos. Significativamente, los Evangelios relatan luego que el cadáver de Jesús fue ungido con mirra antes de ser sepultado.

La estrella que siguieron los *magi* o magos suscitó innumerables revisiones de los documentos astronómicos de la época. A diferencia de los cometas, meteoritos y demás curiosidades celestes, ésta era una "estrella" poco habitual. Atravesó el cielo hasta llegar a Belén, y una vez allí se quedó inmóvil. En el año 12 AEC el cometa Halley orbitó la tierra, pero si bien se ha buscado relacionar este hecho con el nacimiento de Jesús, es obvio que las fechas no coinciden. En el año 3 AEC el planeta Júpiter entró en conjunción con Venus—el "lucero del alba"—lo que podría haber producido un resplandeciente fenómeno celestial. Los registros astronómicos chinos, cuidadosamente llevados durante siglos, también señalan la aparición de una supernova en el año 5 AEC, lo cual sería bastante posible dado que Jesús nació antes de la muerte de Herodes en el año 4 AEC. De modo que las noches estrelladas tampoco ayudan a establecer la fecha de nacimiento de Jesús. Y la estrella de los "reyes magos" sigue siendo otra pieza extraña del imposible rompecabezas de la Navidad.

VOCES BÍBLICAS
Lc. 2.8–11

Estaban velando en aquellos contornos unos pastores, y vigilando de noche su grey, cuando de improviso un ángel del Señor se apareció ante ellos, y una luz divina los cercó, llenándolos de temor. Pero el ángel dijo: "No temáis. Vengo a daros una nueva de grandísimo gozo para todo el pueblo. Hoy, en la ciudad de David, ha nacido vuestro Salvador; él es el Cristo, Señor nuestro."

¿Los "hombres sabios" de Mateo se encontraron con los pastores de Lucas?

Toda escena navideña y todo pesebre en conmemoración de la Navidad incluyen un elemento clave: los pastores que cuidan sus rebaños y reciben por vía de los ángeles la noticia del nacimiento de Jesús. El Evangelio según Mateo descuida este elemento popular de la Navidad que Lucas, sin embargo, incluye en su relato del nacimiento: los pastores. En el Evangelio según Lucas, los pastores van a Belén, rinden homenaje al niño, y se marchan diciendo que comunicarán a todos el maravilloso evento que acaban de presenciar. Los magos de Mateo y los pastores de Lucas jamás se cruzan en el camino. Luego, todos desaparecen de la Biblia. ¿Acaso habrán sido transformados por el milagroso acontecimiento? ¿O tal vez se unieron a los seguidores de Jesús años más tarde?

En un plano simbólico, el anuncio a los pastores es una suerte de contrapunto a las ofrendas de los magos. En los tiempos del Nuevo Testamento, los pastores ocupaban un puesto muy bajo en la escala social. Durante toda su vida, Jesús se dirigirá sobre todo a los miembros más pobres y desamparados de la sociedad de Judea, representados por los pastores en el Evangelio según Lucas. La escena de los pastores también pretendía recordar a los mortales que Jesús había llegado como pastor del rebaño de Israel, y también como cordero que sería sacrificado para lavar los pecados del mundo.

¿Jesús obedecía a sus padres?

De acuerdo con el Evangelio según Lucas, Jesús comenzó a predicar alrededor de los treinta años de edad. Los otros tres Evangelios no hacen mención a la juventud de Jesús en Nazareth. Lucas es el único que ofrece un veloz retrato de un Jesús de doce años discutiendo la Ley con los sabios en las escalinatas del Templo de Jerusalén.

En aquella época, Nazareth era una insignificante aldea de agricultores. María y José son retratados como devotos israelitas que todos los años peregrinan a Jerusalén para celebrar la Pascua. Durante esta celebración, la ciudad santa se llenaba de peregrinos y los soldados romanos intentaban mantener el orden . . . lo cual no era fácil, porque el sentimiento nacionalista y antirromano se fortalecía con los festejos. Fue así que Jesús y sus padres se separaron en medio de la multitud, y María y José supusieron que su hijo se encontraba entre los numerosos peregrinos que regresaban a Nazareth. Como pasan tres días y el niño no aparece, sus padres retornan a Jerusalén y lo encuentran sentado entre los maestros que se congregaban en las puertas del Templo a discutir y debatir las Escrituras. El niño de doce años estaba cuestionando a los rabinos, atónitos ante el conocimiento que demostraba tener acerca de la Ley. Los padres de Jesús se sintieron muy molestos y le preguntaron por qué los trataba de ese modo. La respuesta del niño los confundió: "¿Por qué me estáis buscando? ¿Acaso no sabéis que debo estar en la casa de mi Padre? (Lc. 2.49)

Silencio. Los siguientes dieciocho años de la vida de Jesús no están documentados en el Nuevo Testamento. ¿Acaso siguió los pasos de José y se hizo carpintero? ¿Tal vez se casó, como todos los varones jóvenes judíos de aquellos tiempos? ¿Quizá fue testigo del levantamiento antirromano en la vecina Gamala? Los romanos arrasaron la pequeña aldea y crucificaron a los rebeldes judíos a lo largo del camino. No hay datos precisos, sólo especulaciones.

Cuando volvemos a verlo, Jesús visita a su pariente Juan, quien se ha convertido en "bautista." Descendiente de una familia de sacerdotes, Juan fue uno de los tantos predicadores judíos que practicaban el bautismo por inmersión en el río Jordán. El bautismo era una forma de purificación ritual no demasiado difundida entre los judíos de la época, pero la idea de lavar los pecados con agua tiene su origen en las Escrituras hebreas. Juan el Bautista predicaba el arrepentimiento de los pecados simbolizado por el bautismo. Si bien algunos historiadores han intentado vincularlo a la tradición de los esenios—secta monástica de Qumram que aparentemente hacía del baño ritual parte de su vida diaria—es más probable que Juan haya sido un solitario, una suerte de "salvaje" que cubría su desnudez con pieles de camello, y se alimentaba de "langostas y miel" al tiempo que predicaba el arrepentimiento y la confesión de los pecados.

El nacimiento milagroso de Juan fue anunciado por el ángel Gabriel en el Evangelio según Lucas. También es considerado una suerte de predecesor de Jesús, el Salvador, en cuanto al cumplimiento de algunas profecías hebreas. Las tres versiones sinópticas del bautismo de Jesús presentan ligeras diferencias, pero todas coinciden básicamente en que en el instante de su bautismo el Espíritu Santo descendió sobre su cabeza en forma de paloma y una voz celestial anunció: "Éste es mi Hijo, el Amado, con quien estoy muy complacido."

Voces Bíblicas
Mt. 14.6–8

Pero cuando llegó el cumpleaños de Herodes, la hija de Herodías danzó para la concurrencia, y tanto le gustó a Herodes que prometió bajo juramento otorgarle cualquier cosa que le pidiese. Urgida por su madre, dijo: "Dame la cabeza de Juan el Bautista en una bandeja."

¿Por qué querría una joven la cabeza de Juan el Bautista en bandeja de plata?

Poco tiempo después del bautismo de Jesús, Juan fue arrestado por orden de Herodes Antipas, hijo de Herodes el Grande. Los Evangelios retratan a Juan predicando la llegada del Mesías. El historiador judío Josefo adhiere a la descripción evangélica de Juan el Bautista, pero lo presenta como una suerte de maestro errante. Cuando Juan denuncia públicamente el casamiento de Herodes Antipas y Herodías—quien, además de ser su sobrina, ya estaba casada con el hermano de Herodes—la reina furiosa exige que sea arrestado. Herodes estaba fascinado con Juan, pero cuando Salomé—la hija de Herodías—danzó en los festejos de su cumpleaños, el lascivo gobernante olvidó todo decoro y prometió otorgarle lo que pidiese. La Biblia no identifica a esta joven como Salomé, pero Josefo sí. Tampoco menciona los famosos "Siete Velos" de los que se despoja Salomé mientras danza para su padrastro (popularizados por la ópera *Salomé*, de Richard Strauss, en 1905; a su vez una adaptación del drama homónimo de Oscar Wilde). Azuzada por su madre, la bella joven pide—y recibe—la cabeza de Juan servida en bandeja. (La Salomé operística muere aplastada por orden de su padrastro, pero el personaje histórico contrae enlace con Felipe, hijo de Herodes.)

La cabeza cortada de Juan presenta algunos problemas de orden cronológico. La tradición sostiene que Jesús comenzó a predicar en la época de la muerte de Juan. Pero la historia se inmiscuye una vez más, si hemos de creerle al ubicuo Josefo. Según el historiador, Juan fue arrestado en el año 33 o 34. Supuestamente, Jesús ya había muerto en esa fecha.

VOCES BÍBLICAS
LC. 4.1–4

Jesús, lleno del Espíritu Santo, regresó del Jordán y fue guiado por el Espíritu al desierto, donde estuvo cuarenta días y fue tentado por el diablo. No comió nada durante esos días, y al terminar estaba exangüe. Y el diablo le dijo: "Si eres el Hijo de Dios, manda a esta piedra que se convierta en pan." Y Jesús respondió: "Está escrito: 'No sólo de pan vive el hombre.' "

RESUMEN DE LA TRAMA: LA TENTACIÓN DE CRISTO

Después de su bautismo Jesús se dirige al desierto y pasa allí cuarenta días, número cuyo significado es obvio para los judíos devotos. Moisés pasó cuarenta días en el desierto antes de recibir los Diez Mandamientos, y luego los Hijos de Israel pasaron cuarenta años en el desierto. El simbolismo seguramente no habrá pasado desapercibido entre los judíos de aquellos tiempos. Tres de los Evangelios afirman que Jesús fue puesto a prueba durante ese período. Cada uno de estos Evangelios otorga un nombre distinto al adversario de Jesús. En algunas traducciones del Evangelio de Mateo es "el tentador," en Marcos es Satán o Satanás, y en Lucas es el diablo. La descripción de Marcos es breve: Jesús estaba en el desierto, fue tentado por Satanás y los ángeles lo protegieron. Pero Mateo y Lucas describen un elaborado proceso de tentación en tres partes. Primero, Jesús es urgido a convertir las piedras en pan. Citando el Deuteronomio, responde:

> *"No sólo de pan vive el hombre, / sino de cada palabra que sale / de la boca de Dios."*

Llevado a la punta del Templo, Jesús es instado a arrojarse al vacío y ser salvado por los ángeles. Acude nuevamente al Deuteronomio para responder: "No pongas a prueba al Señor tu Dios." Por último, desde la cima de una alta montaña Jesús contempla todos los reinos del mundo y el tentador le dice que podrían ser suyos. Jesús vuelve a responder con palabras del Deuteronomio: "Venerarás al Señor tu Dios, y lo servirás sólo a Él." Las referencias de Jesús al Deuteronomio—uno de los Libros de la Ley—habrán servido para recordar a los judíos la conexión entre Jesús y Moisés.

VOCES BÍBLICAS
MT. 4.18–20

Caminando junto a la orilla del mar de Galilea, Jesús vio a dos hermanos; Simón, llamado Pedro, y Andrés su hermano, arrojando una red al mar (pues eran pescadores). Y les dijo: "Seguidme, y os haré pescadores de hombres." Al instante dejaron sus redes y lo siguieron.

¿Cuál es la diferencia entre un discípulo y un apóstol?

Jesús pasó el resto de su vida en y cerca del mar de Galilea, excepto por su viaje—o visitas anuales, de acuerdo con el Evangelio según Juan—a Jerusalén. El mar de Galilea, o lago Tiberíades, tiene aproximadamente doce millas y media de longitud, y ocho millas en su punto más ancho. El río Jordán se convierte en su afluente en el norte y fluye rumbo al sur hasta desembocar en el mar Muerto. En tiempos bíblicos, los residentes cosmopolitas de Jerusalén consideraban "rústicos" a los galileos. La actitud común de los pobladores de la región fue expresada en el Evangelio según Marcos por un hombre llamado Nataniel, quien, al enterarse de la existencia de Jesús, preguntó azorado: "¿Es que algo bueno puede salir de Nazareth?" Sin mayores diferencias con los pastores de la Navidad en la estructura social de Judea, este extraño grupo de pescadores de Galilea no era precisamente el "Equipo Soñado" que salvaría a Israel y vencería al Imperio Romano.

El relato varía ligeramente en el Evangelio según Lucas. Aquí, los pescadores se deciden a seguir a Jesús cuando él les pide que arrojen sus redes aun cuando ellos están seguros de que no pescarán nada. No obstante, atrapan tantos peces que las redes casi se rompen. En la versión de Mateo, los cuatro pescadores—Simón, Andrés, Santiago, y Juan—sencillamente abandonan sus redes y sus botes y siguen a Jesús. En la versión de Juan, Andrés es un discípulo de Juan el Bautista que le habla de Jesús a su hermano Simón, pero no se menciona la "pesca de hombres" y no se abandonan las redes. Poco a poco, Jesús elige doce discípulos entre sus seguidores, número que representa simbólicamente a las doce tribus de Israel.

LOS DOCE DISCÍPULOS

(Evangelio según Mateo 10, según Marcos 3 y según Lucas 6)

- Simón, a quien Jesús apoda Cefas ("roca" en arameo) o Pedro (del latín *petra*, "piedra").
- Andrés, hermano de Simón, mencionado en el Evangelio según Juan como seguidor de Juan el Bautista.
- Santiago, hijo de Zebedeo. (Santiago es una variante del nombre hebreo Jacobo, muy común entre los judíos de la época. Hay cuatro Santiagos importantes en el Nuevo Testamento: uno de ellos es otro de los discípulos de Jesús, mencionado más adelante.)
- Juan, hermano de Santiago; Jesús llamó a Santiago y Juan "Hijos del Trueno." Junto con Pedro, eran los más cercanos al Mesías.
- Felipe, oriundo de Betsaida, la ciudad de Pedro y Andrés. En el Evangelio según Juan, Felipe le habla a Nataniel de Jesús, y afirma que es aquel cuya llegada anunciaron Moisés y los profetas.
- Bartolomé, o "hijo de Tolmai." También identificado como Nataniel en el Evangelio según Juan. La tradición sostiene que Bartolomé viajó como misionero a Egipto, Persia, India, y Armenia, donde fue despellejado vivo. ¡Por eso fue nombrado santo patrono de los curtidores!
- Tomás, quien más tarde sería conocido como "el dubitativo" por haber exigido pruebas físicas de la resurrección de Jesús (versión de Juan). Se le atribuye el "Evangelio Gnóstico según Tomás" y en arameo su nombre significa "mellizo," hecho que llevó a algunos estudiosos a identificarlo como el hermano mellizo de Jesús . . . parentesco jamás mencionado en la Biblia.
- Mateo, el recolector de impuestos, también llamado Leví. En

los Evangelios según Lucas y según Marcos se lo llama "hijo de Alfeo."

- Santiago, también llamado hijo de Alfeo, aunque aparentemente no era hijo del mismo padre que Leví. También es llamado "el joven" o "el menor" para diferenciarlo de Santiago, hijo de Zebedías. En algunas traducciones es llamado "el pequeño," lo que implicaría que era más bajo que el otro Santiago, "el grande."
- Tadeo; Lucas lo llama Judas, hijo de Santiago (el tercer Santiago del Nuevo Testamento).
- Simón el cananeo, o el celador.
- Judas Iscariote, el traidor. Mientras todos los otros discípulos provenían de Galilea, el nombre "Iscariote" podría indicar que Judas era oriundo de Keriot, Judea.

Éstos fueron los doce Discípulos, con "d" mayúscula, elegidos por Jesús. Fueron sus seguidores más cercanos, pero también hay menciones frecuentes de otros "discípulos," término empleado a menudo en los Evangelios y los Hechos. La palabra "discípulo" literalmente significa "aprendiz," aunque tiene distintas connotaciones en cada uno de los Evangelios. Los discípulos de Jesús generalmente eran aquellos que lo escuchaban, lo entendían, e incluso transmitían sus enseñanzas. En la versión de Lucas, Jesús elige otros setenta discípulos (aparte de los consabidos y celebérrimos doce). Luego los envía por parejas a las ciudades que piensa visitar. El número setenta supuestamente representaba el número de las naciones del mundo según el Génesis. (Otras fuentes antiguas mencionan setenta y dos discípulos, lo que reflejaría una disparidad en las traducciones. La Biblia hebrea dice que hay setenta naciones; la Biblia griega dice que hay setenta y dos.)

Además de los doce discípulos principales y los setenta adicionales, Jesús tenía una enorme y creciente "comunidad" de seguidores que le daban la bienvenida cada vez que llegaba a una aldea o ciudad.

Las palabras discípulo y apóstol suelen ser utilizadas indistintamente, pero tienen significados diferentes. El apóstol—del griego *apostolos* ("aquel que es enviado fuera")—es el mensajero del Evangelio. El autor del Evangelio según Lucas empleó la palabra "apóstol" específicamente para los doce discípulos que acompañaron a Jesús, presenciaron su resurrección y se convirtieron en líderes de su Iglesia . . . con la sola excepción de Judas Iscariote, quien traicionó a su maestro y luego se suicidó. La palabra fue posteriormente utilizada en un sentido más amplio y se aplicó a Pablo y a otros predicadores del Evangelio.

VOCES BÍBLICAS
LC. 10.3–12

Seguid vuestro camino. He aquí que yo os envío a predicar como corderos entre lobos. No llevéis bolsillo, ni alforja, ni sandalias; no os paréis a saludar a nadie en el camino. Al entrar en una casa, decid primero que nada: "¡La paz sea en esta casa!" Y si en ella hubiere algún hijo de la paz, descansará vuestra paz sobre él; si no lo hubiere, volverá a vosotros. Y perseverad en aquella misma casa, comiendo, y bebiendo de lo que tengan; pues el que trabaja, merece su recompensa. No andéis pasando de casa en casa. En cualquier ciudad en que entrareis, y os hospedareis, comed lo que os pusieren delante, y curad a los enfermos que en ella hubiere, y decid: "El reino de Dios está cerca." Pero si en la ciudad donde hubiereis entrado no quisieran recibiros, salid a las calles y decid: "Hasta el polvo de vuestra ciudad que se nos ha pegado a los pies, lo sacudimos contra vosotros. Sin embargo, sabed que el reino de Dios está cerca." Yo os digo que, cuando llegue ese día, Sodoma recibirá mejor trato que esa ciudad.

¿Jesús dio un sermón en la montaña?

Una de las piezas centrales de las enseñanzas de Jesús es un largo discurso que Agustín llamó "el Sermón de la Montaña." De acuerdo con el Evangelio según Mateo, luego de convocar a Simón y a Andrés, Jesús desarrolló "el don de la palabra." Atraía a grandes multitudes que lo seguían a todas partes para escuchar su prédica y presenciar sus curas milagrosas. Una de esas multitudes se reunió a escucharlo hablar, sentado (típica posición judía para impartir enseñanzas) al pie de una montaña no identificada. La versión completa del "Sermón de la Montaña" se encuentra en el Evangelio según Mateo (su extensión supera los cien versículos), y la versión abreviada puede leerse en el Evangelio según Lucas. En este último las enseñanzas impartidas son similares aunque un poco más breves (aproximadamente treinta versículos) y fueron transmitidas por Jesús "en el llano," luego de bajar de la montaña donde había estado rezando.

Las diferencias entre ambas versiones evangélicas ha llevado a numerosos eruditos a creer que la versión de Mateo es en realidad la compilación de varias enseñanzas de Jesús en un largo discurso memorable. En otras palabras, el Sermón de la Montaña sería una suerte de "Lo mejor de Jesús" editado en una sola arenga.

En la versión de Mateo, el Sermón comienza con "las Beatitudes" o "Bienaventuranzas," una serie de bendiciones prometidas a los más vulnerables y desamparados siempre que estén dispuestos a aceptar el "reino de los cielos." (Hay nueve Beatitudes o Bienaventuranzas en Mateo; en Lucas sólo hay cuatro.) Luego Jesús pasa a una serie de "demandas" que superan pero no reemplazan las enseñanzas de la Ley y los Profetas hebreos, entre ellas la "Regla de Oro." El Sermón de la Montaña incluye muchas de las enseñanzas más difundidas de Jesús—también algunas de las más enigmáticas, difíciles, y utópicas—y se destaca por su fuerte contenido ético.

EL SERMÒN DE LA MONTAÑA

(Mt. 5.1–7.27)

Y viendo Jesús a todo ese gentío, subió a la ntaña; y luego se sentó, y sus discípulos se acercaron a él. Entonces comenzó a hablar, y a adoctrinarlos diciendo:

Bienaventurados los pobres de espíritu, porque de ellos es el reino de los cielos.

Bienaventurados los dóciles, porque heredarán la tierra.

Bienaventurados los que lloran, porque serán consolados.

Bienaventurados los que tienen hambre y sed de justicia, porque serán saciados.

Bienaventurados los misericordiosos, porque alcanzarán misericordia.

Bienaventurados los de corazón puro, porque ellos verán a Dios.

Bienaventurados los pacíficos, porque ellos serán llamados hijos de Dios.

Bienaventurados los que padecen persecución por defender la justicia, porque de ellos es el reino de los cielos.

Bienaventurados seréis cuando los hombres por mi causa os maldigan, y os persigan, y digan toda suerte de calumnias e infamias contra vosotros. Alegraos y regocijaos, porque es grande la recompensa que os aguarda en el cielo. Del mismo modo persiguieron a los profetas que fueron antes que vosotros.

Vosotros sois la sal de la tierra. Y si la sal se vuelve insípida, ¿cómo recuperará su sabor? Ya no servirá para nada, sino para ser arrojada y pisada por la gente.

Vosotros sois la luz del mundo. No se puede esconder una ciudad edificada sobre un monte. Ni se enciende una luz para luego colocarla bajo un celemín sino sobre un candelero, para que alumbre a todos los de la casa. Brille así vuestra luz ante los hombres, de manera que vean vuestras buenas obras, y glorifiquen a vuestro Padre que está en los cielos.

No penséis que he venido a abolir la ley o la doctrina de los profetas; no he venido a destruirlas, sino a hacer que se cumplan. Con toda verdad os digo que antes desaparecerán el cielo y la tierra, que deje de cumplirse cuanto contiene la Ley, hasta una letra sola o un ápice de ella. Y así el que violare uno de estos mandamientos, por mínimos que parezcan, y enseñare a los demás a hacer lo mismo, será tenido por el más bajo en el reino de los cielos; pero el que los guardare y enseñare será grande en el reino de los cielos. Porque yo os digo que si vuestra justicia no es más plena y más perfecta que la de los escribas y fariseos, no entraréis en el reino de los cielos.

Habéis oído que se dijo a vuestros ancestros: "No matarás." Y que quien matare será condenado en juicio. Yo os digo más: aquel que se encone con su hermano o su hermana, será sujeto a juicio. Y aquel que insulte a su hermano o su hermana, merecerá que lo juzgue el concilio. Y el que lo llame "fatuo" merecerá el fuego del infierno. Por tanto, si en el momento de presentar tu ofrenda en el altar recuerdas que tu hermano tiene alguna queja contra ti, deja tu ofrenda en el altar y ve primero a reconciliarte con tu hermano, y después regresa a presentar tu ofrenda. Luego haz las paces con tu contrario, mientras estés con él todavía en el camino; no sea que te ponga en manos del juez, y el juez te entregue al alguacil, y termines en la cárcel. De cierto te digo que no saldrás de allí hasta que hayas pagado el último centavo.

Habéis oído que se dijo a vuestros ancestros: "No cometerás adulterio." Yo os digo más: todo el que mire a una mujer con deseo, habrá pecado en su corazón. Y si tu ojo derecho te obliga a pecar, arráncalo, y arrójalo lejos de ti; pues es mejor perder una parte del cuerpo, que soportar que el cuerpo entero arda en las llamas del infierno. Y si tu mano derecha es causa de escándalo, córtala, y arrójala lejos de ti; pues es mejor perder una parte del cuerpo, que soportar que el cuerpo entero arda en las llamas del infierno.

Se ha dicho: "Cualquiera que despidiere a su mujer, déle un certificado de repudio." Pero yo os digo que cualquiera que despidiere a su mujer, si no es por causa de adulterio, la expone a ser adúltera; y el que se casare con la repudiada será asimismo adúltero.

También habéis oído que se dijo a vuestros ancestros: "No jurarás en falso; antes bien, cumplirás los juramentos hechos al Señor." Yo os digo más: de ningún modo juréis sin justo motivo, ni por el cielo, pues es el trono de Dios, ni por la tierra, pues es la peana de sus pies, ni por Jerusalén, pues es la ciudad del Gran Rey. Tampoco juraréis por vuestra cabeza, pues no está en vuestra mano el hacer blanco o negro un solo cabello. Sea, pues, vuestro modo de hablar: sí, sí; o no, no, pues lo que pasa de esto proviene del mal.

Habéis oído que se dijo: "Ojo por ojo, y diente por diente." Yo os digo, en cambio, que no ofrezcáis resistencia al agravio. Antes bien, si alguien te hiere en la mejilla derecha, ofrécele tu otra mejilla. Y al que quiere armarte pleito para quitarte la túnica, entrégale también el manto. Y a quien te obligare a ir cargado mil pasos, acompáñalo otros dos mil. Dale a todo el que te pida, y no le vuelvas el rostro al que quiera tomar prestado de ti.

Habéis oído que fue dicho: "Amarás a tu prójimo y odiarás a tu enemigo." Yo os digo más: Amad a vuestros enemigos; haced el bien a los que os aborrecen, y orad por los que os persiguen y calumnian, para que seáis hijos del Padre Celestial que hace salir el sol sobre los buenos y los malos, y hace caer la lluvia sobre justos y pecadores. Pues si no amáis sino a los que os aman, ¿qué mérito habréis de tener? ¿No lo hacen así los publicanos? Sed, entonces, perfectos, así como vuestro Padre Celestial es perfecto.

Guardaos de realizar vuestras buenas obras en presencia de los hombres, con el fin de que os vean; de lo contrario no recibiréis el premio de vuestro Padre que está en los cielos.

Y cuando deis limosna no queráis publicarlo al son de la trompeta, como hacen los hipócritas en las sinagogas y en las calles para ser honrados por los hombres. En verdad os digo que ya recibieron su recompensa. Mas vosotros, cuando deis limosna, haced que vuestra mano izquierda no perciba lo que hace vuestra mano derecha; para que vuestra limosna quede oculta, y vuestro Padre, que ve en lo secreto, os otorgue la justa recompensa.

Asimismo, cuando oréis, no hagáis como los hipócritas, que a propósito se ponen a orar de pie en las sinagogas y en las esquinas de las calles, para que los hombres los vean; en verdad os digo que ya recibieron su recompensa. Tú, al contrario, cuando ores, entra en tu aposento y, con la puerta cerrada, ora en secreto a tu Padre. Y tu Padre, que ve en lo secreto, te recompensará.

En tu oración no emplees palabras vacías como hacen los gentiles, que imaginan que serán escuchados a fuerza de palabras. No quieras, pues, imitarlos. Tu Padre sabe lo que necesitas sin que se lo pidas.

Orad, entonces, del siguiente modo:

Padre nuestro que estás en los cielos,
santificado sea tu nombre.
Venga a nosotros tu reino,
hágase tu voluntad,
así en la tierra como en el cielo.
El pan nuestro de cada día,
dánoslo hoy,
y perdónanos nuestras ofensas,
así como nosotros perdonamos
a los que nos ofenden.

Y no nos dejes caer en la tentación.
Mas líbranos del mal.

Porque si perdonáis a los demás las ofensas que cometen contra vosotros, vuestro Padre Celestial también perdonará vuestros pecados; pero si vosotros no perdonáis a los hombres, vuestro Padre Celestial tampoco os perdonará.

Cuando ayunéis, no os pongáis tristes, como los hipócritas que desfiguran su rostro para mostrar a los hombres que ayunan. En verdad os digo que ya recibieron su recompensa. Al contrario, cuando ayunes, perfuma tu cabeza, y lava tu cara, para que no sepan los hombres que ayunas, sino únicamente tu Padre, que está presente en todo, aun en lo más secreto; y tu Padre, que ve en lo secreto, te recompensará.

No quieras amontonar tesoros en la tierra, donde el orín y la polilla los consumen, y donde los ladrones los desentierran y los roban. Guarda tus tesoros en el cielo, donde no hay orín ni polilla que los consuma, ni tampoco ladrones que los desentierren y roben. Porque donde esté tu tesoro, allí estará también tu corazón.

Tu ojo es la lámpara del cuerpo. Si tu ojo está sano, todo tu cuerpo estará lleno de luz; pero si tu ojo está enfermo, todo tu cuerpo se llenará de oscuridad. Si lo que debe ser luz es tiniebla, ¡cuán grande será la oscuridad!

Nadie puede servir a dos amos; porque o tendrá aversión a uno y amor al otro; o si se sujeta al primero, mirará con desdén al segundo. No podéis servir a Dios y a la riqueza.

Por esto os digo: no os preocupéis por vuestra vida, por lo que comeréis o beberéis, ni por los vestidos que cubrirán vuestro cuerpo. ¿Acaso la vida no es más que alimento, y el cuerpo más que sus vestidos? Mirad las aves del cielo; no siembran ni siegan ni tienen graneros, y no obstante vuestro Padre Celestial las alimenta. ¿Acaso no valéis vosotros más que ellas? ¿Y quién de vosotros, a fuerza de discursos, podrá añadir una sola hora más a su vida? ¿Y por qué inquietarse por los vestidos? Contemplad los lirios del campo, cómo crecen; no labran ni tampoco hilan. Sin embargo os digo que ni Salomón en toda su gloria se vistió como uno de estos lirios. Pues si Dios viste así a las hierbas del campo, que hoy están vivas y mañana son arrojadas al horno, ¿cuánto más a vosotros, hombres de poca fe? Así que no vayáis diciendo acongojados: "¿Dónde hallaremos qué comer y qué beber? ¿Dónde hallaremos con qué vestirnos?" como hacen los paganos que ansían todas estas cosas. Vuestro Padre sabe bien que tenéis necesidad de ellas. Buscad primero el reino de Dios y su justicia, y todas las demás cosas se os darán por añadidura.

Así, no os preocupéis por el mañana, porque el mañana traerá sus propias preocupaciones. A cada día le basta su propio afán.

No juzguéis, si no queréis ser juzgados. Porque con el mismo juicio que juzgareis, seréis juzgados; y con la misma vara que midiereis, seréis medidos vosotros. ¿Cómo te atreves a mirar la paja en el ojo de tu hermano y no reparas en la viga que tienes en tu propio ojo? ¿Cómo dices a tu hermano: "Deja que saque esa pajita de tu ojo" cuando tienes una viga en el tuyo? Hipócrita, saca primero la viga de tu ojo, y luego, con la vista despejada, preocúpate por sacar la paja del ojo de tu hermano.

No deis a los perros las cosas santas, y no arrojéis vuestras perlas a los cerdos, no sea que las huellen con sus patas, y se vuelvan contra vosotros y os despedacen.

Pedid, y se os dará; buscad, y encontraréis; llamad, y os abrirán. Porque todo el que pide, recibe; y el que busca, encuentra; y al que llama, se le abrirá. ¿Hay por ventura alguno entre vosotros que, cuando su hijo le pide un pedazo de pan, le dé una piedra? ¿O que si le pide un pez, le dé una culebra? Si vosotros, siendo malos, sabéis dar cosas buenas a vuestros hijos, ¿cuánto más vuestro Padre Celestial dará cosas buenas a los que se las pidan?

Así, haz a los demás lo que quieras que te hagan a ti; porque ésta es la suma de la Ley y de los profetas.

Entra por la puerta angosta, porque la puerta ancha y el camino espacioso conducen a la perdición, y son muchos los que entran por ellos. ¡Oh, qué angosta es la puerta, y cuán estrecha la senda que conduce a la vida; y qué pocos son los que la encuentran!

Guardaos de los falsos profetas, que vienen a vosotros disfrazados con pieles de ovejas, mas por dentro son lobos voraces. Por sus frutos los conoceréis. ¿Acaso se sacan uvas de los espinos, o higos de las zarzas? Todo árbol bueno produce buenos frutos, y todo árbol malo da frutos malos. Ni el árbol bueno no puede dar frutos malos, ni el árbol malo puede dar frutos buenos. Todo árbol que no dé buen fruto será cortado y echado al fuego. Por sus frutos los conoceréis.

No todo aquel que me diga: "¡Señor, Señor!" entrará en el reino de los cielos; sólo aquel que haga la voluntad de mi Padre Celestial entrará en el reino de los cielos. En aquel día muchos me dirán: "¡Señor, Señor! ¿acaso no hemos profetizado en tu nombre, y expulsado en tu nombre a los demonios, y hecho muchos milagros en tu nombre?" Y yo contestaré: "Jamás os he conocido, apartaos, siervos del mal."

Por tanto, todo el que escucha mis palabras y actúa de acuerdo con ellas será semejante al hombre sabio que construyó su casa sobre una roca. Cayeron las lluvias, y los ríos salieron de madre, y soplaron vientos impetuosos contra la casa, pero no fue destruida porque sus cimientos eran de piedra. Pero todo el que escucha mis palabras y no actúa de acuerdo con ellas será semejante al hombre tonto que construyó su casa sobre la arena. Cayeron las lluvias, y los ríos salieron de madre, y soplaron vientos impetuosos contra la casa, y la casa se desplomó, y su ruina fue grande.

Habiendo Jesús concluido este razonamiento, la multitud admiró sus palabras; porque transmitía sus enseñanzas con autoridad, no a la manera de los escribas.

El Sermón de la Montaña incluye algunos de los dichos más conocidos de Jesús. En cierto modo, estos dichos conformaron un código nuevo y éticamente más riguroso que la propia ley mosaica. En este sermón y en el resto de sus enseñanzas, Jesús fundó una nueva ley, mucho más exigente en los planos legal, ético, y espiritual. A continuación me permito presentarles una selección de las enseñanzas más difíciles de Jesús (esas que nos llevan a pensar: "La piedad es fácil, el cristianismo es difícil.").

- Todo el que mire a una mujer con deseo, habrá pecado con ella en su corazón. . . . Y si tu ojo derecho te obliga a pecar, arráncalo y arrójalo lejos de ti; pues es mejor perder una parte del cuerpo, que soportar que el cuerpo entero arda en las llamas del infierno. Y si tu mano derecha es causa de escándalo, córtatela.

(Éste es el fragmento predilecto de Jimmy Carter. En una famosa entrevista para la revista *Playboy*, el entonces candidato a la presidencia de Estados Unidos dijo haber cometido adulterio muchas veces, inspirándose en este texto bíblico.)

- Habéis oído que se dijo: "Ojo por ojo, y diente por diente." Yo os digo, en cambio, que no ofrezcáis resistencia al agravio. Antes bien, si alguien te hiere en la mejilla derecha, ofrécele tu otra mejilla. Y al que quiere armarte pleito para quitarte la túnica, entrégale también el manto. Y a quien te obligare a ir cargado mil pasos, acompáñalo otros dos mil. Dale a todo el que te pida, y no le vuelvas el rostro al que quiera tomar prestado de ti.
- Amad a vuestros enemigos; haced el bien a los que os aborrecen, y orad por los que os persiguen y calumnian, para que seáis hijos del Padre Celestial.
- No juzguéis, si no queréis ser juzgados. Porque con el mismo juicio que juzgareis, seréis juzgados; y con la misma vara que midiereis, seréis medidos vosotros.
- Haz a los demás lo que quieras que te hagan a ti; porque ésta es la suma de la Ley y de los profetas.
- Sígueme, y deja que los muertos entierren a sus muertos. (Mt. 8.22)
- No penséis que he venido a traer la paz a la tierra; no he venido a traer la paz, sino la espada. . . . Quien ame al padre o a la madre más que a mí, no es digno de mí; y quien ame al hijo o a la hija más que a mí, no es digno de mí; y quien no carga con la cruz y me sigue, no es digno de mí. (Mt. 10.34, 37–38)

  (Si bien la alusión a la "espada" puede haber encendido los ánimos de los seguidores fanáticos y haberlos convencido de que Jesús pensaba liderar una revuelta contra Roma, el Mesías estaba hablando de una espada metafórica: aquella que corta "los viejos lazos." Jesús les estaba diciendo a sus discípulos que su misión no sería agradable; también les estaba exigiendo la aceptación incondicional de sus palabras y el rechazo absoluto de sus vidas pasadas.)
- Es más fácil para un camello pasar por el ojo de una aguja, que entrar al reino de Dios para un hombre rico. (Mt. 19.24)

¿Cómo haría un camello para pasar por el ojo de una aguja?

Jesús tenía la costumbre de exigir y desafiar con sus palabras. También le gustaba confundir. Incluso fue un maestro de las contradicciones. Y a veces prefería los acertijos y las adivinanzas. La famosa frase del ojo del aguja tal vez resultará conflictiva para muchos. Estuvo destinada a un joven rico que le preguntó a Jesús qué debía hacer para obtener la vida eterna. El joven le aseguró que había respetado todos los Mandamientos y obedecido todas las leyes. Jesús le dijo que vendiera todo lo que tenía, abandonara sus posesiones, y lo siguiera. El joven no pudo hacerlo y se fue lamentándose amargamente. En ese instante, Jesús les dijo a sus discípulos lo del camello y el ojo de la aguja.

Por supuesto que todos los discípulos de Jesús sabían qué era un camello. Las agujas también eran muy comunes. De modo que Jesús utilizó una hipérbole para hacerse entender.

Pero hay otra manera de considerar las palabras de Jesús, acaso más simple. La palabra griega para "camello" es muy similar a la palabra "cuerda" y algunos textos dicen "cuerda" o "soga" en lugar de "camello." Sin modificar la esencia del mensajc, cs probable que Jesús se haya referido a alguien que intentara hacer pasar una gruesa soga por el ojo de una aguja. Como fuera—camello o cucrda—Jesús quiso decirnos que no sería fácil.

Entonces, ¿dónde quedan los ricos? La idea de Jesús acerca de la riqueza y los bienes materiales probablemente incomodará a muchos cristianos modernos. Jesús exigió a sus discípulos que lo abandonaran todo, y ellos obedecieron. El Mesías tenía más estima por la pobre viuda que daba en caridad sus últimas monedas, lo único que tenía, que por el rico que daba limosnas y podía dar mucho más. Acerca de la riqueza y la Biblia, escribe el reverendo Peter Gomes en *The Good Book*: "Riqueza no es lo que se tiene; riqueza es lo que se ha recibido, y es posible dar a otros."

El Evangelio según Lucas expresa este sentimiento en otro verso memorable: "Al que mucho ha recibido, mucho se le pedirá; y de aquel a quien se han confiado muchas cosas, mucho más se esperará." (Lc. 12.48)

María Magdalena, ¿desagradable o amable?

El nombre María—derivado de la forma griega del hebreo Miriam, nombre de la hermana de Moisés—aparece en varias oportunidades en el Nuevo Testamento, y a veces provoca confusiones acerca de cuál María se está hablando. María madre de Jesús aparece brevemente en los Evangelios y, en la versión de Juan, reaparece cuando muere su hijo. Lucas cuenta la historia de otra María, una de dos hermanas. Cuando Jesús llega a su casa, esta María se sienta a sus pies y lo escucha predicar. Su hermana Marta cumple el habitual rol doméstico de "preparar la comida" para los personajes del Nuevo Testamento. Marta se molesta un poco al ver a María sentada mientras ella se afana entre ollas y sartenes. Cuando, ofuscada, le dice a Jesús que su hermana debería acompañarla en la cocina, el Mesías la interrumpe, y le dice que María ha "elegido la mejor parte" al decidir escucharlo. De vez en cuando, la divinidad de Jesús tropieza con su falta de humildad.

La tercera María es llamada María Magdalena, pero sería más apropiado llamarla María de Magdala, una ciudad cercana a Tiberíades (actual Israel). Muchos hemos crecido pensando que era una prostituta. Otras tradiciones sugieren una relación romántica entre esta María y Jesús. Por ejemplo, ella es la María que canta "No sé cómo amarlo" en el *Jesucristo Superstar* de Andrew Lloyd Weber. En la película *La última tentación de Cristo* es provocativa y francamente presentada como una prostituta que conoce y ama a Jesús. Los Evangelios Gnósticos sugieren que Jesús acostumbraba besar apasionadamente a María Magdalena, de modo que el rumor debió haber llegado a los primeros cristianos. Posteriormente, la Iglesia identificó a María Magdalena como la "pecadora"—presumiblemente prostituta pero posiblemente adúltera—que ungió los pies de Jesús en el Evangelio según Lucas (7.37–38). También fue relacionada—equivocadamente—con María, hermana de Marta, que unge los pies de Jesús en el Evangelio según Juan (12.3).

De haber sido abogada, María de Magdala podría haber demandado a los intérpretes de la Biblia por libelo. Su imagen de prostituta, adúltera, pecadora, o novia de Jesús refleja un grave error de concepto o un deseo oculto de que efectivamente lo fuera. Tal vez porque la madre de Jesús era una María "buena," los primeros líderes de la Iglesia quisieron crear una María "mala" a la que Jesús pudiera salvar. Pero las referencias bíblicas a María de Magdala no coinciden con su imagen de ramera. La versión de Lucas la describe como una de siete mujeres a las que Jesús sanó mediante la expulsión de los "demonios." María se unió luego al grupo de devotas seguidoras que apoyaban la prédica de Jesús. Su lugar entre estas mujeres era ciertamente especial, puesto que es una de las que entra a ver el cuerpo de Jesús en el sepulcro. Además, Jesús se le aparece a ella luego de su resurrección.

¿Jesús despreciaba a las mujeres?

Aunque son personajes de reparto en los Evangelios, las mujeres como María de Magdala, Marta, y María, la hermana de Lázaro, desafían la idea—convertida en dogma por la Iglesia—de que las mujeres eran ciudadanos de segunda clase para Jesús. El lugar de la mujer en la sociedad judía del siglo I estaba claramente limitado. En tiempos de Jesús, una mujer era "desposada"—aunque "comprada" sería un término más apropiado—a los doce o catorce años de edad. Con una jerarquía apenas superior a la de un esclavo, estaba destinada a tener hijos y hacer respetar las leyes alimentarias en el hogar. La escuela era para los varones, por supuesto, y las mujeres sólo podían educarse en el Templo o en las sinagogas. No podían entrar al templo cuando estaban "inmundas," ya se tratara del período menstrual o de las semanas posteriores al nacimiento de un hijo. No tenían derechos de posesión y, aunque podían pedir el divorcio, el marido debía concédenselo.

No obstante, las mujeres desempeñaron a menudo un papel central en la vida y las enseñanzas de Jesús. En un breve y sin embargo impactante episodio narrado en los Evangelios según Marcos y según Mateo, Jesús ignora a una mujer cananea cuando ésta le pide que cure a su hija. En un principio le responde que fue enviado para "las ovejas perdidas de Israel" y con tono desdeñoso y ofensivo le espeta que "No es justo sacarle la comida a los hijos para arrojársela a los perros." Quiere decir que su mensaje está destinado a los judíos, no a los gentiles. Cabe señalar que Jesús expresó este sentimiento desde el comienzo de los Evangelios, y que también hizo frecuentes comentarios despectivos respecto de los gentiles. Pero la mujer lo sorprende diciendo que hasta los perros comen las migajas que caen de la mesa. Comprendiendo que una gentil puede aceptar su mensaje, Jesús proclama: "Grande es tu fe" y cura a la niña.

Hay varios otros casos de mujeres que desempeñan un papel clave en los Evangelios, y Jesús es a menudo presentado hablando con mujeres descastadas o repudiadas por diversos motivos. En una memorable escena del Evangelio según Juan, desafía a una multitud dispuesta a apedrear a una adúltera. "El que esté libre de pecado, que arroje la primera piedra," dice Jesús . . . y la turba se dispersa mansamente.

Además de las tres Marías, en el Evangelio según Lucas se destacan una Juana y una Susana que apoyaron y alimentaron a Jesús y a sus discípulos. En el Libro de los Hechos y las cartas de Pablo hay evidencia bíblica de que, en los comienzos de la Iglesia cristiana, las mujeres estaban muy lejos de ocupar el "rol doméstico" que la sociedad judía—no Jesús—les había asignado. Aunque no había mujeres entre los doce discípulos, en otros aspectos Jesús daba a hombres y mujeres un tratamiento igualitario, que se extendía incluso a aquellas mujeres marginadas por la sociedad. En los Evangelios, un grupo de mujeres—incluida María Magdalena—fue testigo mayoritario de la resurrección de Jesús. Y en los comienzos de la Iglesia cristiana hubo mujeres profetas, líderes, diaconesas, y misioneras. Una lectura razonable y objetiva del Nuevo Testamento—que tenga en cuenta las restricciones sociales impuestas a las mujeres del siglo I—permitirá refutar la idea de la inferioridad de las mujeres en el cristianismo tradicional. Pero siglos de jerarquía eclesiástica dominada por el patriarcado han convertido a la mujer en ciudadana de segunda de la cristiandad.

¿Qué tenía de "bueno" el "buen samaritano"?

Así es como Jesús contó la historia, exclusivamente a Lucas. Un hombre que iba de Jerusalén a Jericó fue atacado por unos ladrones que le robaron todo lo que tenía, lo golpearon y lo abandonaron a una muerte segura. Un sacerdote—uno de los oficiantes religiosos de mayor jerarquía dentro del judaísmo—y un levita—asistente del sacerdote—pasaron junto al cuerpo, del otro lado del camino. Ambos respetaron la estricta observancia de las leyes de pureza judías en cuanto a tocar sangre, o incluso simples callosidades. En ese momento llegó un samaritano, colocó al herido sobre su burro, vendó sus heridas, lo llevó a una posada, y pagó por su cuidado. Jesús, acosado por los legistas siempre dispuestos a "probarlo," le preguntó a uno de ellos cuál de los tres hombres del relato había actuado como un buen vecino. Cuando le respondieron: "El que mostró misericordia," dijo Jesús: "Seguid su ejemplo."

¿Qué tiene de especial este relato? Los samaritanos no eran bien vistos por los judíos. No eran buenos vecinos. Judíos y samaritanos habían compartido una larga y desdichada historia. Según la tradición, los samaritanos llegaron al país cuando los asirios conquistaron Israel. Se trataba de una secta que respetaba los Libros de Moisés pero no consideraba sagrado el resto de las Escrituras hebreas. Ambos grupos se profesaban un amargo y sordo desdén. El equivalente actual del "buen samaritano" sería, para los judíos contemporáneos, "el buen terrorista palestino."

El mensaje de Jesús fue simple y llano. La obediencia ciega a la Ley y el respeto a las reglas religiosas—por ejemplo, no tocar sangre en nombre de la "pureza"—carecían de sentido si no estaban acompañadas por la misericordia hacia los necesitados. Al hacer del samaritano un héroe, Jesús expresó también su voluntad de incluir a los descastados de la sociedad, entre ellos los leprosos, dementes, pecadores, recaudadores de impuestos, y otros "perdedores" que lo rodeaban y para quienes predicaba activamente.

El uso de parábolas—hay aproximadamente treinta en la Biblia, algunas de ellas aparecen en los cuatro Evangelios, otras sólo en uno—como la del "buen samaritano" era una estrategia característica de Jesús en sus enseñanzas. A menudo contaba historias simples para transmitir su prédica. Ocasionalmente, estas "parábolas" no eran relatos sino comparaciones, adivinanzas, y metáforas, algunas muy complejas. Con frecuencia Jesús utilizaba estas parábolas para hacer pensar a sus seguidores, práctica a la que los posteriores líderes de la Iglesia no han consagrado sus esfuerzos.

LAS PARÁBOLAS DE JESÚS

Uno de los métodos clave de enseñanza de Jesús era hablar en parábolas, breves relatos de la vida diaria cuyo objetivo era ilustrar un mensaje espiritual. Estas parábolas podían consistir en una metáfora, como esta descripción del reino de los cielos en el Evangelio según Mateo: "Como el mercader en busca de perlas finas que, al encontrar una perla de gran valor, fue y vendió todo lo que tenía para comprarla." O podían ser historias más complejas, como la del "hijo pródigo" o la del "buen samaritano." Si bien muchas parábolas de Jesús contenían sencillas lecciones morales, otras eran oscuras y tenían cierto "toque Zen." A veces sus discípulos no lograban descifrarlas y Jesús sacudía la cabeza, tal vez decepcionado por la lentitud de sus alumnos. Cuando les contó la parábola del Sembrador (véase más adelante)—incluida en el Evangelio según Marcos—los discípulos le pidieron que la explicara. "¿No entendéis esta parábola?" preguntó Jesús. "¿Entonces cómo entenderéis todas las parábolas?"

Las parábolas sufrieron diversas y constantes interpretaciones a lo largo de la historia. En el Medioevo fueron sobrecargadas de simbolismos alegóricos, un estilo interpretativo que ha perdido vigencia. Sin embargo, esto sirve para demostrar que la gente siempre ha considerado las parábolas, y la Biblia, desde su propia perspectiva. Hay más de treinta parábolas en los Evangelios, aunque la versión de Juan no registra ninguna.

- El sembrador: Un hombre siembra semillas. Algunas caen fuera del surco y son comidas por los pájaros; otras caen en terreno pedregoso y se secan; otras caen entre espinos y se parten; pero algunas caen en suelo fértil y producen grandes cosechas. Las semillas de esta parábola eran la Palabra de Dios y los diversos tipos de suelo en los que caen eran las distintas maneras en que hombres y mujeres respondían a la prédica de Jesús. (Mateo, Marcos, Lucas)
- La semilla de mostaza: El reino de Dios es como la semilla de mostaza, la más pequeña de todas las semillas, pero que, cuando crece, se convierte en un inmenso árbol. (Mateo, Marcos, Lucas)
- Los malos arrendatarios: Un terrateniente arrienda un campo a unos individuos que no le pagan e incluso matan a los hombres enviados a cobrar la renta. El terrateniente termina por destruir a los arrendatarios. Esta parábola estaba destinada a los sacerdotes y

escribas y pretendía ilustrar la manera en que éstos rechazaban a Jesús. (Mateo, Marcos, Lucas)

- La casa dividida: "Todo reino dividido en facciones contrarias será desolado, y ninguna ciudad o casa dividida subsistirá." (Mt. 12.25, Mc. 3.23) Jesús dijo esto después de ser acusado de valerse del poder de Satanás para expulsar a los demonios. En un sentido más práctico, sus palabras fueron retomadas por Abraham Lincoln ("La casa dividida no subsistirá") en 1858, antes de la Guerra de Secesión, para indicar que la nación dividida no podría sobrevivir.

- La higuera: Cuando la higuera da fruto, se sabe cuál es la estación. Jesús les dijo a sus discípulos que debían observar todas las señales—en alusión directa a él mismo y a sus obras—que indicaran que el reino estaba cerca. (Marcos, Mateo, Lucas)

- La levadura: "El reino de los cielos es como levadura." La palabra de Dios es como la levadura que, agregada a la harina, da por resultado el pan. (Mateo, Lucas)

- El banquete de bodas: Las dos versiones de esta parábola son divergentes. En el Evangelio según Mateo, un rey ofrece un banquete de bodas pero todos los invitados se rehúsan a asistir por distintas razones, y el rey envía a sus tropas a matar a los renuentes. Ésta era una parábola profética destinada a aquellos que negaban a Jesús y referida a la destrucción de Jerusalén en el año 70 EC por los romanos. Luego, los sirvientes llenan el salón con gente recogida de las calles. Cuando el rey ve que uno de los invitados no lleva el atuendo apropiado para la ocasión y lo arroja fuera, Jesús pronuncia una frase misteriosa: "Porque muchos son llamados, pero pocos son elegidos." ¿Eso significa que hay un código de etiqueta en el cielo? Éste ha sido un verdadero enigma para los teólogos. El invitado fue sacado de la calle. ¿Por qué habría de vestir un atuendo apropiado para tan solemne ocasión? Algunos eruditos han sugerido que este aspecto del relato era en sí mismo una parábola, lo cual parece un tanto confuso. Otra interpretación aduce que todo el que acude al banquete—"al cielo"—debe llegar con el espíritu apropiado—representado en esta parábola por la vestimenta adecuada. Esto equivale al reconocimiento implícito de que la salvación no será universal. Sólo aquellos que presten atención al "llamado" serán "elegidos."

En la versión de Lucas, el relato va directamente al grano. Los invitados que rechazan la invitación al banquete son los que niegan el mensaje de Dios comunicado por Jesús. Ellos también fueron "llamados" pero rechazaron la invitación y no serán "elegidos."

- La oveja perdida: El pastor que cuida un rebaño de cien ovejas detectará y buscará a la oveja perdida. Dios también quiere traer a la oveja perdida de vuelta al rebaño y celebra cuando logra recuperarla. (Mateo, Lucas)
- El albañil sabio y el albañil tonto: Los que prestan atención a Jesús son como el hombre sabio que levanta su casa sobre la piedra; la casa soportará el viento y la lluvia. Los que no lo escuchan son como el tonto que edifica su casa en la arena. La casa se desplomará. (Mateo, Lucas)
- El sirviente tonto y el sirviente sabio: El amo deja solos a sus sirvientes. Cuando regresa, el buen sirviente está trabajando. El otro se ha emborrachado y golpea a sus compañeros. Cuando el amo regresa inesperadamente, le propina una golpiza al mal sirviente. Una vez concluida la parábola, Lucas comenta: "De aquel a quien mucho se le ha dado, mucho se requerirá." (Mateo, Lucas)
- Los talentos: Un amo da a sus esclavos distintas cantidades de dinero y se marcha. A su regreso, algunos han invertido los "talentos" recibidos y han prosperado, pero otro ha guardado los suyos en lugar seguro. El amo se enfurece con este último porque no ha incrementado el valor de lo que tenía. (Mateo, Lucas)
- La paja y el trigo: Un agricultor planta semillas e inmediatamente crecen malezas. Deja crecer la maleza hasta la época de la cosecha. Esta parábola suele ser considerada en relación al Día del Juicio Final, cuando los buenos y los malos serán separados como la paja del trigo en el momento de la cosecha. (Mateo)
- El tesoro oculto: El reino del cielo es como un tesoro oculto. Si alguien lo encuentra en un campo, debe vender todo lo que tiene y comprar el campo donde se halla oculto el tesoro. (Mateo)

- La gran red: La red atrapa toda clase de peces, buenos y malos. En el Día del Juicio, los ángeles separarán a los buenos de los malos, como el pescador separa los peces atrapados en la red. (Mateo)

- El tonto rico: Un acaudalado agricultor almacena sus granos y se alegra . . . pero muere esa misma noche. Moraleja: "Lo mismo ocurre a aquellos que guardan sus tesoros y no son generosos con Dios." (Lucas)

- La semilla secreta: El reino de Dios es como la semilla que crece durante la noche y luego es cosechada. Los mortales tal vez no entenderán que esto sea posible, pero reconocerán y apreciarán el valor de este milagro. (Marcos)

- El sirviente incapaz de perdonar: Un sirviente que debe dinero es perdonado por su rey. Pero luego ese mismo sirviente le exige a otro sirviente que le debe dinero que pague su deuda y lo hace encerrar en prisión. Cuando el rey se entera, manda castigar al primer sirviente. Moraleja: "Lo mismo hará mi Padre Celestial con todos aquellos entre ustedes que no perdonen a sus hermanos o hermanas en su corazón." (Mateo)

- Las doncellas sabias y las doncellas tontas: Un grupo de doncellas tontas desaprovechan la oportunidad de recibir al novio que acude a buscar a la novia y no puede asistir al banquete de bodas. Moraleja: Está siempre atento, porque no sabes cuándo llegará el reino de Dios. (Mateo)

- La oveja y el carnero: En el Juicio Final, el "Hijo del Hombre" separará a los mortales como el pastor separa a las ovejas de los carneros.

- La moneda perdida: Una mujer pierde una moneda, la busca, y festeja al encontrarla. Moraleja: "Habrá más alegría en el cielo por un pecador arrepentido que por noventa y nueve que no tengan de qué arrepentirse." (Lucas)

- El hijo pródigo: Un joven cobra su herencia, la dilapida y se ve obligado a dar de comer a los cerdos para subsistir. Decide entonces volver a su casa y el padre lo recibe con los brazos abiertos. El hermano mayor se molesta al ver a su padre dar la bienvenida a un hijo indigno. El padre explica: "Hijo mío, tú siempre estuviste conmigo y todo lo que tengo te pertenece. Pero debemos celebrar y regocijarnos, porque tu hermano estaba muerto y ha vuelto a la vida, estaba perdido y fue hallado." Obvia parábola acerca del misericordioso perdón de Dios. (Lucas)

- El fariseo y el recaudador de impuestos: Un fariseo va a rezar y le agradece a Dios por no ser un pecador como tantos otros. Un recaudador de impuestos pide misericordia porque es un pecador. Moraleja: "Todo el que a sí mismo se exalte será humillado, y todo el que a sí mismo se humille será exaltado." (Lucas)

¿Qué tenían de malo los fariseos?

La parábola del "Buen samaritano" contenía más de una nota de desdén hacia los devotos judíos que anteponían el cumplimiento de la Ley a la moral. Éste era un tema clave en las enseñanzas de Jesús. La obediencia de las leyes sin misericordia carecía de valor espiritual. En varias ocasiones Jesús citó a los profetas que dijeron: "Dios desea la misericordia más que el sacrificio."

Jesús reservaba una furia especial hacia aquellos que llamaba "escribas y fariseos," grupo que también podría recibir la denominación de "legistas." Mateo prefiere llamar "hipócritas" a los fariseos, palabra griega aplicada a los actores o simuladores de cualquier clase. En otras palabras, los que decían una cosa y hacían otra.

En el Nuevo Testamento, escribas y fariseos no presentan diferencias apreciables. La mayor parte de las disputas de Jesús con los escribas y fariseos concernían a la ley, y tomaban la forma de la discusión rabínica, una antigua tradición muy respetada dentro del judaísmo. Con frecuencia Jesús era agresivamente desafiado por estos hombres en cuanto a la observancia del *Sabat*, el divorcio, y el pago de impuestos a Roma. Los fariseos—secta que creó el extensivo corpus de leyes orales judías para aplicar la Ley Mosaica a situaciones contemporáneas—creían en el estricto cumplimiento de las leyes rituales de pureza, reglas que aparentemente los colocaban por encima de los numerosos "desposeídos" de la sociedad de Judea. Jesús condenó a los fariseos por ocuparse de pequeños detalles a expensas del verdadero propósito de la Ley. Entre los más hipócritas de los fariseos vio a un grupo de hombres más interesados en el prestigio y en conservar su posición que en la salvación espiritual. No obstante, muchas de las enseñanzas de Jesús son similares a las de los fariseos y el Nuevo Testamento no condena necesariamente a esta secta. Por ejemplo, Jesús come en la casa de uno de ellos, llamado Simón. Uno de los más grandes rabinos judíos de todos los tiempos, Hilel, era fariseo y formuló una versión "negativa" de la Regla de Oro: "No hagas a los demás lo que no quieras que te hagan a ti. Eso es la Torá. El resto es puro comentario." Muchos historiadores y especialistas han especulado que Jesús podría haber sido discípulo de Hilel, aunque no hay evidencias que respalden esta teoría. Lo más probable es que Jesús conociera las enseñanzas de Hilel y luego "adaptara" la "Regla de Oro" en el Sermón de la Montaña.

Los fariseos eran uno de los varios grupos que habitaban en Jerusalén en el siglo I, un intenso período en el que la oposición al gobierno romano ocasionalmente desencadenaba rebeliones y revueltas. Muchos judíos de este período creían que el Mesías llegaría pronto. En el fervor del nacionalismo, esperaban un Salvador a imagen y semejanza del rey David, un rey guerrero que liderara el levantamiento militar contra los romanos y devolviera su antigua gloria a Israel. Un carpintero nazareno rodeado de pescadores, recaudadores de impuestos, y leprosos que predicaba "ofrecer la otra mejilla" no era precisamente el Mesías ideal de los judíos militantes de la época.

Los seguidores de Jesús no fueron los únicos en proclamar su estatus de Mesías. Otros líderes nacionalistas anunciaron su jerarquía mesiánica para ganar seguidores. Y es en este tumultuoso contexto de grupos judíos salvajemente enfrentados—algunos propicios a Roma, otros dispuestos a rebelarse—donde transcurrieron los últimos días de Jesús. Además de los fariseos, los otros grupos judíos importantes del período fueron:

Saduceos: los "justos" en hebreo. Constituían la elite religiosa y políticamente conservadora de la sociedad judía, y tenían la mayoría de las bancas en el Sanedrín (o concilio judío). También controlaban los asuntos del Templo, y a menudo se enfrentaban con los fariseos porque adherían a la ley escrita en oposición a las leyes orales que respetaban y transmitían estos últimos.

Herodianos: grupo poco conocido que prestaba obediencia a los reyes nombrados por los romanos y descendientes de Herodes.

Zelotas: este término no aludía a un grupo determinado sino a una variedad de bandas de fanáticos rebeldes decididas a derrocar a los romanos y sus colaboradores judíos. La primera banda se organizó hacia el año 6 EC. Los zelotas incluían a un grupo de asesinos, los sicarios, así llamados por las dagas cortas que utilizaban.

Esenios: este misterioso grupo llevaba una vida monástica comunitaria en el desierto, cerca del Mar Muerto. Se habían alejado de Jerusalén porque rechazaban de plano ciertas prácticas del Templo, entre ellas los sacrificios. Aunque no todos los esenios vivían en el Qumran, probablemente a este grupo se debe la autoría de los Rollos del Mar Muerto. Los célibes esenios eran ávidos bautistas a la espera de una guerra entre las fuerzas de "la luz y la oscuridad," y decían estar "preparando el camino del Señor." Frases como éstas han llevado a algunos eruditos a vincular a Jesús y a Juan el Bautista con la comunidad de los esenios. Aunque es probable que Jesús haya recibido la influencia de los esenios—o reaccionado contra sus enseñanzas—no era uno de ellos. Los esenios excluían a las mujeres, los enfermos, y los tullidos . . . y Jesús los recibía abiertamente en sus prédicas. Por lo demás, Jesús instaba a amar a los enemigos y los esenios sostenían la posición diametralmente opuesta.

VOCES BÍBLICAS
LC. 19.41–48

Al llegar cerca de Jerusalén, al ver la ciudad, derramó lágrimas sobre ella, diciendo: "¡Si tú, incluso tú, hubieras reconocido en este día las cosas que puede atraerte la paz! Pero ahora todo se ha ocultado de tus ojos. Vendrán

días en que tus enemigos te rodearán, y te acecharán, y te estrecharán por todas partes, y te arrasarán, y arrasarán a tus hijos dentro de ti, y no dejarán piedra sobre piedra; por cuanto has desconocido el tiempo en que Dios te ha visitado."

Y habiendo entrado en el templo, comenzó a echar fuera a los que vendían y compraban . . . Y enseñaba todos los días en el Templo. Pero los príncipes de los sacerdotes, y los escribas, y los principales del pueblo buscaban una manera de matarlo; pero no hallaban manera de obrar contra él, porque todo el pueblo estaba hechizado con sus palabras.

RESUMEN DE LA TRAMA: LOS MILAGROS DE JESÚS

Durante tres años, Jesús y sus doce discípulos habían estado viajando, ensenando, curando, y obrando milagros. Su renombre y prestigio habían aumentado. En el Evangelio según Juan, Jesús estableció un nuevo estándar para las bodas con su primer milagro: convertir el agua en vino durante el banquete. Muchos decían que había calmado una tormenta en el Mar de Galilea y caminado sobre las aguas. Había sanado tullidos, ciegos, y leprosos. A medida que las noticias de los milagros de Jesús se dispersaban por Judea, numerosas multitudes acudían a verlo y a escucharlo dondequiera que iba. No tenemos manera de medir su popularidad, pero sabemos que era lo suficientemente grande como para inquietar a las autoridades judías.

Contrariamente a la creencia popular o las interpretaciones erróneas del período histórico, Jesús no era el único sanador de Judea. Así como otros le disputaban la jerarquía mesiánica para aumentar su poder político, eran numerosos los obradores de milagros, y sanadores que vagabundeaban por el Imperio Romano en aquellos tiempos. Jesús incluso mencionó a los que curaban en su nombre. El Talmud judío menciona a varios rabinos obradores de milagros en los días de Jesús. Pero ninguno de ellos logró hacer lo que éste: resucitar a los muertos en tres ocasiones, de acuerdo con el testimonio de sus discípulos.

Cuando la hija de un líder religioso local expiró, Jesús se acercó al cuerpo inerte y dijo: *Talita cumi* ("Levántate, niña" en arameo). La niña se levantó y Jesús dijo que no estaba muerta, sino dormida. Pero otros la habían examinado y afirmaban que había muerto. En otro episodio de resurrección, Jesús devuelve a la vida al hijo de una viuda. Es probable que los judíos de la época hayan vinculado estos hechos a milagros similares realizados por los profetas hebreos Elías y Eliseo. Y cuando Jesús resucita a Lázaro, muerto hacía cuatro días, deja en claro que no es un vulgar obrador de milagros. Le dice a Marta, la hermana de Lázaro: "Yo soy la resurrección y la vida. Aquellos que creen en mí, aunque mueran, vivirán; y todo el que crea en mí no morirá jamás." (Jn. 11.24–26)

El creciente renombre de Jesús comenzó a incomodar a los líderes judíos. Cuando Jesús resucitó a Lázaro, un fariseo le dijo a otro: "Mira, no puedes hacer nada. Mira, todo el mundo lo sigue."

Los milagros de Jesús

Los milagros son tan viejos como la Creación.

En el Nuevo Testamento, así como en las Escrituras hebreas, los milagros son prueba de la intervención de la mano de Dios en los asuntos terrenales. Pero los milagros del Nuevo Testamento tienden a ser milagros "personales," en oposición a aquellos que afectan a toda la nación, como las plagas de Egipto, el cruce del Mar Muerto, y la destrucción del ejército egipcio en el Éxodo.

Además de su nacimiento y su resurrección milagrosos—y de la Transfiguración (analizada en el texto)—Jesús hizo más de treinta y cinco milagros en los Evangelios. Estos milagros pueden clasificarse en tres grandes categorías: milagros de alimentación, milagros naturales, y sanaciones, resurecciones, y exorcismos. A continuación incluimos una lista de los milagros de Jesús y su ubicación en los Evangelios:

MILAGRO	MATEO	MARCOS	LUCAS	JUAN
Milagros de cuatro Evangelios				
Alimentar a los cinco mil	14.13	6.30	9.10	6.1

Cinco hogazas de pan y dos peces alimentan a una multitud de 5,000 "hombres" en los tres primeros Evangelios, y de 5,000 "personas" en la versión de Juan. La multitud había acudido a ver a Jesús curar a los enfermos.

MILAGRO	MATEO	MARCOS	LUCAS	JUAN
Milagros de tres Evangelios				
Limpieza del leproso	8.2	1.40	5.12	
Curación de la fiebre de la suegra de Pedro	8.14	1.30	4.38	
Curación de muchos poseídos en una noche	8.16	1.32	4.40	

Cabe señalar que en este milagro de sanación los demonios que Jesús expulsa lo reconocen como el Mesías e intentan hablar con él, pero Jesús no los escucha.

MILAGRO	MATEO	MARCOS	LUCAS	JUAN
Calmar el tormentoso Mar de Galilea	8.23	4.35	8.22	
Arrojar los demonios a una piara de cerdos	8.28	5.1	8.26	

En este exorcismo Jesús transfiere los espíritus demoníacos de la gente a una piara de cerdos, "animales inmundos" que inmediatamente se ahogan en el lodazal. La versión de Mateo habla de dos "endemoniados"; en las versiones de Marcos y Lucas hay un solo poseído, llamado "Legión."

MILAGRO	MATEO	MARCOS	LUCAS	JUAN
Curación de un paralítico	9.2	2.3	5.18	
Resurrección de la hija de Jairo, un líder religioso	9.18	5.35	8.40	

Ésta es la primera resurrección llevada a cabo por Jesús, si los registros evangélicos no mienten.

MILAGRO	MATEO	MARCOS	LUCAS	JUAN
Curación de una mujer que ha padecido de hemorroides durante doce años	9.20	5.25	8.43	

Dado que la sangre era considerada señal de impureza, este acto de sanación fue particularmente importante para los judíos. La mujer tocó el borde de la túnica de Jesús sin que él se diera cuenta, y no obstante fue curada porque tuvo fe.

Curación de la mano seca de un hombre	12.9	3.1	6.6	

Jesús curó la mano de este hombre en el Sabat, *contrariando a los furibundos fariseos. Cuando éstos lo enfrentaron, les preguntó: "¿Obedecer la ley es hacer el bien o hacer el mal en el* Sabat, *salvar una vida, o destruirla?"*

Caminar sobre las aguas del Mar de Galilea	14.25	6.48		6.19
Curación de un niño epiléptico	17.14	9.17	9.38	
Curación de ciegos	20.30	10.46	18.35	

Milagros de dos Evangelios

Curación del esclavo de un centurión romano	8.5		7.1	
Curación de la hija de una gentil	15.21	7.24		

Cuando esta mujer le pide por primera vez que cure a su hija, Jesús se niega a hacerlo porque se trata de una gentil. Pero la mujer convence a Jesús de su fe y su plegaria es atendida.

Alimentar a los cuatro mil	15.32	8.1		

En este segundo milagro de alimentación, Jesús da de comer a 4,000 personas con siete hogazas de pan y algunos peces.

<table>
<tr><th>Milagro</th><th>Mateo</th><th>Marcos</th><th>Lucas</th><th>Juan</th></tr>
<tr><td>Maldición y marchitamiento de la higuera</td><td>21.18</td><td>11.12</td><td></td><td></td></tr>
<tr><td colspan="5">Éste es un milagro de carácter extraño, incluso "vengativo." Jesús va a arrancar un higo de una higuera y ve que el árbol no tiene frutos. Aunque esto se debe a que no es la temporada frutal, Jesús maldice a la higuera y ésta se seca. Se dice que el "árbol" simboliza al pueblo de Jerusalén que, al rechazar a Jesús como su Mesías, "no da fruto" y está condenado "a secarse" bajo la bota de los conquistadores romanos.</td></tr>
<tr><td>Expulsión de un espíritu inmundo</td><td></td><td>1.23</td><td>4.33</td><td></td></tr>
<tr><td colspan="5">Milagros de un Evangelio</td></tr>
<tr><td>Curación de un mudo endemoniado</td><td>9.32</td><td></td><td></td><td></td></tr>
<tr><td>Curación de dos ciegos</td><td>9.27</td><td></td><td></td><td></td></tr>
<tr><td>Impuesto del templo hallado en la boca de un pez</td><td></td><td>17.24</td><td></td><td></td></tr>
<tr><td colspan="5">Cuando le exigen que pague el impuesto del templo, Jesús extrae una moneda de la boca de un pez pescado por Pedro.</td></tr>
<tr><td>Curación de un sordomudo</td><td></td><td>7.31</td><td></td><td></td></tr>
<tr><td colspan="5">Jesús cura al sordomundo pronunciando la palabra aramea Ephphatha ("Ábrete").</td></tr>
<tr><td>Curación de un ciego paralítico</td><td></td><td>8.22</td><td></td><td></td></tr>
<tr><td>Pesca inesperada</td><td></td><td></td><td>5.1</td><td></td></tr>
<tr><td colspan="5">Cuando Jesús va a reclutar a sus discípulos, pescadores en el Mar de Galilea, llena sus redes con más peces de los que éstas pueden contener.</td></tr>
<tr><td>Resurrección del hijo de una viuda en Naín</td><td></td><td></td><td>7.11</td><td></td></tr>
<tr><td colspan="5">Segunda resurrección llevada a cabo por Jesús.</td></tr>
</table>

MILAGRO	MATEO	MARCOS	LUCAS	JUAN
Curación de una tullida			13.11	
Curación de un gotoso			14.11	
Curación de diez leprosos			17.11	
De los diez leprosos, sólo uno—un samaritano—muestra gratitud a Jesús.				
Reimplantación de una oreja cortada			22.51	
Aunque los otros Evangelios dicen que uno de los discípulos de Jesús le cortó la oreja a un hombre cuando el Mesías fue arrestado, Lucas sostiene que Jesús recolocó la oreja en su lugar.				
Transformar el agua en vino en Caná				2.1
Curación del hijo de un funcionario real				4.46
Curación de un achacoso en Betsaida				5.1
Curación de un ciego de nacimiento				9.1
En este caso, Jesús escupe en el suelo, hace barro con su saliva, y lo aplica sobre los ojos del ciego.				
Resucitación de Lázaro				11.43
Lázaro, uno de los seguidores de Jesús, fué resucitado después de haber muerto hacía cuatro días. En aquella época se creía que el alma abandonaba el cuerpo a los tres días de haber muerto.				
Segunda pesca inesperada				21.1
Después de su resurrección, Jesús se les aparece a algunos discípulos y los ayuda a atrapar una enorme cantidad de peces, luego de que no habían podido pescar nada en toda la noche.				

Voces Bíblicas
Mc. 9.2–8

Seis días después, tomó Jesús consigo a Pedro, a Santiago, y a Juan, y los condujo a un monte elevado, en lugar apartado, y se transfiguró en presencia de ellos. De forma que sus vestidos aparecieron resplandecientes, y de un candor extremado como la nieve, tan blancos que no hay lavandero en el mundo que así pudiese blanquearlos. Al mismo tiempo se les aparecieron Elías y Moisés, que estaban conversando con Jesús. Y Pedro, tomando la palabra, dijo a Jesús: "Oh, rabí, bueno será que nos quedemos aquí; hagamos tres moradas, una para ti, una para Moisés, y una para Elías." No sabía qué decir, pues estaban aterrados. En esto se formó una nube que los cubrió, y de la nube salió una voz, que dijo: "Éste es mi Hijo, el Bienamado; ¡escuchadlo!" Y mirando a todas partes, no vieron a nadie más junto a ellos, sólo a Jesús.

¿Qué es una Transfiguración?

Mientras Jesús se preparaba para viajar a Jerusalén con motivo de la Pascua, en el clímax de su vida y de su prédica, tres de los Evangelios relatan un evento extraordinario. Jesús llevó a tres selectos discípulos a una montaña y, ante su atónita mirada, se "transfiguró" místicamente. Es decir que su ser físico se transformó y las imágenes de Moisés y Elías, los dos grandes profetas del judaísmo, aparecieron de pie junto a él. Los discípulos que presenciaron la transfiguración quedaron azorados y escucharon a la voz de Dios anunciar que Jesús era su Amado Hijo. Fue una de las dos oportunidades—la otra fue durante el bautismo de Jesús—en que se escuchó la voz celestial en los Evangelios. Todas las versiones afirman que el rostro de Jesús resplandecía como el rostro de Moisés al ver a Dios en el Monte Sinaí en el Éxodo, cimentando una vez más la conexión entre Jesús y Moisés para los seguidores judíos. La palabra griega traducida como "transfigurar" es *metamorphé*, "cambiar de forma."

RESUMEN DE LA TRAMA: ÚLTIMOS DÍAS DE JESÚS

Jesús y sus discípulos van a Jerusalén con motivo de la Pascua . . . y nuevamente los Evangelios no se ponen de acuerdo en ciertas cosas. Los primeros tres Evangelios consideran que ésta fue la primera visita de Jesús a esa ciudad, más allá de las visitas en la infancia registradas por Lucas. Pero, en la versión de Juan, Jesús hace cinco viajes a Jerusalén. Primero envía a dos discípulos a reservar un cuarto y a buscar una montura para él, dando cumplimiento de este modo a la profecía hebrea. Cuando entra en la ciudad, algunos lo aclaman agitando sus mantos o sus ramos de hojas de palmera y llamándolo Mesías. Los cristianos celebran esta entrada triunfal como el Domingo de Ramos. La creciente popularidad de Jesús—y la evidencia de que muchos comenzaban a considerarlo el Mesías prometido en las Escrituras hebreas—empezó a crearle enemigos. Si bien algunos líderes judíos lo consideraban un falso profeta, otros lo veían como un peligro. Temían que amenazara su propio poder, o provocara una grave y potencialmente devastadora represión por parte de los romanos si éstos detectaban el menor esbozo de rebelión, especialmente en la atestada Jerusalén durante la semana de Pascua.

Nuevamente en conflicto con la versión de Juan, los tres primeros Evangelios sostienen que Jesús fue directamente al Templo. Enfurecido por la presencia de mercaderes y cambiadores de dinero en el lugar sagrado, da vuelta a sus mesas, y los expulsa a latigazos. Estos mercaderes vendían animales para los sacrificios rituales y cambiaban las monedas de los peregrinos por dinero local. Sus puestos se hallaban en el Patio de los Gentiles, fuera del recinto del Templo, y deben de haber tenido la caótica atmósfera de un bazar de Oriente Medio. El sacrificio de los animales se realizaba en el interior del Templo. Discrepando otra vez, Juan ubica esta "limpieza del Templo" al comienzo de la prédica de Jesús y no en la última semana de su vida. Como fuera, este violento ataque contra los lucrativos mercaderes del Templo seguramente enfureció a las autoridades que sacaban su abundante tajada del negocio. Fue así que, poco después de la entrada triunfal de Jesús en la ciudad, se pusieron en movimiento los engranajes que llevaron a su arresto y muerte en la cruz.

Voces Bíblicas
Jn. 13.1–7

La víspera del día de la Pascua solemne, supo Jesús que era llegada la hora de su tránsito de este mundo al Padre. Y habiendo amado a los suyos, que vivían en el mundo, los amó hasta el final. Y así, acabada la cena, cuando ya el diablo había puesto en el corazón de Judas, hijo de Simón Iscariote, el designio de entregarlo, Jesús, sabiendo que el Padre había dejado todas las cosas en sus manos, y que habiendo venido de Dios volvería a Dios, se levantó de la mesa, se despojó de sus vestidos, y se ató una toalla a la cintura. Después virtió agua en un lebrillo y comenzó a lavar los pies de los discípulos, y a secarlos con la toalla que se había ceñido. Cuando se acercó a Pedro Simón, éste le dijo: "¡Señor! ¿Tú vas a lavarme los pies?" Y Jesús respondió: "Ahora no sabes lo que hago, pero después comprenderás."

¿Qué fue la Última Cena?

En la obra maestra de Leonardo da Vinci—llamada *La Última Cena*—los discípulos están sentados frente a una mesa larga y alta, a cada lado de Jesús. Lo que Leonardo no sabía era que Jesús y sus discípulos comieron, como indicaba la costumbre de aquellos días, reclinados en butacas o alfombras alrededor de una mesa baja. Actualmente se discute si la Última Cena de Jesús con sus discípulos fue la comida de Pascua. Aparentemente no hubo mujeres en la Última Cena, tal como hubiera ocurrido en la comida de Pascua en conmemoración de la salvación del primogénito de Israel nacido en Egipto antes del Éxodo. Tampoco hay menciones específicas al tradicional cordero pascual o a las hierbas utilizadas en esta comida, la más sagrada de la tradición judía. Si bien los primeros tres Evangelios dicen que fue la comida de Pascua, la versión de Juan indica lo contrario. Mientras los hombres comen, Jesús les dice que uno de ellos lo traicionará, y que no volverá a celebrar la Pascua hasta la llegada del Reino de Dios. En las versiones de Marcos y Mateo, Jesús reparte el pan diciendo: "Comed, éste es mi cuerpo." Luego toma una copa de vino, la bendice, y proclama: "Bebed todos, porque ésta es mi sangre de la alianza, que será derramada por muchos para el perdón de los pecados." Estas palabras dividieron las opiniones de los primeros cristianos, y de los cristianos contemporáneos, respecto de la naturaleza de la presencia de Jesús en la Eucaristía, o comunión, que conmemora este evento. Lucas invierte el orden del pan y el vino, y agrega una segunda ronda de vino. La versión de Juan no menciona la partición del pan ni la copa de vino emblemático.

Después de la comida, Jesús y los discípulos restantes—Judas ha huido para consumar su traición—se dirigen al Monte de los Olivos, a un lugar llamado Getsemaní (nombre que significa "prensa de aceite" o "cuba de aceite"). En este jardín, Jesús se enfrenta a su muerte inevitable. Profundamente perturbado, le pide a Dios que lo alivie de su pesada carga. En el Evangelio según Marcos, Jesús llama "Abba" a Dios—el equivalente arameo de "papá" o "papi"—y le pide: "Aparta de mí este cáliz; no obstante, hágase tu voluntad, no la mía." Jesús pide a sus discípulos que se mantengan despiertos pero ellos se duermen, subrayando su humanidad, y la absoluta soledad de Jesús. En los primeros tres Evangelios, un grupo de autoridades del Templo guiado por Judas Iscariote llega a arrestar a Jesús. En la versión de Juan, los soldados romanos esperan para prenderlo. Judas llama "rabí" a Jesús y lo besa para identificarlo ante los romanos. Aunque uno de sus seguidores intenta defenderlo y le corta la oreja al sirviente del sumo sacerdote, Jesús no ofrece resistencia. En la versión de Lucas, incluso cura la oreja del sirviente atacado. Luego es llevado al palacio del sumo sacerdote para enfrentar a sus acusadores.

En el Evangelio según Juan, el diablo lleva a Judas a cometer su traición. Pero los motivos de la traición han suscitado especulaciones diversas, entre ellas la posibilidad de que Judas fuera un zelota antirromano desilusionado porque Jesús no había resultado ser el líder rebelde que tanto esperaba. En la versión de Marcos, Judas delata a Jesús a los sacerdotes antes de que éstos le ofrezcan un soborno, lo que indicaría que tuvo otros motivos para traicionarlo además del dinero. Mateo dice que Judas pregunta cuánto le van a pagar y recibe "treinta monedas (o denarios) de plata," dando cumplimiento de este modo a otra antigua profecía hebrea. Lucas afirma que le ofrecieron dinero por su traición. El destino final de Judas tampoco queda claro en los Evangelios. En la versión de Mateo, Judas se arrepiente, devuelve el dinero a los sacerdotes, y se ahorca. La versión de Mateo consigna que los sacerdotes aceptan el dinero para comprar "el campo de un alfarero" donde serán enterrados los extranjeros. El lugar fue llamado "Campo de sangre . . ." tal vez porque se trataba de un cementerio adquirido con "dinero ensangrentado." Pero un relato bíblico posterior (en el Libro de los Hechos) declara que el propio Judas empleó el dinero para comprar las tierras llamadas "Campo de sangre," y murió a consecuencia de una caída cuando "se le salieron los intestinos" (lo que probablemente indica que sufrió una herida masiva en el bajo vientre).

¿Y qué pensaba Jesús de Judas? ¿Perdonó su traición? Una vez más, los cuatro Evangelios toman caminos diferentes. En la versión de Mateo, Jesús le dice a Judas: "Amigo, haz lo que viniste a hacer," otorgándole en cierto modo su perdón. Pero en la versión de Lucas, Jesús le pregunta a Judas: "¿Con un beso traicionas al Hijo del Hombre?" El Evangelio según Marcos no dice que Jesús haya hablado con Judas ni relata el destino de Judas. En la versión de Juan todo cambia radicalmente, ya que Jesús se entrega a los soldados sin ser identificado por Judas, lo cual indicaría que es el amo de su propio destino y no la víctima de la traición de su discípulo.

Voces Bíblicas

Mt. 27.24–25

Viendo Pilato que nada adelantaba, antes bien que crecía el tumulto, mandó traer agua y se lavó las manos frente a la multitud, diciendo: "Soy inocente de la sangre de este hombre; vedlo vosotros." Y la turba enardecida respondió: "Caiga su sangre sobre nosotros y nuestros hijos."

Lc. 23.22–23

No obstante, (Pilato) por tercera vez les dijo: "Pero, ¿qué mal ha hecho este hombre? Yo no veo en él delito que merezca la sentencia de muerte; así que lo haré castigar y

luego lo dejaré libre." Mas ellos insistían con grandes clamores pidiendo que fuese crucificado; y sus voces prevalecieron.

MC. 19.1–12

Entonces Pilato sacó a Jesús y lo hizo escarnecer. Y los soldados lo llevaron al patio del pretorio y le pusieron una corona de espinas entretejidas, y lo vistieron con un manto púrpura. Comenzaron a saludarlo, diciendo: "Salve, rey de los judíos." Al mismo tiempo hirieron su cabeza con una caña, y lo escupieron. Pilato volvió a salir y les dijo: "Mirad, lo haré salir otra vez para que veáis que no tengo nada contra él." Y Jesús salió, vistiendo la corona de espinas y el manto púrpura. Y Pilatos anunció: "¡Éste es el hombre!" Y cuando los sacerdotes y soldados lo vieron, exclamaron: "¡Crucificadle! ¡Crucificadle!" Y Pilato les dijo: "Llevadlo y crucificadlo vosotros; yo no tengo nada contra él." Los judíos respondieron: "Nosotros tenemos una ley, y de acuerdo con esa ley debe morir porque ha proclamado ser el Hijo de Dios." Cuando Pilato escuchó esto, tuvo más miedo que nunca. . . . Entonces, Pilato intentó liberarlo, pero los judíos gritaron: "Si liberas a este hombre, no eres amigo del emperador. Todo el que diga ser un rey se pone a sí mismo en contra del emperador."

¿Quién juzgó a Jesús?

En la década de 1960 los arqueólogos hicieron un asombroso descubrimiento. El nombre de Poncio Pilato fue hallado inscrito en la ciudad de Cesárea, sede del gobierno romano en Judea. Ésta fue la primera confirmación concreta, extra literaria, de la existencia de uno de los personajes más notorios de la historia. Poncio Pilato fue gobernador de las provincias romanas de Judea, Samaría, e Idumea entre los años 26 y 36 EC, y tuvo su sede gubernamental en el puerto de Cesárea. Es probable que, en su carácter de gobernador militar, haya viajado a Jerusalén durante la semana de Pascua para liderear las tropas romanas en un momento de peculiar encono hacia los conquistadores y grandes expectativas de insurrección. Pilato agravió seriamente a los judíos de la época llevando escudos y banderas romanas a Jerusalén, ya que éstos ostentaban imágenes idólatras ofensivas para ellos. Luego de gobernar Judea durante diez años, Pilato fue destituido de su cargo y enviado a Roma por no haber podido reprimir una revuelta local.

Pero era Pilato quien decidía todo lo relativo a Jerusalén cuando Jesús fue arrestado, y por consiguiente era también responsable del destino del Mesías y de todo criminal que cayera en sus manos. El interrogante planteado en torno a quién juzgó, condenó, y finalmente ejecutó a Jesús es más que una cuestión histórica o religiosa. Culpar a la totalidad del pueblo judío por la crucifixión de Jesús equivale a plantar la espantosa semilla del antisemitismo cristiano o "pecado original de la cristiandad," tal como lo llama Peter Gomes en su libro *The Good Book*.

Tras ser arrestado en Getsemaní, Jesús fue juzgado—o interrogado—dos veces. El primer interrogatorio tuvo lugar en la casa o palacio del sumo sacerdote de Jerusalén, la autoridad judía de mayor rango en aquella época. No obstante, los Evangelios vuelven a disentir al respecto. Dos de ellos ni siquiera nombran al sumo sacerdote. Mateo lo llama Caifás. Pero en la versión de Juan, Jesús es llevado primero ante un sacerdote llamado Annas, suegro de Caifás. Annas había sido depuesto del cargo de sumo sacerdote. El anciano interroga a Jesús y luego lo envía a Caifás, el verdadero sumo sacerdote. En el Evangelio según Juan no se menciona que Jesús haya sido interrogado por Caifás.

El concilio judío, o Sanedrín, interrogó a Jesús acerca de diversos asuntos. En el Evangelio de Marcos, varios testigos falsos declaran en su contra. Si bien no se ponen de acuerdo en cuanto al delito específico de Jesús, esencialmente lo acusan de proyectar la destrucción del Templo. Cuando el Sumo Sacerdote le pregunta a Jesús si es el Mesías, Jesús replica—según Lucas y Mateo—: "Tú lo has dicho" y—según Marcos—"Lo soy." Eso basta para que el Sumo Sacerdote decida que Jesús ha cometido "blasfemia," crimen que la ley judía castigaba con la muerte por apedreamiento. Pero el poder sobre la vida y la muerte de los ciudadanos seguía en manos del representante de

Roma. Así, la comitiva se presenta ante Poncio Pilato para celebrar un segundo juicio, conforme a las tradiciones de la justicia romana.

Los hombres que llevan a Jesús a comparecer ante Pilato llevan también una larga lista de cargos en su contra: Jesús es un subversivo. Se niega a pagar impuestos al emperador (nada más alejado de sus intenciones). Incita a la rebelión contra Roma. En todos los Evangelios, Pilato se muestra inicialmente renuente a juzgar un caso que considera un conflicto doméstico entre judíos. En la versión de Mateo, su esposa le dice que en sueños le han dicho que Jesús es inocente. En la versión de Lucas, Pilato pretende que Jesús sea juzgado por Herodes Antipas, el gobernador judío de Galilea, pero éste se niega. Numerosos comentaristas, judíos y cristianos, han detectado en los Evangelios un excesivo "tono de disculpa" hacia Pilato y también una marcada tendencia a "culpar" a las autoridades judías—y por extensión a todo el pueblo judío—de la crucifixión de Jesús. Es probable que esto se deba a que los autores de los Evangelios, que debían enfrentar la persecución de los romanos, no hayan querido aumentar los motivos de recelo.

La cuestión podría limitarse a un debate puramente académico de no ser porque las bases del antisemitismo contemporáneo son, precisamente, los siglos de acusación cristiana contra los judíos "asesinos de Cristo." Recién en el año 1959 el Papa Juan XXIII ordenó sacar la frase "judíos pérfidos" de una oración católica que se rezaba en conmemoración del Viernes Santo, y antes de su muerte compuso una plegaria en la que pide perdón por el antisemitismo de la Iglesia, fenómeno al que llama "la segunda crucifixión." En una Conferencia en el Vaticano en 1962, la Iglesia católica exoneró oficialmente a la mayoría de los judíos contemporáneos de Jesús—y a todos sus descendientes—del cargo de asesinato de Dios, o deicidio. ¿Acaso escuchó cerrar la puerta del establo después de que huyeron los caballos? Más vale tarde que nunca.

A pesar de lo tendencioso de los Evangelios respecto de la sentencia de muerte de Jesús, y del lavado de manos de Poncio Pilato, lo cierto es que el romano fue el responsable directo de su ejecución. Tal vez se haya mostrado renuente . . . no tanto por bondad innata sino por falta de interés en los asuntos judíos. Lo que lo llevó a decidirse fue la amenaza de sufrir la presión política de Roma. Cuando Jesús fue acusado de traición contra Roma, Pilato no pudo mirar hacia otro lado. De haberlo hecho, su propia vida hubiera peligrado. Y fue por este cargo que Pilato condenó a muerte a Jesús. El Mesías cristiano fue sentenciado y ejecutado por ser un agitador nacionalista que amenazaba el poder de Roma, no por autoproclamarse Mesías. Y aunque los Evangelios aseguran que Pilato entregó a Jesús a la multitud judía su ejecución fue llevada a cabo por los centuriones romanos, hecho confirmado por el historiador Tácito (c. 55–117 EC), quien escribió al respecto: "Cristo, de quien proviene el nombre cristianos, había sido condenado a muerte por Poncio Pilato durante el reinado de Tiberio." Ésta es una de las escasas referencias a la muerte de Jesús fuera de las fuentes bíblicas.

¿Cómo se muere por crucifixión?

Al igual que Jesús, numerosos judíos del siglo I murieron crucificados. Algunos estiman que la cantidad de judíos crucificados durante este período por delitos diversos llega a 100,000. Pero no murieron a manos de otros judíos. La crucifixión no era una forma de ejecución judía. Era exclusiva de los romanos y era, además, un castigo extremo, generalmente reservado a los esclavos fugitivos o a los rebeldes contra Roma. Aunque el pueblo de Judea no lo supiera (o sí), una rebelión de esclavos liderada por el esclavo gladiador Espartaco en el año 71 EC resultó en aproximadamente 6,000 crucifixiones. Los cadáveres fueron abandonados a su corrupción en las cruces a manera de sombría advertencia. En los tiempos de Jesús, en la vecina ciudad de Gamala, una insurrección de judíos provocó la misma represalia romana.

De acuerdo con las evidencias históricas, la crucifixión de Jesús fue una típica ejecución romana. El condenado era azotado o escarnecido para que se debilitara y perdiera sangre. Luego debía arrastrar el peso de su propia cruz por las calles. En el lugar de la ejecución, sus brazos eran atados al madero transversal. A veces, como en el caso de Jesús, las manos eran clavadas al madero. La cruz era luego levantada mediante un sistema de cuerdas y el madero transversal era clavado formando una "T." El *titulus*, o noticia de la muerte—que la víctima llevaba colgado del cuello—era clavado en la cruz sobre la cabeza del condenado. Los pies eran clavados en la parte inferior para evitar todo movimiento. La muerte de Jesús es excepcional porque ocurrió luego de unas horas, hecho que sorprendió a Pilato. Algunas víctimas de crucifixión agonizaban durante varios días y eran devoradas por los buitres. La muerte se producía por hambre, exposición a los elementos y predadores, y pérdida de sangre. A veces se apresuraba la labor de las Parcas con un golpe en las piernas, de modo tal que el peso de la víctima aplastara los pulmones y sobreviniera la muerte por asfixia. En otros casos se aceleraba la muerte de la víctima, tal como ocurrió con Jesús. Un centurión romano le abrió el costado con su lanza, y de la herida fluyó agua mezclada con sangre.

VOCES BÍBLICAS

LC. 23.24

Padre, perdónalos; porque no saben lo que hacen.

LC. 23.43

En verdad te digo, que hoy estarás conmigo en el paraíso.

JN. 19.26–27

Mujer, aquí está tu hijo . . . Aquí está tu madre.

MT. 27.46; MC. 15.34

Dios mío, Dios mío, ¿por qué me has abandonado?

JN. 19.28

Tengo sed.

JN. 19.30

Todo ha terminado.

LC. 23.46

Padre, en tus manos encomiendo mi espíritu.

(Éste es el orden tradicionalmente atribuido a las "últimas palabras" pronunciadas por Jesús en la cruz.)

RESUMEN DE LA TRAMA: LA RESURRECCIÓN Y LA ASCENSIÓN

Los Evangelios relatan una serie de fenómenos naturales y acontecimientos extraordinarios en el momento de la muerte de Jesús. Una profunda oscuridad cubrió la tierra, semejante a una de las plagas de Egipto. En el interior del Templo, la cortina que separaba la morada de la presencia divina del resto del recinto inexplicablemente se rasgó en dos. Mateo habla de un terremoto y narra que las tumbas se abrieron y resucitaron los "santos de Dios," quienes luego "entraron en la ciudad santa y se aparecieron a muchos." Los soldados romanos que montaban guardia junto a la cruz declararon: "Este hombre era el hijo de Dios." En la versión de Lucas, uno de los centuriones afirma: "Este hombre era inocente."

Tras la muerte de Jesús—de acuerdo con las leyes judías que mandaban enterrar a los muertos antes del ocaso—su cuerpo fue bajado de la cruz y preparado para darle sepultura . . . en algunas versiones por un grupo de mujeres y en la de Juan por dos hombres: Nicodemo y José de Arimatea. El sepulcro de Jesús fue comprado por José, un hombre rico oriundo de Arimatea, Judea, miembro del concilio judío y discípulo secreto de Jesús. El sepulcro, cortado en la roca en un jardín, fue sellado con una pesada piedra y, en la versión de Mateo, vigilado por un guardia romano (ostensiblemente para evitar que los seguidores del Mesías robaran el cadáver y luego afirmaran que había resucitado tal como lo había prometido.)

Contando la Crucifixión—ocurrida un viernes, día anterior al *Sabat*—como Día Uno, algunas mujeres visitaron la tumba el Día Tres—domingo, después del *Sabat*—para ungir el cuerpo de acuerdo con las costumbres judías. En la versión de Mateo, las mujeres—María de Magdala y "la otra María"—fueron a ungir el cadáver de Jesús . . . pero un terremoto y un ángel habían abierto el sepulcro y los guardias habían escapado presas del terror. Las mujeres encuentran entonces el sepulcro vacío y el ángel les dice que Jesús ya no está allí. Repentinamente, el propio Jesús las saluda y les pide que avisen a sus discípulos que vayan a Galilea, donde ellos también podrán verlo.

En la versión de Marcos, las dos Marías se preocupan por la piedra. Descubren que fue empujada y un hombre de túnica blanca les dice que Jesús ha resucitado de entre los muertos. Ellas corren a anunciar la buena nueva a los discípulos. Lucas habla de "dos hombres de vestimenta resplandeciente"—probablemente ángeles—sentados en el interior del sepulcro vacío. Las mujeres comunican la noticia a los once discípulos y Pedro corre a verlo con sus propios ojos.

El Evangelio según Juan también ofrece una versión distinta de la primera Pascua de Resurrección. En esta versión María Magdalena llega sola, encuentra la tumba vacía, y corre a darle la noticia a Pedro. Luego llora en el sepulcro y dos ángeles vestidos de blanco le preguntan por qué se lamenta. En ese momento ve a Jesús y lo confunde con un jardinero. Jesús la llama por su nombre y Magdalena comprende quién es y lo que ha sucedido.

Durante los siguientes días, Jesús se aparece en distintas ocasiones a sus discípulos y seguidores, individualmente o en grupos, quienes aparentemente no logran comprender lo que ha ocurrido. En la versión de Marcos, Jesús los reprende por su incredulidad. Luego bendice a sus discípulos y es "llevado al cielo" (según Lucas), "elevado al cielo" (según Marcos) y "levantado, y llevado fuera del alcance de la vista por una nube" (según los Hechos).

VOCES BÍBLICAS

Jesús resurrecto habla a sus discípulos:

MT. 28.18–20

A mí se me ha dado toda potestad en el cielo y en la tierra. Id, pues, e instruíd a todas las naciones, bautizándolas en el nombre del Padre, del Hijo, y del Espíritu Santo. Y enseñadles a observar todas las cosas que yo os he mandado. Y recordad que estaré siempre con vosotros, hasta el fin de los siglos.

MC. 16.14–18

Id por todo el mundo, y predicad el Evangelio a todas las criaturas. El que crea y se bautice será salvado; pero el que no crea será condenado. Estas señales acompañarán a los que crean: en mi nombre expulsarán a los demonios;

hablarán nuevas lenguas; tomarán las serpientes en sus manos; y si beben algún licor venenoso, no les hará daño; pondrán las manos sobre los enfermos, y quedarán curados.

Lc. 24.46–49

Así estaba escrito, y era necesario que el Mesías sufriera y resucitara de entre los muertos al tercer día, y que el arrepentimiento y el perdón de los pecados fuera otorgado en su nombre a todas las naciones, empezando por Jerusalén. Vosotros sois testigos de estas cosas. Y voy a enviaros lo que mi Padre ha prometido; quedaos en la ciudad hasta que seáis revestidos de la fortaleza de lo alto.

Si uno no cree que Jesús es Dios, ¿qué otra cosa tiene para ofrecernos?

¿Hombre o mito? ¿Humano o divino? ¿Un Mesías o un gran pensador, un nuevo Buda? Desde sus inicios, la cristiandad debatió acerbamente estos temas. Casi desde el comienzo, sectas como la de los "gnósticos" sostuvieron posiciones que las separaron por completo de la visión "ortodoxa" de la Iglesia. Muy pronto la Iglesia se transformó en un feudo de pensadores que "llevaban agua para su propio molino" en lo que respecta a la vida y la muerte de Jesús. Sus opiniones a menudo tenían poco que ver con los relatos bíblicos. El cristianismo contemporáneo aún discute quién fue Jesús y qué dijo. Por ejemplo, un controvertido grupo de teólogos cristianos atrajo la atención de los medios con el así llamado "Seminario Jesús," que considera ficticios muchos de los dichos de Jesús y los atribuye a los seguidores que escribieron los Evangelios. Hace 1,500—o incluso 500—años habrían sido excomulgados o quemados en la hoguera por herejía. Hoy discuten con sus opositores tradicionalistas en los medios y en las librerías.

En el otro extremo del espectro se encuentran aquellos cristianos que creen literalmente todas las palabras del Nuevo Testamento y consideran que cada palabra es una verdad divina revelada que hay que respetar. Eso puede traer algunos problemas. Todos hemos escuchado hablar del fundamentalista de otros tiempos que disfrutaba abriendo la Biblia al azar, y haciendo exactamente lo que leía en ella. Un día, hojeando su gastado ejemplar de las Sagradas Escrituras leyó: "Y Judas se ahorcó." Abrió en otra página, y leyó: "Imitad su ejemplo."

En otras palabras, hay muchas clases de cristianos en el mundo actual. En Estados Unidos hay más de 200 iglesias cristianas que abarcan todo el espectro teológico. Algunas aceptan y otras no aceptan todo lo que se ha dicho de Jesús en los Evangelios.

Si los especialistas y eruditos cristianos no logran ponerse de acuerdo sobre lo que dijo e hizo Jesús, ¿de qué manera considerarán los cristianos "comunes y corrientes," y los no creyentes su vida y sus enseñanzas? Este tema es acaso más preocupante para los judíos, para quienes el cristianismo no ha sido una gran ayuda. Como señala el rabino Joseph Telushkin en su libro *Jewish Literacy*: "La mayoría de los judíos cree que si Jesús regresara, indudablemente se sentiría más a gusto en una sinagoga que en una iglesia . . . La mayor parte de los dichos atribuidos a Jesús en el Nuevo Testamento son similares a las enseñanzas judías." (p. 128)

Sin embargo, el rabino Telushkin también señala tres áreas clave en las que la doctrina judía se opone diametralmente a la prédica de Jesús:

1. El perdón de los pecados. En el Evangelio según Mateo, Jesús dice tener autoridad personal para perdonar los pecados. ("El Hijo del Hombre tiene autoridad para perdonar los pecados en la tierra.") El judaísmo enseña que Dios perdona los pecados cometidos contra Él el Día del Perdón o Yom Kippur.

2. Ofrecer la otra mejilla y amar a los enemigos. Si bien la antigua tradición judía incluía la idea de amar al prójimo, amar a un enemigo o a un perseguidor es algo muy distinto. Según el rabino Telushkin, la Ley Mosaica ordena ofrecer una poderosa resistencia a los malvados. Éste es un verdadero dilema para los cristianos y también para los judíos devotos. ¿Cómo ofrecer la otra mejilla o amar al enemigo cuando uno se enfrenta a la monstruosa maldad de un Hitler?

> 3. Jesús como único camino de salvación. En 1980, Bailey Smith—líder de la Convención Baptista Sureña, la iglesia cristiana más importante de los Estados Unidos—acaparó los titulares de los diarios con la siguiente declaración: "Dios Todopoderoso no escucha la plegaria de un judío." En 1997, la misma convención enardeció los ánimos al afirmar que todavía intentaba convertir a los judíos al cristianismo. Como muchos cristianos, creen que la única manera de conocer a Dios es la aceptación de Jesús como Salvador. El rabino Telushkin advierte que esa idea contradice la enseñanza hebrea del salmo 145: "Dios está cerca de todos los que acuden a Él." (*Jewish Literacy*, pp. 128–129)

La opinión de Telushkin es respaldada por el reverendo Peter Gomes, quien ha analizado detenidamente el tema del antisemitismo cristiano, particularmente en los escritos de Pablo. En *The Good Book* repudia abiertamente a todos los Bailey Smith del mundo: "El argumento de Pablo es que la cruz de Jesús es a los gentiles lo que la Torá es a los judíos, y que ambas son instrumentos de salvación y verdad. En otras palabras, los judíos no necesitan convertirse al cristianismo para obtener las promesas, porque en la Torá ya tienen las promesas en tanto judíos. Del mismo modo, los cristianos no tienen necesidad de convertirse al judaísmo y adherir a la ley . . . debido a la cruz de Jesús. Pablo aboga por un Dios inclusivo, que provee tanto a judíos cuanto a gentiles. (Gomes, pp. 116–117)

Lo que muchos cristianos no llegan a comprender aún es que Jesús era judío. Lo mismo que sus discípulos y lo mismo que Pablo. El código ético y moral de Jesús estaba vinculado a la estricta ley judía, y algunas de sus enseñanzas—por ejemplo, en lo que hace al divorcio—eran incluso más exigentes que la Ley Mosaica. Su condena de los "hipócritas" fariseos no fue un rechazo hacia su formación religiosa. En muchos sentidos, Jesús demostró que la vida espiritual era más importante que el mero cumplimiento de un conjunto de leyes y regulaciones. Cuando dijo: "No es lo que entra en la boca lo que define a una persona, sino lo que sale de la boca," y "Lo que sale por la boca viene del corazón," sus palabras fueron tomadas como un rechazo a la estricta ley alimentaria. Pero a Jesús le importaba más la pureza espiritual que la pureza exterior simbólica. En varias ocasiones violó la ley del *Sabat* para sanar a un enfermo. Citaba a los profetas cuando decía que Dios prefería "la misericordia al sacrificio." Con esto quería decir que los ideales de justicia, caridad, perdón, y amor al prójimo eran mucho más importantes que obedecer las leyes paso a paso y luego conducirse mal.

Muchos han intentado reducir a Jesús a una cáscara de nuez, un manojo de aforismos útiles y bonitos lemas piadosos: una suerte de "Guía de la Salvación para Idiotas." No es tan simple. Jesús elevó el perdón. Su prédica de la misericordia y la justicia social nos alcanza a todos. En un pasaje memorable explicó que aquellos que daban de comer a los hambrientos, vestían al desnudo, o visitaban a los enfermos estaban haciendo lo mismo por Jesús. En uno de sus numerosos comentarios sobre el "Reino de Dios" dijo que está dentro de cada uno de nosotros, una idea simple pero profunda que roba algo de su majestad a todas las catedrales del mundo.

Pero cuando le preguntaron por el mandamiento más grande, Jesús respondió como un judío devoto con el Gran Mandamiento: "Amarás al Señor tu Dios con todo tu corazón, y con toda tu alma, y con toda tu mente." Luego agregó: "Amarás a tu prójimo como a ti mismo. En estos dos mandamientos se basan toda la ley y los profetas."

VOCES BÍBLICAS
JN. 21.24

Muchas otras cosas hizo Jesús, que si se escribieran una por una, no cabrían en el mundo los libros que habría que escribir.

HITOS DE LOS TIEMPOS BÍBLICOS VI

Los orígenes de la Iglesia

c. 37: El primer mártir cristiano, Esteban, un seguidor judío de Jesús, es muerto a pedradas por blasfemia. Entre los presentes hay un fariseo llamado Saulo.

41: Luego de un despótico reinado de once años, Calígula es asesinado. Lo sucede el sobrino tullido de Tiberio, Claudio.

42: Herodes Agripa, rey de Judea, manda matar al apóstol Santiago, hijo de Zebedías, el primer mártir de los doce discípulos originales.

c. 45: Saulo/Pablo inicia sus viajes misioneros.

47: La palabra "cristiano" es acuñada en Antioquía, Siria, cuna de una de las primeras iglesias.

49: El emperador Claudio expulsa de Roma a los judíos cristianos.

54: Claudio es asesinado por orden de la emperatriz Agripina. Nerón, su hijo de 16 años, es el nuevo emperador de Roma.

54/58?: Epístola de Pablo a los corintios.

58: Pablo es arrestado.

62: Pablo sufre arresto domiciliario en Roma, pero al poco tiempo lc permiten continuar sus viajes.

64: El Gran Incendio destruye gran parte de Roma. Nerón culpa del desastre a los cristianos e inicia la primera persecución oficial de este grupo religioso.

c. 65?: Escritura del Evangelio según Marcos.

68: El emperador Nerón se suicida; así concluye el linaje que gobernó Roma durante 128 años desde Julio César.

69: El general romano Vespasiano sitia Jerusalén. Es nombrado emperador luego de un golpe militar.

70: Cae Jerusalén y el Templo, concluido seis años atrás, es destruído. Lo único que queda en pie es el célebre Muro de los Lamentos.

73: El sitio de Masada, cerca del Mar Muerto, concluye cuando los romanos entran en la fortaleza judía y encuentran muertos a sus defensores, aparentemente víctimas de un suicidio masivo.

79: Erupción del Vesubio, en la bahía de Nápoles. Mueren millares de personas.

84/85?: Escritura de los Evangelios según Mateo y según Lucas.

96: El emperador Domiciano muere apuñalado y es sucedido por Nerva.

98: Nerva muere repentinamente y es sucedido por su hijo adoptivo, quien gobernará durante 19 años con el nombre de Trajano.

c. 100?: Escritura del Evangelio según Juan.

En el Apocalipsis, último libro de la Biblia, el profeta cristiano utiliza la ciudad de "Babilonia" a manera de metáfora para referirse a Roma.

CAPÍTULO VIENTE

JESÚS SE ACERCA . . .
FINJAN ESTAR OCUPADOS

Los Hechos de los Apóstoles

"Salvaos de esta generación corrupta."

HECH. 2.40

¿Cómo darle al mundo "la buena nueva" si uno no habla su idioma?

¿Qué ocurre cuando uno no le paga sus deudas a la Iglesia?

¿Por qué apedrearon a Esteban?

¿El apóstol Pablo era un chauvinista, misógino, u homofóbico?

Adiós Jesús. Judas había muerto. Los once discípulos, que habían huido como moscas del aerosol ante el arresto de su líder, debían de estar aterrados. Seguramente esperaban que fueran a buscarlos en cualquier momento. O Jesús volvería a visitarlos . . . o los soldados romanos se los llevarían. En cualquier caso, no podrían dejar de preguntarse: "¿Y ahora qué?"

Los comienzos de la Iglesia cristiana no se parecieron en nada a una película de Mickey Rooney y Judy Garland. Los primeros seguidores de Jesús debieron enfrentar la persecución y la muerte, ya fuera a manos de las autoridades judías o del imperio más poderoso de la Tierra. El Libro de los Hechos de los Apóstoles—una "secuela" del autor del Evangelio según Lucas—abarca un período de aproximadamente 30 años que coincide con los reinados de Calígula, Claudio, y Nerón. No obstante, para aquellos que prefieren el costado morboso de la Biblia, esta epopeya del Nuevo Testamento será un cuento de hadas. En una época en que los romanos estaban inventando la palabra "decadencia," los relatos de los Hechos palidecen ante las primeras narraciones bíblicas. Claro. Hay dos o tres milagros, una huida de la cárcel, un apedreamiento, un naufragio, y la muerte de un par de tipos que no pagan sus deudas a la Iglesia. Pero mientras el emperador Nerón hacía mucho más que "tocar la cítara," los primeros cristianos pasaban su tiempo debatiendo sobre los alimentos *kosher* y la práctica de la circuncisión. Por otra parte, los primeros miembros de la Iglesia se quejan constantemente del pecado de "fornicación." Pero el Libro de los Hechos omite los detalles candentes y carece de las descripciones de sexo y violencia que tanto nos atraen en las Escrituras hebreas.

El autor del Evangelio según Lucas retoma su narración—esta vez en el Libro de los Hechos—en el momento en que Jesús sube al cielo, y la concluye con la fundación de comunidades cristianas en todo el mundo mediterráneo. Aunque el libro está protagonizado por muchos personajes conocidos—entre ellos Esteban, el primer mártir cristiano—esencialmente se trata de un show de dos hombres. Los reflectores iluminan en primer lugar a Simón Pedro, apodado "la piedra" por Jesús porque él sería el fundamento sobre el que se construiría la

Iglesia. Pedro predica primero entre los judíos pero luego decide extender sus enseñanzas a los gentiles. Como aún no se había acuñado el término cristianos, los seguidores judíos de Jesús se hacían llamar la gente "del camino." A continuación, los reflectores se concentran en Saulo/Pablo, quien comunicará el mensaje de Jesús al mundo gentil—o no judío— del siglo I.

Si bien los cristianos modernos tienden a agrupar a los primeros cristianos en una suerte de "gran familia feliz" que trabajaba codo a codo para propagar la fe, los Hechos y el Nuevo Testamento en general expresan tensión y rivalidades entre dos facciones: la de los judíos seguidores de Jesús—que en principio preferían seguir siendo judíos y conservar sus leyes y tradiciones—convencidos de que todo el que quisiera seguir a Jesús debía convertirse primero al judaísmo; y la de aquellos que, como el celoso Pablo, querían llevar "la buena nueva" al mundo no judío—con lo cual quebrantaban la Ley Mosaica. La disputa entre estas facciones—la primera de numerosas controversias y divisiones en los comienzos de la cristiandad—llevó a la celebración del concilio de los Apóstoles en Jerusalén, en el año 49 EC. Allí, Pedro acepta que el mensaje divino sea comunicado a los gentiles y el concilio admite que los gentiles que deseen seguir a Jesús no deben cumplir con las estrictas leyes judías, especialmente en lo relativo a la dieta y la circuncisión. Santiago, un personaje cada vez más relevante mencionado en el Libro de los Hechos como hermano de Jesús, también acepta el acuerdo.

En otras palabras, ¡ésa sí que es una "buena nueva," cristianos! Podrán comer hamburguesas y tocino. Y podrán dormir tranquilos en lo que respecta a ese engorroso procedimiento quirúrgico.

Tradicionalmente se creía que el Evangelio según Lucas y el Libro de los Hechos habían sido escritos por un compañero de viaje de Pablo. La posición más difundida sostiene que el autor no fue un acompañante de Pablo sino un cristiano que tuvo acceso al "diario" de alguien que efectivamente viajaba con Pablo. Dado que la supuesta ejecución de Pablo (hacia el año 68 o 69) no es mencionada, los eruditos suponen que el Libro de los Hechos fue escrito antes de su muerte. Pero en realidad debió haber sido escrito después del Evangelio según Lucas, que con toda seguridad es posterior al Evangelio según Marcos, supuestamente escrito hacia el año 65 EC. Por consiguiente, podríamos fechar los dos libros de Lucas entre los años 80 y 100 EC.

Voces Bíblicas
Hech. 2.2–12

Cuando de repente sobrevino del cielo un ruido, como de viento impetuoso que soplaba, y llenó toda la casa donde estaban. Al mismo tiempo vieron aparecer unas lenguas de fuego, que se repartieron y se asentaron sobre cada uno de ellos. Entonces fueron llenados todos del Espíritu Santo, y comenzaron a hablar en diversas lenguas las palabras que el Espíritu Santo ponía en su boca.

Había en Jerusalén judíos piadosos y temerosos de Dios, de todas las naciones del mundo. Divulgado este suceso, acudió una gran multitud, y todos quedaron atónitos al escuchar cada uno hablar a los Apóstoles en su propia lengua. Así pasmados y maravillados, se decían unos a otros: "Por ventura, estos que hablan, no son todos galileos? ¿Cómo es que cada uno de nosotros los oye hablar en su lengua nativa? Partos, medos, y elamitas, los moradores de la Mesopotamia, de Judea, y de Capadocia, del Ponto y del Asia, los de Frigia, de Panfilia, y de Egipto, los de Libia lindante con Cirene, y los que han venido de Roma, tanto judíos como prosélitos, los cretenses y los árabes, los oímos hablar en nuestras propias lenguas las maravillas de Dios." Estando todos llenos de admiración, y no sabiendo qué discurrir, se decían unos a otros: "¿Qué novedad es ésta?" Pero hubo algunos que se mofaron de ellos, diciendo: "Éstos sin duda han estado bebiendo mucho vino recién hecho."

¿Cómo darle al mundo "la buena nueva" si uno no habla su idioma?

Era un día como tantos para los discípulos y algunos otros seguidores. Estaban allí sentados cuando, de pronto, unas "lenguas de fuego" los tocaron, uno por uno. Comenzaron a hablar en otras lenguas. Algunos de los que los vieron pensaron que estaban ebrios. Así fue la llegada del Espíritu Santo, prometida por Jesús. Fue una suerte de Torre de Babel a la inversa, porque ahora los Discípulos podían difundir "la buena nueva" por el mundo. Para los cristianos, éste fue "el día del nacimiento de la Iglesia," Pentecostés. Pero muchos cristianos se sorprenderán al descubrir que Pentecostés es otra celebración cristiana vinculada a una festividad judía, lo que una vez más demuestra la profunda afinidad entre ambas religiones. El término Pentecostés—del griego, "quincuagésimo"—se utiliza para describir la "Fiesta de las semanas" *(Shavuot)* hebrea, que tiene lugar cincuenta días después del comienzo de la Pascua. Originalmente una celebración agrícola que marcaba el final de la cosecha del trigo, luego pasó a conmemorar la entrega de la Torá a Moisés en el Monte Sinaí. Para los cristianos, Pentecostés es el quincuagésimo día después de la Pascua de Resurrección.

Luego de este acontecimiento milagroso, los discípulos se transformaron en apóstoles, y aceptaron la misión de difundir el mensaje de Jesús al mundo. Pedro y los otros diez apóstoles comenzaron a predicar audazmente, refiriéndose a Jesús como el Mesías. La Biblia consigna que en un solo día, luego de la prédica de Pedro, hubo más de tres mil conversos. Después de Pentecostés, los discípulos "se llenan del Espíritu Santo" y empiezan a curar y hacer milagros. Pedro puede curar a los enfermos cubriéndolos con su sombra, e incluso hace resucitar a una mujer llamada Tabita (Dorcas, en griego) de entre los muertos.

La tradición cristiana de "hablar en lenguas"—generalmente utilizada para definir un discurso ininteligible y extático en idioma extranjero—deriva de este primer Pentecostés. En el cristianismo contemporáneo, las iglesias "Pentecostales" son por lo común un movimiento de iglesias protestantes fundamentalistas que ponen énfasis en el concepto de "volver a nacer" en el Espíritu Santo. Sus servicios incluyen, típicamente, la "curación por la fe" a través de la "imposición de manos," y la práctica de "hablar en lenguas." Si bien numerosas iglesias cristianas convencionales han repudiado estas formas de veneración a lo largo de los años, el éxito del movimiento Pentecostal—otrora despreciado por "oportunista" y "charlatán"—ha provocado la aceptación del así llamado movimiento "carismático" dentro de las iglesias cristianas más tradicionales y asentadas.

¿Qué ocurre cuando uno no le paga sus deudas a la Iglesia?

El Libro de los Hechos da cuenta de que las primeras iglesias cristianas se desarrollaron a la manera de una sociedad "comunitaria," en el sentido de que todo era compartido por todos. Los primeros tiempos de la comunidad cristiana—aunque todavía no se llamaban "cristianos"—aparentemente gozaron de un estado de armonía ideal. Un joven llamado Matías fue elegido para reemplazar a Judas como uno de los doce apóstoles y el grupo prosperó. Los primeros cristianos de Jerusalén constituyeron el modelo práctico del kibbutz, ya que tomaban decisiones colectivamente y compartían la posesión de sus escasos bienes materiales.

No obstante, esta idea utópica no siempre funcionó a la perfección. Las primeras comunidades de seguidores de Jesús indudablemente pusieron en práctica sus enseñanzas: sus miembros vendieron todo lo que poseían, y destinaron los beneficios al bien común o al cuidado de los pobres. Un virtuoso converso llamado Bernabé vendió un campo y entregó el dinero de la venta a los apóstoles. Por otra parte, también existieron Ananías y Safira. Ellos también habían aceptado vender sus propiedades pero, según el Libro de los Hechos, Ananías, "con la connivencia de su esposa," se quedó con parte del dinero de la venta. Cuando Pedro le preguntó cómo se había atrevido a mentirle al Espíritu Santo, Ananías cayó muerto. Tres horas más tarde, sin avisarle lo que había ocurrido, le formula la misma pregunta a Safira. La mujer también miente . . . y también cae muerta. La historia termina con una nota de amenaza para todos aquellos que no habían pagado sus deudas a la comunidad eclesiástica: "Lo que causó gran temor en toda la Iglesia, y en todos los que oyeron el suceso." (Hech. 5.11)

Es triste observar que la Iglesia, originalmente basada en la buena voluntad de sus fieles, haya tenido que recurrir al miedo para reemplazar el espíritu de generosidad.

Voces Bíblicas
Hech. 7.51–58

"Hombres de dura cerviz, y de corazón y oído incircuncisos, vosotros resistís siempre al Espíritu Santo; como fueron vuestros padres, así sois vosotros. ¿A qué profeta no persiguieron vuestros padres? Ellos son los que mataron a los que anunciaban la venida del Justo, a quien vosotros acabáis de entregar, y del cual habéis sido homicidas, vosotros que recibisteis la Ley por ministerio de ángeles, y no la habéis guardado."

Al escuchar estas cosas, ardieron en cólera sus corazones y apretaron los dientes contra Esteban. . . . Luego lo sacaron arrastrando de la ciudad y empezaron a arrojarle piedras; y los testigos colocaron sus capas a los pies de un hombre joven llamado Saúl (o Saulo).

¿Por qué apedrearon a Esteban?

Esteban, uno de los primeros seguidores de Jesús, fue juzgado por el Sanedrín (o concilio judío) por blasfemia. Había increpado al pueblo de Israel por su impiedad, y lo había acusado de resistir a Dios y al Espíritu Santo. El concilio consideró que Esteban había blasfemado contra el Templo al decir que Dios, el Todopoderoso, no moraba en casas hechas por manos humanas. Esteban fue sacado de la ciudad y apedreado por la turba enfurecida. Pero antes de morir perdonó a sus verdugos. La muerte de Esteban desató un período de persecución contra los seguidores de Jesús en Jerusalén, y muchos de ellos escaparon a las ciudades vecinas de Siria, donde comenzaron a florecer las primeras iglesias. Fue en la ciudad de Damasco—y en pleno apogeo de esta ola de persecución—donde un celoso fariseo llamado Saúl recibió la orden de buscar y arrestar a "esos judíos renegados."

Voces Bíblicas

Hech. 9.1–4

Mas Saulo (o Saúl), que todavía no respiraba sino amenazas de muerte contra los discípulos del Señor, se presentó al príncipe de los sacerdotes y le pidió cartas dirigidas a las sinagogas de Damasco, para traer presos a Jerusalén a cuantos hombres y mujeres hallare que pertenecieren al "Camino." Estaba ya cerca de Damasco, cuando de repente una luz del cielo lo cercó con su resplandor. Cayó en tierra y escuchó una voz que le decía: "Saulo, Saulo, ¿por qué me persigues?"

Hech. 11.25–26

De allí partió Bernabé a Tarso, en busca de Saulo, y habiéndolo hallado lo llevó consigo a Antioquía. Estuvieron empleados todo un año en la Iglesia, e instruyeron a una gran multitud. Fue en Antioquía donde los discípulos empezaron a llamarse cristianos.

¿El apóstol Pablo era un chauvinista, misógino, u homofóbico?

Para la mayoría de los cristianos Jesús es la pieza central, la única figura a la que deben devoción y fe. Aun cuando se sientan confundidos respecto de algunas cosas que hizo o dijo Jesús, básicamente creen en su vida, en su muerte, en su resurrección, y en su visión del Reino de Dios.

La figura de Pablo es más controvertida, especialmente en los últimos tiempos. Ya lo llamemos Pablo Apóstol o simplemente San Pablo, este hombre "cejijunto, de nariz grande, calvo, de piernas chuecas, complexión fuerte, lleno de gracia," fue responsable de la creación de la Iglesia cristiana. Pero al establecer las leyes de vida y religiosas de la nueva fe, Pablo también impuso ciertas ideas difíciles de aceptar para algunos cristianos, particularmente en un contexto contemporáneo. Sus ideas más discutidas abarcan a las mujeres, el sexo, y los judíos.

El Libro de los Hechos presenta a Pablo como un fariseo llamado

Saúl o Saulo, nombre de un antiguo rey israelita, que cuida los mantos de la multitud que apedrea a Esteban (el primer mártir cristiano). Oriundo de Tarso, en Asia Menor, el joven Saulo viajó a Jerusalén para estudiar con el respetado rabino Gamaliel, hijo del legendario Hilel, el rabí fariseo más eminente del siglo I. Saulo—autorizado por el sacerdote a arrestar por blasfemia en Damasco a todos los seguidores del "Camino" que se le cruzaran por delante—experimentó una visión transformadora que lo hizo cambiar abruptamente de parecer . . . y de nombre. Bautizado como Pablo, comenzó a predicar el Evangelio de Jesús y se convirtió en blanco de la persecución de las autoridades judías. En Damasco tuvieron que bajarlo en un canasto por una ventana para que pudiera escapar de las autoridades enviadas a arrestarlo, o incluso a matarlo.

Como había sido un enérgico enemigo de los primeros cristianos, no fue inmediatamente aceptado por la comunidad cristiana de Jerusalén. Pero indudablemente era un ardiente predicador y, dondequiera que lo enviaran a transmitir el mensaje de Dios, tenía éxito. Sin embargo, pronto se produjo un conflicto entre Pablo y los miembros del Camino que creían que los gentiles conversos debían respetar la ley judía. En un concilio celebrado en Jerusalén en el año 49 EC, los apóstoles y los "venerables" de la Iglesia decidieron que los gentiles no debían ser circuncidados ni obedecer las leyes alimentarias judías para convertirse en cristianos. El propio Pedro ya había extendido su prédica a los gentiles, luego de haber soñado que una sábana bajaba del cielo llena de animales "inmundos." Una voz le ordenó en sueños que matara y comiera. La voz dijo: "No debes llamar profano a aquello que Dios ha hecho limpio." Una vez resuelto el entuerto—gracias a los buenos oficios de Santiago, el hermano de Jesús, a favor de extender la prédica a los gentiles—Pablo es enviado de regreso a Antioquía, donde continuará propagando la fe.

¡Ojalá hubiera habido sistema de millaje en aquellos tiempos! Durante la década siguiente realizó tres ambiciosos viajes misioneros, aprovechando el excelente sistema de caminos que los romanos habían construido a lo largo y lo ancho del mundo mediterráneo. Los caminos romanos, construidos para que los ejércitos y los mercaderes pudieran trasladarse con rapidez y eficiencia respectivamente, también contribuyeron a la propagación de la fe cristiana.

Su primer viaje—realizado hacia el año 47/48 EC—lo llevó a Chipre y luego a Anatolia (actual Turquía) para luego regresar a Antioquía (Siria), por entonces una de las más grandes ciudades del Imperio Romano. Su segundo viaje fue más arduo, si cabe. Luego de cruzar Anatolia (Turquía) por segunda vez, Pablo viajó por mar a Macedonia y Grecia, y finalmente desembarcó en Atenas. En su tercera misión volvió a atravesar Anatolia y se detuvo en Éfeso, sobre las costas del Mar Egeo (actual Turquía). Esta ciudad portuaria estaba consagrada al culto de la diosa griega Artemisa (llamada Diana por los romanos). El Templo de Artemisa era considerado una de las Maravillas del Mundo Antiguo. La unión de trabajadores del metal locales no tomó amablemente la sugerencia de Pablo en cuanto a abandonar las prácticas idólatras. La prédica del apóstol provocó un levantamiento en Éfeso. Pablo huyó y puso proa a Grecia.

Una vez concluido su tercer viaje, Pablo regresó a Jerusalén, donde fue perseguido por las autoridades judías por persuadir al pueblo a quebrantar la Ley. A punto de ser asesinado por una turba enfurecida que lo acusaba de haber profanado el Templo, Pablo es salvado por los centuriones romanos. Como ciudadano del Imperio, apela a los funcionarios romanos . . . quienes lo encierran dos años en la cárcel. En el año 60 EC, es autorizado a presentar su caso ante el emperador, aunque la idea de apelar al demente y feroz anticristiano Nerón parece prácticamente una locura. Pablo viaja a Roma, pero su barco naufraga durante una tempestad . . . a la que sobrevive milagrosamente. Mordido por una serpiente al llegar a la isla de Malta, nuevamente se salva por milagro y, luego de un segundo naufragio, llega por fin a Italia. El Libro de los Hechos finaliza con Pablo bajo arresto domiciliario en la capital del Imperio, predicando el Evangelio y escribiendo cartas a las iglesias que ha fundado. Los Hechos no hacen mención a la apelación de Pablo ni a su ulterior destino. Tampoco al de Pedro. Ambos desaparecen del relato bíblico sin dar noticias. La llegada de Pedro a Roma es otro misterio. De acuerdo con la tradición—especialmente en lo que respecta a Pedro—ambos apóstoles fueron martirizados en Roma durante la persecución de cristianos ordenada por Nerón tras el Gran Incendio que destruyó la ciudad en el año 64 EC.

Odiados por las autoridades romanas por su negativa a reconocer la divinidad del emperador, los cristianos resultaron un blanco apetecible para el depravado apetito de Nerón, siempre dispuesto a ofrecer espectáculos morbosos a los ciudadanos de Roma. En su libro *The First Century*, William Klingaman describe la atmósfera de aquel período: "Los cristianos eran arrestados y torturados hasta que revelaban los nombres de sus hermanos; luego eran crucificados o vestidos con pieles de animales salvajes, y destrozados por los perros en el circo. Pero la profundidad de la crueldad y el sadismo de Nerón se reveló en su horrenda plenitud cuando empaló a los seguidores de Cristo y los hizo quemar vivos, a manera de antorchas humanas, para iluminar la ciudad de Roma durante la noche." (p. 301)

La tradición dice que Pablo fue martirizado en el año 67 EC. Relatos cristianos posteriores sostienen que, al ser ejecutado, Pedro pidió ser crucificado cabeza abajo ya que era indigno de sufrir idéntico destino que Jesús.

Como principal "ideólogo" de lo que luego se convirtió en la ortodoxia de la iglesia cristiana—primero para el catolicismo romano, y luego de la Reforma protestante, para todas las iglesias de esa denominación—Pablo ha sido culpado del tradicional sexismo de esta entidad. Dos veces en sus cartas sostiene que las mujeres deben guardar silencio en la iglesia. En la Primera Epístola a los Corintios escribió: "Las mujeres deben permanecer calladas en las asambleas." Pero prosiguió diciendo: "El hombre es nada sin la mujer, y aunque la mujer salió del hombre, cada hombre es nacido de una mujer, y todo viene de Dios." En tono menos severo, analiza si las mujeres deben llevar la cabeza cubierta en la iglesia. Es difícil reconciliar esta postura con otra de sus declaraciones, cuando dijo que para Jesús no había "varón ni hembra." Parece aceptar ambas posibilidades. Pero para evaluar a Pablo hay que recordar dos cosas importantes. Primero, las primeras comunidades cristianas y el propio Pablo dependieron de los esfuerzos de mujeres heroicas que ayudaron a mantener viva la fe convirtiendo sus propias casas en iglesias, predicando y brindando las comodidades materiales—como "el pan nuestro de cada día"—que todo buen apóstol necesita. Los nombres de Lidia, Febe, y Priscila, por ejemplo, no son tan conocidos como los de Pedro y Pablo, pero desempeñaron un papel crucial en los comienzos de la Iglesia, así como las heroínas de las Escrituras hebreas en el pasado. Lidia aparece en el Libro de los Hechos como una de las primeras conversas de Pablo, a quien abre su casa, fundando así una de las primeras "iglesias." En la Epístola a los romanos, Febe es llamada "diaconesa" y alabada por Pablo como "ayuda de muchos, y también de mí mismo." Prisca (o Priscila) es una eminente predicadora. Expulsada de Roma por este motivo, funda una iglesia en Éfeso. De hecho, en la Epístola a los romanos arriesga su vida para salvar la de Pablo.

También es importante recordar la historia. Pablo escribió en una época y un lugar determinados. Los lectores de la Biblia deben tener en cuenta el rol de las mujeres en el siglo I, tal como deben considerar las costumbres antiguas al juzgar las Escrituras hebreas, y su opinión acerca de las mujeres. Como dice sabiamente Peter Gomes en su libro *The Good Book*: "En los tres mundos de los que Pablo fue ciudadano—el judío, el griego, y el romano—los roles sociales de las mujeres se definían por el principio de subordinación. Por consiguiente, sus enseñanzas sobre las mujeres, si bien reflejan las normas de su época, carecen de relevancia cuando esas normas dejan de tener vigencia, por ejemplo los parámetros de vestimenta, etiqueta social, y reglas alimentarias del siglo I. Pablo es un conservador político y social . . . De modo que deberíamos comprenderlo, a él, a sus enseñanzas sociales y a los que imitaron sus enseñanzas . . . como fenómenos propios de la época de la que formaron parte." (p. 139)

En cuanto a la opinión de Pablo acerca de la homosexualidad, práctica que condena en su Epístola a los romanos, escribe Peter Gomes (autor homosexual contemporáneo): "La homosexualidad que Pablo probablemente conoció y a la que hace referencia en sus epístolas . . . tiene que ver con la pederastia y la prostitución masculina, y condena particularmente a los hombres y mujeres heterosexuales que adoptan prácticas homosexuales. Lo que Pablo obviamente desconocía es el concepto de naturaleza homosexual, es decir . . . algo que no depende de la elección personal, y que no está necesariamente caracterizado por la lujuria, la avaricia, la idolatría, o la explotación . . . Todo lo que Pablo conocía de la homosexualidad era su morbosa forma pagana. No podemos condenarlo por su ignorancia, pero su ignorancia no puede justificar la nuestra." (p. 158)

VOCES BÍBLICAS
HECH. 17.22–27

Ciudadanos atenienses, veo que sois extremadamente religiosos en todos los aspectos. Porque al recorrer la ciudad y observar con atención los objetos que adoráis, vi entre ellos un altar con la inscripción: "Al dios desconocido." Ese dios al que adoráis sin conocerlo, es el que vengo a anunciaros. El Dios que creó el mundo, y todas las cosas contenidas en él, siendo como es el Señor del cielo y de la tierra, no mora en altares hechos por manos humanas, ni es servido por manos humanas, porque nada necesita, ya que Él ha dado a los mortales la vida, el espíritu y todas las otras cosas. Él es el que de uno solo ha hecho nacer todo el linaje de los hombres que habitan la tierra, fijando el orden de la existencia y los límites de los lugares donde vivirían, de modo que pudieran buscar a Dios, y rastrearlo, y encontrarlo, aunque por cierto no está lejos de ninguno de nosotros.

CAPÍTULO VEINTIUNO

CORREO PARA USTED

Las Epístolas de San Pablo

Aun cuando hablara las lenguas de los mortales, y el lenguaje de los ángeles, si no tengo amor, soy un metal que resuena o un címbalo que tañe.

I COR. 13.1

Los primeros cristianos se vieron obligados a improvisar sus prédicas, ya que no contaban con la ayuda de los libros y los rituales establecidos. Tengamos en cuenta que cuando Pablo realizó sus viajes misioneros y fundó nuevas comunidades cristianas los Evangelios no existían. Antes de que los Evangelios fueran escritos y puestos en circulación—lo que ocurrió recién a fines del siglo I—las cartas o "epístolas" eran el único medio de "llegar y conmover" a otros cristianos. Aunque el "epistello" (envío) griego original era considerado más una carta formal que un mensaje personal, los términos "carta" y "epístola" son actualmente indistintos. Las epístolas de Pablo—dirigidas a individuos e iglesias de todo el mundo mediterráneo—fueron los primeros documentos escritos de la Iglesia cristiana. En ellas, Pablo ofrece orientación en asuntos de teología, consejos prácticos sobre problemas puntuales, y advertencias contra ciertos abusos y prácticas que consideraba peligrosos o materia de pecado. Estas cartas—que conforman casi la mitad del Nuevo Testamento—contienen citas de las Escrituras hebreas y de los dichos de Jesús, e incluyen algunas de las frases más memorables de la historia cristiana, muchas de las cuales citaremos más adelante.

Pablo escribió sus epístolas durante sus viajes o en la cárcel, y las envió a las primeras iglesias, tal como los líderes judíos de Jerusalén habían enviado cartas a las diversas comunidades de esa fe dispersas por el Mediterráneo a los fines de instruir o mediar. Probablemente escritas en hojas de papiro, enrolladas, y atadas, eran llevadas personalmente por los emisarios de Pablo, quienes podían leerlas o incluso agregarles información. Se cree que la primera colección de estas cartas data del año 100 EC aproximadamente.

Tradicionalmente se le atribuyeron trece epístolas a Pablo, quien dictaba el contenido a un asistente, y luego agregaba una posdata manuscrita y su firma. Las investigaciones recientes sugieren que las "epístolas de Pablo" podrían haber sido escritas por líderes posteriores de la Iglesia que habrían utilizado el nombre del santo para jerarquizarlas. También se supone que Pablo escribió otras cartas que se perdieron o fueron descartadas. En una de las trece epístolas (a los colosenses), habla de una carta enviada a otra iglesia de la que no se tiene noticia.

El orden de inclusión de las Epístolas en el Nuevo Testamento se basa en su extensión—de la más larga a la más breve—y no en la cronología o en la supuesta importancia. Cada una tomó su nombre de la iglesia o, en algunos casos, de la persona destinataria. A continuación incluimos un breve análisis de las Epístolas de Pablo y una selección de fragmentos notables.

A los Romanos

En la más larga de sus epístolas, Pablo se dirige a una iglesia que no había fundado ni visitado personalmente. Fue escrita hacia el año 58 EC, probablemente durante su estadía en la ciudad de Corintio y antes de que comenzaran las severas persecuciones contra los cristianos ordenadas por Nerón en el año 62 EC. Aparentemente, Pablo planeaba viajar a España para difundir el mensaje de Jesús y esperaba poder visitar Roma en el trayecto. Esta epístola fue una suerte de presentación a los cristianos romanos, tanto de su persona como de sus enseñanzas. Sin embargo, antes de viajar a España decidió volver a Jerusalén, donde fue arrestado.

Pablo sostiene que la fe en Jesús conduce a la salvación, tanto a los judíos cuanto a los gentiles. El nuevo Israel es el sucesor del antiguo Israel, pero bajo ningún concepto se limita a los israelitas. Uno de los puntos clave de la carta es que la Ley—es decir la estricta Ley Mosaica—no tiene poder de salvación. La fe en Cristo ofrece la salvación a toda la humanidad. Pablo también dice que los hombres deben amarse unos a otros, y amar a quienes los ofenden o atacan.

> Porque el salario del pecado es la muerte; pero la vida eterna en Jesucristo nuestro Señor es un regalo de Dios. (Rom. 6.23)
>
> Si Dios está con nosotros, ¿quién está contra nosotros? (Rom. 8.31)
>
> Por lo cual estoy seguro de que ni la muerte, ni la vida, ni los ángeles, ni principados, ni virtudes, ni lo presente, ni lo futuro, ni la fuerza, ni todo lo que hay de más alto, ni de más profundo,

ni ninguna otra criatura podrá separarnos jamás del amor de Dios, en Jesucristo nuestro Señor. (Rom. 8.38–39)

Sea el amor genuino; tened horror al mal, y aplicaos al bien; amadnos unos a otros con mutuo afecto; superaos unos a otros en mostrar deferencia. No perdáis el celo de la fe, sed de espíritu ardiente, perseverad en la plegaria. (Rom. 12.9–12)

Bendecid a los que os persiguen; bendecidlos, y no los maldigáis. Alegráos con los que se alegran, y llorad con los que lloran. Vivid en armonía unos con otros; no hagáis alarde, más bien asociaos con los humildes; no proclaméis ser más sabios de lo que sois. No paguéis a nadie mal por mal, sino más bien obrad lo que es noble a la vista de todos. En cuanto sea posible, y en cuanto de vosotros dependa, vivid en paz y armonía con todo. Amados, no os venguéis jamás, antes dejad lugar a la ira de Dios; porque está escrito: "Mía es la venganza, yo devolveré, dice el Señor." (Rom. 12.14–19)

A los Corintios I y a los Corintios II

En la época de Pablo, la ciudad griega de Corintio era una de las más importantes del Imperio Romano. Puente comercial entre Oriente y Occidente, atraía a mercaderes, comerciantes, y visitantes de toda la región mediterránea, lo que hacía de ella una suerte de "Times Square" de su tiempo. Debido a esto, los corintios tenían cierta "reputación" (no del todo halagüeña). De hecho, uno de los verbos griegos para el acto de la "fornicación" era *korinthiazomai,* derivado del nombre de la agitada ciudad. En otras palabras, en estas epístolas Pablo se dirigió a una iglesia plantada en una atmósfera de tentación y prácticas sexuales inmorales. Según Pablo, había escuchado decir que un corintio mantenía relaciones íntimas con su madrastra. También pide la condena de los "inmorales sexuales, idólatras, adúlteros, autoindulgentes, sodomitas, ladrones, borrachos, avaros, calumniadores, y estafadores," dando la impresión de que Corintio era una ciudad muy "caliente."

Hay dos epístolas a la iglesia de esta ciudad griega. La primera probablemente fue escrita en el año 54 EC; la segunda, un año más tarde.

En la primera, Pablo llama a la unidad ya que las facciones de la iglesia corintia han dividido a los cristianos. También habla de moral sexual, matrimonio, divorcio, Eucaristía, y destaca la importancia del amor. La primera Epístola a los Corintios contiene algunas de sus frases más memorables, que, leídas en contexto, hacen de Pablo un defensor de los derechos de la mujer.

> El marido debe dar a la mujer los derechos conyugales, y la mujer al marido. Porque la esposa no tiene derecho sobre su propio cuerpo, pero su esposo lo tiene; del mismo modo, el esposo no tiene derecho sobre su propio cuerpo, pero su esposa lo tiene. (I Cor. 7.3–4)
>
> Bien es verdad que en el Señor la mujer no es independiente del hombre, ni el hombre independiente de la mujer. Porque así como la mujer salió del hombre, el hombre nace de la mujer; pero todas las cosas vienen de Dios. (I Cor. 11.11–12)
>
> Aunque hable las lenguas de los mortales y el lenguaje de los ángeles, si no tengo amor, soy un metal que resuena o un címbalo que tañe. Y aunque tenga el don de la profecía, y penetre todos los misterios y las ciencias, y aunque mi fe sea capaz de mover montañas, si no tengo amor, no soy nada. Si entrego todas mis posesiones, y si doy mi cuerpo para que sea quemado pero no tengo amor, nada gano. (I Cor. 13.1–3)
>
> Voy a contaros un misterio. No todos moriremos, sino que seremos cambiados, en un instante, en un abrir y cerrar de ojos, con la última trompeta. Porque la trompeta sonará, y los muertos resucitarán imperecederos, y todos seremos inmutables. (I Cor. 15.51–52)
>
> Por eso no desmayemos. Aunque nuestra naturaleza exterior se vaya desmoronando, nuestra naturaleza interior se renueva día a día. Porque las ligeras aflicciones de la vida presente nos preparan para el eterno peso de una sublime e incomparable gloria, porque debemos mirar no lo que podemos ver sino lo que no puede verse; porque lo que se puede ver es transitorio, pero lo que no puede verse es eterno. (II Cor. 4.16–18)
>
> Porque Dios ama al que da con alegría. (II Cor. 9.7)

A los Gálatas

Dirigida a las iglesias que Pablo había fundado personalmente en Galacia, una provincia romana en el territorio de la actual Turquía, se cree que esta epístola es una de las primeras que escribió. A pesar de las exhaustivas investigaciones llevadas a cabo, se desconoce la ubicación exacta de estas iglesias.

Aparentemente Pablo estaba respondiendo a los maestros judeocristianos que habían llegado a las iglesias de Galacia e insistían en imponer la circuncisión a los recientes conversos. La idea de que les cortaran la punta del pene no era un tema menor para los gálatas. Pablo les dice que ignoren a los que dicen que los cristianos deben obedecer la ley judía y ser circuncidados. ¡Ésa era la "buena nueva" entonces! Pablo insiste en que las tradiciones judías no son obligatorias para los cristianos, y proclama esta idea fundamental: la fe en Jesús resurrecto es más importante que la estricta obediencia a la ley judía.

> Vivid para el Espíritu, digo, y no gratifiquéis los deseos de la carne. Porque lo que la carne desea es opuesto al Espíritu, y lo que desea el Espíritu es opuesto a la carne; porque éstos se oponen uno al otro, y os impiden hacer lo que necesitáis. (Gál. 5.16–17)

A los Efesios

Tradicionalmente atribuida a Pablo, la Epístola a la iglesia de Éfeso—donde Pablo se había enfrentado con los adoradores de Artemisa, molestos por su prédica contra la idolatría (véanse Hechos)—ha quedado librada a su suerte. Aunque Pablo pudo haberse citado a sí mismo, la Epístola a los Efesios es copia fiel—aunque abreviada—de la Epístola a los Colosenses y constituye un resumen de las ideas paulinas antes que una presentación de nuevo material. También hay cuestiones de estilo, entre ellas la inclusión de un himno para nada afín al discurso directo de Pablo. Sea quien fuere, el autor de la Epístola a los Efesios dice que los creyentes no son judíos ni gentiles: todos son cristianos y parte de la morada de Dios. El autor pide respeto mutuo entre amos y esclavos, y entre empleados y empleadores.

> Por lo cual, renunciando a la mentira, hable cada uno la verdad con su prójimo, puesto que somos miembros los unos de los otros.
>
> Enójate, pero no peques; y no permitas que el sol caiga sobre tu enojo. (Ef. 4.25–26)

A los Filipenses

Ésta es una de las así llamadas "epístolas de la cárcel," probablemente escrita cuando Pablo estuvo preso en Roma (desde aproximadamente el año 60 EC hasta su muerte). Dirigida a los cristianos de la antigua ciudad macedonia de Filipos, su tono es afectuoso y personal. Escribe Pablo: "Tenéis un lugar en mi corazón, ya que habéis compartido la gracia que ha sido mía."

El apóstol elogia a los filipenses por sus esfuerzos en la propagación del Evangelio, y ruega que el amor que se tienen unos a otros siga en aumento. Pero el tema de la circuncisión sigue en el candelero y Pablo los advierte contra los "siervos del mal" que insisten en practicarla.

> Por lo cual, amados míos, puesto que siempre me habéis obedecido, no sólo en presencia mía, sino mucho más en mi ausencia, trabajad con temor y temblor en la obra de vuestra salvación; pues Dios es el que obra en vosotros por su buena voluntad, y os permite no sólo querer sino hacer. (Fil. 2.12–13)
>
> Y la paz de Dios, que sobrepasa todo entendimiento, sea la guardia de vuestros corazones y vuestras mentes en Cristo Jesús. (Fil. 4.7)

A los Colosenses

Esta epístola estaba dirigida a los cristianos de la antigua ciudad de Colosas, sitio de otra de las iglesias de Asia Menor (actual Turquía), cerca de Éfeso. Los eruditos dudan de que Pablo haya sido el autor de esta carta. De haberlo sido, es probable que la haya escrito estando en prisión, tal vez en Roma. Pablo urge a los miembros de la iglesia colosense a abandonar los deseos y tentaciones de la carne. Su preocupación fundamental era alertar a los cristianos contra una equívoca enseñanza religiosa que anteponía el conocimiento (la filosofía) a la fe, proponía la veneración de los ángeles como principal camino hacia la salvación, y sostenía que el mundo era básicamente malvado. En cambio, Pablo instaba a la fe en Cristo crucificado y resurrecto.

Esta epístola anticipó el conflicto que la Iglesia tendría en el siglo II con los gnósticos, la primera secta cristiana que se apartó de las enseñanzas aceptadas y establecidas. Las ideas—o errores—descriptas en la Epístola son similares a las ideas abrazadas luego por los gnósticos.

> Él es la imagen del Dios invisible, el primogénito de toda la Creación; porque en Él fueron creadas todas las cosas del cielo y de la tierra, las visibles y las invisibles, ya sean tronos o dominios o principados o potestades; todas las cosas fueron creadas a través de Él y para Él. (Col. 1.16–17)
>
> Ya no hay griegos ni judíos, circuncisos ni incircuncisos, bárbaros, escitas, libres ni esclavos; porque Cristo es todo y está en todos. (Col. 3.11)
>
> Mujeres, estad sujetas a vuestros maridos, como es debido al señor. Esposos, amad a vuestras esposas y jamás las tratéis con rudeza. Hijos, obedeced a vuestros padres en todo, porque esto es agradable al Señor. Padres, no provoquéis a vuestros hijos, o desmayará su voluntad. (Col. 3.18–21)

A los Tesalonicenses I y a los Tesalonicenses II

Estas epístolas han despertado controversias porque algunos estudiosos creen que la segunda podría haber sido escrita en primer lugar. Dirigidas a la iglesia de Tesalónica, capital de la provincia romana de Macedonia (actual Salónica, en el norte de Grecia), se cree que fueron las primeras epístolas escritas por Pablo hacia el año 50 EC. Es probable que los cristianos tesalonicenses hayan sido víctimas de las primeras persecuciones romanas, ya que Pablo los felicita por su fe indeclinable en medio de la adversidad.

Pablo tenía dos preocupaciones mayores. La primera era el sexo: ordena apartarse de la inmoralidad sexual y dice que los cristianos deben controlar sus cuerpos santamente y no abandonarse a "la lujuria egoísta." La segunda es el trabajo arduo: aparentemente algunas personas, convencidas de la inminente llegada de Jesús, habían decidido dejar de trabajar. Pablo urge a los tesalonicenses a negar el alimento a aquellos que no trabajen, estableciendo un precedente posteriormente empleado por el aventurero inglés John Smith, quien llevó hasta las últimas consecuencias una política similar en la colonia británica de Jamestown, Virgina, Estados Unidos.

Aunque algunos eruditos han cuestionado la atribución de las dos epístolas a los tesalonicenses a Pablo, actualmente se acepta que efectivamente fueron escritas por él (probablemente después del año 50 EC).

> No durmamos, pues, como los demás, antes mantengámonos despiertos y sobrios; porque los que duermen, duermen de noche, y los que se embriagan, se embriagan de noche. Dado que nosotros pertenecemos al día, mantengámonos sobrios y vistamos la cota de la fe y el amor, y tengamos por yelmo la esperanza de la salvación. (I Tes. 5.5–9)

A Filemón

Ésta es la única carta verdaderamente "personal" de Pablo que ha llegado a nuestros días, la única correspondencia dirigida a un individuo acerca de un tema privado. Pablo escribió esta breve epístola mientras estaba en la cárcel, donde había conocido y convertido a Onésimo ("Útil"), un esclavo fugitivo de Filemón, líder de la iglesia en Colosas. Los primeros cristianos, como todo el resto del mundo mediterráneo, tenían esclavos. Para ellos no tenía nada de malo ni de extraño. Pablo era un "conservador social" que inculcaba en los cristianos la obediencia a las leyes. Pero el Nuevo Testamento presenta indicios de que la actitud general hacia la esclavitud estaba cambiando. Los amos eran urgidos a tratar bien a sus esclavos y a liberarlos si se daba la ocasión. La prédica de Pablo alcanzó un punto más radical cuando dijo que "en Cristo" no había diferencias entre amo y esclavo.

Pablo envía a Onésimo de vuelta a su casa con una carta dirigida a Filemón, en la que le pide que lo reciba nuevamente. Sin embargo, insta a Filemón a tratarlo no como a un esclavo sino como a un hermano en Jesús. Pablo ofrece restituir todo lo que Onésimo pudiera haber robado al escapar y sugiere a Filemón que lo libere para que pueda seguir trabajando con él en la cárcel.

Si bien Pablo no ataca abiertamente la esclavitud—una institución aceptada y protegida legalmente en aquella época—deja en claro que, a través de su conversión al cristianismo, Onésimo se ha convertido en un igual. La idea de un esclavo "hermano" de su amo seguramente habrá sido revolucionaria. Ciertamente lo era en el siglo XIX en Estados Unidos, cuando los abolicionistas cristianos citaban la epístola paulina para refutar la idea—defendida a rajatabla por los esclavistas—de que la esclavitud estaba sancionada por la Biblia.

> Tal vez por esta razón haya sido separado de ti durante un tiempo, de modo que puedas tenerlo para siempre, ya no como esclavo, sino como más que un esclavo, como hermano amado, especialmente para mí y mucho más para ti, tanto en la carne como en el Señor. (Flm. 15–16)

CAPÍTULO VEINTIDÓS

LAS "EPÍSTOLAS PASTORALES"

A Timoteo I, a Timoteo II, a Tito

Estas tres "epístolas pastorales" están dirigidas a discípulos y ayudantes de Pablo, y se ocupan de la conducción de la iglesia y el cuidado de los fieles cristianos. Timoteo y Tito eran discípulos y asistentes del apóstol, y las tres epístolas versan sobre la organización, los deberes del ministerio, la doctrina, y la conducta del buen cristiano. A diferencia de otros casos, la autoría de estas cartas es discutible. En ellas se hace mención de "obispos," jerarquía inexistente en los tiempos de Pablo. Y, si bien Pablo tuvo una posición dual respecto de las mujeres en la Iglesia, estas cartas no dejan dudas acerca del lugar que les otorga: "No permitiré que ninguna mujer enseñe a los hombres, o tenga autoridad sobre ellos." Los obispos podían casarse, pero sólo podían tener una esposa. Los líderes de la Iglesia practicaron el celibato desde un principio, pero recién en el Medioevo éste se volvió un requisito obligatorio e inexcusable.

Se cree que las "espístolas pastorales" son obra de un solo autor anónimo de fines del siglo I, que utilizó el seudónimo de Pablo. Probablemente haya sido un discípulo de Pablo y haya incluido material genuino en sus escritos.

A Timoteo I

Esta epístola deja en claro que la Iglesia enfrentaba disputas sobre "enseñanza falsa," otro indicio de las divisiones que fracturarían la institución cuando grupos como los gnósticos fueran tildados de "heréticos."

> Pero el Espíritu Santo dice claramente que en los tiempos venideros han de apostatar algunos de la fe, prestando oídos a espíritus falaces y doctrinas diabólicas, enseñadas por impostores llenos de hipocresía, que tendrán la conciencia cauterizada de crímenes, quienes prohibirán el matrimonio y el uso de los manjares que Dios creó para que los tomasen con agradecimiento los fieles y los que conocen la verdad. (I Tim. 4.1–3)

A Timoteo II

En la segunda de las "epístolas pastorales" el autor urge a Timoteo a emplear la fuerza que viene de la gracia de Jesús para predicar el Evangelio. Como maestro del Evangelio, deberá estar preparado para soportar el sufrimiento, como el autor, ya que los fieles que se mantengan firmes en sus creencias reinarán con Jesús.

A Tito

Tito, uno de los primeros gentiles conversos que acompañó y asistió a Pablo en sus viajes, fue una figura central en el debate sobre la circuncisión. En esta epístola, Pablo da directivas para la conducción de las nuevas iglesias fundadas en la isla de Creta.

> Verdad es cierta y digna de todo acatamiento, que Jesús vino a este mundo para salvar a los pecadores, de los cuales soy el primero. (Tim. I 1.15)
>
> Porque nada hemos traído a este mundo, y por eso no podremos llevarnos nada de él. (Tim. I 6.7)
>
> Pues la avaricia es raíz de todos los males, y arrastrados por ella algunos se apartaron de la fe y atrajeron sobre sí grandes pesares. (Tim. I 6.10)
>
> Porque Dios no nos ha dado un espíritu de cobardía, sino un espíritu de fuerza, de amor y de disciplina. (Tim. II 1.7)
>
> Para los puros todas las cosas son puras, pero para los corruptos y los que no tienen fe no hay nada puro. Sus mentes y sus conciencias se han corrompido. Profesan conocer a Dios, pero lo niegan con sus actos. (Tito 1.15–16)
>
> Pero evita las controversias estúpidas, las genealogías, los disensos y las peleas acerca de la ley, porque son inútiles y vanas. (Tito 3.9)

CAPÍTULO VEINTITRES

¡CORREO OTRA VEZ!

Las Epístolas en General

Y no olvidéis la hospitalidad; sin saberlo, algunos hospedaron a los ángeles.

HEB. 13.1–2

¿Hay entre vosotros algún sabio y entendido? Muestre con su vida de bondad que realiza sus obras con la dulzura que nace de la sabiduría.

SANT. 3.13

Las Epístolas atribuidas a Pablo son probablemente las más conocidas del Nuevo Testamento, pero hay además otras ocho cartas: las epístolas a los Hebreos, la de Santiago, las de Pedro I y II, las de Juan I, II y III, y la de Judas. La mayoría de estas epístolas "generales" o "universales" no son cartas en el sentido estricto de la palabra sino extractos o versiones escritas de sermones dirigidos a las primeras comunidades cristianas. Probablemente fueron escritas para alentar a los cristianos que sufrían persecución o para reprimir a aquellos que comenzaban a apartarse de "lo establecido." Reflejan temor genuino ante la persecución y preocupación por las cuestiones cotidianas de la Iglesia. También se ocupan del conflicto doctrinal que comenzaba a dividir al mundo cristiano.

A los Hebreos

Colmada de referencias a los "héroes" de las Escrituras hebreas, probablemente estaba dirigida a los judíos conversos al cristianismo. Pocos cristianos no judíos de aquella época habrían comprendido las alusiones a Noé, Abram, Lot, y otros personajes israelitas. Es probable que, frente a la creciente persecución de los cristianos por el Imperio Romano, algunos de estos judíos conversos comenzaran a preguntarse si el cambio había valido la pena. La epístola fue escrita para alentarlos a continuar.

No obstante, ha caído en una suerte de limbo literario: no está dirigida a ninguna iglesia o persona específica y comienza sin el saludo habitual en las otras epístolas del Nuevo Testamento. Su autor es anónimo y, durante siglos, se supuso que era Pablo. Agustín—el autor cristiano más influyente después de Pablo—aceptó esta opinión . . . y cuando Agustín hablaba, los demás escuchaban. La Epístola a los Hebreos fue vinculada a otras epístolas Paulinas y algunos eruditos siguen pensando que Pablo fue su autor. Otros, sin embargo, la atribuyen a un escriba anónimo que conocía los escritos de Pablo. Por último, los especialistas contemporáneos coinciden de manera casi unánime en que Pablo no escribió la Epístola a los Hebreos.

Dado que no hace referencia a la destrucción del Templo de Jerusalén por los romanos en el año 70 EC, muchos especialistas creen que fue escrita antes de esa fecha. Otros votan por una fecha posterior, durante la persecución de los cristianos bajo el emperador Domiciano, hacia fines del siglo I. Citan este fragmento como referencia a la caída de Jerusalén: "Porque aquí no tenemos ciudad duradera, pero esperamos la ciudad que ha de venir." (Heb. 13.14)

> Puesto que la palabra de Dios es viva y eficaz, más penetrante que una espada de dos filos, y entra y penetra hasta separar el alma del espíritu, hasta el tuétano; y discierne los pensamientos y las intenciones del corazón. No hay criatura que pueda ocultarse a su vista, todas están desnudas a los ojos del Señor, a quien habremos de rendir cuentas. (Heb. 4.12–23)
>
> La fe es el fundamento de las cosas que se esperan, y la convicción de las que no se ven. (Heb. 11.1)

De Santiago

A diferencia de las epístolas de Pablo y a los Hebreos, cuyos títulos nombran a sus destinatarios, esta y las demás epístolas "católicas" llevan el nombre de sus supuestos autores. Es un misterio cuál fue el "Santiago" que escribió esta carta. Tradicionalmente fue atribuida al hermano de Jesús, líder de los judíos cristianos en Jerusalén. Pero también había dos apóstoles llamados Santiago, y el autor de la epístola no habla demasiado de sí mismo. Posiblemente porque desafía las ideas de Pablo, es probable que su autor haya decidido utilizar un nombre "importante" para jerarquizarla.

La Epístola de Santiago está dirigida a "las doce tribus de la Diáspora" y, por lo tanto, a los judíos conversos al cristianismo. El autor insta a un grupo de judíos cristianos a considerar la persecución como un privilegio, y la tentación como una oportunidad de obrar bien. También los urge a ayudar a los pobres, especialmente si gozan de bienestar material.

Aunque fue reconocida como parte del Nuevo Testamento en el siglo II, no todos aceptaron esta epístola sin reservas. Martín Lutero, el famoso reformista alemán, la odiaba. Literalmente, dedicaba parte de sus días (1483–1546) a arrancarla de los ejemplares de la Biblia.

La objeción de Lutero se basaba en el tema central de la Epístola: su autor cree que la fe sin "buenas acciones" que la acompañen . . . no es fe. Así de simple. Algunos pasajes parecen atacar en forma directa la doctrina de la "justificación por la fe"—central en Pablo—según la cual los mortales sólo se salvarían por su fe, no por sus "obras." En otras palabras, ¿la fe en Jesús bastaba para garantizar la salvación? ¿O también era necesario "hacer buenas acciones," como diría el Mago de Oz?

Sin embargo, los especialistas modernos no creen que Pablo y Santiago estuvieran disputando sobre la doctrina básica sino más bien utilizando términos similares de distinta manera. Santiago usa la palabra "obras" para las obras de caridad propias de la tradición judía. Para Pablo, las "obras" referían específicamente a aspectos rituales de la ley judía, entre ellos la circuncisión. Para Pablo, la "fe" es un compromiso con Dios que inevitablemente da por resultado buenas obras. Santiago desprecia otra clase de "fe," que en su opinión era una creencia de orden meramente intelectual y desprovista de todo compromiso. Los eruditos contemporáneos, a diferencia de Martín Lutero, piensan que Pablo y Santiago estarían de acuerdo en que la "fe" que no produce buenas obras es falsa o vacía.

Para refutar la posibilidad de disenso entre estos dos líderes cristianos, los historiadores aducen también que el autor de la Epístola de Santiago temía que algunos cristianos, cómodos con la idea de "la salvación sólo por la fe," no atendieran las necesidades de los menos afortunados (tarea bastante ingrata para el común de los mortales). Pero la epístola plantea un interrogante clave para muchas personas: ¿acaso el malvado que encuentra "fe en su corazón," se arrepiente y acepta a Jesús hallará la salvación? ¿Un nazi puede decirse cristiano, tal como ha ocurrido? La respuesta probablemente esté en las palabras de Santiago: "Por mis obras os mostraré mi fe." En otras palabras, los verdaderos cristianos sólo deben hacer lo que está bien, y no adular al Señor.

> Poned en práctica la palabra, no os limitéis a escucharla. (Sant. 1.22)
>
> ¿De qué servirá, hermanos y hermanas míos, que uno diga tener fe si no tiene obras? ¿Acaso la fe podrá salvaros? Si un hermano está desnudo y no tiene qué comer, y uno de vosotros le

dice: "Ve en paz; caliéntate y llénate el estómago" pero no le da lo necesario para el reparo del cuerpo, ¿qué habrá de bueno en ello? Así la fe, si no es acompañada de obras, está muerta. Pero alguien dirá: "Tú tienes fe, y yo tengo obras." Muéstrame tu fe sin obras, y con mis obras yo te mostaré mi fe. (Sant. 2.14–18)

En suma, como el cuerpo sin espíritu está muerto, así también la fe sin obras está muerta. (Sant. 2.26)

¿Hay entre vosotros algún sabio y entendido? Muestre con su vida de bondad que realiza sus obras con la dulzura que da la sabiduría. Mas si tenéis envidia amarga y ambición egoísta en vuestros corazones, no hagáis alarde y no faltéis a la verdad. Porque esa sabiduría no viene de lo alto, sino que es más bien terrenal, suspicaz y diabólica. Porque donde hay envidia y espíritu de discordia, habrá también desorden y vicios de toda clase. Pero la sabiduría de lo alto es ante todo pura, y luego pacífica, honesta, pudorosa, dócil, llena de misericordia y buenos frutos, sin huella de parcialidad o hipocresía. (Sant. 3.13–17)

De Pedro I y de Pedro II

En la primera de estas dos epístolas atribuidas al apóstol Pedro, el autor alienta a los "Exiliados de la Diáspora"—o judíos cristianos—que viven en las provincias romanas del norte de Asia Menor y deben enfrentar terribles persecuciones. Anunciando que no tiene anhelo por este mundo, el autor denuncia a los falsos maestros y pide que jamás se abandonen las esperanzas en el segundo advenimiento de Jesús. La segunda epístola está dirigida "a aquellos que han alcanzado igual fe que nosotros, por la justicia de nuestro Dios y Salvador Jesucristo . . ." esencialmente a todos los cristianos.

¿Fue Pedro quien las escribió? Dado que están escritas en un griego excelso, reflejan un profundo conocimiento de las Epístolas de Pablo y citan el Septuagésimo o Septuaginta en lugar de las Escrituras hebreas, numerosos especialistas tienen serias dudas de que Pedro, un pescador galileo, haya podido escribirlas. Se cree que fueron escritas en Roma, principalmente por la frase "el que está en Babilonia os envía sus saludos." Cabe señalar que "Babilonia" era el nombre codificado que empleaban los cristianos para referirse a Roma.

Porque toda la carne es heno, y toda su gloria como la flor del heno. El heno se seca, y la flor cae al instante; pero la palabra del Señor perdura eternamente. (Pedro I 1.24–25)

Absteneos de los deseos carnales que combaten contra el alma. (Pedro I 2.11)

Pero sobre todo mantened constante el mutuo amor entre vosotros, porque el amor disimula una multitud de pecados. (Pedro I 4.8)

Las tres Epístolas de Juan

Estas cartas son el mayor dolor de cabeza de los estudiosos de la Biblia. La primera es elevadamente poética. Las otras dos parecen un memorandum oficial. Muchos comentaristas consideran que un mismo autor escribió el Evangelio según Juan y las tres Epístolas, y que todos datan de fines del siglo I EC. Sin embargo, fue otro Juan quien escribió el Apocalipsis. (Véase capítulo siguiente.)

De Juan I

El estilo de esta carta recuerda el poético comienzo del Evangelio según Juan:

Lo que fue desde el principio, / lo que hemos escuchado, / lo que hemos visto con nuestros propios ojos, / lo que hemos observado / y tocado con nuestras manos, / la palabra de Vida, / ése es nuestro tema. (Jn. I 1.1)

A continuación, el autor denuncia a los que niegan que Jesús haya encarnado después de la Resurrección. Las palabras de esos "anticristos" podrían haber sido una temprana forma del gnosticismo, la filosofía religiosa que quebró la unidad de la Iglesia y fue considerada herética.

De Juan II

Los fanáticos de las trivialidades seguramente querrán tenerlo en cuenta: éste es el libro más corto de la Biblia. Con sólo trece versículos, su autor se llama a sí mismo "el Viejo." Repite la advertencia de que los creyentes no deben dejarse engañar por los que dicen que Jesús no regresó en la carne, sino en el espíritu. Está dirigida a la "Señora electa y a sus hijos," figura discursiva que alude a una iglesia, probablemente de Asia Menor.

De Juan III

También muy breve, está dirigida a un individuo llamado Gayo, miembro ejemplar de una iglesia no identificada. El autor vuelve a llamarse a sí mismo "el Viejo" y se queja de la falta de humildad del líder de la iglesia de Gayo, quien no ofrece hospitalidad a los que llegan y propaga calumnias.

> Amados, amémonos los unos a los otros, porque el amor es de Dios; todo el que ama nace de Dios y conoce a Dios. Mas aquel que no ama no conoce a Dios, porque Dios es amor. (Jn. I 4.7–8)
>
> Puesto que se han descubierto en el mundo muchos impostores, que no confiesan que Jesucristo haya venido en carne, negar eso es ser un impostor y un anticristo. (Jn. II 7)
>
> Tú, amado mío, no has de imitar lo que es malo sino lo que es bueno. El que hace bien, es de Dios; el que hace el mal, no ha visto a Dios. (Jn. III 11)

De Judas

De apenas 25 versículos de extensión, la Epístola de Judas fue escrita por alguien que se llamó "siervo de Jesucristo, y hermano de Santiago." Por esta razón fue atribuida a otro de los hermanos de Jesús, que supuestamente eran cuatro: Santiago, José, Simón y Judas. La epístola se ocupa de combatir las "falsas enseñanzas"—nuevamente identificadas con los primeros gnósticos—que afectaban a toda la comunidad cristiana.

> Pero vosotros, amados, recordad las predicciones de los apóstoles de nuestro Señor Jesucristo; porque ellos os dijeron: "En los últimos tiempos vendrán unos impostores, que seguirán sus pasiones impías." Son estos hombres mundanos, vacíos de Espíritu, los que causan las divisiones. (Jds. 17–19)

CAPÍTULO VEINTICUATRO

¿APOCALIPSIS YA?

El Apocalipsis o la Revelación de las Cosas Futuras

Y vi un cielo nuevo y una nueva tierra; porque el primer cielo y la primera tierra habían desaparecido, y el mar ya no existía.
Y vi la ciudad santa, la nueva Jerusalén, descender del cielo por la mano de Dios, como una novia engalanada para su esposo.

APOC. 21.1–2

¿Por qué el 666 es el Número de la Bestia?

El autor del último libro del Nuevo Testamento plantea un comienzo sencillo, en forma de carta dirigida a siete iglesias de Asia Menor. Luego de condenar brutalmente los pecados del mundo, transporta a sus lectores a una visión caleidoscópica, pesadillesca, por completo diferente de las obras de Pablo y los otros autores del Nuevo Testamento. Las páginas se llenan de imágenes tremendas, que han dejado una estela de lectores perplejos y generaciones de sombríos e insistentes predicadores de "la proximidad del Fin." Visiones extrañas. Terremotos. Misteriosa numerología. Trompetas. Ángeles. Caballos. Sangre y plagas. Muerte, condena, y destrucción.

Bienvenidos al Evangelio según Fellini o Salvador Dalí.

El autor dice llamarse Juan, pero es claro que no se trata del Juan del Evangelio o de las Epístolas. Nada en el estilo o el mensaje de este libro se asemeja a aquéllos. Se cree que fue escrito en Patmos, una isla del Egeo utilizada como colonia penal por los romanos, donde el autor había sido desterrado a consecuencia de su prédica. Allí, probablemente durante el reinado del emperador Domiciano (81–96 EC), recibió una extraordinaria visión profética del Segundo Advenimiento de Jesús y del Juicio Final.

La fecha del Apocalipsis es crucial para comprender el extraño simbolismo de su escritura. Como su predecesor Nerón lo había hecho veinte años atrás, Domiciano insistía en la divinidad del linaje imperial, y exigía que se lo venerara como a un dios. Así las cosas, persiguió duramente a los cristianos que se negaban a adorarlo, pero aparentemente no soñó ni perpetró venganzas con el regusto perverso que tanto había complacido a Nerón. Como su antecesor—el igualmente pérfido Calígula—Nerón había elevado los excesos en la conducta a la categoría de un arte demencial. Convencido de su divinidad, no escatimaba gastos ni esfuerzos. Se hacía transportar a todas partes por una caravana de mil carros tirados por mulas con aperos de plata. Deseaba correr carreras de cuadrigas y se imponía a pesar de su nula destreza. Lo enloquecían las apuestas. Sus excesos sexuales eran todavía peores. Su relación incestuosa con su madre Agripina era un secreto a voces y, en cierta ocasión, "contrajo enlace" públicamente con un hombre.

Ser seguidor de Cristo en los tiempos de Nerón no era fácil. Los miembros de la Iglesia tendrían fresco el recuerdo de lo que Roma podía hacer a los cristianos. El historiador romano Tácito (c. 56–115 EC) escribió uno de los escasos relatos contemporáneos del destino de los cristianos en Roma:

"Para disipar el rumor (de que él había iniciado el Gran Incendio), Nerón acusó al grupo al que el hombre de la calle detestaba por sus vicios, apodado 'cristianos', y encontró castigos recónditos para ellos. El nombre tenía su origen en un tal Cristo, ejecutado por orden del gobernador Poncio Pilato durante el reinado de Tiberio. . . . La ejecución de los cristianos iba acompañada de mofas. Se los vestía con pieles de animales para que los sabuesos los despedazaran hasta matarlos, o se los colgaba de unas cruces, o se los ataba a un poste y se los quemaba vivos para iluminar la ciudad cuando oscurecía. Nerón abrió sus jardines privados para el espectáculo y ofreció una exhibición en el circo, y gustaba de mezclarse entre la multitud vestido como corredor de cuadrigas, o directamente subido a la cuadriga."

Cuando Juan escribió el Apocalipsis, entre los cristianos corría el rumor de que Nerón—que se había suicidado—seguía vivo. Se creía que estaba preparando su regreso triunfal a Roma, decidido a recuperar el trono con un ejército sediento de venganza. En esta atmósfera de persecución y paranoia, Juan lanzó su visión del inminente Juicio Final.

RESUMEN DE LA TRAMA: EL APOCALIPSIS

Como en estado de ensueño, el autor ve un gran Cordero sacrificial de siete cuernos y siete ojos. El Cordero recibe un rollo de manos de Dios y comienza a abrir sus siete sellos.

Los primeros cuatro sellos: Salen cuatro jinetes. El primero monta un caballo blanco y conquista la tierra; el segundo monta un caballo rojo y roba la paz de la tierra; el tercero monta un caballo negro y lleva una balanza, simboliza el hambre que seguirá a la guerra; y finalmente el cuarto monta un caballo verde claro, y su jinete es la Muerte. Los cuatro asolarán la tierra y matarán con la espada, el hambre, la peste, y los animales salvajes.

El quinto sello: Los mártires muertos resucitan, reciben túnicas blancas para cubrirse, y se les dice que descansen un poco más.

El sexto sello: Se producen un gran terremoto y catástrofes cósmicas. El sol se oscurece y la luna se vuelve roja; las estrellas caen del cielo.

El séptimo sello: Hay silencio en el cielo durante media hora.

Luego, siete ángeles tocan sus trompetas en secuencia. Los primeros cinco provocan la destrucción de la tierra; la sexta trompeta anuncia la liberación de cuatro ángeles que matarán "a un tercio de la humanidad"; la séptima une al cielo con lo que queda de la tierra. Y cantan las voces celestiales:

"El reino de este mundo ha venido al reino de nuestro Señor y su Mesías, y Él reinará por los siglos de los siglos."

Una vez más, como ocurrió con el Libro de Isaías, ¡Händel utilizó estos versículos en su ubicuo *Mesías*!

Aparece una mujer coronada con doce estrellas. Está a punto de dar a luz. Un enorme dragón rojo espera el nacimiento del niño. Pero el recién nacido es llevado al cielo y estalla la guerra. Bajo las órdenes del arcángel Miguel, los ángeles derrotan al dragón de siete cabezas y diez cuernos: el diablo y Satanás.

Otra bestia terrible emerge del mar, y recibe el poder y la fuerza del dragón. El mundo adora a la bestia. Otra bestia emerge de la tierra. La bestia tiene un número: 666.

Comienza el Día del Juicio. Siete ángeles vuelcan los siete cálices de la ira de Dios sobre el mundo y sobre la bestia. Los cálices contienen las siete plagas. Las ciudades del mundo se derrumban y desaparecen. Babilonia, "la Gran Ramera," arde en llamas y el mundo lamenta su muerte. En el cielo resuenan cánticos de victoria. Comienza la nueva era y Satanás es liberado por un breve período antes de su destino último en Armagedón. En realidad ésta era una alusión a Megiddo, escenario de varias batallas importantes en la historia de Israel. Luego hay un nuevo cielo y una nueva tierra, y en la tierra una nueva, mesiánica Jerusalén.

¿Por qué el 666 es el Número de la Bestia?

El número 666 representa lo satánico en la cultura popular (rock, libros, películas). A lo largo de la historia, la identidad, y el significado de la Bestia mística con el número 666 han sido aplicados a figuras tan notables como Napoleón y Hitler. A decir verdad, el número tiene una explicación mucho más simple y razonable. Si bien Satanás y el Diablo son los grandes protagonistas del Apocalipsis, el significado del 666 era prístino para la gente de aquella época. Tanto en griego como en hebreo, las letras tenían su equivalente numérico. Así, una solución nada engorrosa al dilema del 666 sería, por ejemplo, que esta cifra se formaba sumando las letras de "emperador Nerón" (en hebreo, por supuesto). Roma, la "Gran Ramera Babilonia," y sus viles y sanguinarios emperadores eran los verdaderos villanos para el autor del Apocalipsis.

VOCES BÍBLICAS
APOC. 22.18–19

Ahora bien, hago esta advertencia a todos los que escuchen las palabras de la profecía de este libro: si alguien añadiera a ellas cualquier cosa, Dios añadirá a esa persona las plagas descriptas en este libro. Y si alguno quitara cualquiera de las palabras del libro de esta profecía, Dios lo quitará a él del libro de la vida y de la ciudad santa, que están descriptas en este libro.

HITOS DE LOS TIEMPOS BÍBLICOS VII

117: Tras haber conquistado la Mesopotamia, el emperador Trajano muere en el viaje de regreso a Roma. Es sucedido por el emperador Adriano, quien reinará sobre el Imperio durante 21 años.

132: Los judíos de Jerusalén se enfurecen por la construcción de un altar en honor del dios romano Júpiter en el sitio del Templo destruido. Este levantamiento da inicio a una insurrección de dos años conocida como la Segunda Revuelta.

135: Las legiones romanas vuelven a tomar Jerusalén.

177: El emperador Marco Aurelio inicia la persecución sistemática de los cristianos en Roma debido a que éstos se niegan a adorar al emperador y son considerados una amenaza a la paz romana.

c. 200: El obispo de Roma obtiene el Papado, la máxima jerarquía de la Iglesia.

c. 250: Aumenta la persecución a gran escala de los cristianos bajo el emperador Decio. Los innumerables mártires luego serán reverenciados como santos.

303–311: El emperador Diocleciano ordena una nueva ronda de persecuciones de cristianos en Roma. Su intención es restaurar la antigua religión romana.

312: El emperador Constantino detenta el poder absoluto en el Imperio Romano de Occidente. Antes de una batalla, Constantino tiene la visión de una cruz luminosa que lleva inscriptas las palabras *In hoc signo vinces* ("En este signo vencerás").

313: Constantino decreta la tolerancia del cristianismo.

325: Constantino convoca el Concilio de Nicea (en la actual Turquía), el primer concilio ecuménico de la Iglesia. Allí se establece la doctrina de que Dios y Cristo son de la misma sustancia. El cristianismo es la religión dominante del Imperio.

326: Constantino se muda a la antigua ciudad de Bizancio y la rebautiza Constantinopla (actual Estambul).

367: Atanasio, líder de la Iglesia en Alejandría, hace la lista de los 27 libros del Nuevo Testamento (los mismos que hoy conocemos). Los líderes de la Iglesia romana aceptan la lista en el año 382.

391: El emperador Teodosio ordena destruir todas las obras no cristianas. Es incendiada la biblioteca de Alejandría, cuna y recinto del conocimiento del mundo.

395: El Imperio Romano se divide en Occidental y Oriental, división en principio considerada transitoria pero que luego se tornará permanente.

399: Agustín, clérigo filósofo del norte de África, escribe sus *Confesiones*. Antes de su muerte en el año 430 escribe *La ciudad de Dios* (426), donde declara que imperios como el romano son transitorios y que la única comunidad permanente es la Iglesia. También establece que el propósito del matrimonio es la procreación. Sus puntos de vista, más influyentes que los de ningún otro (con excepción de Pablo), dominarán el pensamiento de la Iglesia durante los próximos mil doscientos años.

431: Concilio de Éfeso. María es reconocida como Madre de Dios y se inicia el culto de la Virgen.

610: El profeta Mahoma inicia secretamente en Arabia una nueva religión, el Islam. Tres años después comienza a predicar abiertamente y debe enfrentar a los líderes de la Meca, quienes se oponen a cualquier tipo de cambio en las costumbres tribales. Mahoma huye de la Meca a Yathrib (Medina) y se desata una guerra civil. En el año 628, la Meca se rinde a los ejércitos de Mahoma y el profeta escribe cartas a todos los líderes del mundo explicando los principios del Islam. Vuelve a la Meca con el Quran (Corán), que significa "recitado." El libro sagrado dice: "No hay más Dios que Alá, y Mahoma es su mensajero."

632: Muere Mahoma dejando tras de sí un monoteísmo islámico que pronto dominará Oriente Medio y el norte de África. Su hija menor muere ese mismo año, dejando dos hijos—Hassan y Hussein—que fundarán una dinastía que gobernará Egipto y el norte de África durante casi tres siglos.

638: Jerusalén cae en manos de los ejércitos islámicos.

EPÍLOGO

¿EL DIOS DE QUIÉN?

El Señor es un guerrero.

ÉXODO 15.3

El Señor es mi pastor.

SALMO 23.1

Sed perfectos, entonces, como vuestro Padre Celestial es perfecto.

MATEO 5.48

Cuanto más tiempo vivo, más pruebas convincentes veo de esta verdad: Dios gobierna las cosas de los hombres. Y si un gorrión no puede caer al suelo sin que Él se dé cuenta, ¿acaso es probable que un imperio se cree sin su ayuda?

BENJAMIN FRANKLIN

Creo en un solo Dios y nada más, y espero la felicidad más allá de esta vida. Creo en la igualdad del hombre; y creo que los deberes religiosos son hacer justicia, amar la misericordia y esmerarse por hacer feliz al prójimo.

THOMAS PAINE

Las generaciones que nos precedieron contemplaron a Dios cara a cara; nosotros, a través de sus ojos. ¿Por qué no habríamos de disfrutar también una relación original con el universo?

RALPH WALDO EMERSON

La religión es el opio de los pueblos.

KARL MARX

Creo que la evidencia de Dios se halla primordialmente en la experiencia interior de cada uno.

WILLIAM JAMES

Dios está muerto.

FRIEDRICH NIETZSCHE

Comencé este libro preguntando: "¿La Biblia de quién?" Esa pregunta ya fue bastante difícil. Lo concluyo con otra pregunta, más difícil aún: "¿El Dios de quién?"

O acaso sería más apropiado preguntar: "¿Cuál es este Dios?"

¿Es el furibundo, celoso, temperamental, y siempre dispuesto al castigo Yahvé? ¿El Dios guerrero celebrado por Moisés? ¿El Dios que barrió la vida de la faz de la tierra durante el Diluvio, mató a los primogénitos en Egipto, ayudó a conquistar la ciudad de Jericó, y a pasar a sus habitantes por la espada, y aceptó en silencio el sacrificio de la hija de Jefté? ¿El Dios que se complacía con el olor de la carne de los animales sacrificados?

¿O es el Dios misericordioso, justo, paciente, siempre dispuesto a perdonar? ¿El tierno pastor del Salmo 23? ¿El bello "amante" del Cantar de los Cantares? ¿El Padre "perfecto" de Jesús? ¿Acaso todos podrían ser el mismo Dios?

Sería muy sencillo—habiendo leído todos los relatos—decir que la Biblia y sus distintas imágenes de Dios son sólo un complejo conjunto de mitos. Todas esas historias de arcas, plagas, batallas, ciudades incendiadas, y milagros podrían ser legítimamente consideradas poco más que "leyendas," tal como lo plantea Robin Fox en *The Unauthorized Version*. En este libro, entretenido y provocativo por partes iguales, las "leyendas" bíblicas son historias que inventan los hombres para explicar el arcoiris, el nombre de una aldea, o la existencia de un extraño cúmulo de piedras en determinado lugar. Desde una perspectiva literaria, histórica y/o antropológica podríamos aducir que estos relatos bíblicos—basados en antiguas tradiciones y cuentos folclóricos locales—son meras invenciones humanas. El Dios del Génesis y el resto de la Biblia no serían más que una brillante ficción, creada por el hombre a su imagen y semejanza.

¿De qué otra manera explicar la "progresión" de Dios en la Biblia hebrea? El Dios Creador que camina por el Jardín del Edén. El turbulento Dios de la montaña en el Éxodo. El Dios distante que utilizó a los profetas como intermediarios. El Dios ausente del Libro de Ester.

Mano a mano con esta visión de un "Dios Increíblemente Cambiante" se encuentra la idea un tanto cínica de que la preponderancia del judaísmo y del cristianismo representa tan sólo otra faceta del constante—e inagotable—Juego de Poder de la humanidad. Si adherimos a la idea de que la historia humana es, en esencia, una historia de poder—y de cómo obtenerlo y conservarlo—la Biblia es solamente otra forma de poder. Por lo general, la historia considera el poder en términos de musculatura, fuerza militar, y dinero. ¿Pero acaso hay poder más grande, más terrible, que aquel que proclama decidir el destino terrenal y eterno de los mortales? Desde esta perspectiva irónica, la religión "ortodoxa" sólo pretendería imponer el poder sacerdotal al pueblo y ocupar un sitial de honor entre todas las instituciones autoritarias que el hombre ha inventado. Dios se convierte así en una suerte de "zanahoria cósmica para el burrito." Pórtense bien y serán recompensados . . . así en la tierra como en el cielo. Pórtense mal y sufrirán . . . aquí y para siempre.

Esta opinión despectiva, comúnmente aceptada en nuestros días, relega a Dios al terreno de la mitología. Pero no es la única respuesta a una pregunta que ha hecho cavilar a filósofos y teólogos durante siglos. Hay algunas respuestas alternativas.

Una de ellas es la que recibió Job. Puede ser sintetizada del siguiente modo: seguramente Dios sigue ahí. Pero está horriblemente ocupado con todas las otras cosas que ocurren en el universo, que tú eres demasiado lerdo para entender. ¡Así que ni te atrevas a preguntar! Es breve, dulce, y tiene su propia lógica irrefutable. Pero como ocurre con la comida china, una hora después estamos muertos de hambre nuevamente.

Luego tenemos la idea del "Gran Papá en el Cielo." De acuerdo con esta visión paternalista de la tradición religiosa, Dios es una suerte de "Guardián Cósmico." Cuando éramos pequeños necesitábamos muchísima atención, y Dios siempre estuvo allí para nosotros. Este Dios era un Papá sabio, cariñoso, pero ocasionalmente imperfecto, capaz de darnos su amor incondicional y también una fuerte palmada en el trasero. Pero . . . el tiempo pasó, los humanos "crecimos," y Dios nos dejó solos. La escena, aunque un tanto ingenua, no deja de ser atractiva. Significa que ya no debemos enfrentar la torpe amenaza "Ya verás cuando llegue tu Padre." Y otorga a la humanidad el derecho de tomar sus propias decisiones y cometer sus inevitables errores. Son muchos los que sienten por este Dios lo que la mayoría de los adolescentes sienten por sus padres: "Realmente estás tan fuera de onda . . ."

El "Gran Papá en el Cielo" se relaciona con otra vertiente divina, a la que denomino "Selección Supernatural." En este proyecto, Dios ha evolucionado a la par de la humanidad con el correr de los siglos, en una suerte de progresión darwiniana. Ambos—nosotros y Dios—nos hemos vuelto más sofisticados, menos "primitivos." A medida que nos fuimos poniendo "más inteligentes" Dios ya no tuvo necesidad de asustarnos con truenos, rayos, y aguas que se dividen. Este Dios se comunica con nosotros a un nivel más cerebral o intelectual. El filósofo norteamericano William James probablemente tenía esta clase de Dios en mente cuando escribió: "Creo que la evidencia de Dios se halla primordialmente en la experiencia interior de cada uno."

Esta idea podría tener una variante: nosotros—los humanos—indudablemente hemos cambiado, pero Dios no. Durante muchos años me pregunté por qué el Dios de la Biblia que hablaba con los mortales, hacía milagros, y parecía tan involucrado en los asuntos humanos había dejado de llamar. ¿Acaso habría perdido nuestro número telefónico? Últimamente se me ha ocurrido que tal vez no haya sido Dios quien dejó de prestar atención. Tal vez hayamos sido nosotros. Quizá nuestros ancestros "primitivos"—sin todo el ruido de la civilización moderna—fueran más aptos para escuchar lo que llegó al profeta Elías como "una voz todavía pequeña." En su libro *A History of God*, Karen Armstrong suscribe esta idea diciendo: "Una de las razones por las que la religión nos parece irrelevante hoy es que muchos de nosotros ya no tenemos la sensación de estar rodeados por lo invisible."

Lo "invisible" de Armstrong ofrece una alternativa . . . un gran, enorme, inmenso "Por otra parte." Si aceptáramos la posibilidad de lo "invisible" podríamos pensar que tal vez haya algo en ese conjunto de ideas, costumbres, y rituales que sobrevivió a la persecución, el ridículo y la duda durante miles de años. Nietzsche dijo que Dios había muerto. Pero, ¡oh, sorpresa! Dios sobrevivió a Egipto, Babilonia, Grecia, Roma, el Tercer Reich, y el comunismo. Todos estos "imperios" se basaron sobre distintos sistemas de creencias. Aferrados a deidades solares o lunares, la filosofía de Sócrates y Platón, la divinidad del emperador o las dementes promesas del Führer, estos imperios terrenales se fundaron en la idea—perversa o no—de un mundo perfecto. No es necesario decir que todos fracasaron, sin excepción.

En otras palabras, aunque Dios haya muerto, "el Viejo" sigue estando en buena forma comparado con algunos de sus rivales.

Pero incluso así nuestra pregunta queda suspendida en el aire: ¿Cuál Dios? ¿El omnisciente, omnipresente Dios de mis clases de Confirmación en la infancia, el Papá Noel cósmico que sabe quiénes se portan mal y quiénes se portan bien?

Inevitablemente, todas estas preguntas convergen en una palabra: Fe. Lo "invisible." No se puede comprar la fe. No se la puede vender, aunque algunos lo hayan intentado. No se la puede medir, pesar, ni diseccionar. ¿"Creemos" porque somos mamones cósmicos, crédulos mortales que inevitablemente volvemos a caer en las supersticiones de nuestros "primitivos" ancestros? ¿O creemos porque creer es una opción válida?

En una maravillosa descripción del judaísmo, Dennis Prager, y Joseph Telushkin han escrito:

> "El judío le presentó a Dios al mundo, y llamó a todos los humanos a vivir en hermandad a través de la aceptación de un parámetro moral basado en Dios. Todos estos ideales—un Dios universal, una ley moral universal, y una hermandad universal—fueron revelados por primera vez hace 3,200 años a un grupo de ex esclavos en el desierto del Sinaí. Por qué este grupo particular de hombres y mujeres, en esa época particular, tomó sobre sus hombros—y los de las siguientes generaciones—la misión de "perfeccionar el mundo bajo la ley de Dios" es un misterio que acaso solamente los religiosos pueden esperar resolver." (*The Nine Questions People Ask About Jews*, p. 111)

Jesús fue un judío devoto que enseñó que "el Reino de Dios está dentro de ti." La idea, compartida por numerosas religiones y filosofías, de alcanzar la perfección fue uno de los simples—y aparentemente imposibles— mandamientos de Jesús. Dijo en el Sermón de la Montaña: "Sed perfectos, por lo tanto, como vuestro Padre Celestial es perfecto."

Perfeccionar el mundo. Perfeccionarnos. Sí, claro. ¡Qué idea utópica, ridícula!

Pero durante miles de años la Fe ha sostenido a los judíos en las circunstancias más difíciles y terribles. Los sostuvo la idea de que el mundo puede ser perfeccionado por la revelación de la verdad sobre las leyes morales de Dios. Durante dos mil años, la Fe sostuvo a los cristianos perseguidos y martirizados. Los cristianos tienen fe en la posibilidad de los milagros. En que la muerte no es el fin. En que amar al prójimo es una idea maravillosa. En que tenemos el poder—e incluso la responsabilidad—de perdonar. En que podemos intentar ser "perfectos como el Padre es perfecto."

Seguramente no será fácil. Pero acaso sea la mejor de las alternativas. Y tal vez valga la pena intentarlo.

ANEXO

Prólogo al Evangelio según Juan

En el principio era el Verbo, y el Verbo estaba en Dios, y el Verbo era Dios. Estaba en el principio en Dios. Por Él fueron hechas todas las cosas, y sin Él no se ha hecho cosa alguna de cuantas han sido hechas. En Él estaba la vida, y la vida era la luz de los hombres. Y esta luz resplandece en las tinieblas, y las tinieblas no la han recibido.

Hubo un hombre enviado de Dios, que se llamaba Juan. Vino como testigo para dar testimonio de la luz, a fin de que por medio de él todos creyesen. No era él la luz, sino el enviado para dar testimonio de la luz. La luz verdadera, que ilumina a todos, iba a llegar al mundo.

Estaba en el mundo, y el mundo fue hecho por Él; pero el mundo no lo conoció. Vino a su propia casa, y los suyos no lo recibieron. Pero a todos los que lo recibieron, que son los que creen en su nombre, les dio el poder de llegar a ser hijos de Dios; los cuales no nacen de la sangre, ni de la voluntad de la carne, ni del deseo del hombre, sino de Dios.

Y el Verbo se hizo carne y vivió entre nosotros, y nosotros hemos visto su gloria, la gloria del unigénito lleno de gracia y de verdad. . . .

De su plenitud hemos participado todos nosotros, y hemos recibido gracia sobre gracia. Porque la ley fue dada por Moisés; mas la gracia y la verdad vinieron a través de Jesucristo. Nadie ha visto a Dios jamás. El Hijo unigénito de Dios, que está cerca del corazón del Padre, nos ha hecho conocerlo. (Jn. 1.1–18)

GLOSARIO

(El asterisco (*) indica las palabras definidas en el glosario.)

Angeles: miembros de la corte celestial, séquito de asistentes divinos de Dios; se los llama "hijos de Dios," "luceros del alba," "dioses," o "ejército del cielo." En la Biblia entregan mensajes (la palabra ángel deriva del griego "mensajero") y protegen a los amigos de Dios. Aunque también se los llama "ángeles," los querubines* o serafines* no eran mensajeros sino criaturas sobrenaturales con funciones específicas.

Antiguo Testamento: primera parte de la Biblia cristiana. Para los cristianos relata la alianza (testamento) entre Dios y la humanidad antes de la llegada de Jesús. El Antiguo Testamento difiere en algunas tradiciones cristianas, según se hayan incluido o no los Apócrifos.*

Apocalipsis: las palabras "apocalipsis" y "apocalíptico" derivan de una palabra griega que significa "revelar" o "descubrir," y describen un género literario. Hay dos libros apocalípticos en la Biblia: el de Daniel y el Apocalipsis propiamente dicho. El Libro de Ezequiel también contiene material "apocalíptico." Generalizando, la escritura apocalíptica contiene revelaciones expresadas a través de experiencias visionarias e imágenes intensamente simbólicas, y a menudo se ocupa de los "últimos días" o el "final de los tiempos," período caracterizado por un gran desastre cósmico.

Apócrifos: escritos que no son universalmente considerados parte del "canon"* (o lista oficial) de las Escrituras hebreas o cristianas. La palabra significa "cosas ocultas."

Apóstol: del griego "enviado," los apóstoles son los enviados de Jesús. Tradicionalmente eran doce, pero no los mismos doce que los discípulos* originales. Pablo fue agregado a la lista de los primeros apóstoles y en la Biblia hay otros apóstoles, en un sentido más general de la palabra.

Arameo: idioma semita de Aram (en la actual Siria). Estrechamente vinculado al hebreo*, al que desplazó casi por completo hacia el siglo I EC. Probablemente era el idioma de Jesús y sus discípulos.

Arca de la Alianza: caja de madera que contenía las tablas de piedra de la Ley, llevada por los israelitas en su viaje a través del desierto. Desapareció durante el saqueo de Jerusalén en el año 587 AEC.

Cananeos: término colectivo para definir a los habitantes pre israelitas de Palestina* (actual Líbano e Israel).

Canon: derivado de la palabra fenicia para "junco" y la griega para "regla," el canon está constituido por los libros considerados sagrados por los judíos. Fue establecido por primera vez con la Torah* hacia el año 200 AEC y se cerró entre los años 70 y 90 EC. Los rabinos judíos que establecieron el canon hebreo* excluyeron una cantidad de libros y fragmentos de libros originalmente escritos en griego. Del mismo modo, el canon del Nuevo Testamento* está formado por 27 libros que los líderes de la Iglesia proclamaron "de inspiración divina."

Cristo: del griego *christos*, "el ungido" o el "Mesías"*.

Diáspora: término colectivo para definir a los judíos "dispersos" que vivían fuera del territorio de Israel, y a los judíos que debieron salir de Israel debido a la conquista de Jerusalén por los babilonios y a la deportación (Exilio*) a Babilonia.

Discípulos: del latín "alumnos," tradicionalmente los doce elegidos por Jesús como sus seguidores. El discípulo Judas es reemplazado—en el Libro de los Hechos—por el apóstol* Matías.

Evangelio: literalmente, "buena nueva," del anglosajón *god spell*.

Evangelios sinópticos: nombre colectivo dado a los Evangelios según Mateo, Marcos, y Lucas. Del griego, "visto" o "visto juntos."

Evangelista: el que anuncia la "buena nueva" de la llegada de Cristo. En sentido más estricto alude a los cuatro autores de los Evangelios.*

Exilio: período de cautiverio de los judíos en Babilonia a manos de los caldeos.

Gentil: aquel que no es judío.

Hebreo: idioma de los israelitas y de la mayor parte de las Escrituras judías originales o Antiguo Testamento.* Desplazado por el arameo* y el griego como idioma de uso común. Actualmente es el idioma oficial del Estado de Israel.

Helenismo: adopción generalizada del idioma, la cultura, y las costumbres griegas en el período posterior a las conquistas de Alejandro Magno, c. 300 AEC, hasta la era romana.

Jasidim o jasídico: originalmente "el piadoso." Grupo de judíos ortodoxos nacionalistas del período seléucida. Actualmente alude a los seguidores de una vertiente piadosa del judaísmo con fuertes componentes místicos.

Masorético: texto de la Biblia hebrea preservado por los escribas "masoretas," y actualmente aceptado como parámetro para deletrear y pronunciar la Biblia hebrea.

Mesías: (del griego, *christos*) Del hebreo, "el ungido." En las teologías judía y cristiana, el Mesías es la figura salvadora enviada por Dios para aliviar el sufrimiento del mundo e iniciar una era de paz y justicia. La teología cristiana cree que Jesús es el Mesías, por lo tanto conocido como Cristo*.

Mishnah: código de la ley judía, editado, y revisado por los primeros rabíes*. Dividido en seis unidades mayores—agricultura, días santos en el Templo, mujeres y familia, daños o cuestiones políticas, cosas sagradas y códigos de pureza—estas reglas son la base de las discusiones legales y comentarios incluidos en el Talmud.*

Mosaico: no, no son los azulejos pegados de las pinturas bizantinas. Relativo o perteneciente a Moisés.

Nuevo Testamento: segunda parte de la Biblia cristiana. Relata la alianza (testamento) entre Dios y la humanidad a través de la persona, la prédica, la muerte, y la resurrección de Jesús. Los cristianos consideran que el Nuevo Testamento representa la alianza suprema y definitiva de Dios con el mundo, y que por lo tanto complementa e incluso supera la alianza del Antiguo Testamento.

Palestina: región limitada por el río Jordán (al oeste), el desierto de Negeb (al sur), y las Alturas del Golan, Siria (al norte). Su nombre significa tierra de los filisteos y fue atribuido originalmente por los griegos a la zona costera ocupada por los filisteos. El uso del término en este libro carece de connotaciones políticas modernas.

Pascua: celebración cristiana de la Resurrección de Jesús, esta palabra no aparece en la Biblia. Proviene de Eostre, diosa sajona honrada en el equinocio de primavera.

Pentateuco: los primeros cinco libros de la Biblia. También llamado la Torah*, el Libro de Moisés, el Libro de la Ley, los Cinco Libros de Moisés, el Libro de la Ley de Moisés.

Post-Exilio: relativo al período del retorno de los judíos a Jerusalén luego del cautiverio en Babilonia.

Querubín: no confundir con los ángeles* alados (o *puti*) del arte renacentista. Los querubines eran enormes criaturas aladas similares a los *karibu* tallados en piedra, criaturas míticas que protegían los templos y palacios babilonios. Tenían alas de águila, rostro humano, y cuerpo de toro o de león. En el Templo de Salomón enmarcaban el Arca de la Alianza.

Rabí: término del siglo I EC equivalente a "maestro." Se utilizaba para aquellos que transmitían enseñanzas religiosas. El rabí (o rabino) servía como intérprete de la Torah*, y como juez. Posteriormente se atribuyeron poderes mágicos a los rabíes.

Satanás o Satán: el significado de la palabra hebrea es un tanto oscuro, pero numerosos eruditos se inclinan por "adversario" o "acusador." En el Nuevo Testamento, el Diablo es un equivalente de Satanás.

Septuaginta o Septuagésimo: traducción al griego de las Escrituras hebreas comenzada por los judíos de Alejandría en Egipto hacia el año 250 AEC.

Serafín: criatura voladora sobrenatural que aparece al lado de Dios en el Libro de Isaías. Los serafines tenían tres pares de alas: uno para volar, otro para cubrirse los ojos para no ver a Dios, y otro para "taparse los pies" (eufemismo que aludía a los genitales). Algunos los describen como feroces dragones o serpientes. Posteriormente fueron asociados con coros de ángeles*.

Sion: palabra de significado oscuro. Designa la colina de Jerusalén sobre la que se yergue la ciudad de David. Por extensión, Sion también puede significar Jerusalén.

Talmud: (del hebreo "estudio" o "aprendizaje") Clásicas discusiones rabínicas del antiguo código de ley judía. Hay dos Talmudes: uno escrito en la tierra de Israel hacia el año 400 EC y otro en Babilonia hacia el año 550 EC.

Torah: (del hebreo, "Ley") Los primeros cinco libros de la Biblia o Pentateuco. También, el corpus completo de la ley y las enseñanzas judías.

ÍNDICE DE TÉRMINOS

OTROS LIBROS POR KENNETH C. DAVIS

QUÉ SE YO DEL UNIVERSO

Todo lo que Necesitas Saber Acerca del Espacio

ISBN 0-06-082087-X (libro de bolsillo)

Desde las exploraciones del siglo veinte, hasta la búsqueda de cuerpos celestiales más allá del espacio y la Vía Láctea, Davis responde a todas las preguntas cósmicas que han surgido desde el principio de los tiempos.

QUÉ SÉ YO DE HISTORIA

Todo lo que Necesitas Saber Acerca de la Historia de los Estados Unidos

ISBN 0-06-082080-2 (libro de bolsillo)

En este fascinante e informativo libro, Davis explora los mitos y los sucesos de casi 600 años de historia estadounidense.

QUÉ SÉ YO DE LA BIBLIA

Todo lo que Necesitas Saber Acerca del Libro Sagrado

ISBN 0-06-082079-9 (libro de bolsillo)

Davis analiza la sagrada Bibila en el contexto de los sucesos que llevaron a su escritura. Aclara las ideas equivocadas, corrige los errores de traducción, resume las historias, las parábolas y los milagros de la Biblia dándonos una nueva perspectiva sobre este importantísimo libro.

QUÉ SÉ YO DE GEOGRAFÍA

Todo lo que Necesitas Saber Acerca del Mundo

ISBN 0-06-082088-8 (libro de bolsillo)

Qué Sé Yo de Geografía es una fascinante, sorprendente y divertidísima vuelta al planeta Tierra. Nos abre los ojos a un amplio y maravilloso mundo inesperado.

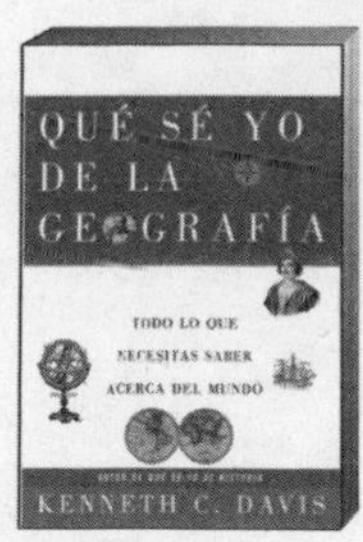

Disponible en cualquier librería o llamando al 1-800-331-3761.

Para convertirse en un afiliado a Rayo, envíe un email a rayo@harpercollins.com